关注学生冷暖　关爱孩子生活

——国家中西部农村初中校舍改造工程报告

教育部财务司　国家发展和改革委员会社会发展司　编著

人民教育出版社

·北京·

图书在版编目（CIP）数据

关注学生冷暖　关爱孩子生活——国家中西部农村初中校舍改造工程报告/教育部财务司，国家发展和改革委员会社会发展司编著. —北京：人民教育出版社，2013.2

ISBN 978-7-107-21856-9

Ⅰ. ①关…　Ⅱ. ①教…　②国…　Ⅲ. ①中学—教育建筑—改造—研究报告—中国　Ⅳ. ①G637.6

中国版本图书馆CIP数据核字（2013）第029873号

人民教育出版社 出版发行

网址：http:// www.pep.com.cn

北京盛通印刷股份有限公司印装　全国新华书店经销

2013年2月第1版　2013年3月第2次印刷

开本：787毫米×1 092毫米　1/16　印张：27　字数：420千字

定价：65.00元

前言

初中教育是义务教育的重要组成部分，是基础教育承上启下的重要一环，是提升教育整体水平的重要基础。随着“两基”（基本普及九年义务教育、基本扫除青壮年文盲）攻坚任务的完成，义务教育巩固提高问题凸显，尤其是农村初中校舍短缺问题，成为制约农村义务教育发展的瓶颈。

为改善农村初中办学条件，2007—2010年，国家共投入140亿元，在中西部地区实施农村初中校舍改造工程（以下简称“初中工程”），重点加强寄宿制学校必需的学生宿舍、食堂和厕所建设，改善学生生活条件。这是“十一五”期间我国普及和巩固义务教育的重大举措，是继“两基”攻坚之后又一重大民心工程。“初中工程”第一次将目光集中在农村孩子的生活上，是“补短板”、惠民生的实际行动，是一项充满暖意的工程。

经过四年的艰辛努力，“初中工程”建设取得了显著的办学效益和社会效益，初步解决了我国农村初中生活类校舍不足、学生寄宿困难等迫切问题，农村学校“大通铺”和校外租房状况得到了有效缓解，办学条件得到了显著改善。这对缩小城乡、区域教育差距，推动义务教育均衡发展发挥了重要作用。

为全面总结和系统展示“初中工程”的成果和经验，教育部财务司、国家发展和改革委员会（简称国家发展改革委）社会发展司合作编写了这本《关注学生冷暖　关爱孩子生活——国家中西部农村初中校舍改造工程报告》。本书分为主报告、各项目省（含自治区、直辖市、新疆生产建设兵团和黑龙江省农垦总局，下同）报告和附录三部分，用大量的图表、数据和事例，对2007—2010年“初中工程”的项目建设、资金投入、主要做法、取得成效和典型经验进行了全面回顾和总结。本书可供项目地区各级教育、发展改革部门和项目学校，以及所有关心我国农村义务教育发展的各界人士借鉴和参考。

习近平总书记指出：“人民群众对美好生活的向往，就是我们的奋斗目标。”均衡发展九年义务教育、促进教育公平是全国亿万家庭的共同心愿，也是建设美好生活的重要举措。我们坚信，随着“初中工程”等农村义务教育项目的持续推进，教育公平的阳光将普照祖国的每枝花朵，温暖每个孩子的心灵，成就每一个家庭的幸福与梦想。

教育部财务司　国家发展改革委社会发展司

2013年2月

目　录

主报告

各项目省报告

附　录

主报告

为改善我国中西部农村初中办学条件，巩固“两基”成果，缩小区域间、城乡间义务教育发展水平差距，经国务院同意，从2007年起，国家发展改革委、教育部共同启动实施了“初中工程”。针对农村义务教育学校设施条件存在的薄弱环节，国家安排专项投资，支持一批农村初中进行校舍改造，重点建设学生宿舍、食堂等生活用房。在党中央、国务院的正确领导下，经地方各级党委、政府和有关部门共同努力，“初中工程”进展顺利，到2010年年底，基本完成了预期目标任务，取得了显著成效。

背景：促进义务教育均衡发展的重大决策

义务教育是现代国民教育的基础，在我国教育体系中具有重中之重的地位。为全面实现“两基”，2004—2007年，国家实施了西部地区“两基”攻坚计划，通过实施农村寄宿制学校建设工程、农村中小学现代远程教育工程、农村义务教育经费保障机制改革等一系列重大举措，帮助西部地区410个县（含新疆生产建设兵团的团场）实现了“两基”目标，中西部农村义务教育学校的面貌发生了根本变化，积累多年的农村学校校舍短缺的问题得到缓解，促进了农村义务教育的健康持续发展，为地方经济社会发展提供了有力的支撑。

随着“两基”在我国中西部地区的基本实现，巩固提高的任务日益凸显。中西部地区2000年以前实现“两基”的地区，义务教育基础条件仍十分薄弱，普遍存在后续投入乏力、办学条件落后等迫切需要解决的问题。这些地区涉及510万平方千米国土、5.5亿人口、7 800万义务教育阶段学生。特别是中西部未纳入“两基”攻坚计划范围的县，基本上在20世纪90年代实现“普九”，校舍建设质量普遍不高，办学条件整体较差。这些县大部分为农业人口大县，属于粮食主产区，经济结构单一，经济基础薄弱，财政十分困难。尤其是这些县的农村初中学生生活配套设施短缺问题更为普遍，矛盾更为突出，依靠地方政府自身财力无法有效地解决这些难题。

与东部地区相比，中西部农村义务教育发展明显滞后，这在初中教育上体现得尤为明显。统计数据显示，在“初中工程”实施前，中西部农村初中生均校舍面积为6.17平方米，与国家标准相差3.55平方米；生均生活用房为2.79平方米，与国家标准相差1.55平方米。中西部22个省区2 276个县的农村学校，学生宿舍和食堂短缺7 300万平方米，80%的农村学校学生生活设施不足。这些问题和困难已经成为制约当地农村义务教育发展的瓶颈。缩小区域间教育差距，促进义务教育均衡发展，必须着力加强中西部农村初中这一薄弱环节。

随着人口流动加速和城镇化进程加快，大量农民离乡务工，留守儿童增多，老百姓期盼改善农村学校寄宿条件，扩大寄宿规模，解决农村孩子在生活和学习方面遇到的双重困难。农村初中条件能否得到改善，已经成为农村社会发展的一项民生问题。

2007年4月，国务院批准了教育部和国家发展改革委制订的《中西部农村初中校舍改造工程总体方案》，决定安排专项投资100亿元，在“十一五”期间，以农村初中学生生活设施的建设和改造为主要内容，用四年时间，推动实施“初中工程”。2007年5月，这项工程被明确写入国务院批转的《国家教育事业发展“十一五”规划纲要》。

实施“初中工程”，是在我国基本完成“两基”攻坚任务的基础上，党中央、国务院为加强中西部农村教育、巩固“两基”成果、促进义务教育均衡发展作出的重大决策，对缩小城乡之间、区域之间教育发展水平差距，推进基本公共教育服务均等化具有十分重要的意义。这是在后“两基”时期推进义务教育均衡发展的基础性工程，对我国农村教育乃至整个中西部地区经济社会发展产生了积极而深远的影响。

蓝图：改变农村初中面貌的系统谋划

“初中工程”总体方案确定之前，教育部和国家发展改革委一起做了大量准备工作。一是组织专家先后深入中西部多个省份，进行深入细致的调查研究，认真听取基层的意见建议，分析制约中西部义务教育学校发展的瓶颈问题，初步提出了工程的方向和目标。二是根据教育事业统计数据和《农村普通中小学校建设标准》，对中西部2 276个县、4.5万所农村初中的各项用房缺额进行了分类测算，进一步将工程建设内容确定为学生宿舍、食堂和厕所等生活用房建设。三是依据测算的投资需求，结合“十一五”期间各级投入的可能性，初步明确了工程的覆盖范围和重点区域。在此基础上，精心制订了总体方案和建设规划，为工程实施绘制了科学蓝图。

一、目标任务清晰，针对性强

“初中工程”的总体目标是：推动未纳入2004—2007年“两基”攻坚计划实施范围的中西部县改造农村初中校舍，重点加强农村薄弱初中学生生活设施建设，改善食宿条件，提高农村初中巩固率和寄宿率。

“初中工程”的主要任务是：重点支持7 000多所独立设置的农村初中学校新建或改造学生宿舍、食堂和厕所等生活设施，使项目学校寄宿学生生活设施达到或接近《农村普通中小学校建设标准》，基本消除“大通铺”和校外租房现象。

以上目标、任务定位，符合我国全面实现“两基”后义务教育面临的实际情况，抓住了发展中的关键问题和主要矛盾，针对性很强，为工程顺利实施和取得预期成效奠定了基础。

二、覆盖范围明确，重点突出

2007年，“初中工程”主要支持未纳入“两基”攻坚计划的国家扶贫工作重点县、少数民族自治县、革命老区县和部分贫困人口集中分布县（以下简称“四类县”），适当兼顾少数其他困难地区。主要覆盖中西部24个单位：

——西部13个单位：内蒙古、广西、重庆、四川、贵州、云南、西藏、陕西、甘肃、青海、宁夏、新疆及新疆生产建设兵团。

——中部11个单位：山西、安徽、江西、河南、湖北、湖南、河北、海南、吉林、黑龙江及黑龙江省农垦总局。

2008年年底，国家在扩大内需一揽子投资计划中加大了教育投入力度，在这一背景下，福建中央苏区县、山东沂蒙革命老区县、辽宁西北贫困县纳入了“初中工程”实施范围，江苏、浙江、广东三省接收农民工子女较多的部分学校也获得国家的资金支持。至此，工程总体实施范围扩展到全国30个单位。

总体上看，“初中工程”实施范围既突出了重点，即中西部非“两基”攻坚县中的特别困难地区，又适当兼顾了全国其他特殊困难地区。这样的布局，既体现了国家对广大贫困地区义务教育的关心，又避免了“撒胡椒面”，发挥了工程的整体效应。

三、规划科学合理，便于实施

“初中工程”目标任务和实施范围明确后，要取得预期效果，科学合理规划是关键。国务院有关领导同志对此提出了明确要求。“初中工程”总体方案发布后，教育部、国家发展改革委随即召开了“初中工程”实施规划编制工作部署会议，先后印发了《关于编报中西部农村初中校舍改造工程建设规划的通知》和《关于编报中西部农村初中校舍改造工程2007年和2008年中央专项投资计划的通知》，就“初中工程”规划编制工作进行了系统部署，明确了编报项目规划的原则与要求。

“初中工程”中央投资主要支持中西部地区“两基”攻坚县之外的“四类县”。项目学校主要是独立设置的农村普通初中，适当兼顾少数初中生较多的农村九年一贯制学校。项目学校必须是当地中小学布局调整予以保留的学校。建设内容严格限定为项目学校的学生生活用房，包括学生宿舍、食堂、厕所、锅炉房（水房）、浴室、卫生室等，以及体育场地建设和床具、炊具、取暖、供水等设备购置及配套设施建设。

相关链接

“初中工程”规划编制原则

一是科学规划、合理布局。要求各项目县结合当地经济社会发展总体规划，充分考虑城镇化进程、人口流动和密度、学龄人口变化趋势等因素，科学合理地编报建设规划，做到布局合理、规模适度。

二是整合资源、统筹安排。要求项目县以县为单位统筹考虑农村初中学生生活校舍建设问题，整合县域内农村初中办学资源，对于校舍面积总量已经达到或超过国家标准、但存在结构性短缺矛盾的县，首先应进行办学资源整合，鼓励通过调整、改造部分富余校舍，解决寄宿生生活条件不足的问题。

三是分类指导、均衡推进。对于人口密度较低、生源较分散的县，优先遴选设在县城周边、中心乡镇或邻近乡镇联合举办的初中学校，提高办学效益；对于人口密度较高、生源较为集中的县，优先遴选支持设在乡镇的农村薄弱初中学校，通过工程建设推进办学条件达到国家或省级规定要求，促进校际办学条件基本平衡。

四是协调发展、节约资源。注意与国家已经实施的农村中小学危房改造工程、农村寄宿制学校建设工程等专项工程衔接，避免重复安排。鼓励和支持有条件的县，在初中工程实施过程中，因地制宜地综合实施沼气改厕、太阳能利用等项目，建设生态校园。

2007年，教育部、国家发展改革委部署各项目省在编制“初中工程”建设总体规划的同时，要求各地抓紧时间编制2007年、2008年中央专项投资计划建议。各项目省根据国务院审定的总体建设方案和两部委关于编制工程规划的具体意见，进一步明确建设任务、落实配套资金、确定建设标准、编制建设规划。

2008年初，依据各地上报的工程规划，教育部、国家发展改革委组织专门力量认真审核、确定了《中西部农村初中校舍改造工程建设规划（2007—2010年）》，并及时审核、批复、下达了各地年度投资计划，确保了工程及时开工建设。

相关链接

“初中工程”规划总体情况

《中西部农村初中校舍改造工程建设规划（2007—2010年）》共覆盖西部12个省份和新疆生产建设兵团、中部10个省份和黑龙江省农垦总局的796个县级行政单位。规划项目学校5 936所，规划建设生活用房面积1 142.9万平方米，建设体育场地117.9万平方米。规划全部项目完工后，可满足154.5万名寄宿生的住宿需求。

行动：合力推进校舍标准化建设的攻坚战

“初中工程”是继农村寄宿制学校建设工程后，由国家统一部署实施的又一项义务教育重点工程，是国家推进义务教育学校标准化建设的重要举措。根据工程规划，要严格按标准，用四年时间改造7 000多所农村初中学校校舍，时间紧，任务重。为确保工程顺利实施，从中央到地方都十分重视工程建设，发扬“两基”攻坚精神，借鉴已有的经验和做法，上下一心，左右协调，保质保量地完成了工程规划确定的目标任务。

一、国务院领导直接关心，亲自推动

“初中工程”实施以来，国务院有关领导对工程实施始终高度重视，始终非常关心。温家宝总理和陈至立国务委员先后对“初中工程”实施工作作出了重要批示，要求切实保证工程所需资金，加强具体指导和监督管理，对工程实施寄予了殷切希望。有关领导同志亲临工程施工现场，深入了解情况，指导和检查工作，推动“初中工程”实施。

相关链接

国务院领导批示

国务院总理温家宝批示：要切实保证中西部农村初中校舍改造工程所需资金，同时又要把资金管好、用好，提高工程质量和资金使用效益。这就需要加强具体指导和监督管理。

国务委员、国家初中工程领导小组组长陈至立批示：进一步加强布局指导，防止出现改造后不久校舍又闲置的现象；对资金使用要加强监督，严防挪用、浪费。

为切实加强对“初中工程”的组织领导和工作指导，2007年3月17日，国务院办公厅印发《关于成立国家中西部农村初中校舍改造工程领导小组的通知》（国办发〔2007〕15号），成立了由国务委员陈至立任组长，教育部部长、国务院副秘书长、国家发展改革委副主任任副组长，教育部、财政部、住建部、水利部、农业部、卫生部相关部门负责人为成员的国家中西部农村初中校舍改造工程领导小组及办公室，确立了工程实施的领导组织框架。

2007年7月30日，经国务院同意，教育部、国家发展改革委组织召开中西部农村初中校舍改造工程视频会议，对工程实施有关工作进行了全面部署。

2007年底，为明确中央和地方各级政府在工程实施中的职责，确定工作目标和时限，经国务院同意，教育部、国家发展改革委代表国务院与中西部22个省（自治区、直辖市）和新疆生产建设兵团签署了中西部农村初中校舍改造工程责任书，国务委员、国家初中工程领导小组组长陈至立出席了责任书签署仪式。

二、各有关部门密切协作，形成合力

教育部、国家发展改革委、财政部、住建部、水利部、农业部、卫生部、审计署、国家教育督导团等相关部门切实履行职责，在制订规划、落实资金、审批项目、监督检查等方面全力以赴，通力协作，紧密配合，探索建立了一系列行之有效的项目管理制度和工作机制。

2007年，教育部、国家发展改革委联合印发了中西部农村初中校舍改造工程实施意见、专项资金管理办法和建设项目管理办法，对“初中工程”实施中的责任分工、质量控制、资金管理、工程进度、监督检查和工程效益等进行了具体规范。

在工程实施过程中，各有关部门全程参与，全方位支持，多次组织实地调研，重点加大对困难较多、资金需求量较大和工作不够到位地区的支持、指导和监督力度，及时发现和解决问题，保证了“初中工程”的顺利推进。

为加快项目建设进度，一些地方为工程实施开辟“绿色通道”，行政审批实行“一站式”办公。涉及项目立项、土地审批、规划设计、招标投标、质量监管、竣工验收等程序，由县级“初中工程办”负责统一协调有关部门从快办理。

相关链接

江西省修水县领导亲自协调，工程手续办理迅速、快捷

江西省修水县在报建“初中工程”扩大内需项目期间，县长亲自召开各有关部门负责人会议，亲自把关协调，在两个工作日内就完成了6所“初中工程”项目的报建手续。县土管局半小时内办好了建设用地手续；县规划局不到一个小时就把规划许可证发到各项目学校手中；县设计院利用双休日加班至凌晨3点，将近千份图纸晒好；县建设局特事特办，减少环节，当天将立项、报建等各相关手续办理完毕，加快了工程建设进度。

——摘自江西省农村初中校舍改造工程报告

三、教育部建立领导机制，统筹管理

2008年年底，为进一步加强对农村义务教育各工程项目的统筹管理，推动农村义务教育事业的全面协调可持续发展，更好地为社会主义新农村建设服务，教育部专门成立了由部长任组长、五位副部长级领导任副组长，财务司等6个有关司局负责同志为成员的农村义务教育工程领导小组及办公室，统筹实施包括“初中工程”在内的各类义务教育项目。领导小组成立后加强了调研和督查。2008年12月中旬组成3个督查组，分赴安徽、江西、河南、湖北、广西、贵州6个省（自治区），对中央新增教育专项资金，特别是对“初中工程”新增资金落实情况进行专项督查。重点督查投资计划和资金下达情况、工程开工情况、预计完工时间等相关内容，促进了“初中工程”的实施，确保了工程进度、质量和安全。

四、各项目省强化领导，精心组织

在国务院统一领导下，中西部地区各级领导靠前指挥，切实加强对“初中工程”建设的组织领导，保障了工程实施进度和质量。

各项目省省级人民政府都成立了由省长（主席、市长）或分管副省长（副主席、副市长）任组长，教育、发展改革、财政、建设、水利、农业、卫生等

部门负责人为成员的农村初中校舍改造工程建设领导小组，负责工程实施的组织领导和协调。领导小组下设办公室，负责对项目学校的建设工作进行全程管理。各项目市（含州，下同）、县（含市、区，下同）也成立了相应的组织机构，负责具体组织实施。

地方各级政府层层签订责任书，进一步强化政府责任，明确工程建设目标与任务。各相关部门按照工程建设管理要求，严格执行倒排工期制、进度月报制、问责制、监督检查制、项目公示制、监督举报制、宣传制度等管理制度，积极落实减免工程建设收费等优惠政策，保证工程顺利实施。

五、积极筹措资金，严格监管

“初中工程”所需投资以中央投资为主，地方适当分担。工程专项资金的使用原则是根据工程总体规划和年度投资计划，实行项目管理，统筹安排，突出重点，集中投入，专款专用，保证效益，确保建一所成一所。为明确责任，更好地组织实施，中央和地方投资分别安排不同的项目学校。按照工程建设规划和年度投资计划，国家发展改革委分年度及时下达投资计划，足额将中央专项投资拨付到项目省。“初中工程”规划安排中央专项投资100亿元；2008年以后，随着扩大内需政策的实施，中央投资增加到140亿元。

相关链接

“初中工程”资金来源和分年投入情况

“初中工程”总投资148.8亿元，其中中央投资140亿元，地方资金8.8亿元（见表1）。

表1　“初中工程”资金来源情况

项目学校数（所）	资金来源（万元）			
	合计	中央投资	省级财政资金	省以下资金
7 477	1 487 955	1 400 000	4 258	83 696.5

2007年，中央下达专项投资10亿元，批复学校662所，批复建设面积144.3万平方米。

2008年，中央下达专项投资60亿元（其中新增投资30亿元），批复学校3 519所，批复建设面积749.5万平方米。

2009年，中央下达专项投资50亿元（其中新增投资20亿元），批复学校2 492所，批复建设面积546.9万平方米。

2010年，中央下达专项投资20亿元，批复学校827所，批复建设面积237.4万平方米（见表2）。

表2 “初中工程”分年度资金批复情况

年份	批复资金数（万元）	其中：中央投资（万元）	批复学校数（所）
合计	1 487 954.5	1 400 000	7 500
2007年	100 164	100 000	662
2008年	302 810 301 516	300 000 300 000	1 892 1 627
2009年	300 171 266 844	300 000 200 000	1 492 1 000
2010年	216 449.5	200 000	827

注：因含跨年度续建项目，4年批复的7 500所学校中有23所续建项目学校，实际批复学校数7 477所。

在中央投资的带动、引领下，部分项目省在财力紧张的情况下，积极落实地方资金，改善农村初中学生生活条件。

相关链接

陕西、云南、湖南、黑龙江、新疆、河南等省（区）积极落实省级配套资金

——陕西省实施生活设施改造项目，共改造初中项目学校758所，投入7.47亿元，其中省级专项资金5.37亿元，新建食堂、餐厅、锅炉房、开水房、浴室及厕所，总建筑面积26.97万平方米。

——云南省共安排省级投资19 606万元，建设项目学校47所，完成建筑面积16.36万平方米。

——湖南省省级财政三年共落实1.5亿元，建设项目学校204所，新建校舍面积20.28万平方米。

——黑龙江省落实专项资金15 880万元，新建项目59个，建筑面积12.92万平方米。

——新疆维吾尔自治区共安排专项资金2亿元，其中1亿元用于10个地（州）所在的市，涉及学校24所，建设面积8.3万平方米；1亿元用于国家补助的30个项目县（市）购置配套设施设备。

——河南省明确了各级投资使用原则。中央投资用于学生宿舍、学生食堂的土建工程；省级筹集的校舍维修改造长效机制资金主要用于其他学生生活设施建设；地方政府安排的8 800万元资金主要用于床具、炊具等设备的购置。

各项目县根据教育部、国家发展改革委印发的《中央专项资金管理办法》，严格按照基本建设程序进行管理，实行工程预决算制度和按进度拨款制度，严格控制工程建设成本，提高投资效益；设立资金专户，实行专账核算、集中支付、封闭运行，保证资金安全。

相关链接

项目县县均投入情况

“初中工程”1 515个项目县，县均投入982万元。其中，投入5 000万元及以上的县有8个，2 000万元及以上5 000万元以下的县有190个，1 000万元及以上2 000万元以下的县有349个，1 000万元以下的县有968个（见图1）。

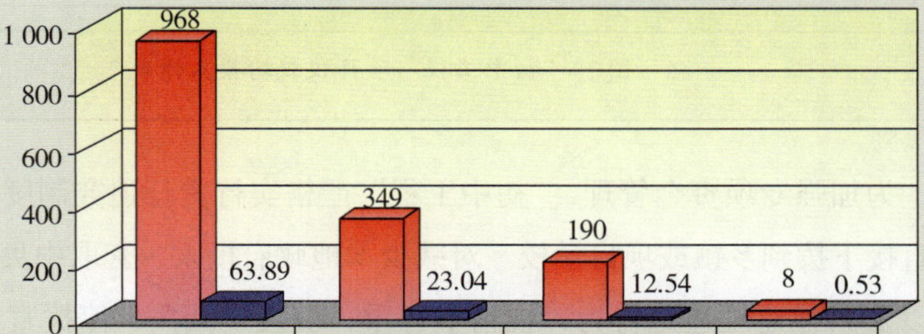

	< 1 000万元	1 000万–2 000万元	2 000万–5 000万元	> 5 000万元
项目县数（个）	968	349	190	8
比例（%）	63.89	23.04	12.54	0.53

图1 “初中工程”项目县县均投入情况

相关链接

项目校校均投入情况

“初中工程”7 477所项目学校，校均投入199万元。其中，投入1 000万元及以上的学校有42所，500万元及以上1 000万元以下的学校有263所，100万元及以上500万元以下的学校有5 731所，100万元以下的学校有1 441所（见图2）。

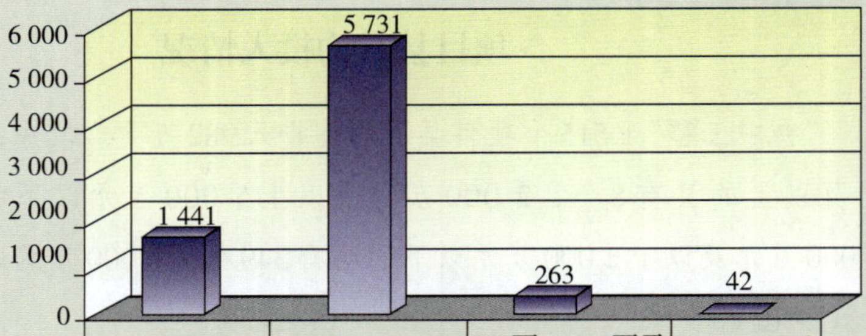

	< 100万元	100万–500万元	500万–1 000万元	> 1 000万元
项目学校数（个）	1 441	5 731	263	42

图2 “初中工程”项目校校均投入情况

为加强专项资金管理，“初中工程”严格实行责任追究制度。专项资金不得直接下拨到乡镇或项目学校。对减少本地政府投入、套取中央专项投资的行为以及其他违规违纪行为，视情节轻重，缓拨、减拨、停拨直至追回专项投资，并追究相关人员责任；情况严重的依法处理。

建立了资金专项审计制度。工程资金的使用和管理列入重点审计内容，项目学校竣工后均组织进行专项审计。通过一套完整的制度，真正做到了专款专用，确保了资金安全，提高了资金使用效益，并有效地杜绝了克扣、挤占、挪用工程专款或用于偿还过去拖欠的工程款和其他债务等现象的发生。

相关链接

安徽省严格按照相关规定，加强专项资金管理

一是实行专户管理、分账核算、专款专用。中央和地方安排的专项资金都进入财政专户统一管理。

二是严格按照财政国库管理制度有关规定支付和使用资金，按合同约定和工程进度，直接拨付给施工单位，不拨付到乡镇和学校。

三是坚持标准并确保专项资金用途。坚持安全、够用、适用的原则，

科学合理规划，不搞超标准、豪华校舍建设，珍惜并用好每一分钱。专项资金严禁支付工程外或者合同外的支出项目。

四是工程资金实行项目公示、工程预算和竣工决算审计制度。“初中工程”实施几年来，无违规拨付、截留、滞留、挤占、挪用等现象发生。

——摘自安徽省农村初中校舍改造工程报告

六、落实优惠政策，提高效益

为降低工程建设成本，充分发挥资金使用效益，各地明确“初中工程”实施涉及的收费，参照执行针对“农村寄宿制学校建设工程”等制定的优惠政策。一些地方还专门制定和落实了有关“初中工程”的优惠政策，加大扶持力度。凡涉及项目立项、办理土地使用手续、规划设计、施工组织等建设过程中的行政事业性收费和政府性基金，均予以免收。涉及的经营服务性收费，在服务双方协商的基础上，各有关单位从支持农村义务教育事业发展的角度予以减收或免收。同时，还鼓励企业以提供免费服务的形式，通过非营利性社会团体和国家机关向“初中工程”捐赠。

为引导和督促各地落实对“初中工程”实施的优惠政策，国家将各地落实优惠政策、减免收费等情况作为分配工程奖励资金的重要依据，切实加大对“初中工程”收费的监督检查力度，严禁收取国家明令取消的行政事业性收费和政府性基金，对自立项目、超标准收费等乱收费行为依法进行查处。

相关链接

江西、新疆、贵州、湖北、湖南等省（区）扎实落实工程收费减免优惠政策

——江西省上犹县和玉山县对“初中工程”项目全部执行“行政性收费全免、服务性收费减半收取”的政策，并对工程项目免予办理土地使用证手续和免予提供乡镇规划手续。吉安市减免的规费占工程总投资的6%—

7%。赣县工程减免后的各种规费均在合同造价的2.5%以内，有效地降低了工程建设成本。

——新疆维吾尔自治区出台《关于对教育工程实行优惠政策的通知》，对“初中工程”建设过程中涉及的行政事业性收费和政府性基金，均予以免收；鼓励企业以提供免费服务的形式，通过非营利的社会团体和国家机关捐赠。仅此一项节约建设费用近3 500万元。

——贵州省出台《关于对义务教育阶段学校建设工程实行优惠政策的通知》，对“初中工程”建设规费减免提出了明确要求，共减免“初中工程”规费4 300多万元。

——湖北省蕲春县作出“学校项目建设零规费”承诺。

——湖南省临湘市明确规定行政事业性收费政府性基金全免，经营服务性收费、规划定点放线费、规划竣工测量费、规划技术论证费农村学校15元/平方米包干，城镇学校20元/平方米包干；设计费5元/平方米；环境影响编制、评估费及其他，200万以下项目2 000元/个包干，200万至500万项目3 000元/个包干，500万以上项目4 000元/个包干；监理费10元/平方米；消防检测费及其他500元/项目；招标代理费按工程总造价的0.5%计算。凡未列入以上收费标准的其他收费一律免收。

相关链接

贵州省统一印发“初中工程”设计方案图

为使建筑设计规范、适用，贵州省委托甲级设计单位——贵州省建筑设计研究院，在认真调查研究、反复论证基础上，分别按照12班、18班、24班等不同规模学校，设计了《贵州省农村初中学生宿舍、食堂建筑工程方案图》，印发各项目县参照执行。设计方案图对学生宿舍及食堂的各种功能、标准等都做了明确的要求，对全省项目学校建设起到了积极的规范作用，避免了各地设计的随意性，使寄宿制学校建设更合理、更美观。

——摘自贵州省农村初中校舍改造工程报告

七、严格项目管理，确保质量

学校校舍质量是一件关系到广大师生生命安全的大事。为加强项目管理，保证建设质量，在项目实施过程中，各地始终把工程质量作为项目建设和管理的重中之重，确保建设项目达到设计的合理使用年限。在制度建设、规划执行、履行程序、准入资质、监管责任、竣工验收和档案管理等方面切实做到了以下“七严”。

（一）严格管理制度

为加强项目管理，教育部、国家发展改革委印发了“初中工程”建设项目管理办法，建立了工程进度月报、倒排工期、问责、项目公示、简报、宣传、监督举报、监督检查“八项管理制度”，对工程质量、进度、安全等各个关键环节都进行了明确规范，有力地保证了工程的顺利实施。

相关链接

“初中工程”八项管理制度

——简报制度。中央和地方各级“初中工程办”都要编发“初中工程”简报，定期通报情况。

——倒排工期制。对纳入“初中工程”规划的所有项目学校倒排开工日期、竣工日期。

——进度双月报制度。各项目省每两月向国家“初中工程办”报告一次项目进展情况及数据。

——问责制。每两月国家“初中工程办”对各项目省“初中工程”进度进行排队，对排名靠后的项目地区主管领导问责。

——监督检查制。实行国家重点督察、项目省定期巡查、县级经常自查的监督检查机制。

——项目公示制。年度项目一经下达，项目地区管理机构要在相关媒体上公示项目建设规划、项目学校名单、项目建设规模与内容、建筑施工单位等相关情况和主要信息。

——监督举报制。各级“初中工程办”都要设立和公布监督举报电话，接受社会监督。

——宣传制度。加强正面报道，积极宣传“初中工程”实施情况，争取社会支持与帮助。

相关链接

广西壮族自治区实行倒排工期制度和赶队会制度

广西壮族自治区完善项目管理制度，强化项目建设倒排工期制度、责任公示制度、赶队会制度、定期专题会议制度、督促检查制度和项目建设效果评估制度，特别是倒排工期制度和赶队会制度对工程实施进度起到了积极促进作用。施工单位根据项目施工组织、设计、编制施工计划，倒排月工作进度，加快了工程实施进度。

——摘自广西壮族自治区农村初中校舍改造工程报告

（二）严格执行规划

建设规划是工程实施的基本依据。教育部和国家发展改革委反复强调规划和投资计划的严肃性，要求各项目省将项目学校建设列入当地基本建设计划进行管理；要求严格按照批准的初步设计内容和概算进行施工图设计，坚决防止随意变更项目学校、建设内容和大幅度增减建设规模现象的发生。对不依据审核确定的建设规划和年度计划进行建设，影响到工程目标实现以及造成国家投资损失浪费等问题的，追究有关领导和当事人的责任。针对因移民搬迁、村镇规划调整、自然灾害等重大不可预见因素，导致确需调整工程建设规划和年度计划的，明确要求必须由县级教育和发展改革两部门提出调整申请，经省级两部门同意，报教育部和国家发展改革委审核确定后方可调整。严格执行项目规划，最大限度地避免了人为因素干扰，保证了工程实施的严肃性，减少了随意性。

（三）严格建设程序

要求各地在工程实施过程中，严格执行基本建设程序，按程序履行报批手续，不得简化。必须坚持先勘察、后设计、再施工的原则，严禁边勘察、边设计、边施工的“三边”工程。严格履行“四制”，即项目法人责任制、招投标制、工程监理制和合同管理制，做到公平、公正、公开、透明。坚持以县为主“五统一”的项目管理模式，即统一规划、立项，统一勘察、设计，统一招标、监理，统一资金管理，统一验收和结算审计。严格执行建设程序，不仅保证了工程建设质量和安全，而且保证了合理的建设工期，控制了工程造价，提高了投资效益。

相关链接

湖北省落实“四制”、“七统一”要求

湖北省严格执行国家校舍建设标准，落实“四制”、“七统一”要求：项目法人责任制、招投标制、工程监理制、合同管理制；统一规划、统一设计、统一招标、统一质量监理、统一资金拨付、统一项目审计、统一竣工验收，使项目建设各方严格执行工程建设有关法律法规和技术标准。仙桃市专门编印了《仙桃市教育系统基本建设项目管理指南》小册子，发到相关单位和工程建设相关人员学习使用。宜昌市夷陵区狠抓工程质量，实行了“一把手”负责制、工程质量“终身制”、各环节验收“一把尺”制度，确保工程质量。

——摘自湖北省农村初中校舍改造工程报告

（四）严格准入资质

“初中工程”实行了建筑行业准入制度。所有的项目都必须采取招标的方式确定勘察、设计、施工、监理单位。承担建设项目勘察、设计、施工、监理等任务的单位，必须具有相应的资质。其中，设计单位、施工单位必须选择丙级（含丙级）和三级以上（含三级）资质。同时，要求施工单位必须严格执行建筑工程强制性标准，工程进度必须以保证工程质量为前提，严禁以追求进度为由降低工程质量标准。在工程实施过程中，严把“五个关口”，即设计关、施工队伍选择关、建材质量关、竣工验收关、结算审计关，切实保证了工程质量。

相关链接

陕西省实行资格准入制度

陕西省实行建筑行业资格准入制度，对校舍勘察设计、施工图审查、建筑施工和工程监理等单位准入资格提出明确要求。校舍勘察设计单位资质须为甲级或乙级，技术负责人有8年以上勘察设计经历，且具备工程地质、资源与环境、城乡规划、建筑设计等方面的专职勘察、规划、设计人员，注册建筑师、结构工程师各不少于2人。施工图审查单位资质须为一类或二类，技术负责人有8年以上本职工作经历，且具备相应的专业技术队伍，至少各有一名注册建筑师和注册结构工程师。建筑企业具有建设行政主管部门颁发的一级或二级资质，企业经理具有8年以上从事工程管理工作经历或具有中级以上职称，技术负责人具有8年以上从事建筑施工技术管理工作经历并具有本专业高级职称，企业有职称的工程技术和经济管理人员不少于100人等。监理机构持有建设行政主管部门颁发的甲级或乙级资质，监理机构技术负责人应为注册监理工程师，并具有10年以上从事工程建设工作的经历，注册监理工程师、注册造价工程师等注册人员合计不少于15人。

——摘自陕西省农村初中校舍改造工程报告

（五）严格监管责任

“初中工程”项目建设由中央和地方教育及发展改革部门共同负责，分级管理，以县为主。国家负责项目建设的宏观管理，地方具体负责项目建设管理工作。在工程实施过程中，各级严格执行有关规定，切实履行监管责任。省、市定期、不定期进行督查，县组织专业技术人员进行巡查，在项目实施的关键环节亲临施工现场督察。自开工之日起，要求监理人员每天在工地，严格检查入场建材质量和施工工序、工艺、方法、进度、质量等多个环节，详细记录监理日志，并如实反映施工中出现的问题。项目县还选派从事过建筑施工管理、责任心强的人员，或聘用专业技术人员，协同监理单位实施现场全过程监督。要求施工单位对工程质量终身负责，严禁施工单位转包或分包工程项目。“初中工程”实行项目管理目标责任制，严格按照《中西部农村初中校舍改造工程项目责任书》明确的责任，在工程实施过程中和结束时，进行检查、验收，确保工程建设任务按时、保质完成。坚决杜绝“豆腐渣工程”和重大安全事故。建立了责任追究制度，对出现建设质量、安全和进度问题的，按规定追究责任。工程建设完成后，在单体建筑物的醒目位置设置了永久性标牌，标示“国家中西部农村初中校舍改造工程项目”，强化了建设主体的质量责任意识。

相关链接

河北省建立了“1+1”质量监控体系

河北省普遍建立了“1+1”质量监控体系，强化施工过程的监督，采取委托监理公司从业人员监理和由项目县选派或聘用专业技术人员进行现场监督的质量监控办法，切实加强对初中工程实施全过程的监督和全方位的监理，确保工程质量。

——摘自河北省农村初中校舍改造工程报告

（六）严格竣工验收

项目竣工后，施工单位整理出完整的工程技术资料和竣工工程决算资料，签署建筑项目质量保证书，并向县级工程管理机构报送竣工申请验收报告。所有竣工项目都要由县级工程管理机构组织质监、勘察、设计、施工、城建、消防等部门和单位及项目学校联合进行竣工验收。参加验收的部门和单位要在竣工验收单上签署意见并盖章签字，县级工程管理机构按相关规定进行竣工备案。未经验收或验收不合格的项目不得交付使用。竣工验收后，组织工程结算审计，办理工程结算、基建财务决算和固定资产移交手续。

相关链接

重庆市细化管理，建立风险预警机制

重庆市教委、市教育纪工委转发《市纪委、市监察局关于建立风险预警机制，确保扩大内需项目顺利实施意见的通知》中明确要求，建立风险预警机制，认真把握项目实施各环节存在的几个风险点：

一是把握贯彻落实政策措施的风险点，保证政令畅通；

二是把握项目规划和立项的风险点，避免打造重点校，严禁擅自提高或降低建设标准、扩大或缩小投资规模；

三是把握项目审批和执行建设程序的风险点，严格按基建程序办事；

四是把握项目资金管理使用的风险点，保证专款专用；

五是把握工程建设质量安全的风险点，防止出现“豆腐渣”工程或发生安全事故；

六是把握行政事业性收费的风险点，落实好规费减免政策，严防腐败发生。

——摘自重庆市农村初中校舍改造工程报告

（七）严格档案管理

工程建设档案管理是项目管理的一个重要环节。要求各地在工程实施期间，要建立健全档案资料整理、归档、移交等制度。严格按照《建设工程文件归档整理规范》，及时积累、保管好施工文件、工程图纸、图片和文字材料等档案资料，及时进行分类立卷归档，保证工程档案资料的真实、有效、完整、齐全。工程完成后，由县级“初中工程办”依照有关规定将档案移交县级以上人民政府建设行政主管部门或其他有关部门备案，同时交县教育局或项目学校存档。

2008年“5·12”汶川大地震后，教育部、国家发展改革委在第一时间印发《关于进一步加强中西部农村初中校舍改造工程质量管理的通知》，要求各项目省严格执行基本建设程序，切实履行监管职责，做好工程质量排查工作，坚决杜绝“豆腐渣工程”。这是震后教育部印发的第一个有关校舍安全的文件，国务院抗震救灾总指挥部的简报专门刊发了此通知，主流媒体广泛转载，产生了良好的工作效果和社会反响。

八、健全监督机制，落实责任

开展工作督查是确保工程顺利实施的有效手段。“初中工程”实施过程中，从中央到地方层层建立监督机制，一级抓一级，落实到每一个具体项目，每一个具体环节。

国家“初中工程办”建立了全面督查和重点督查相结合的督查机制，根据国务院要求和工作进展情况，对各地工程实施情况进行专项检查。督查组由教育部、国家发展改革委有关人员组成，并聘请专业技术人员，对工程质量与进度、建设规划和年度计划执行情况、中央专项投资管理使用情况、地方投资的落实情况、建设收费减免情况、工程实施效果以及日常工作开展情况等，进行全面检查。对检查中发现的问题，下达整改通知书，限期整改到位。

各项目省按照“相对固定、分片包干”的办法，经常开展督查和自查，对发现的问题及时进行处理。每个项目县都组织一定数量的工作人员或专家，采取专人负责的办法，对工程实施工作进行全过程指导和监督，将项目管理责任、监督责任覆盖到每一个环节，落实到每一个人。

相关链接

吉林、安徽、四川等省督导检查落实到位

——吉林省根据东北地区土建工程有效建设时间较短，一年中只有5—10月可以施工的实际情况，建立了5月份和10月份定期巡查机制，对建设项目逐个进行实地检查，督促项目早日开工、按期保质完成。同时，施工期内，不定期抽查项目管理情况和施工质量。

——安徽省坚持定期调度、不定期会商、季函询、月通报、巡查督办等工作机制，积极履行项目主管部门的监管职责。针对部分项目在实施过程中遇到的实际问题，建立了与市级政府会商制度，先后8次致函有关市政府，商请协调解决有关项目开工建设和配套资金落实等问题。成立了农村初中校舍改造工程省级驻点督查组，组织了7次专项督查，每次8—11个督查组，深入各地项目学校实地督查，及时印发督查通报，推广好的经验和做法，督促整改存在问题，对加强项目管理和提高建设质量起到了重要促进作用。

——四川省教育厅实行厅领导和处室定点联系重灾县灾后学校恢复重建和扩大内需工作制度。由8位厅领导牵头，有关处室参加组成8个工作组，分别联系全省13个市（州）51个重点县的各级各类学校灾后恢复重建工作，同时还将扩大内需的初中改造工程项目纳入重点督查范围。

成效：惠及200万农村孩子的民心工程

“初中工程”是国家为巩固中西部“两基”成果、改善农村学校办学条件、解决留守儿童学习和生活问题而实施的一项惠民工程。经过四年多艰苦努力，工程投资惠及200多万农村初中孩子，取得了显著的办学效益、经济效益和社会效益。

一、全面完成预期建设任务

“初中工程”共覆盖了全国28个省（自治区、直辖市）以及新疆生产建设兵团、黑龙江省农垦总局的1 515个县（市、区、团场），占全国县级行政单位总数的52.9%；共建设7 477所农村普通初中，占2010年全国农村初中学校总数的13.6%（见表3）。

表3 “初中工程”项目学校类别

类别	项目学校数（所）	占项目学校总数比例（%）
初级中学	6 545	87.54
九年一贯制学校	764	10.22
其他学校	168	2.24
合计	7 477	100.00

“初中工程”完成投资148.8亿元。其中校舍建设139.97亿元，体育场地建设2.82亿元，其他配套设施建设0.88亿元；购置生活设施设备3.36亿元，购置图书、计算机等仪器设备1.77亿元。

“初中工程”资金投向土建情况见表4，投向生活设备情况见表5。

表4 "初中工程"资金投向土建情况

学校数（所）	合计（万元）	校舍建设		体育场地		其他配套设施建设
		金额（万元）	面积（平方米）	金额（万元）	面积（平方米）	金额（万元）
7 477	1 436 617	1 399 652	14 719 711	28 213	2 061 253	8 752

表5 "初中工程"资金投向生活设备情况

项目学校数（所）	购置生活设施			购置图书、计算机等仪器设备					
	小计（万元）	其中：学生用床		小计（万元）	课桌凳		计算机		其他配套设备
		金额（万元）	数量（单人张）		金额（万元）	数量（单人套）	金额（万元）	数量（台）	金额（万元）
7 477	33 605	16 656	880 913	17 732.4	169.9	12 795	296.4	755	17 266

工程总建设面积1 678万平方米。其中新建、改扩建校舍1 471.97万平方米、体育场地206.12万平方米；为部分学校配备了课桌凳、学生用床、图书、计算机以及远程教育设备。

（一）校舍建设

——生活用房1 461.97万平方米，占校舍建设总面积的99.32%。其中，学生宿舍998.83万平方米，占校舍建设总面积的67.86%；食堂386.53万平方米，占总面积的26.26%；厕所39.34万平方米，占总面积的2.67%；锅炉房11.26万平方米，占总面积的0.76%；浴室17.44万平方米，占总面积的1.18%；教工宿舍8.33万平方米，占总面积的0.56%。

——教学用房5.6万平方米，占校舍建设总面积的0.38%。其中，教室3.88万平方米，占校舍建设总面积的0.26%。

——办公用房4.41万平方米，占校舍建设总面积的0.3%。其中，卫生保健室3.56万平方米，占校舍建设总面积的0.24%。

以上情况见表6。

表6 “初中工程”校舍建设情况

建设内容	建设面积（万平方米）	占总面积的比例（%）
生活用房	1 461.97	99.32
其中：宿舍	998.83	67.86
其中：食堂	386.53	26.26
其中：厕所	39.34	2.67
教学用房	5.60	0.38
其中：教室	3.88	0.26
办公用房	4.41	0.30
合 计	1 471.97	100.00

（二）体育场地建设

共建设体育场205.46万平方米，风雨操场0.66万平方米。

（三）生活设施和设备购置

共购置课桌凳1.28万套，学生用床88.09万张，图书20.29万册，计算机755台，远程教育设备154套。

二、农村初中办学条件显著改善

“初中工程”的实施使中西部地区农村初中办学条件明显改善，为农村义务教育的巩固提高提供了有力支撑。工程实施前，大多数项目学校生活设施短缺，办学条件差，校舍低矮、破旧，还存在安全隐患。工程实施后，项目学校校舍安全隐患消除，学校食堂、宿舍、厕所等生活设施基本满足了需求，饮水设施和卫生条件得到改善，校舍功能分区更加合理，校园环境得到绿化、硬化、亮化，校园面貌焕然一新。这极大地改善了农村学校生活和学习条件，为广大师生创建了一个安全、舒适的工作、学习和生活环境。“初中工程”建设的校舍已成为当地最结实、最安全、最美观的建筑，项目学校已成为当地一道亮丽的风景线。

相关链接

这比家里舒服多了

新疆生产建设兵团六师101团学校是该师团场唯一一所十二年一贯制学校，拥有在校学生3 005人，其中寄宿制学生达1 045人。在2008年以前，学校学生的住宿条件十分艰苦，一共有3间平房，一间平房能“挤”下二三十名学生。就餐条件更为“磕碜”，全校只有一间156平方米大的食堂，两口锅，每顿只能做三样菜。因为食堂空间小，不论刮风下雨学生们都得到室外排队打饭。打完饭后，也只能回宿舍就餐。

2007年，“初中工程”为该校新建了2 527.88平方米的宿舍楼和1 816.3平方米的餐厅。如今，全校住校生住上了通暖气的公寓楼，室内通了上下水，配有卫生间。就餐条件更是大为改观，一次能同时容纳800名学生就餐。餐厅内蒸箱、切菜机、压面机、消毒柜等一应俱全。菜系品种花样很多，土豆烧牛肉、干煸豆角、家常水煮肉等都端上了学生们的餐桌。

“到了冬天宿舍非常暖和，还能洗澡，食堂的饭菜也十分可口。这比家里舒服多了。”说起学校的变化，学生施鑫显得非常兴奋。

——摘自新疆生产建设兵团农村初中校舍改造工程报告

三、农村学校资源配置进一步优化

通过“初中工程”的实施，进一步整合了县域内初中学校教育资源，避免了重复建设和资源浪费，优化了教学资源配置，提升了初中办学水平和教育质量，促进了初中学校均衡发展。特别是在科学规划、合理布局的基础上适度扩大县城及周边乡镇学校办学规模，建成了一批规模较大、设施完善、教育质量较高、对当地教育起到示范指导作用的初中学校，极大地消除了城乡教育资源配置不均衡的问题。同时，学校育人环境进一步优化，为全面提高义务教育教学质量和水平奠定了良好基础。

相关链接

专项投资区域支持情况

1. 西部地区。工程覆盖西部地区12个省份和新疆建设兵团的672个县，建设项目学校3 015所。共安排专项投资72.71亿元，其中，中央投资71.68亿元，占中央投资总数的51.2%。县均投入1 081.98万元，校均投入241.16万元。通过实施“初中工程”，西部地区累计可满足86.06万学生的寄宿需求。

2. 中部地区。工程覆盖中部地区10个省份和黑龙江省农垦总局的673个县，建设项目学校4 171所。共安排投资64.22亿元，其中，中央投资64.05亿元，占中央投资总数的45.75%。县均投入954.27万元，校均投入154万元。通过实施“初中工程”，中部地区累计可满足109.2万学生的寄宿需求。

四、农村学生“食宿难问题”得到有效缓解

“初中工程”实施前，中西部农村初中生活设施，特别是学生宿舍和食堂十分紧缺，许多距离学校较远的学生不得不在校外租房住读，或者早出晚归，翻山越岭，长途跋涉走读，既影响学习，又存在安全隐患。通过实施“初中工程”，新建了一大批学生宿舍、食堂和厕所等生活用房，配置了相应的用床和餐桌凳，寄宿学生生活设施条件达到或接近国家标准。“初中工程”项目县“大通铺”和校外租房状况得到了有效缓解。尤其是新建的学生食堂改善了学生的用餐环境，为学生提供了一个安全、卫生的用餐场所，对餐饮安全也起到了十分重要的作用。学校食宿条件改善后，大量在外租房、借宿、投亲靠友的学生重归校园。特别是那些父母长久不在身边的留守儿童、那些披星戴月的走读生，终于住进了期盼已久的舒适宿舍，吃上了热饭菜，不再为上学而担心。

相关链接

告别“大通铺”，住进暖心房

在“初中工程”等项目的支持下，陕西省农村初中建起了宿舍，盖起了餐厅，不仅解决了布局调整给寄宿生带来的实际困难，还给学校管理打开了新局面。“以前学生在外面租房子，就是不放心啊！”陕西省蒲城县苏坊镇初级中学校长徐增林感触颇深。他说：“以前租住民房都是家长自己联系的，然后把租房情况上报给学校。当时全校有300多名学生在外租住民房，分散在周边村子的农户家。每周学校都要派出十几人次的安全老师，骑上摩托车挨家挨户去检查。遇到孩子不在的，安全老师到时候回不来的，我真是放心不下。现在学生在校内寄宿，管理员9点半熄灯前集中检查，我放心多了。”徐增林还说：“现在学校比家里住得好，水电暖气免费，家长特别满意，对学校的事都很支持。”

李旭娇是学校三年级学生，一、二年级时，学校不能寄宿，她每天都要花半个小时步行回家。路上稍有耽搁，家里人不是打电话给学校，就是在村口等。“现在住校了，家里人再也不用担心我路上的安全了！”李旭娇笑着说。

——摘自《中国教育报》2012年2月21日

相关链接

湖北省建始县业州镇七里坪中学
开展学生家长“食堂生活一日体验”活动

湖北省建始县业州镇七里坪中学学生餐厅投入运行后，辖区内的近十个村的家长轮流参加“食堂生活一日体验”活动，每天有近十位家长与他们的孩子在学校食堂同吃一餐饭。崭新的餐具、明亮的餐厅、多样的菜谱，使家长们十分满意。该县七里坪村的黄冰家长参加了体验活动后，颇有感触地说："我的孩子能在这样的餐厅里就餐，比在家里都好啊！"

——摘自湖北省农村初中校舍改造工程报告

五、农村义务教育巩固率得到提高

"初中工程"的实施，解决了中西部农村学校住宿难、条件差等问题，稳定了农村初中生源，避免了越来越多的农村学生涌入县城初中就读的现象，不仅使县城初中"大班额"问题得到缓解，还增强了农村初中的吸引力，减轻了农村孩子进入城市就读的经济负担，为农村义务教育的持续健康发展创造了有利条件，对遏制农村教育"空心化"起到了积极作用。工程实施后，有效解决了150多万学生的就学需求和200多万寄宿生的寄宿需求，项目地区农村初中出现了学生向农村回流现象，巩固率明显提高，对于缩小区域、城乡教育发展差距，推动义务教育均衡发展发挥了重要作用。

相关链接

亚克西！寄宿校吃住安全又舒适

走进边疆农村，一栋栋新建的宿舍楼掩映在绿树之中，一个个标准化食堂正升起袅袅炊烟，校园成了娃娃们最向往的地方。

新疆维吾尔自治区木垒县第一中学建起了3 000平方米的宿舍，洋大曼乡初级中学盖起了800平方米的食堂。所有项目学校的条件基本都能解决1/3学生的住宿问题，上学远的难题基本解决了。

"宿舍能洗澡，食堂饭菜好。这比家里都好，我周末都不想回去了！"说起学校的变化，洋大曼乡初级中学学生买买提非常兴奋。

一组数据最能说明问题：初中工程使全疆农村初中学校生均生活服务用房面积从1平方米提高到了2.21平方米，农村寄宿率提高到了41.21%，直接解决了6.4万名初中生的住宿及5.2万名初中生的吃饭问题。

学生的生活条件改善了，农村初中规模办学的优势也渐渐显现。实施寄宿制后，全疆农村学校的教育质量大幅度提升，辍学率明显下降。以疏附县塔什米里克中学为例，原来没有寄宿条件时，学校没有一个学生能考上“内高班”；2009年，学生寄宿后，当年就有14个学生考入了“内高班”。近几年，该校的成绩还在不断提升，得到了乡亲们的信任和赞誉。

“学校好得很，宿舍有暖气，孩子冬天冻不着。过两年，小儿子长大了，我也把他送到学校去。”塔什米里克乡初级中学家长古丽大妈用不标准的汉话表达着自己的欣喜。村民们从不愿送孩子上学，到抢着送孩子到寄宿学校，是“初中工程”带来的真实变化。

——摘自《中国教育报》2012年4月9日

经验：集中力量解决突出问题的成功实践

“初中工程”是针对农村义务教育发展中的薄弱环节，发挥国家宏观调控和指导作用，在中央专项投资的引领和带动下，集中财力和精力，在规定时间内，解决突出问题的又一次成功实践。工程的顺利实施不仅产生了深远的社会影响，而且积累了一些弥足珍贵的经验，对我国农村教育事业发展有着重要启示。这些认识和经验，是宝贵的精神财富，是不断前进的强大动力，需要在以后的实践中不断加以深化。

一、宝贵经验

在“初中工程”实施过程中，各地积极探索，积累了很多行之有效的经验。

（一）健全机制是保证

为确保“初中工程”建设任务按时完成，在国务院的统一领导下，形成了各级领导靠前指挥、亲自推动，各级各部门各司其职、密切配合的工作机制。“初中工程”建设涉及部门多，技术要求高、时间紧、任务重，单靠一两个部门难以完成，必须在当地政府的统一领导下，各部门形成工作合力，才能保证工程顺利实施。为进一步细化管理，中央有关部门制定了一系列项目管理制度，各地因地制宜、积极探索出台细化措施，有针对性地解决当地实际困难。为强化项目管理，各项目地区抽调了一批既懂教育又懂项目管理的业务骨干，负责工程管理实施。这些基层干部全身心扑在工程实施上，不辞辛劳，敢于创新，积累了丰富的工作经验，为实施专项性教育工程打造了一支懂业务、能吃苦、会干事的专业队伍。实践证明，统筹有力的工程组织领导机制，有效整合了各方面力量，形成了工程实施的合力，使得这项涉及面广、环节多、管理难度大的工程得以有力、有序推进，保障了工程建设任务的圆满完成。

（二）狠抓管理是关键

为确保“初中工程”建设顺利实施，教育部、国家发展改革委制定了系统的管理办法，各项目省、项目县制订了具体实施计划和详细的可操作方案，实行项目建设精细化、科学化管理，将工作目标和责任层层分解落实。做到每一项工作有人抓，每一个细节有人管，每一项责任有人担。同时建立健全了监督制约机制，对工程项目实施进行全程监督，保证和推动了“初中工程”的顺利实施。

相关链接

江西省创新工程管理模式

江西省“初中工程办”建立督办函制度；赣州市实行绩效考评机制和工作问责制；永丰县奖优罚劣，奖惩分明；修水县特事特办，特事快办；赣县落实工程优惠政策；万载县控制工程造价，严格资金管理，规范资料档案；瑞金市接受社会各界监督，争取社会各界支持；玉山县重视校园总体规划；萍乡市立足经济、实用，融入现代元素，高品位设计和建设农村初中工程。

——摘自江西省农村初中校舍改造工程报告

（三）确保质量是命脉

工程质量的优劣，直接关系广大师生的人身安全，关系到党和政府在人民群众中的形象。可以说，质量是工程的生命线。在“初中工程”实施中，按照将中小学校建成最安全、家长最放心场所的理念，切实加强工程质量管理。在涉及工程质量的每个环节，都建立了完备的制度，严把工程质量关。尤其是建立了工程质量责任追究制度，保证每一栋校舍若出现质量问题，均能追究到相应责任人。严格的质量管理，保证了工程建设质量。几年来，“初中工程”建成的校舍，在多次地震等自然灾害中经受住了考验。

二、重要启示

“初中工程”不仅积累了很多经验，同时也给我们很多启示。

（一）必须集中力量，持续关注并解决人民群众最关心、最现实、最直接的利益问题

党中央始终把人民满意不满意、赞成不赞成、拥护不拥护作为制定各项惠民政策的最高标准。办教育的根本目的，就是要不断满足人民群众对优质教育的需求。中西部农村初中学校办学条件差、学生食宿困难，人民群众迫切需要早日解决。为此，国家专门投入140亿元，推动实施农村初中校舍改造这项民心工程，解决了人民群众最迫切、最急需解决的难题，得到了人民群众的赞成和拥护，这是“发展依靠人民、发展为了人民、发展成果人民共享”的生动体现。教育是国计，也是民生，持续关注人民群众的利益关切，大力实施教育惠民工程，努力办好人民满意的教育是我们义不容辞的责任和永恒的追求。

相关链接

这下送娃娃上学彻底歇心了

山西省“初中工程”的实施有效改善了项目学校学生生活用房条件，使农村孩子享有和城里寄宿学生相当的生活条件，方便了项目学校所在地的农村学生就近上学。同时通过不断规范学校管理、充实师资队伍、提升服务质量等措施，让孩子们能够“进得来，留得住，学得好”。

这项工程实施后，祁县里村村委会主任孙吉云在县人代会上说：“过去俺村的学校是瓦房建筑，每天送娃娃们上学也不歇心，不知哪阵子来个地震，非把娃娃们拍了蚂蚱不可！这一回国家一下子就给俺村拨了400多万元新建学校，这下送娃娃上学彻底歇心了！”他的话代表了广大群众的心声，也折射出改善初中校舍对农村教育的正面影响。

——摘自山西省农村初中校舍改造工程报告

（二）必须找准突破口，着眼于解决教育事业发展中的薄弱环节，特别是特殊困难地区教育发展中存在的突出问题

农村义务教育经费保障机制改革，解决了农村学校的基本经费保障问题。中西部地区由于地域、经济等多种因素影响，义务教育整体水平不高，尤其是

初中教育存在的问题更为突出，如住宿、吃饭等日常生活问题，需要通过专项工程进行解决。如何把有限的资金投向地方最急需、问题最突出、区域最困难的地区，是一个需要用智慧破解的难题。“初中工程”在充分调研论证的基础上，因地制宜、分类指导，着眼于解决宿舍、食堂、厕所等学生最急需的生活用房，找准了突破口、定准了主攻方向。也充分发挥了中央专项投资的杠杆效应，拉动了地方政府对农村义务教育的投入。实践证明，实施有财政资金支持的重大项目是推动教育改革和发展的重要抓手；找准问题，明确目标，分类推进是解决教育突出问题和主要矛盾的有效方法。

相关链接

专项投资支持特殊困难地区情况

为满足最困难地区学生寄宿需求，“初中工程”在安排专项投资和项目学校时，对教育基础相对薄弱的西部地区特别是地处“两基”巩固提高工作一线的老少边穷等特殊困难地区进行了倾斜（见图3）。

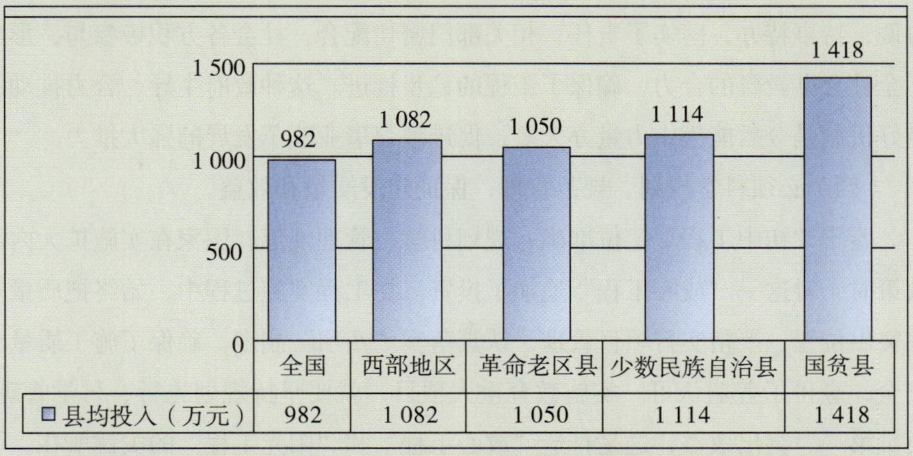

图3 “初中工程”重点支持地区县均投入与全国项目平均投入比较

——“国贫县”421个，安排中央专项投资59.47亿元，建设项目学校3 053个，可满足86.77万名学生的寄宿需求。

——集中连片特困地区项目县456个，安排中央专项投资57.14亿元，建设项目学校2 847个，可满足73.22万名学生的寄宿需求。

——少数民族自治县378个，安排中央专项投资41.1亿元，建设项目学校1 609所，可满足48.73万名学生的寄宿需求。

——藏区县80个，安排中央专项投资6.41亿元，建设项目学校163所，可满足3.4万名学生的寄宿需求。

——陆路边境县98个，安排中央专项投资9.54亿元，建设项目学校269所，可满足9.66万名学生的寄宿需求。

——革命老区县695个，安排中央专项投资72.05亿元，建设项目学校4 561所，可满足117.51万名学生的寄宿需求。

（三）必须坚持政府统筹、部门合作、社会参与，形成全社会办教育的合力

实施“初中工程”，是国家的一项重大部署，是全面推进义务教育标准化建设的重大举措，关系广大师生生命安全，关系社会和谐稳定。为打造放心工程和优质工程，本着对党和人民高度负责的态度，各级政府强化政府主导作用，在土地划拨、落实资金、加快前期手续办理、减免建设收费等方面，统筹协调，特事特办，落实了责任；相关部门密切配合，社会各方积极参与，形成了全社会办教育的合力，确保了工程的稳步推进。这种政府主导、合力推动的良好机制是今后能集中力量办大事，促进教育事业改革发展的强大推力。

（四）必须科学规划、规范管理，保证建设质量和效益

鉴于“初中工程”定位准确、规划科学、管理规范，国家在实施扩大内需政策时，对这一“放心工程”追加了投资。在工程实施过程中，始终把质量摆在突出位置，严格实行项目管理，认真落实“八项”制度，确保了施工质量和安全，赢得了普遍认可。实施教育重大项目，就要坚持规划先行、科学管理、质量第一、突出效益，这是打造“放心工程”和“阳光工程”的关键所在。

三、深远影响

“初中工程”改善了农村中学的办学条件，得到了人民群众的认可和拥护，提升了党和政府在人民群众心中的形象和地位，促进了社会和谐稳定，产生了深远的社会影响。

（一）促进了义务教育均衡发展

实施“初中工程”是贯彻落实《义务教育法》关于“应当合理配置教育资源，促进义务教育均衡发展，改善薄弱学校的办学条件，并采取措施，保障农村地区、民族地区实施义务教育”要求的重要举措。在国务院的领导下，中央有关部门与地方各级政府在制订工程建设规划、分配工程专项投资、组织工程实施等各环节，均对中西部地区的贫困、民族、边远等特殊困难地区进行了倾斜，并在实际工作中加大了指导力度，进一步完善了农村薄弱学校的办学条件，优化了公共教育资源的配置，逐步缩小了城乡、区域教育发展差距，推动了义务教育均衡发展，促进了教育公平。

（二）直接拉动了区域经济增长

“十一五”期间，“初中工程”项目累计完成投资148.8亿元，项目建设形成了实实在在的实物工作量，带动了区域内建筑、建材、运输、劳务等相关产业的发展，推进了农村城镇化建设，拉动了内需，切实发挥了项目投资对区域经济增长的拉动作用，促进了地方经济发展，取得了明显经济效益。

（三）产生了良好的社会效益

“初中工程”的实施，充分体现了党中央、国务院对中西部地区教育的重视，体现了扶贫先扶智的战略决策，使广大人民群众明显地感受到党和政府关心教育、支持教育的力度；体现了党中央、国务院对西部地区、少数民族地区、边境地区人民的关心和关怀，对进一步巩固提高“两基”成果，加快少数民族地区教育发展，增进民族团结发挥了重要作用。“初中工程”的实施，为项目地区农村义务教育发展打下了良好的基础，使这些地区农村人口整体受教育水平得到了显著提高。“初中工程”实施后，农村孩子能在学校寄宿，解决了家长的后顾之忧；学校寄宿生活改变了农村学生的生活习惯，带动了家庭和当地的移风易俗；工程实施也推动了社会主义新农村建设，产生了良好的社会效益。

相关链接

一个故事诠释留守学生的寄宿生活

安徽省霍邱县自2008年起在偏远的农村实施“初中工程”，共投入

3 200万元，在23所初中共建学生宿舍33 000平方米，食堂餐厅7 800平方米，多功能报告厅3 200平方米，解决全县3 000多名留守学生的教育问题。

故事的主人公是学校的一位七年级新生。在他刚上小学的时候，父母便外出打工，将他留守在了年迈的爷爷奶奶身边。留守的童年让他将自己封闭在一个孤独的世界里，让两位年迈的老人在门外潸然落泪，也让远在千里之外的父母愁肠寸断。

正当他们一筹莫展的时候，学校办起了寄宿制。寄宿几周后，代课教师都反映他变得开朗了，学习成绩也有明显的提高。当问他怎么有这么大的变化时，他仰起脸，用略带调皮的语调说："这里有家的感觉呀!"

如果没有"初中工程"，没有寄宿制，这些孩子也许会一个人守着空房，忍受着孤独，或是一个人偷偷地跑到网吧里去沉迷于空虚的游戏里。如今，这些"野孩子"寄宿在学校里，过起了有滋有味的学校生活。那些曾经让父母担忧，让亲人操心，让教师头痛的"问题"学生开始回归到正确的人生轨道上来，从根本上解决了留守学生教育这个困惑农村教育的难题，促进了农村教育事业健康和谐发展。

——摘自安徽省农村初中校舍改造工程报告

同时，应该看到各地在"初中工程"实施过程中也存在一些不足和问题。比如，一些地方热衷于上项目，摊薄了分县分校投入，项目过于分散，无法发挥协同效应；一些项目学校硬件设施上去了，管理没有同步跟上，影响了工程实施效果；等等。这些都需要在以后的工作中进一步改进和完善。

在推进农村学校标准化建设进程中，"初中工程"建设的近7 500所项目学校正在发挥引领示范作用。但由于中西部农村地区经济基础薄弱，"老少边穷"等特殊困难地区大多集中于此，这些地区义务教育的巩固和发展仍面临一系列问题。尤其是学生校内生活条件依然落后，寄宿制学校容量无法满足需要，"大班额"和校外租房问题仍未得到根本解决，留守儿童问题依旧突出，农村义务教育阶段学校建设工作仍然任重而道远。

展望：我国农村义务教育站在新的起点上

在我国现代国民教育体系中，义务教育占有举足轻重的地位，其中农村义务教育的地位尤为特殊。全国超过90%的义务教育学校为农村①学校，近80%的义务教育阶段学生为农村学校学生。长期以来，由于教育基础条件差、城乡和区域之间发展不平衡，农村义务教育发展明显滞后，是最为薄弱的环节。没有农村义务教育的发展，就不可能有全国教育事业的全面发展。只有农村义务教育上水平，才能有全国国民素质的整体提升，才能真正实现教育的现代化。

义务教育是最为基本的公共产品。在我国广大农村，义务教育直接关系到每个农村孩子的前途未来，关系到每个农村家庭的幸福，关系到整个农村的和谐稳定。改善农村学校办学条件，加快农村义务教育发展步伐，进一步缩小城乡教育差距，为每一位农村孩子提供较高质量的义务教育，是政府义不容辞的职责。

近些年来，围绕改善基本办学条件，国家实施了包括“初中工程”在内的一系列针对中西部农村义务教育的重大工程，解决了一些突出问题，缩小了硬件方面与城市学校和东部地区学校之间的差距。随着《国家中长期教育改革和发展规划纲要(2010—2020年)》的全面贯彻落实，公共财政对农村教育的投入大幅增加，农村义务教育经费保障机制进一步完善，农村义务教育学生营养状况逐步得到改善。我们欣喜地看到农村义务教育基础更加坚实，发展持续健康，已经站在了新的起点上。

随着农村义务教育迈上新的台阶，加快推进农村义务教育学校标准化建

---

① 据国家统计局首次颁布的《统计用城乡划分代码》，新的城乡划分标准将原来的城市、县镇、农村的三个分类调整为三大类七小类，即城区（含主城区、城乡结合部）、镇区（含镇中心区、镇乡结合区、特殊区域）、乡村（含乡中心区、村庄）。这里所指农村为除主城区之外的其他部分。

设、加快推进基本公共教育服务均等化、加快推进农村义务教育内涵发展，在更高的起点上实现城乡之间、地区之间义务教育均衡发展，成为了新时期农村义务教育改革发展的主要任务。党的“十八大”报告提出“均衡发展九年义务教育，大力促进教育公平，合理配置教育资源，努力办好人民满意的教育”，为未来教育改革发展描绘了壮美蓝图。我们有理由坚信，有党中央、国务院的高度重视，有各地、各部门的共同努力，我国中西部农村义务教育必将在不远的将来实现质的飞跃！

各项目省报告

“初中工程”让牧区孩子笑得更灿烂
——内蒙古自治区农村初中校舍改造工程报告

一、寄宿生居无所，校长们寝食难安

“那一年，我恨不得每天睁着眼睛睡，生怕那些睡在大通铺上的孩子们出事儿啊！”内蒙古自治区赤峰市一位中学校长回想起自己从教记忆中的2005年，至今都在后怕。因为那一年，学校因为没有宿舍楼，只能将空余教室改造成宿舍，几十个孩子睡一个大通铺；同时，学校还有大量校外借宿生。其实，同这位校长有着同样黑色记忆的还有很多校长。那些睡在大通铺上和校外借宿的孩子们的安全问题就成了悬在校长们头上的“达摩克利斯之剑”。当寄宿条件一时无法保障时，校长们只能想尽一切办法盯住寄宿生的安全，有时甚至不得不将教学管理置于次之。

内蒙古自治区横跨三北（东北、华北、西北），全区总面积达118.3万平方公里，总人口不足2 500万，是典型的地广人稀地区。长期以来，内蒙古自治区义务教育阶段中小学存在着布局分散、规模小、效益低、城乡教育质量差距大、发展不均衡等问题。特别是经济和自然条件相对较差的农村、牧区，上述情况更为严重。随着我区撤乡并镇、城镇化建设步伐的加快，老百姓对优质教育资源的需求日益强烈，农牧区学生开始向城镇集中，城镇中小学住宿生大量增加，但住宿条件一时无法保障。据统计，截至2005年年底，全区义务教育阶段中小学共有学生宿舍面积154.85万平方米，而实际所需宿舍面积为356.31万，缺口达200万平方米（见表1）。

表1　2005年内蒙古自治区义务教育阶段中小学学生住宿情况统计

学校所在地	学校类别	寄宿生数（人）		实有住宿面积（平方米）	
		小计	其中借宿生	小计	缺口面积
旗县所在地	小学	87 089	48 768	104 404.1	331 040.9
	初中	202 868	59 412	459 042.6	555 297.5
乡（苏木）以下	小学	206 161	44 659	360 596.6	464 047.4
	初中	272 806	43 513	563 387.5	664 239.5
全区合计	小学	293 250	94 025	602 610.3	795 088.3
	初中	475 674	106 282	945 866.0	1 219 537.0

住宿条件的紧张，使大量学生不得不在校外借宿居住。这不仅给学校管理带来了巨大困难，也给学生家庭增加了负担。调查显示，2006年全区校外借宿的学生达20万之多，仅呼伦贝尔市、赤峰市、兴安盟三个地区就有6.6万人，约占当地学生总数的1/3。即使在校内居住的学生，也由于宿舍紧张而拥挤不堪。据统计，全区生均住宿面积小学为1.48平方米，初中为2.16平方米，与国家标准有较大差距。从地区看，绝对多数盟市的生均住宿面积为1.5—2.1平方米，最低的如兴安盟，小学生均住宿面积仅为0.73平方米，初中仅为1.40平方米。这样拥挤，给学生健康、卫生带来了诸多安全隐患。

2007年，国家启动实施“初中工程”，这项为改善中西部农村初中学校办学条件而实施的教育民生工程，让内蒙古自治区寄宿制学校的校长们终于摘掉了悬在头上的“达摩克利斯之剑”，可以安心办教育了。四年来，根据教育部、国家发改委的统一部署，在自治区党委、政府的正确领导下，内蒙古自治区圆满完成了“初中工程”一期建设和自治区实施的中小学20万校外借宿生回迁工程建设任务，农村牧区中小学校办学条件得到较大改善，农村牧区教育发生了可喜的变化。

二、完善制度，保障工程顺利运行

为确保“初中工程”的顺利实施，内蒙古自治区成立了由自治区分管主席任组长，教育、财政、发改、城建、审计等部门负责同志为成员的工程领导小组。各盟（市）、旗（县）也相应成立了工作机构，对工程实施过程中出现的重大问题进行决策和协调。实施工程所涉及的各部门间各司其职，相互协作，密切配合，责任到人，确保了工程的顺利实施。

好的规划是工程成功的一半，没有好的规划，就没有好的效益。项目的选择必须要实地调研，充分论证再确定。实施一个项目，就能解决几十个甚至上百个孩子的就学问题，带来的是农牧区家庭孩子对优质教育资源由向往变为现实。

从2005年起，内蒙古自治区全面实施了撤乡并镇、退耕还林、退牧还草和农牧区经济产业结构调整工作。为了优化教育资源配置，促进教育事业协调、健康发展，内蒙古自治区从本地实际出发，统筹规划，科学布局，在人口相对集中、教学质量好、长期保留的旗县所在地和人口较集中乡镇实施了“初中工程”。

保证资金投入是工程顺利实施的最大保障。为从根本上解决农牧区留守儿童和外来务工人员子女住宿难的问题，内蒙古自治区党委、政府在大力实施国家初中校舍改造工程的同时，在自治区财力十分有限的情况下，决定从2008年开始全区启动实施中小学校外20万借宿生回迁工程。2008—2011年，内蒙古自治区共投入学生宿舍、食堂建设资金12.4亿元，安排项目学校231所，新建、改扩建学生宿舍78.9万平方米，餐厅食堂21万平方米，解决校外借宿生21万人（见表2）。

表2　内蒙古自治区2008—2011年“初中工程”年度投资情况

年度	项目学校数（所）	总投资数（万元）	其中：自治区本级投资（万元）	其中：盟市旗县投资（万元）	建筑面积（平方米）	寄宿生人数
2008	46	25 097	15 000	10 097	201 610	43 382
2009	77	39 760	25 000	14 760	318 085	63 246
2010	78	40 405	25 000	15 405	325 179	66 767
2011	30	19 113	11 819	7 294	154 863	37 594
合计	231	124 375	76 819	47 556	999 737	210 989

为了确保“初中工程”建设资金使用效益，内蒙古自治区在《内蒙古自治区农村牧区初中校舍改造工程专项资金管理办法》（内教财字〔2008〕34号）

中明确要求，工程资金必须设立专户，实行“专户储存、专户管理、专项审计、封闭运行”的“三专一运行”制度。几年来，工程资金没有出现挪用、截留、挤占、浪费等问题，确保了工程专项资金的安全运行。

加强管理是工程实施的基础。项目实施的资金安排、项目确定、招投标、施工管理、工程质量把关等各个环节，都需要有一个高效、廉洁的管理队伍。有了可靠的管理作为保障，不仅能保证工程进度，更重要的是能保证工程质量，能盖出一流校舍，能真正把工程资金花好用好。

为加强对“初中工程”的规范管理，保证工程的进度和质量，2008年5月，自治区教育厅、发改委联合印发了《内蒙古自治区农村牧区初中校舍改造工程专项资金管理办法》（内教财字〔2008〕34号）、《内蒙古自治区农村牧区初中校舍改造工程建设项目管理办法》（内教财字〔2008〕35号）、《内蒙古自治区农村牧区初中校舍改造工程实施意见》（内教财字〔2008〕36号）三个配套文件，作为实施工程的政策依据、工作指南和操作规范。在《内蒙古自治区农村牧区初中校舍改造工程实施意见》（内教财字〔2008〕36号）中，明确规定“初中工程”继续延用内蒙古自治区教育厅等9部门出台的内教财字〔2004〕50号关于教育工程减免收费的优惠政策。

内蒙古自治区鄂尔多斯市准格尔旗第四中学新学生宿舍楼

好的规划、好的项目重在落实。由于领导更替、工作人员变动，加上基层人员对项目实施的重大意义理解不到位等原因，经常出现规划与实际建设不相符，不能使资金发挥应有效益。主管部门要经常深入一线监督检查，一是了解基层在想什么，他们最需要什么。二是发现问题及时解决，把问题消灭在萌芽状态，防止“拍脑门”决策造成资金的无效使用和浪费。

为了确保工程质量，自治区专门组织力量加强了对工程实施的监督、检查，自治区教育厅、发改委每年组织不少于两次的工程专项检查，深入盟市、旗县施工现场对项目旗县在工程实施的组织领导、部门配合、资金到位、档案管理、工程质量及进展情况等进行全面督查与指导，并针对督查中发现的问题，及时与当地人民政府及有关部门负责同志交换意见，限期整改。项目竣工后，我们还邀请设计、建设、施工、监理、质检、消防等部门组成联合验收组，对项目进行全面验收，同时请审计部门对工程资金的运行及项目决算进行审计，形成完整的竣工验收资料。

三、让寄宿学生住得安心、吃得舒心

2010年年底，内蒙古自治区“初中工程”一期建设任务如期完成，共投入资金47 178万元，其中中央资金43 788万元，自治区本级投入资金3 390万元；安排项目学校105所，其中中央资金项目学校88所，地方资金项目学校17所。新建、改扩建学生生活用房435 788平方米（见表3）。

表3　内蒙古自治区2007—2010年“初中工程”年度实施情况

年度	项目学校（所）	总投资（万元）	其中：中央资金（万元）	其中：地方资金（万元）	建筑面积（平方米）
2007	10	3 971	3 971		37 708
2008	48	21 257	19 317	1 940	205 660
2009	35	13 450	12 000	1 450	137 490
2010	12	8 500	8 500		54 930
合计	105	47 178	43 788	3 390	435 788

校内寄宿率得到了较大提高，基本解决了项目初中校外租房问题，生均食

宿面积逐步向《农村普通中小学校建设标准》靠拢。为内蒙古自治区实施围封转移战略、城镇化战略、工业化战略、科教战略奠定了良好基础。目前，农村、牧区项目学校应该住校的学生基本能够满足住校要求，为普及九年义务教育、进一步巩固提高“两基”成果，合理利用教育资源提供了保证。

极大地改善了学生食宿条件。通过工程实施，使全区农村牧区初中学校的生活用房砖瓦化率达到100%，楼房率占到了80%，使21万名孩子从此走进了他们向往的学生公寓，吃上了他们想吃的饭菜，享受到了与城里孩子同等的教育资源，体现了教育公平，缩小了城乡教育差距。

通过“初中工程”的实施，内蒙古初中校均规模由2007年的880人提高到了2010年的977人，生均生活用房面积由项目实施前的1.83平方米提高到目前的3.1平方米，新建的学生宿舍基本达到楼房化，餐厅食堂达到标准化。

内蒙古自治区乌兰察布市察右前旗第三中学新学生餐厅

减轻了农牧民的经济负担，消除了学生校外借宿的安全隐患。2006年内蒙古自治区对校外借宿生进行了一次摸底调查，当时全区有20多万名学生在校外借宿。大量学生在校外借宿，既不利于孩子的学习和身心健康，又给学校的管理埋下了安全隐患，同时也增加了家长的经济负担。学校虽想尽办法加强校外借宿生的管理，但仍然不能杜绝安全责任事故的发生。据了解，校外租住的学生每生每年支出的费用在6 000元左右，这对本不富裕的农牧民家庭来说是很大的负担。项目实施后，大部分校外借宿的学生搬进了宽敞明亮的新宿舍，孩子们吃住舒心，家长放心，学校省心，用老百姓的话说："这才是我们要的民心工程"。

消除了生活危房，改善了办学条件。乌兰察布市有3个旗（县）的9所学校纳入初中工程实施范围。项目实施前，加上危房，只能提供6 000名学生的食宿。项目实施后，不仅改造了生活危房，还促使校外借宿的、因经济负担过重上不起学的6 300名初中学生回到校内食宿。生活环境和条件的改善，既促进了初中教育的改革与发展，又巩固了"两基"成果。

（内蒙古自治区教育厅供稿）

让壮乡的农村娃住得更舒心
——广西壮族自治区农村初中校舍改造工程报告

2007—2010年，国家实施“初中工程”，主要是对中西部地区农村初中学校生活设施进行改造，使项目学校的学生生活设施基本达到或接近《农村普通中小学校建设标准》，基本消除“大通铺”和校外租房现象，全面改善农村初中办学条件。广西壮族自治区作为项目区，狠抓机遇，精心组织，取得了巨大成效，再一次谱写了学校建设新篇章。

一、圆满完成建设任务

广西各级党委、政府高度重视“初中工程”，加强领导，精心组织，圆满完成工程既定的各项任务，资金、面积、项目、进度、质量均100%达标。

投资计划任务圆满完成。2007—2010年，中央累计下达广西“初中工程”资金51 896万元。截至2011年12月，广西壮族自治区已下达资金52 026万元，超额下达资金任务。其中，中央补助资金51 896万元，地方配套资金130万元。累计完成项目投资53 522万元，是下达资金额的103%。

建设任务按时完成。“初中工程”按计划覆盖武鸣县等43个项目县，建设357所农村初中学校，509个单体项目，建设面积569 710平方米。截至2011年12月底，全区509个项目已全部按时竣工并投入使用，占批复项目的100%，累计完工建筑面积569 710平方米，占批复面积的100%（见下页表）。

建设质量全面达标。509个项目均按国家的质量标准进行选址、建设和验收，均达到国家抗震设防、防灾和质量要求，四年来没有出现一起质量事故和安全事故，真正把“初中工程”建设成为了精品工程。

广西壮族自治区“初中工程”2007-2010年建设情况表

年度	下达资金（万元）			项目学校数（个）	单项工程数（个）	面积（平方米）	竣工情况
	小计	中央	地方				
2007	3 619	3 619	0	39	53	55 835	交付使用
2008	18 877	18 877	0	142	213	201 587	交付使用
2009	20 000	20 000	0	122	178	232 467	交付使用
2010	9 530	9 400	130	54	65	79 821	交付使用
合计	52 026	51 896	130	357	509	569 710	

二、建设成效显著

四年来，广西壮族自治区以实施“初中工程”为契机，紧紧围绕项目的目标任务，注重项目整体效益，大力整合教育资源，促进农村初中均衡健康发展，成效显著。

新建后的广西壮族自治区龙胜县民族中学远眺

（一）农村初中学校办学条件得到明显改善

通过“初中工程”的实施，广西43个项目县的农村初中学校办学条件得到全面改善，项目学校解决了学生生活用房紧缺、生活设施不配套等问题。截至2010年年底，43个项目县农村初中学生在校寄宿率由2006年的76.24%提高到86.2%，生均生活用房面积由2006年的2.82平方米提高到3.42平方米，生均

新建后的广西壮族自治区龙胜县民族中学校园一角

学生宿舍面积由2006年的1.83平方米提高到2.7平方米，生均食堂面积由2006年的0.32平方米提高到0.55平方米，生均厕所面积由2006年的0.12平方米提高到0.16平方米。随着办学条件的改善，农村初中巩固率、办学规模及效益得到进一步提高，农村初中三年保留率达77.69%，进一步促进了项目县“普九”成果的巩固提高，促进了项目县义务教育更好、更快发展。

崇左市扶绥县实施“初中工程”以来，工程惠及该县在校生5 578人，解决了3 600多名学生住宿紧张、住宿不安全的问题，消除了校内的平房，学校从此告别危房；设施完备、充满现代化气息的宿舍楼给学生带来了安全、舒适和便利；解决了1 380名寄宿生就餐条件差的问题，一栋栋宽敞的食堂楼、洁净明亮的餐桌椅、快捷方便的刷卡计费器，大大改善了学生的就餐条件。同时，项目学校改变了以前设施不全、设备落后、环境差的状况，呈现在师生面前的是布局合理、设施齐全、环境优雅、美丽清新的校园，学校面貌焕然一新，更添生机活力。

（二）整合教育资源，农村初中布局趋于合理

富有现代气息的美丽校园

以实施工程为契机，项目县大力整合教育资源。一是重点投向农村、边远、山区、少数民族和困难地区初中学校，促进义务教育资源均衡配置，促进义务教育均衡发展。二是通过工程建设，将办学规模小、办学条件差、重复设置的初中学校整合起来，使农村初中布局趋于合理。据统计，2006年广西壮族自治区有初中学校1 812所，校均规模1 149人，还有一些小学附设初中，布局不尽合理。通过“初中工程”的实施，2011年，广西壮族自治区有初中1 543所，按实施前在校生计算，校均规模1 350人，消除了小学附设初中现象，进一步整合了县域初中学校教育资源，学校布局更趋向合理化。整体提升了初中办学水平和教育质量，促进了初中学校均衡健康发展，扩大了县城及周边乡镇学校办学规模，

建成了一批规模较大、布局合理、设施完善、教育质量较高、对当地教育起到示范作用的初中学校，推进了广西壮族自治区教育事业又好、又快发展。

标准化的田径场地

桂林市灵川县结合“初中工程”，开展中小学布局调整，撤并部分学校和教学点后。全县有九年一贯制学校2所、县城初中3所、乡镇初中9所，规划初中在校学生数7 010人，住宿生人数稳定在6 210人，学生寄宿率为88.59%。初中和九年一贯制学校规划校舍总面积64 271平方米，学生生活服务用房36 722平方米；其中学生宿舍27 945平方米，学生食堂7 010平方米，厕所面积1 052平方米。经过全县初中学校布局调整，在校初中学生相对集中起来，学校规模变大了，管理更为规范了，更加有利于集中教育资源，全县初中学校的办学条件得到全面改善。

柳州市柳江县共完成了“初中工程”项目22个，改造校舍总面积29 269平方米。项目建成后，初中生均校舍面积提高到4.98平方米，在一定程度缓解了项目学校校舍不足、办公用房和学生宿舍紧张的状况，极大地改善了学校办学条件，加快了全县中小学布局调整的步伐，为师生创设了良好的学习环境。鹿寨县城南中学是鹿寨县实现全面中小学布局调整的“瓶颈”，因此确立城南中学为该县农村初中校舍改造项目学校。城南中学项目建成后，学生宿舍建筑面积达到18 000平方米，可容纳寄宿生4 000人。生均宿舍面积4.5平方米，基本达到国家标准规定要求。

百色市田东县通过“初中工程”的实施，项目学校学生生活用房面积大幅度提高，校舍危房得到有效消除，新增校舍面积15 967平方米，为推动学校布局调整奠定了坚实基础。项目实施后，该县初中学校的教育资源得到有效整合。先后撤并了灵龙初中、小龙矿学校初中部、布兵初中和祷午初中，学校规模得到进一步发展，学生寄宿率由2006年的70%提高到2010年的85%。

来宾市忻城县作为自治区中小学校布局调整工作试点县，2010年下达资金500万元，用于忻城县新建的实验中学学生食堂和400米标准塑胶环形跑道运动场建设。学生食堂和运动场建设是学生入学后基本的生活和学习保障，工程项目的投入使用，满足了忻城县红河以南四个乡镇初中撤点并校后集中办学的需要，有力推进了忻城县初中学校布局调整和教育资源整合，促进了教育公平和义务教育的均衡发展。

（三）产生了良好的社会效益和经济效益

舒适优美的校园环境

“初中工程”的实施，充分体现了党中央、国务院对中西部地区教育的重视程度，体现了扶贫先扶智的战略决策，使广大人民群众清楚看到党和政府关心教育、支持教育的力度；体现了党中央、国务院对中西部地区、少数民族地区、边境地区人民的关心和关怀，对增进民族团结，进一步巩固提高广西壮族自治区“两基”攻坚成果，加快少数民族地区教育发展发挥了重要作用。同时，通过“初中工程”的实施，进一步加大了全社会固定资产投资力度，对贯彻落实中央扩大内需、促进经济平稳较快增长的重要决策发挥了积极作用。

玉林市博白县“初中工程”受益学校28所，受益学生60 000多人。解决了21 000名寄宿生住宿问题，解决了3 500名学生在校用餐问题，解决了1 500名学生的如厕问题。随着办学条件的改善，为开展教育教学改革提供了校舍条件，有力地加快了教育改革的步伐，促进了教育教学质量的提高。该县几年前想学习山东省杜郎口中学教育改革的经验，但由于基础条件不足，难以开展。“初中工程”的实施，为学习杜郎口中学经验提供了良好的环境，教育改革普遍取得了显著的成绩，为全县初中深化教育改革、全面推进素质教育，树立了良好的样板，起到了积极的影响。

柳州市柳城县为实施好“初中工程”，积极筹措和落实项目配套资金，不留项目资金缺口。该县冲脉中学学生食堂等11个项目建设面积14 275.33平方米，总投资1 858.06万元，其中中央1 160万元，县财政配套698.06万元。实际投资比计划投资多出445.26万元，县财政不等不靠，及时落实资金缺口，保证建设项目顺利推进。项目完成后，全面改善了该县农村初中学校学习和生活条件，为师生营造了一个良好的育人环境，消除了学校不安全隐患，为农村初等教育发展增强了后劲，也为提高国民素质提供了保证。

设施完善的学生餐厅

三、精心组织实施

“初中工程”建设时间紧，任务重，涉及部门多，广西壮族自治区总结历年工程的做法，加强领导，加大统筹，规范管理，使“初中工程”实施顺利完成。

（一）加强领导，部门配合

首先，为加强对工程的组织和领导，广西壮族自治区健全了机构。自治区一级成立了以自治区人民政府分管教育工作的领导担任组长、以教育等有关部门负责人为成员的工程领导小组，领导小组下设办公室，具体负责工程建设项目的实施管理和监督检查工作。各项目市县也相应成立了组织机构，明确部门职责，共同联动推进工作，确保各项工作落实到人，执行到位。其次，广西壮族自治区要求各市县主管教育的领导及教育局长亲自抓项目工作。每个县均要配备足够的工作人员和办公条件，确保工作顺利开展。

自治区教育、发改等部门加强对“初中工程”规划和项目计划编制等前期工作的指导、规范、审核；实事求是，研究确定广西“初中工程”规划方案，并上报教育部、国家发展改革委等部门审批；同时，加强对“初中工程”组织实施全过程进行监督管理。

花园式的新学校

各项目县切实落实“以县为主”的管理责任，县人民政府负责“初中工程”项目学校的建设和管理，具体承担工程建设、资金使用、施工质量、运行使用等方面责任。县级教育、发展改革委部门根据国家和自治区要求编制全县“初中工程”建设规划、年度建设计划和资金预算，逐级联合上报自治区教育、发展改革委部门审核。在项目组织实施过程中，积极沟通协调有关部门，为“初中工程”开设“绿色通道”，缩短前期工作时间，保证建设工期充足，为工程按时开工建设扫清障碍，加快推进工程进度。

（二）规划先行，确保建设的科学性

自始至终，广西壮族自治区都强调规划先行，确保建设的科学性和严肃性。在实施“初中工程”的过程中，要求项目县一丝不苟做好“四个规划”。

一是初中布局调整规划。每个县都根据学龄人口流动和发展趋势以及城镇化进程规划，结合当地经济社会、交通、现有办学条件等情况，确定每所初中的中长期规划。对于中长期撤并的学校，坚决不得列入项目规划。

二是每所学校的建设计划。以每所学校的中长期发展规模为基础，根据国家的建设标准和现有办学条件，准确测算出每所学校所需要的办学条件和缺口条件，根据学校占地面积和地形地貌建设每所学校的项目库，并根据轻重缓急进行排序，建立完备的项目库。

三是“初中工程”总体规划。根据“初中工程”的目标任务，确定广西壮族自治区“初中工程”的项目县、项目学校、建设内容、资金额度、建设面积和分年度计划。“初中工程”建设规划由各县负责编制，经市级审核和汇总，上报自治区教育厅和发改委复核汇总，形成广西总体规划，最后按照程序上报国家教育部等审定和备案，为项目的实施提供行动指南。

四是校园平面规划。项目实施前，每一所学校必须请有资质的规划单位，根据项目建设规划和学校地形地貌，合理划分教学区、生活区、运动区，科学布局校舍、校道、绿化、景观等，编制出校园平面规划，并在以后的建设中严格执行。

“四个规划”为项目的实施构筑了总体框架，为建设的科学性提供了保障，极大地提高了项目管理水平和工程实施效益。

（三）严格遵循和执行投资项目建设程序与管理有关规定

项目实施单位严格遵守《建筑法》、《招投标法》、《工程质量管理条例》、《合同法》等有关法律、法规，实行项目法人责任制、招投标制、工程监理制、合同管理制，选择具有相应资质的设计单位进行设计，使项目设计达到抗震设防等国家规范要求。新建学校的规划必须经过充分论证，由具有资质的单位编制校园平面规划，并组织教育、地震、国土、住建、水利等方面的专家对拟选地址进行可行性论证，确保新建校址及其校舍选址的安全性和科学性。

部门联合
现场核查

严把工程验收关。由教育部门组织质监、监理、勘察、设计、施工、消防、地震、财政、发改等部门对每一完工项目进行联合验收，确保工程达到国家规定的质量标准，坚决杜绝“问题工程”。

（四）采取有力措施，加快项目建设进度

各项目县将“初中工程”项目建设列为教育重点工作来抓，建立健全推进进度的各项制度，督促项目施工单位合理安排工期，加快工程建设进度，根据项目的施工工序编制每一项目的施工计划，强化项目建设倒排工期制度、进度月报制度、通报制度、责任公示制度、赶队会制度、定期专题会议制度、督促检查制度和项目建设效果评估制度，以保证工程建设进度和质量，确保项目如期竣工投入使用。

（五）明确职责，确保施工安全和工程质量

项目实施开展过程中，建立健全投资项目工作责任制，分级管理、分工负责。做到每一个项目、每一个工作都落实负责单位、落实责任人，将建设项目推进任务具体分解到相关领导和工作人员，确保项目建设各项工作有人抓、有人管、管得好。认真抓好安全生产、安全施工，坚决杜绝各类工程事故发生。施工的建筑工地严格实行封闭式管理，以防少年儿童误闯误入，引发安全问题。绝不能因赶进度而忽视质量管理和安全生产，确保施工安全和工程质量。

（六）强化资金管理，确保专款专用

严格按照《中西部农村初中校舍改造工程专项资金管理办法》对项目资金实行专户管理，封闭运行，任何单位和个人都不得滞留、挪用、挤占、截留项目建设资金。一是严格资金审批程序，确保按项目建设进度将项目资金按时拨付到位。二是在资金使用管理上，项目主管部门按照基本建设程序、国库集中支付管理规定等要求拨付资金。三是加强对项目资金管理使用情况的监督，实行定期或不定期检查，发现问题，及时纠正，资金拨付到哪，就跟踪监督到哪，切实提高资金投资效益和管理水平。

（七）集中培训，提高管理水平

为加强管理，广西壮族自治区定期组织项目管理人员进行集中培训，充实一批懂学校规划、懂基建项目管理、业务能力强、责任心强、有奉献精神的人员为项目管理人员，专门负责项目的具体实施和管理工作，并不断提高其业务技能及工作效率，从而保证“初中工程”各项工作有序进行。

（八）建章立制，规范管理

认真总结广西壮族自治区以往专项工程实施的经验，按照国家现行的法律、法规及有关章程，结合国家有关管理办法及规定，制定“初中工程”实施管理规章制度，做到实施的每一个环节都有章可循、有法可依。

——制定“初中工程”土建管理办法，在项目立项申报、计划管理、规划管理、工程招标、施工质量监督、竣工验收、档案管理等方面做严格、明确、具体的规定，建立工程质量行政领导人负责制、项目法人责任制、工程质量终身责任制等，明确各级各有关部门的责任，保证项目按时保质完成。

——制定“初中工程”资金管理办法，加强对工程项目资金的管理，确保及时、足额到位，专款专用，确保资金安全。

——建立健全监督、检查机制及责任追究制度。各级政府及有关部门加大对“初中工程”各项政策措施的落实情况、工程进展情况、项目资金管理情况、工程质量管理情况等监督检查力度，及时发现并纠正检查中存在的问题，

“初中工程”项目竣工投入使用启动仪式

保障项目资金安全、管理规范。

四、困难依然存在

（一）学生生活设施、配套设施仍严重不足

一方面，由于广西自然条件恶劣，历年频繁遭受洪涝、干旱等自然灾害侵袭，受灾面广，灾情重；同时，历史上曾长期处于战争前沿，广西经济社会发展整体水平较低，属典型的经济后发展地区，大部分地区县域财政仍十分困难，教育经费投入有限，教育基础设施建设相对滞后，农村中小学各项办学指标与国家颁布标准仍有较大差距。另一方面，随着近年来城市化、工业化的不断深化，县乡农民向人口密集县镇流动加剧，人口密集、产业集中的县镇初中入学压力增大，虽不断新建、扩建校舍，但学校容纳量仍不能满足就近入学的需求，大班额、“大通铺”现象在部分学校仍普遍存在。

（二）项目管理有待加强

广西在项目实施中，个别项目存在因征地难、办证难、技术人员不足导致的进展缓慢、施工管理不够规范，存在质量和安全隐患等问题。

（三）项目资金缺口较大

尽管广西壮族自治区严格控制各地项目造价，明确项目资金缺口部分由各项目县（市、区）自筹资金解决，但是由于部分县财力有限，资金调拨困难，缺口资金对当地财政形成较大压力。

“初中工程”一期建设虽然圆满完成，但农村中小学校舍建设依然任重道远。下一步，广西壮族自治区将全面贯彻落实国家和广西中长期教育改革和发展规划纲要，认真总结“初中工程”一期建设的经验，认真实施“初中工程”二期项目以及其他中小学教育专项，继续整合专项投入，将“初中工程”规划与农村中小学校舍维修改造长效机制、中小学校舍安全工程、农村义务教育薄弱学校改造工程紧密衔接，优先解决突出困难和问题，确保建一所成一所，最大限度地发挥投资效益，促进义务教育均衡发展。

（广西壮族自治区教育厅供稿）

好风凭借力　扬帆再远航
——重庆市农村初中校舍改造工程报告

为改善农村教育基础设施，缩小城乡、区域教育发展差距，推动公共教育协调发展，国家从2007年实施“初中工程”。工程实施四年多来，在中央大力支持下，在重庆市委、市人大、市政府、市政协的关心下，通过县级人民政府、有关部门及项目学校的共同努力，“初中工程”所确定的目标和主要任务已圆满完成。

一、工程实施情况

（一）批复情况

2007—2010年，国家发展改革委分年批复我市专项投资57 603万元。其中中央专项投资52 288万元，地方资金5 315万元，批复项目学校242所，批复校舍建设面积63.41万平方米，体育场地面积3.07万平方米，护坡（护坎）0.35万立方米，购置学生用床500单人张。重庆市“初中工程”分年度批复情况见表1。

表1　重庆市“初中工程”分年度批复情况

年份	批复资金数（万元）		批复学校数（所）
	计	其中：中央专项	
2007	3 716	3 716	21
2008（第一批）	9 126	9 126	59
2008（第二批）	10 546	10 546	34
2009	24 885	20 000	78
2010	9 330	8 900	50
合计	57 603	52 288	242

（二）工程进展情况

1. 实施范围

按照中央要求，重庆市“初中工程”前期规划实施范围为中西部地区“两基”攻坚县以外的13个国家扶贫工作重点县和市级扶贫工作重点县。2008年第四季度，根据扩大内需一揽子投资计划的要求，将工程实施范围扩大到义务教育阶段留守儿童较多的25个县（区）。

2. 进展情况

批复下达242所学校均已完工，竣工校舍面积63.87万平方米，占批复数的100.72%（见表2）。

表2　重庆市“初中工程”完工情况（按校舍面积）

年份	批复数（平方米）	完工情况	
		面积（平方米）	占批复数(%)
2007	65 316	65 617	100.46
2008（第一批）	160 730	161 896	100.73
2008（第二批）	102 021	102 994	100.95
2009	228 884	229 224	100.15
2010	77 173	78 935	102.28
合计	634 124	638 666	100.72

3. 资金投入

重庆市“初中工程”共实际投入65 029万元，占批复数的112.89%。其中中央52 288万元，地方投入12 921万元，占批复数的243.10%。

——其中校舍建设资金投入64 438万元，体育场地投入554万元，配套设备购置投入37万元（见表3）。

表3　重庆市“初中工程”投入情况

总投入（万元）	其中：校舍建设		其中：体育场地		其中：购置设备设施	
	资金（万元）	占比例（%）	资金（万元）	占比例（%）	资金（万元）	占比例（%）
65 029	64 438	99.09	554	0.85	37	0.06

——38个项目县，县均投入1711万元。其中，4 000万元及以上县4个，3 000万—4 000万元县4个，2 000万—3 000万元县4个，1 000万—2 000万元县6个，1 000万元以下县208个（见表4）。

表4 重庆市“初中工程”县级投入情况（单位：个）

计	4 000万元及以上县	3 000万—4000万元县	2 000万—3 000万元县	1 000万—2 000万元县	1 000万元以下县
38	4	4	4	6	20

——242所项目学校，校均投入269万元。其中，1 000万元及以上学校2所，500万—1 000万元学校18个，100万—500万元学校206个，100万元以下学校16个（见表5）。

表5 重庆市“初中工程”学校投入情况（单位：个）

计	1 000万元及以上学校	500万—1 000万元学校	100万—500万元学校	100万元以下学校
242	2	18	206	16

4. 设备购置

“初中工程”共投入设备购置资金36.8万元，其中购置学生用床650单人套。

5. 其他

“初中工程”共投入体育场地资金554万元，建设体育场地面积3.36万平方米，另建护坎(坡)0.58万立方米。

二、主要做法

（一）领导重视，部门配合，落实责任

重庆市政府十分重视“初中工程”实施工作，把工程实施作为进一步加强农村义务教育的重要举措，作为促进全市教育均衡发展、实现城乡教育统筹发展的重要手段。

1. 加强领导，建立健全了领导机构和工作班子

重庆市政府成立了以常务副市长为组长，市政府副秘书长，市教委、市发展改革委负责同志为副组长，市财政、市建委、市水利局、市农业局、市卫生局等部门分管领导为成员的工程领导小组，负责解决项目建设中的重大问题。

领导小组在市教委下设办公室，负责日常工作，并定期召开会议，专题研究工程相关工作。各项目县政府也都成立了以分管领导为组长，教委、发改委主要领导为副组长，相关部门领导为成员的工程领导小组，并下设办公室，具体负责项目的实施工作。

2. 部门密切配合，责任落实到位，及时批复项目计划

根据重庆市工程要求，市发改委负责计划的批复工作，市财政局负责资金的按时下拨，市建委负责项目建设的组织协调工作，市国房局负责项目学校的用地，市教委负责项目实施的指导、检查和部门间的协调工作，各职能部门既分工又合作。各区县国土房管部门对项目学校新建用地，实行国有土地免征或者减半征收相关费用的优惠政策。

各项目县明确政府主要领导为工程建设第一目标责任人，协调有关部门落实对教育类建设项目收费的减免规定，并督促建立和完善工程项目技术档案。全市有17个项目县政府对工程的手续办理实行“一站式”办公，建立“绿色通道”，采取“直通车”形式，简化工作程序，随到随办，主动为“初中工程”建设提供优质服务。例如，忠县建立了由县政府分管领导牵头，县发改委、教委、国土、财政、城乡建委、消防、规划、环保局等单位负责人组成的联席会议制度，专题研究，形成会议纪要，有效解决项目建设前期手续办理繁杂以及相关费用减免问题。

（二）科学规划、推进均衡，分配规范、专款专用

1. 科学规划、合理布局是工程顺利实施的前提

2007年重庆市被中央确定为全国城乡统筹实验区，在规划“初中工程”时，重庆市贯彻城乡统筹思想，充分考虑城镇化进程、人口流动密度、学龄人口变化趋势等因素，合理使用资金，中央资金和省级配套资金各自独立完成工程项目的土建建设，中央专项投资主要用于项目学校的学生宿舍、食堂和厕所主体建筑的土建，项目学校的床具、炊具等设备购置及取暖、供水、围墙、勤工俭学场地等配套设施由省级配套资金解决。在结合“中小学校舍安全工程”、“农村义务教育校舍维修改造长效机制”等项目建设的基础上，充分利用现有学校建设条件，坚持“牢固、实用、够用、方便”的原则，做到规模适度，均衡发展，节约资源，投入一所，建成一所。

市里还组织了专门人员对每个项目逐一进行审核。在审核时，严格执行工程标准，项目学校必须是独立设置的公办农村普通初级中学，适当兼顾少数初中生较多的农村一贯制学校；必须是当地中小学布局结构调整规划予以保留的学校；优先考虑选择设在乡镇的农村薄弱初中学校，重点解决生活用房严重不足，特别是学生宿舍和食堂的建设，不集中财力打造“重点校”或“示范校”，不搞形象工程。

2. 做到资金分配的公开、公平、公正是工程顺利实施的保障

重庆市在总结西部地区农村寄宿制学校建设工程工作的基础上，结合重庆的实际，在“初中工程”资金分配上不仅继续实行“因素加权重”的方法，还把工作绩效考核作为重要分配因素。在年度教育工作会和工程项目建设专题会上，我们多次对工程资金分配进行解读。

3. 严格执行计划是工程顺利实施的依据

由于规划时前期论证准备较充分，重庆市各项目学校基本上不存在计划调整情况。重庆市在上报年度计划时，按照事业发展需要，结合轻重缓急的实际，对不需要新征建设用地，已具备开工条件的项目学校优先安排。对基本具备前期条件的项目学校作为2007年度建设项目，对于急需建设但不具备前期条件项目学校作为2008年度建设项目，其余学校作为2009年、2010年度建设项目，实行分期分批有计划实施。

在中央同意规划而年度计划尚未下达前，重庆市要求项目学校主动提前做好地质勘查、初步设计和概算审查等各项前期工作，待计划下达后就能抓紧手续的办理，从而缩短了前期工作时间，保证了建设项目及时动工建设。面对因建筑材料价格及人工费用的大幅度上涨，为了不影响工程实施，各项目县仍然严格执行中央下达的“初中工程”项目计划，坚持资金专款专用，对于不足资金或由各项目县追加资金解决，或待中央奖励资金下达后再行安排解决，从而避免了随意变更项目学校、变更建设内容和调减建设规模现象的发生。

（三）建立制度、加强督查，确保工程进度

近年来，国家在实施“中小学危房改造工程”和“寄宿制学校建设工程”过程中，积累了不少好的做法，培养了一支懂业务、会管理的队伍，在实施“初中工程”中我们继续予以借鉴和利用。

1. 把“初中工程”作为深入基层检查、指导工作的必查内容之一

市教委、市发改委领导对工程实施非常重视，多次召开项目县会议，研究问题，加快推进工程落实。在开学检查、地震灾害排查和深入基层调研工作中，都坚持把工程的实施作为检查内容之一，亲临施工现场，对工程实施中面临的实际困难和问题主动与项目领导进行沟通，并尽快研究解决。区县领导也多次到项目学校现场办公，具体落实实施方案，确保工程顺利实施。

2. 认真执行月报制度，及时通报工程情况

在“初中工程”实施过程中，重庆市认真执行月报制度，市教委定期通报工程建设进展情况，在通报中不仅对项目县工程的完成情况进行分析，还对工程进展情况进行排序。并将通报下发项目县党委、人大、政府、政协，让项目县主要领导都要知晓本地区工程建设进度情况。

3. 在自查的基础上，加强专项督导检查

成立发改委、财政、建委、规划、质检等相关职能部门的专门督查班子，加大工程的指导和监督检查力度，把这项工作制度化。多次组织相关职能部门的管理与专家相结合的检查组，重点检查已批复项目各项措施的落实情况及工程进度，对检查情况将全市通报。从2009年起，市教委建立了包片督查责任制，将全市38个区县分成9个责任片区，由市教委各位委领导带队，有关处室包片进行专项督查，落实建设工程进度。通过加强对工程项目各环节的督查督办，加大督查信息的沟通，不断总结经验，努力提高项目管理业务水平，确保工程在“阳光”下实施。

（四）严格基建程序，积极探索工程建设管理新模式，确保工程质量

1. 严格按基建程序办事，确保工程质量

百年大计、质量第一。重庆市根据中小学建设的法律法规，结合实施“寄宿制学校建设工程”的成功做法，在工程实施过程中始终严格坚持基本建设程序办事，严格按国家规范设计。凡承担重庆市工程项目勘察、设计、施工、监理等任务的单位，必须具有相应的资质。

严禁施工单位转包或分包工程项目。对工程实行“第一负责人负责制”和土建“质量终身负责制”。对所有项目学校实行招投标管理，实行项目工程质量目标责任制，切实搞好项目监理和竣工验收。实行“一统一”（统一规划），

“二控制”（控制规模、造价），“三强化”（强化资金管理、质量监理、过程监察），“四把关”（把好选址关、招标关、施工关、质检关），“五建制”（建立招标制、业主负责制、招牌公示制、工程月报制、现场监察制）等措施，强化质量意识。严格执行建设工程强制性标准与规范，杜绝新出现重大安全事故和工程质量问题。

2. 积极探索工程建设管理新模式，提高办事效益

重庆市在实施教育行政部门指导下的业主负责制基础上，积极探索“统筹统建”，实施“交钥匙工程”。探索由项目县组建“统建办”，按照“六统一”（即统一投资、统一标准、统一规划、统一风格、统一设计、统一建设）要求进行建设。项目建设的前期手续办理、招投标、施工过程监督及审计、竣工验收等工作均由统建办统一负责实施，项目竣工验收合格后，交项目学校使用。据统计，全市38个项目县中，采取以“学校为主，县级部门辅助”管理模式的有33个，采取以“县级部门为主，学校辅助”的有5个，有2个县对部分建设项目还采取了“代建制”。

（五）严格资金管理，制定落实税费减免优惠政策，提高投资效益

为充分发挥中央专项投资效益，市级就强化资金管理、严控投资规模、严格工程审计等内容对相关人员进行了两期业务培训。各项目县也结合项目启动、工程管理培训、安全生产、资金管理等内容进行了培训。

1. 专项投资，专项管理，专款专用

各项目县将工程资金纳入财政国库专户管理、封闭运行、专项核算，使用上切实做到公开透明、厉行节约、精打细算，严禁挤占、挪用。在资金管理上我市建立了四项制度：一是按进度拨款制度；二是工程预决算制度；三是工程资金专项审计制度；四是工程专项资金管理责任追究制度。例如，长寿区对所有工程预算、决算，均送区评审中心初审，再委托中介机构审计。

2. 制定落实税费减免优惠政策，提高资金使用效益

各项目县积极采取措施，争取各项优惠政策。截至2011年6月底，据不完全统计，涉及减免项目30多个（如地质勘察、灾害、环境评估、图纸设计、城市建设、商业网点配套费、人防费等），累积减免税费3 767万元，占工程造价的5.37%。

（六）加强学校管理，提高办学水平，确保学生在校园里的健康成长

重庆市“初中工程”建设项目已陆续竣工并投入使用。为提高学校管理水平，充分发挥工程使用效益，全市要求各项目学校在工程完工后，必须按照《重庆市教育委员会关于印发〈农村寄宿制学校管理办法〉的通知》要求，要将安全工作放在第一位，要建立校长、教师、管理人员的岗位责任制，要完善学生生活管理和生命安全、饮食安全、卫生安全管理制度，要制定各种突发事故的应急预案。

县（区、市）也积极采取有效措施。比如，为项目学校选拔任用了事业心强、政治和业务素质过硬的校长，调配了具有强烈责任心的教师到项目学校任教，配备了卫生保健和生活管理人员等，规范寄宿制学校管理，维护寄宿制学校正常的教育教学和生活秩序。涪陵区财政2010年投入250万元，在全区农村寄宿制小学学校，按每50名寄宿生配备1名生活管理员；2011年投入828万元，将范围扩展到农村初中学校，共配备生活管理员460名，其中小学196名，初中264名。

对寄宿学生在思想、学习、生活等方面存在的问题和困难及时加以解决，确保学生在校园里健康成长。

一是学习方面。根据学生年龄特征、时令变化及每日晨间、午间、课外活动、晚间四个时段，有目的、有计划、有步骤地安排学习活动，做到每个时段都有教师指导，及时解决学生学习中遇到的各种困难。在重视基础知识，基本技能教学的同时，学校努力培养学生的自信心，主动性和学习兴趣，全面提高学生素质。

二是住宿管理方面。严格宿舍管理制度，制定学生“宿舍公约”、“作息时间”等管理制度，使学生寝室管理规范化，做到管理有章可循、有据可依。配备好生活教师，明确工作职责，经常与学生交流，了解学生宿舍动态，既方便对寄宿生的管理，又能使学生感受到学校如家般的温暖。

三是饮食卫生安全方面。严格落实食品原料定点采购及索证制度、餐饮具消毒制度、食堂从业人员卫生管理制度等，严把学校食品原料采购关、餐饮具消毒关、加工过程卫生关，确保学校食品卫生安全。同时培养学生良好的卫生习惯、就餐习惯，安排专人教育、指导学生学会打饭、就餐，适时为他们改善营养，以保证每个寄宿生健康成长。

四是课外活动方面。利用寄宿学生在校时间长的优势，组织开展丰富多彩的文化、艺术、科技、体育等活动。以开展综合实践活动等为载体，以激发兴趣、发展个性、发挥特长、培养能力、提高素质为目标，坚持课堂为基础、课外求发展的原则，以“五落实”(教师、学生、时间、地点、器材)为保障，使课外活动内容丰富、形式多样。

五是心理健康辅导方面。通过建立学生个体身心素质档案，进行全面系统的学生身心情况分析，对每位学生实现动态化的心理引导和健康教育，引导学生学会做人，促进儿童个体社会化进程和个性的充分自由发展。

三、取得的成效

（一）全市农村初中学校学生的食宿条件得到改善，寄宿率得到提高

“初中工程”的实施使重庆市农村初中阶段学校面貌发生了根本变化，农村中小学基础设施建设中的老大难问题得到缓解，为农村义务教育的健康发展提供了有力的支撑。据教育事业统计，2010年与2006年（工程实施前）相比，全市农村初中寄宿生增加了6.9万人，在寄宿率和校舍条件等方面都有较大幅度提高。一是寄宿率达到66.39%，较2006年增加8.21%。二是生均校舍面积达到7.07平方米，较2006年增加1.26平方米，增加幅度为21.78%。三是在校生生均学生生活面积达到2.49平方米，较2006年增加0.7平方米，增加幅度为39.42%，其中寄宿生生均宿舍面积为2.8平方米，增加0.46平方米，增加幅度为19.45%；在校生生均食堂面积为0.49平方米，增加0.18平方米，增加幅度为59.69%；在校生生均厕所面积为0.14平方米，增加0.02平方米，增加幅度为18.13%。

重庆市大足县龙岗中学新旧学生食堂对比

（二）满足了更多留守儿童以及居住地离校较远的学生食宿需求

通过工程的实施，242所项目学校，有在校学生30.7万人，其中留守儿童14.5万人；寄宿学生21.9万人，其中留守儿童11.4万人。分别较2006年增加了2.8万人、5.4万人、3.7万人、3.9万人。全市项目学校的在校生生均校舍面积8.6平方米，寄宿生生均宿舍面积4.38平方米，在校生生均食堂面积0.87平方米，在校生生均厕所面积0.18平方米，分别比2006年增加了1.8平方米、1.85平方米、0.46平方米、0.01平方米；学生生活用房生均面积分别比2010年全市农村初中学校相应指标高出1.58平方米、0.38平方米、0.04平方米，有效解决了外出务工家长的后顾之忧和远道学生上下学的奔波之苦。

重庆市梁平县和林初级中学学生在新建的学生食堂楼内用餐

（三）贫困地区、三峡库区及民族地区的农村初中学校发展得到大力扶持

《重庆市义务教育条例》明确规定：义务教育专项经费要重点扶持农村地区、边远地区学校和城镇薄弱学校。我市在制订建设规划、分配专项投资、组织实施等各环节，均对贫困区县、三峡库区、少数民族聚居集中的地区进行了倾斜。

1.“两翼”地区

“两翼”地区即渝东南和渝东北（即“两翼”地区）17个县区。前期规划的13个县区全部位于“两翼”地区，2009年后将另4个县又纳入实施范围。

据统计，工程共安排“两翼”地区中央专项投资36 108万元，占资金总量的69.06%，建设项目学校163所，建设校舍面积44.52万平方米，体育场地4.11万平方米，购置学生用床3 410单人套，满足了22.8万学生的在校食宿需求。“两翼”地区实施“初中工程”前后农村初中校舍变化情况见表6。

表6　重庆市“两翼”地区实施“初中工程”前后农村初中校舍变化情况

项目	2006年（平方米）	2010年（平方米）	增减情况	
			面积（平方米）	比率（%）
在校生生均校舍面积	5.55	6.37	0.82	14.77
在校生生均生活用房面积	1.75	2.50	0.75	42.86
寄宿生生均宿舍面积	2.13	2.51	0.38	17.84
在校生生均食堂面积	0.29	0.51	0.22	75.86
在校生生均厕所面积	0.12	0.13	0.01	8.33

2. 贫困地区

重庆市有14个国家扶贫开发工作重点县和4个市级扶贫开发工作重点县。据统计，工程共安排贫困地区中央专项投资43 538万元，占资金总量的83.27%，建设项目学校196所，建设校舍面积53.3万平方米，体育场地4.11万平方米，购置学生用床2 620张，为24.6万学生提供在校食宿条件。贫困县实施“初中工程”前后农村初中校舍变化情况见表7。

表7　重庆市贫困县实施“初中工程”前后农村初中校舍变化情况

项目	2006年（平方米）	2010年（平方米）	增减情况	
			面积（平方米）	比率（%）
在校生生均校舍面积	5.61	6.76	1.15	20.50
在校生生均生活用房面积	1.77	2.53	0.76	42.94
寄宿生生均宿舍面积	2.07	2.64	0.57	27.54
在校生生均食堂面积	0.30	0.52	0.22	73.33
在校生生均厕所面积	0.11	0.13	0.02	18.18

3. 民族地区

重庆市有5个民族自治县（全部为国家扶贫开发工作重点县）。据统计，工程安排民族地区中央专项投资8 391万元，占资金总量的16.05%，建设项目学校32所，建设校舍面积10.4万平方米，购置学生用床1 020张，为4.7万学生提供在校食宿条件。民族地区实施“初中工程”前后农村初中校舍变化情况见表8。

表8　重庆市民族地区实施“初中工程”前后农村初中校舍变化情况

项目	2006年（平方米）	2010年（平方米）	增减情况	
			面积（平方米）	比率（%）
在校生生均校舍面积	5.06	6.15	1.09	21.54
在校生生均生活用房面积	1.61	2.36	0.75	46.58
寄宿生生均宿舍面积	1.91	2.55	0.64	33.51
在校生生均食堂面积	0.30	0.50	0.20	66.67
在校生生均厕所面积	0.10	0.11	0.01	10.00

四、下一步工作

（一）加大投入，加快学校硬件建设速度

根据在重庆市市委三届七次全委会上提出的加强农村义务教育阶段寄宿制学校建设的要求，切实落实《重庆市中长期城乡教育改革和发展规划纲要（2010—2020年）》，加大财政投入，鼓励爱心企业和人士捐助等方式，积极筹措资金，加大投入，做好农村寄宿制学校宿舍、食堂、澡堂、厕所、开水房、保健室等生活用房的建设，完善和配套农村寄宿制学校设施设备，从学生的住宿、饮食、生活服务以及教学设备等硬件建设方面，尽快满足寄宿制学校办学条件，以标准化的硬件设施服务于社会，充分发挥寄宿制学校的教育教学功能，取得让家长满意、让社会满意的效果。

（二）加强管理，切实提高寄宿制学校办学水平

完善管理制度，强化管理是提高寄宿制学校办学效益的关键。因此，进一步建立健全规范、科学、合理、有效的寄宿制学校管理制度很有必要。

一是建立健全管理制度。建立健全适合学校实际的教学、生活、卫生、安全、文娱等方面的管理制度，加强学校校舍、设施、设备的安全检查、配置、管理工作，建立健全安全预警体系和经常性检查机制，完善饮食、卫生、生命

安全的管理制度，制定各种突发性事故的应急预案，杜绝因管理不善造成的各类责任事故发生。建立学校管理岗位责任制。全面落实校长负责制，校长依法担负起全面管理学校的责任，对学校日常管理实行岗位责任制，明确学校各部门参加寄宿制学校管理工作的职责，形成管理人员具体抓，各部门共同管的管理网络，做到人人各行其职，各负其责。

二是加强生活教师等教职工管理。按照标准，适当增加学校的后勤教职工编制，配齐学校后勤管理人员、学生生活辅导员、医务保健人员和安全保卫人员，同时加强对寄宿制学校相关人员的培训和指导工作，确保寄宿制学校的管理工作落到实处。

三是加强贫困寄宿生补助资金管理。建立严格的贫困寄宿生生活补助经费审批、使用、发放制度，健全管理机构，做到专人负责、专账管理、收支分账、按期公示、按月拨付、审核，自觉接受学生和社会监督，确保政策执行到位，杜绝挤占、挪用和贪污；要定期对补助经费使用情况进行检查，并配合审计部门搞好审计，审计结果要进行公示。

（三）建立经费保障机制，确保寄宿制学校的正常运转

在科学核算寄宿制学校运转成本的基础上，将运转经费全额纳入财政预算。同时积极支持寄宿制学校小农场和勤工俭学基地建设，按照学生规模，无偿为寄宿制学校划拨小农场和勤工俭学场所，结合学生劳动实践教育基地，统筹建设，其获取的收入，应主要用于补助学生的生活，降低寄宿学生生活成本，为努力改善寄宿生的生活创设条件。

“初中工程”的实施，进一步促进了重庆市农村地区学校布局结构的优化，使项目县农村义务教育学校的办学条件有较大程度改善，学校办学规模将有较大拓展，整体办学效益将有相当程度提高。重庆市将进一步完善工程建设的监控机制和质量保障体系，切实按照中央要求，加大对项目县工程实施过程中的计划执行、组织建设、质量保证、工程进度、规范管理、资金使用等方面的指导和监督检查力度，把“初中工程”建成“阳光工程”、“精品工程”、“民心工程”。

（重庆市教育委员会供稿）

让农村学生进得来、容得下、学得好
——四川省农村初中校舍改造工程报告

四川省位于我国西部，四面环山，地形复杂多样，地势西高东低。东部为以丘陵为主的盆地及山地，西部为川西高山高原及川西南山地。全省幅员总面积48.5万多平方公里，现辖18个地级市、3个民族自治州和4个民族自治县，181个县(市、区)，户籍人口约9 000万。全省地质构造复杂多样，是地震、洪涝、山体滑坡和泥石流等地质灾害易发地区；四川省又是多民族聚居的省区，是全国最大的彝族聚居区，唯一的羌族聚居区，藏族聚居人口仅次于西藏。民族自治地区土地面积30.4万平方公里，占全省总面积的62.7%。

四川教育规模巨大，教育大省特征明显。现有各级各类学校3.21万所，在校学生1 883.97万人，教职工94.36万人，教育总规模名列全国第四、西部第一。全省有农村初中3 583所，农村初中学生2 612 636人，其中初中留守儿童317 634人，农村初中寄宿学生1 713 472人，寄宿率65.6%，农村初中留守儿童基本住校。由于四川地处西部，自然条件较差，财力困难，人口众多，教育规模大，校舍陈旧，抗震设防度不高，尤其是“5 · 12”汶川特大地震使全省中小学校舍遭受巨大损失，使四川省深深感受到“初中工程”的重要性和紧迫性。根据国务院统一安排部署，四川省从振兴发展四川教育的长远目标着眼，立足现实，科学规划，精心组织，积极行动，结合灾后重建强力推进“初中工程”建设，取得了显著成效。

一、工程基本情况

（一）项目下达情况

2007—2010年，中央共下达四川省初中校舍改造工程379所学校，总投资84 626万元，其中：2007年35所，投资4 788万元；2008年95所，投资14 838

万元；2008年新增77所，投资18 000万元；2009年新增109所，投资35 000万元；2010年63所，投资12 000万元。总建筑面积79.9万平方米，其中：学生宿舍52.1万平方米、学生食堂24.3万平方米，厕所2.1万平方米，浴室、卫生室、锅炉房等0.5万平方米，教师周转房0.9万平方米，改造运动场23.6万平方米。覆盖四川省21市（州）的77个县（区），占我省181个县的42.5%。

（二）项目完成情况

2007—2010年，四川省共实施“初中工程”项目379个。目前，全部项目已竣工投入使用并通过审计决算。总的来看，工程管理规范有序，项目建设取得了明显成效。新建成了学生宿舍51.4万平方米、学生食堂23.3万平方米、锅炉房443平方米、浴室3 202平方米、改扩建运动场22.7万平方米。379所“初中工程”项目学校实施完成后，新增农村寄宿学生7.6万余人，为留守学生和离校较远学生就餐、住宿提供了保障。改造后的学校消灭了“大通铺”现象，同时也为学校的教育和管理提供了方便，缩小农村初中与城区学校的发展差距，促进了四川省城乡教育的均衡发展。

二、主要做法

（一）提高认识，健全机制

四川省委、省政府高度重视“初中工程”建设，省主要领导审批了规划方案，教育、发改、财政、建设、水利、农业、卫生等省级相关部门通力配合，确保四川省“初中工程”项目的顺利实施，充分发挥项目建设效益。省教育厅、省发改委与项目市（州）人民政府签订了《中西部农村初中改造建设工程项目责任书》，把项目建设工作纳入省对市（州）政府的目标考核评估督办项目。各市（州）、县（区、市）、项目学校也成立了相应的工作机构，落实了专人具体负责工程建设的相关工作。同时，还建立了部门定期工作协商机制，在项目的实施过程中加强沟通、协调。为了做好“初中工程”的管理工作，省教育厅、省发改委还专门召开了各项目市州、县教育和发改部门负责人会议，具体研究和落实项目管理工作，对项目工程的安全质量等问题提出了明确的要求。结合“初中工程”的实施，四川省从2008年开始还启动了“乡村教育留守儿童寄宿制学校建设工程”，2008—2011年，全省共投入资金7.04亿元，建设改造留守儿童寄宿制学校721所，消除大班额班级3 000多个，解决了23万多名留守儿童的住宿问题。通过实施农村寄宿制学校及其附属设施建设，有效解决或缓解了学校“大班额”和“大通铺”等问题，为农村留守儿童提供了良好的学习和生活的成长环境，受益师生满意度较高，社会评价高，反响良好，有力促进了我省城乡义务教育均衡发展和教育公平。

（二）科学规划，发挥效益

四川省高度重视对“初中工程”项目规划编制工作，根据《国家发展和改革委员会、教育部关于印发中西部农村初中校舍改造工程总体方案的通知》（发改社会〔2007〕833号）要求，结合实际，科学编制了四川省“初中工程”规划。

一是统筹规划，分步实施。结合四川省“十一五”经济社会发展规划，综合考虑城镇化进程、人口流动、学龄人口变化趋势等因素，紧密结合区域内教育事业发展规划、中小学布局调整规划，在充分利用好现有学校校舍的基础上，以方便学生入学为前提，科学合理地统筹制订总体需求规划。严格按照总体需求规划确定的目标任务，各地结合自身实际，按轻重缓急的原则分步实施。

二是科学布局，促进均衡。整合区域内农村初中办学资源，着力避免不切实际地撤并学校，对因学校撤并而闲置的校舍，制定综合利用方案，力争做到布局合理、规模适度。统筹考虑农村初中学生生活用房建设，对于校舍面积总量已经达到或者超过国家标准、但存在结构性短缺矛盾的学校，首先进行办学资源整合，通过调整、改造部分富余校舍，解决寄宿学生生活条件不足的问题。对于人口密度较低、学生过于分散的优先选择设在中心乡镇或邻近乡镇联合举办的初中学校，提高办学效益。对于人口密度较高、生源较为集中的优先选择设在乡镇的农村薄弱初中，通过专项建设推进其办学条件达到规定要求，促进校际间办学条件基本均衡。

三是整合资源、提高效益。将“初中工程”与“农村寄宿制学校建设工程”等其他义务教育工程紧密衔接，提高教育资源配置效益，避免重复建设和损失浪费。对已规划布点建设了生活用房的农村初中，原则上不重复安排。同时，因地制宜地实施沼气改厕、太阳能利用等，建设农村生态校园。

四是坚持标准，规范建设。项目按照国家要求均严格限定为学生生活用房，包括学生宿舍、食堂、厕所、锅炉房（水房）、浴室、卫生室等房舍建设，以及项目学校床具、炊具等设备购置及取暖、供水等配套设施建设。凡纳入总体需求规划的项目，不论新建还是改扩建，都要按照标准规划和建设，达到国家规定的基本办学标准和功能要求，严格执行有关建筑标准、规范和当地抗灾设防标准，按统一的质量标准进行建设。

（三）制度管理，确保质量

四川省教育厅、省发改委及时转发了教育部、国家发展改革委《关于中西部农村初中校舍改造工程实施意见》、《关于中西部农村初中校舍改造工程专项资金管理办法》、《关于中西部农村初中校舍改造工程建设项目管理办法》等一系列管理办法，要求各地严格执行基本建设程序制度，加强项目监督管理，确保工程建设质量和进度。

1. 高度重视，加强领导

学校校舍质量是一件关系到广大师生生命安全的大事。省各级教育行政部门、发展改革部门和项目学校领导高度重视，以健全制度、落实责任为核心，切实加强对“初中工程”项目建设和管理工作的领导。强化地方政府在“初中工程”项目实施过程中的主体作用，强化了部门合作，特别强调与建筑行业主管部门之间的沟通协作与紧密配合，把工程质量摆在突出位置，确保“初中工程”的施工质量，努力将“初中工程”建设成为精品工程、放心工程。

2. 完善制度，有效运作

为加强工程管理，四川省建立了八项制度，指导项目规范有效运作。一是简报制度，结合四川省灾后恢复重建，通过编发“初中工程”简报，定期通报情况。二是倒排工期制，对所有项目学校倒排开工、竣工日期，保证项目进度。三是工程进度双月报制度，各地每两月要报告一次项目进展数据，便于监督和管理。四是督办制，定期对各地工程进度排序，对排名靠后的市州、县进行重点督办，进一步加大整改力度。五是综合检查制，建立省、市（州）定期巡查、县级经常自查的监督检查机制。省教育厅实行了厅领导和处室定点联系重灾县灾后学校恢复重建工作制度，由8位厅领导牵头，有关处室参加组成8个工作组，分别联系全省13个市州51个重点县的各级各类学校灾后恢复重建工作，同时还将初中改造工程项目重点纳入督查范围。六是项目公示制，各地要在相关的媒体上公示“初中工程”年度项目内容、工期、负责人等信息。七是监督举报制，各地设立和公布监督举报电话，接受社会监督。八是宣传引导制度，充分利用电视、报纸、网络等媒体宣传我省“初中工程”的好做法、好经验、好效果，加深社会各界对“初中工程”的了解与支持，营造良好的社会氛围。

3. 严格程序，规范管理

严格按照国家规定的基本建设程序履行报批手续。从事“初中工程”勘察、设计、施工和工程监理的单位，必须具有相应资质。坚持先勘察、后设计、再施工的原则，严禁搞边勘察、边设计、边施工的“三边工程”。严格实行项目法人负责制、招标投标制、工程监理制和合同管理制，严格执行建设工程强制性标准。工程进度必须以保证工程质量为前提，严禁以追求进度为由降低工程质量标准。

四川省德阳市中江县青市乡初级中学施工现场

4. 科学选址，合理设计

县（区）教育行政部门在选址时组织专家对项目建设场址周边地质、交通、环境等主要条件进行科学评测。避开地震断裂带等自然灾害频发地段，以及不利于学生学习、身心健康和危及学生安全的场所。对因选址不当造成安全事故的，要追究相关人员责任。建筑设计坚持“建筑安全、功能齐全、满足需要、就地取材、美观大方”的原则，严格执行《农村普通中小学校建设标准》、《中小学校建筑设计规范》和国家有关建设规范的各项规定和要求。设计方案充分考虑安全、安静、便利、卫生等因素，以利于防灾和安全疏散。按照工程要求开始规划时，专门聘请规划设计部门的专家，深入学校进行深入、细致的摸底、排查和分析；同时，聘请景观设计机构，详细规划学校项目，使工程建设基本体现出大布局合理、小建筑科学，全域有特色、校校有亮点的格局。

5. 切实履职，加强监管

对工程项目建设实施全过程监理，要求自开工之日起，工程监理人员保证每天在工地，按照国家有关施工现场监理的规定，细化工程材料进场验收环节，分为土建、门窗、水、电、暖等5大项18个小项，每一项都要经过教育局、学校和监理三方共同验收合格，方可“放行”。严格检查入场建筑材料质量和施工工序、工艺、方法、进度、质量等各个环节，详细记录监理日志，并及时向上一级工程管理机构如实反映施工过程中出现的问题。市级工程管理机构定期、不定期检查和督促工程质量；县（区）工程管理机构对工程质量负主要责任，负责对本县区建筑项目进行巡查，并选派1—2名责任心较强的人员进行全过程监督。坚决防止在施工过程中发生偷工减料、压低造价造成工程质量问题。

6. 严格验收，资料完整

建筑项目竣工后，施工单位应整理出完整的工程技术资料和竣工工程决算资料，签署建筑项目质量保证书，并向县级工程管理机构报送竣工申请验收报告；竣工验收由县级工程管理机构组织质监、勘察、设计、施工、城建、消防等部门和单位及项目学校联合进行。参加验收的部门和单位要在竣工验收单上签署意见并盖章签字，县级工程管理机构按相关规定进行竣工备案；未经验收或验收不合格的项目不得交付使用。按照《建设工程文件归档管理规范》的规定，四川省对“初中工程”档案建设高度重视，各教育行政部门和学校都建立了“初中工程”档案室，指定专人对所属学校的档案进行收集、整理、保存和管理，确保每一所都有学校完整档案。

7. 规范使用资金，确保专款专用

严格按照专项资金管理办法和专项资金财务管理的要求，加强工程项目资金监管，坚持专款专用、专户管理、专账管理、专人负责、封闭运行。督促各项目学校认真落实项目资金使用和跟踪审计的有关规定，确保资金使用安全、合理、规范。严格按照工程进度拨付项目资金，实行“一单六签”制度，由学校报告，教育局签署意见，县（区）政府领导审定、财政局直接将资金拨付到施工单位或材料供给方。坚持项目工程审计制度，并严格执行结余专项资金使用审批和监督。严禁工程超标超概，杜绝工程产生新的负债。

四川省德阳市中江县仓山镇初级中学学生宿舍标志牌

8. 认真落实教育项目实施的相关优惠政策

全省将“初中工程”项目也视同灾后重建项目、校安工程项目，一并享受相关的优惠政策。一是设置绿色通道。为加快工程实施进度，确保高质量按期完成建设任务，各部门对农村初中校舍改造工程项目审批程序简化，审批程序办理实行“一站式”服务。二是依法减免相关费用。在工程前期审批和实施过程中，国土、建设、环保、水务等职能部门均按《中西部农村初中校舍改造工程总体方案》（发改社会〔2007〕833号 附件）的规定进行了收费减免。

四川省自贡市富顺县代寺镇初级中学新校园

三、任务完成，成效显著

（一）办学条件进一步改善，巩固率寄宿率显著提高

“初中工程”的实施，极大改善了四川省农村初中学生生活条件，提高了农村初中巩固率和寄宿率，缩小了城乡之间、学校之间的差距，促进了义务教育均衡发展具有重要意义。项目学校的各项指标达到或接近《农村普通中小学校建设标准》，消除了“大通铺”和校外租房现象。

四川省2010年事业统计报表显示，全省普通初中有校舍 2 513.3万平方米，较2006年增加520.9万平方米，增幅26.1%。生均建筑面积 7.31 平方米，较2006年增加1.77平方米。其中教学及辅助用房1 078.3万平方米、行政办公用房 171.3万平方米、生活用房1 159.6万平方米、其他用房 104.1万平方米。寄宿生177.9万人，较2006年的165.6万人新增寄宿生12.3万人；寄宿率51.7%，较2006年增加5.6个百分点。

学生宿舍建筑面积545.9万平方米，较2006年增加206.4万平方米；住宿生均宿舍建筑面积3.19平方米，较2006年增加1.14平方米。学生食堂建筑面积 158.2万平方米；较2006年增加72万平方米。生均食堂建筑面积0.46 平方米；较2006年增加0.22平方米。

（二）学校育人环境逐步优化，教育管理质量明显提高

通过“初中工程”一期工程项目的实施，营造了良好的学习生活环境。实施前部分项目学校低矮、潮湿、狭窄的破烂房，如今变成了宽敞明亮的高楼。学校校舍功能区分也更加合理、设施更加完善，达到了生活区与教学区、办公区分离，大幅度地提高了项目学校的寄宿条件，优化了育人环境。同时，学校管理措施进一步完善，学校寄宿制管理更加有序，学校的教育教学质量得到明显提升。

四川省德阳市中江县集凤初级中学新旧学生宿舍楼对比

（三）留守学生的学习和管理有了保障，促进了教育公平

“初中工程”项目大多在农业人口大县，劳务输出大县。随着外出务工人员的逐年增加，留守学生也日益增多，许多学生是无人监管或隔代管理，学生的行为习惯和生活习惯明显较差，生活自理能力较差，留守学生的身心发展受到严重的影响，寄宿后学生生活习惯明显的变化。

（四）推动布局调整进一步优化

“初中工程”推动了学校布局架构的优化，提升了办学的规模效益。在“初中工程”项目的支持下，四川农村初中建起了宿舍，盖起了餐厅，不仅解决了布局调整给寄宿生带来的实际困难，还给学校管理打开了新局面。以前一些学校由于受条件限制，学生在外面租房子，学校家长都不放心，给教学管理

带来相当困难。有的农村学校全校有200多名学生在外租住民房，分散在周边村子的农户家，每周学校都要派出十几人次的安全教师，挨家挨户去检查。现在学生在校内寄宿，管理员9点半熄灯前集中检查，放心多了。学校现在比家里住得好，水电暖气免费，家长特别满意，对学校的事都很支持。

（五）国家教育均衡发展政策全面落实

通过“初中校舍”一期工程项目的实施，项目学校基本消除了“大通铺”和校外租房现象，学生能在宽敞明亮的食堂用餐，有效改善了项目学校办学条件及育人环境。这对推动项目县全面实施素质教育，全面提升办学水平，努力缩小城乡之间、学校之间教育内涵发展方面的差距，促使县域内义务教育均衡发展具有重要意义，为项目所在地落实国家教育均衡发展政策，推动我省教育事业进一步发展奠定了更加坚实的基础。

四川省盐边县民族中学学生在新校园中快乐成长

四、市县典型

德阳市中江县9所实施“初中工程”的项目学校，共计新建学生宿舍8 605.77平方米、学生食堂4 009.18平方米、学生厕所265.34平方米。此9所项目学校在校生数由“初中工程”实施前的5 266人达到现有的7 260人、寄宿生数由“初中工程”实施前的4 634人达到现有的5 746人、生均生活用房面积由“初中校舍改造工程”实施前的3.58平方米达到现有4.44平方米。建成后的项目学校均达到了预期效果，学校办学条件得到了显著的改善，受到家长、师生、群众的广泛好评。

今后，四川省将进一步总结实施“初中工程”的经验和成果，建立完善初中学校舍建设保障长效机制，实现中学校舍建设管理的科学化、规范化、常态化，主动作为，再接再厉，把学校建设成为最牢固、最安全、最放心的公共服务设施，为办好人民满意的教育打下坚实的基础。

（四川省教育厅供稿）

黔山苗岭深处的“暖心房”
——贵州省农村初中校舍改造工程报告

贵州，中国唯一没有平原支撑的内陆山区省份，位于祖国西南南部，地处云贵高原东部，总人口约3 474万，总面积约17.6万平方千米，辖9个地级行政区、88个县级行政区，少数民族人口占全省总人口的37.9%，仅次于云南，居全国第二位。延绵不绝的巍巍群山、蜿蜒曲折的涓涓溪流、多姿多彩的民族风情成就了多彩贵州。这里山水相依，情景交融，既气势宏伟又充满诗情画意，壮观而美丽。

全省共有各级各类学校30 935所(不含3404个教学点)。其中，中小学校14 202所，在校学生622.54万人，教师30.83万人。为加强农村义务教育，改善农村教育基础设施，缩小城乡、区域发展差距，推动公共教育协调发展，促进构建社会主义和谐社会，在国家的支持下，2007—2010年，贵州省投入6.72亿元实施“初中工程”，历经四年，取得丰硕成果。

一、高度重视，珍惜机遇，在探索中前行

2007年党中央、国务院作出进一步扩大内需、促进经济增长的重大战略决策，在全国农村实施“初中工程”，大力改善农村初中的办学条件，提升农村初中学校的硬件水平。贵州省委、省政府高度重视这一次难得的机遇，迅速作出了落实党中央、国务院决策的部署。在各级党委和政府的领导下，教育、发改、财政、国土、建设等有关部门积极配合、通力协作，强化机遇意识，采取积极有效措施，加快“初中工程”的实施，取得了显著成效。

（一）提高思想认识

省及时下发了《关于切实抓好新增中央投资项目建设工作的通知》等指导性文件，要求各地高度重视“初中工程”实施工作，把思想和行动统一到中央

的决策部署上来，统一到贯彻落实科学发展观的要求上来，以高度的政治责任感全力以赴加快项目建设进度，按时保质保量完成项目建设任务。要求各地抢抓机遇，打破常规，加快进度，采取一切可能采取的措施，动用一切可以动用的手段，保证项目及早开工建设，形成尽可能多的实物工作量。同时，强调必须进一步加强工程管理，严守党纪政纪，坚决防止腐败行为的发生。

（二）加强组织协调

贵州省成立了由副省长为组长，省各相关部门主要负责人为成员的省落实新增中央投资项目协调领导小组，领导小组下设办公室，负责协调处理新增中央投资项目实施中出现的重大问题。同时，各级地方政府也成立了新增中央投资项目领导小组及其办公室。组织机构的建立为新增中央投资项目顺利实施提供了良好的协调服务，营造了合力攻坚的良好氛围。利用这种良好时机，贵州省教育工程在规费减免等方面的优惠措施得到了更为有效的贯彻，提高了资金使用效益，大大加快了工程进度。

（三）严格资金管理

省教育厅、省发改委、省财政厅等有关部门通力协作，及时下达投资计划和项目预算，为项目建设提早准备、顺利实施打下了基础，为项目县完成可行性研究报告批复、项目初步设计等前期准备工作争取了有效时间，避免了前松后紧情况的出现。贵州省严格按照国家各种项目资金管理办法，教育、发改、财政、审计等部门紧密配合，进一步加强资金使用、管理和监督，严格财经纪律，确保专款专用，将监督检查贯穿于资金筹集、分配、拨付、使用、管理的全过程，防微杜渐，及时发现问题，严肃查处违纪违法行为，确保中央投资安全、透明、高效。

（四）严格执行标准

贵州省“初中工程”实施坚持校园规划和建筑设计的科学性，项目县对所建项目学校，根据不同地形地貌，按照教学区、体育运动区、生活区、生产实习区等不同功能要求，绘制校园总平面规划图，做到分区明确、布局合理、联系方便、互不干扰。为使建筑设计规范、适用，省里还委托甲级设计单位——贵州省建筑设计研究院，在认真调查研究、反复论证基础上，按照12班、18班、24班等不同规模学校，分别设计了《贵州省农村初中学生宿舍、食堂建筑工程方案图设计》，印发各项目县参照执行。“设计方案图”对学生宿舍及食堂的各种功能、标准等都作了明确的要求，这对全省“工程”项目学校建设起到了积极的规范作用，避免了各地设计的随意性，使我们的寄宿制学校建设更合理、更方便、更美观。

（五）实施优惠政策

根据国办发〔2005〕44号文精神，2005年12月，贵州省人民政府发布了第91号令，颁发了《贵州省城市基础设施配套费征收使用管理办法》，将“九年义务教育的中小学教学楼、实验楼、图书馆（楼）、体育场馆、办公楼、教师单身宿舍及学生宿舍、学生食堂设施”工程列入“免缴城市基础设施配套费的建设项目”中。2006年1月，省人民政府办公厅下发了《关于对义务教育阶段学校建设工程实行优惠政策的通知》，明确：“义务教育阶段学校建设过程中涉及的城市基础设施配套费、防空地下室场地建设费、建设质量监督费、工程定额测定费、劳保统筹等均应予以免收；涉及的工程质量监督费，对‘寄宿制工程’予以免收，其他义务教育阶段学校建设工程按70%收取。投资许可证、施工许可证只收工本费。今后，针对建设工程新设立的行政事业性收费和政府性基金，除国家另有规定的外，对义务教育阶段各类学校建设工程均应予以免收”。贵州省“初中工程”继续实施该项优惠政策，规费减免达4 300余万元，有效地控制了工程造价，提高了资金使用效益。

（六）完善管理制度

贵州省将工程实施工作纳入目标管理，各级按项目明确了领导责任人、承办人，对工程进度进行合理安排，确保项目如期完工，强调对各市（州、地）、县工作完成情况进行严格验收、考核，对未如期完成任务者进行责任追究。目标管理成为确保完成“初中工程”建设任务的重要举措。经过长期的摸索和经验积累，贵州省还形成并不断完善了工程进度“双月报制”、形象进度“月报制”、竣工报表制和简报制等基本管理制度。通过坚持并完善这些基本制度，省得以全面了解工程进展情况，传播好的经验作法，及时跟踪进度缓慢项目，并加大力度进行督查，确保了工程建设总体上按既定计划顺利推进。

（七）加强工作调度

省每年年初均要召开年度“初中工程”工作会议，总结上一年工作完成情况，明确当年的工作任务，为工程顺利实施创造良好的开局。省教育厅和省发改委每隔一定时间联合召开全省范围的工作调度会，及时解决工程实施中出现的问题，并有针对性地部署每一阶段的工作。“初中工程”进展情况还成为省政府召开的“两基国检”调度会的重要内容，在每次“两基国检”调度会上，省均要对“初中工程”实施进度滞后县进行通报，并限期整改。2008年11月，国家将“初中工程”纳入扩大内需、促进经济平衡较快发展的重要举措，12月初，根据国家的部署，省及时召开了全省加快“初中工程”实施工作部署大会，要求原定2010年全面完成的“初中工程”规划，提前至2009年完成。各有关单位以加倍的热情和昂扬的斗志投身到“初中工程”的建设中去，大大加快了工程进度。

（八）强化督查指导

长期以来，贵州省形成了系统的督查制度，建立了教育基本建设专家库，依托专家强化管理和督查。每年年初省要对项目建设前期准备工作进行检查，督促各地早启动、早开工；根据需要，省有关部门不定期深入各项目学校，帮助解决存在的问题。针对“拖后腿”的项目，省紧抓不放，要求有关市（州、地）、县明确专人督办，按周报送工程进度照片，并多次组织现场专项督查，确保了“初中工程”实施总体上的均衡推进。

（九）实行末位问责

对进度滞后的县，省要求有关领导到省接受当面质询，共同商讨加快推进之策，有效加强了当地政府对“初中工程”实施的重视程度，强化了政府的协调统筹职能，确保了项目实施工作顺利开展。

（十）坚持质量为本

校舍质量是一件关系到广大师生生命安全的大事，贵州省对工程质量高度重视，要求各地以对党和人民高度负责的态度，进一步提高对校舍安全重要性的认识。各县以健全制度、落实责任为核心，切实贯彻落实“初中工程”相关管理办法和规定，加强教育与建设等有关部门的沟通协作，加强对“初中工程”项目的质量管理，把工程质量摆在突出位置，有效保证了“初中工程”的施工质量。

二、奋战四载，成绩卓然，在发展中变化

四年的艰辛，四年的汗水，四年的奋战，贵州省“初中工程”取得了显著的效果。教师在良好的环境中舒心地工作着，学生在焕然一新的校园内快乐地学习生活着，一张张天真无邪的笑脸就是对“初中工程”工作成绩的最好褒奖。贵州省“初中工程”四年间共投入资金6.7亿元，建设学校344所（见下页表），极大地解决了农村初中学校办学条件不足的问题，提高了初中学生的寄宿率。

贵州省毕节市黔西县桂箐中学新运动场

（一）为实现“两基”目标奠定了基础

“初中工程”的实施，使贵州省53个项目县的农村初中办学条件大大改善，收到了显著效果。农村薄弱初中生活设施建设的加强，食宿条件的改善，使项目县学生寄宿率得到较大提高，“两基”成果得到有效巩固和提高，为接受国家“两基”检查验收创造了条件。2009年6月，国家“两基”督导检查组对贵州省“两基”工作进行了为期一周的督导检查，对我省“两基”工作给予了充分肯定：自2001年以来，在贵州省委、省政府的正确领导和全省各族干部群众的共同努力下，贵州教育事业发展取得了巨大成绩，“两基”攻坚工作实现了历史性突破，义务教育改革和发展发生了翻天覆地的变化。教育部认定贵州省实现了“两基”目标。

贵州省2007—2010年“初中工程”实施情况一览表

实施年度	项目学校数	投入资金（万元）			房建面积（平方米）								建设体育场地面积（平方米）	购置学生床（张）	餐桌凳（单人套）
		合计	土建	设备	小计	学生宿舍	学生食堂	厕所	锅炉房	浴室	卫生室	教工单身宿舍			
2007	30	4 681	4 358.2	322.8	68 087	48 744	12 895	3 563	870	1 670	345		22 088	12 020	11 729
2008	156	28 531	26 598	1 932	347 541	257 810	53 489	19 612	5 440	9 210	1 980		69 996	65 290	64 333
2009	116	25 000	23 782	1 218	230 576	166 571	38 367	11 357	3 595	6 362	1 370	2 954	68 292	37 043	47 544
2010	42	9 000	8 764	236	83 466	60 611	19 200	1 975	375	1 260	45		50 669	5 133	7 595
合计	344	67 212	63 503.2	3 708.8	729 670	533 736	123 951	36 507	10 280	18 502	3 740	2 954	211 045	119 486	131 201

（二）促进了县际间学校办学条件的均衡发展

贵州省在实施“初中工程”之时充分考虑县际间学校均衡发展的需要，优先解决学校硬件设施不足的问题，重点安排主要靠自己的力量提前实现了“两基”的县。加强这些县（市、区）农村薄弱初中学生生活设施建设，改善食宿条件，有效地缩小了与纳入国家“两基”攻坚计划地区的学校硬件设施的差距，促进了县际间办学条件的均衡发展。

贵州省黔西南州安龙县德卧初级中学新学生宿舍楼

（三）学校生活设施进一步完备

“初中工程”为53个县的344所农村薄弱初中建设了学生宿舍、食堂、厕所、锅炉房、浴室、卫生室、教工单身宿舍及体育场地，大大改善了项目县初中生活服务用房及体育运动场地严重不足的状况。同时，面向全国公开招标，统一购置了设计科学、结构牢实、造型美观、工艺精细、使用方便的高质量、符合规范的钢质学生用床和学生餐桌凳。各项目学校安装了与学生人数相适应吨位的锅炉房和学生沐浴喷头，供学生沐浴。

（四）现代文明气息进入农村学校

随着“初中工程”的实施，学生生活服务设施的完备，许多项目学校的学生不论寒冬和暑夏都可到浴室沐浴，一改过去因无条件而不洗澡、不讲卫生的落后习惯；标准规范餐桌凳的配置，保证了学生就餐之用，改变了过去因无条件不得以端着饭菜随便找个地方蹲着、站着吃饭，到处抛散残汤剩饭的不文明行为；学校食堂管理规范，学生通过电脑“刷卡”选用食品，改变了过去凭票就餐的陈旧方式。

贵州省铜仁市印江自治县新寨乡
农业中学原砖木结构学生宿舍

贵州省铜仁市印江自治县新寨乡
农业中学新建砖混结构学生宿舍楼

（五）农村学生长途走读之苦得到解除

“初中工程”实施前，这批薄弱初中生活设施滞后，特别是学生宿舍及食堂十分紧缺，致使许多距离学校较远需要住校就读的学生，不得以在校外租房住读，甚至朝出晚归，翻山越岭，长途跋涉，既影响学习，又存在着不安全因素，更影响着“两基”成果的巩固。“初中工程”新建了大批学生宿舍和食堂，配置了相应的用床和餐桌凳，为远距学校的学生创造了良好的食宿条件，使11万名学生住进了学校，解除了长途走读之苦。

三、四个坚持，精雕细琢，在规范中提升

为使有限的“初中工程”资金投入，发挥出最佳的经济效益和社会效益，贵州省对“初中工程”的实施慎之又慎，精雕细琢全力打造“初中工程”为精品工程，在实施工作中我们做到了四个坚持。

（一）坚持资源配置的均衡性

在国家实施“两基”攻坚战略计划（2003—2007年）前，贵州有湄潭、都匀、凯里、安龙、平坝、玉屏、开阳、钟山等26个县（市、区）靠自己力量实现了“两基”，但受当时自身财力所限，学校硬件设施普遍较差，实属低水平的“两基”，与国家实施“两基”攻坚战略计划后实现“两基”的县相比，差距很大。为改变这一失衡状况，我省将“初中工程”的投资大部分安排于这批县（市、区），加强其薄弱初中基础建设，完善生活设施，解决远距学校学生长途走读问题，提高学生寄宿率和巩固率。实践证明这一决策非常正确，效果显著，受到广大群众和师生的欢迎。

贵州省黔西南州安龙县德卧初级中学新校园

（二）坚持校舍功能的时代性

所建“初中工程”项目学校，不仅有适应学校规模的教学用房及教学辅助用房，而且要按以学生为本的指导思想，所建学生宿舍必须设有居室、洗漱间、卫生间、陈衣柜；学生食堂必须具有满足学生文明就餐的规范化的餐厅，必须有满足炊事烹调操作的各种功能间和设备；锅炉房与浴室必须设置保障学生安全、舒适就浴的设施，克服陈旧观念，体现现代文明特征。

（三）坚持工程规划的严肃性

凡经批复的“初中工程”项目建设规划，不论是学生宿舍或学生食堂、锅炉房、浴室、卫生室、厕所、体育场地等项建设，其建设规模、建设投资，未经国家发改委批准，不得擅自变更，以维护规划的严肃性，杜绝随意性，确保效益性。

（四）坚持工程建设的科学性

凡纳入“初中工程”建设的项目学校，必须依照国家《农村中小学建设标准》，科学规划学校校园布局，做到教学、体育运动、生活等几大区域分区合理，联系便捷，互不干扰，相互协调；生活设施建设规模，按学校规划规模一步到位，投入一所，建成一所，不留缺口；新建校舍按其使用性质，做到设计规范、造型美观、功能齐全、适用耐用、确保安全。

“初中工程”在贵州省的实施，充分体现了党中央、国务院对贫困地区人民群众的关怀。贵州省将不断总结经验，克服困难，继续加大农村学校建设力度，改善农村办学条件，提高农村办学水平，不辜负党中央、国务院对我们边远贫困地区教育事业发展所给予的支持和寄予的厚望。

（贵州省教育厅供稿）

让寄宿之光洒遍彩云之南
——云南省农村初中校舍改造工程报告

"十一五"期间，云南省通过实施"初中工程"，进一步加强和改善了全省农村教育基础设施，很大程度地缩小了城乡、区域教育发展差距，进一步推动了公共教育协调发展，"初中工程"建设取得了丰硕成果。

一、投资建设情况

2007—2010年，中央共安排云南省"初中工程"中央资金77 956万元（其中：土建资金76 445.5万元，设备购置资金1 510.5万元），实施项目学校258所，批复总建筑面积67.81万平方米，购置学生用床47 681单人张。截至2011年12月，258所项目学校完成投资79 338.1万元（其中土建77 827.6万元，设备购置1 510.5万元），完成面积68.07万平方米，完成投资占批复数的101.81%、完成面积占批复数的100.37%，另购置学生用床47 223单人张。

省级共筹措资金19 606万元（2008年省预算内3 080万元，2009年省级地方债券16 526万元），全部为土建资金，实施项目学校47所，建筑面积16.5万平方米。截至2011年7月，2008—2009年省级资金安排的47所项目学校已全部完工并交付使用，完成建筑面积16.36万平方米，完成投资19 844万元，分别占批复数的99.14%、101.21%。

二、工作开展情况

（一）规划完成情况

根据《国家发展和改革委员会　教育部关于印发中西部农村初中校舍改造工程总体方案的通知》(发改社会〔2007〕833号)、《教育部 国家发展和改革委员会关于编报中西部农村初中校舍改造工程建设规划的通知》（教财函〔2007〕28号）要求，结合云南实际情况，云南省教育厅、云南省发展改革委按照七项原则，认真编制完成了《2007—2010年云南省农村初中校舍改造工程建设规划》。

坚持六项原则，科学编制规划。一是总体规划、分步实施的原则。2007—2010年的建设项目一次规划，分年实施。二是抓住关键、突出重点的原则。工程建设规划突出重点领域，着重解决各县农村初中生活设施不全的问题。三是“初中工程”与教育结构、中小学区域布局调整相结合的原则。项目学校必须是区域布局调整规划中保留的学校。四是项目建设落实到县、规划到校原则。实施规划以县为基本单位，规划到学校，逐一落实每一个项目的建设内容、资金额度、实施措施。五是校舍建设坚持“牢固、实用、够用、方便学生学习和生活”的原则。六是“建一校成一校”的原则。学校建设方案根据2010年的规划在校生数和《农村中小学建设标准》核算，生活设施建设原则上不留缺口。优先支持农村薄弱学校特别是学生生活设施严重短缺的薄弱初中，中央专项投资不得用于打造“重点校”、“示范校”。以促进校际间办学条件的基本均衡。

按照规划，“十一五”期间，云南省共有50个项目县纳入规划，规划项目学校288所，其中中央资金项目学校206所，地方配套资金项目学校82所。规划建设面积639 772平方米，其中学生宿舍428 462平方米，学生食堂142 379平方米，厕所21 866平方米，其他生活用房21 787平方米,体育场地25 278平方米，购置学生用床47 681单人张。规划总投资58 500万元，其中：土建投资56 846.9万元，设备购置投资1 653.1万元。申请中央预算内专项资金45 000万元，地方配套资金13 500万元。另上报备选项目学校54所，规划总投资6 650万元。

（二）采取的主要措施

1. 制定相关配套政策措施

云南省教育厅、云南省发展改革委作为“初中工程”项目实施的省级主管部门，高度重视“初中工程”建设和管理工作，为规范和强化管理，于2008年3月出台了《云南省教育厅 云南省发展和改革委员会关于印发云南省农村初中校舍改造工程项目土建管理办法和云南省农村初中校舍改造工程专项资金管理办法的通知》（云教计〔2008〕48号）；2008年6月，及时转发了《教育部办公厅、国家发展改革委办公厅关于进一步加强中西部农村初中校舍改造工程质量管理的通知》（云教计〔2008〕170号），对我省"初中工程"的顺利实施起到了积极推动作用。

2. 增强责任意识，加强统筹领导

学校校舍质量是一件关系到广大师生生命安全的大事。各级教育、发改部门以对党和人民高度负责的态度，进一步提高对校舍安全重要性的认识，以健全制度、落实责任为核心，切实加强对"初中工程"项目建设和管理工作的领导。省政府成立了云南省农村初中校舍改造工程领导小组，分管教育的副省长为组长，教育、发改、财政、土地、监察、审计等相关部门领导为成员，领导小组下设办公室。各地也相应成立了组织结构，负责组织协调各地项目的实施、监督和检查。各职能部门各司其责，加强管理，努力将"初中工程"项目建设成为"精品工程"、"放心工程"。

省领导视察"初中工程"项目学校校舍建设情况

3. 严格执行基本建设程序

严格按照国家规定的基本建设程序组织项目实施。积极做好项目前期准备工作，坚持先勘察、后设计、再施工的原则，严禁边勘察、边设计、边施工的

“三边工程”。严格实行项目法人负责制、招标投标制、工程监理制和合同管理制，严格执行建设工程强制性标准。

4. 切实履行监管职责，抓好工程管理

在“初中工程”项目建设管理中，我省通过进一步强化“三条监管线”，严把“四道建设关”，狠抓“五项责任制”，确保工程建设质量。

“三条监管线”：一是项目县教育局领导和机关科室人员分片挂钩项目乡（镇）和学校，督促指导项目建设，落实项目学校法人主抓工程质量，定期或不定期对项目建设情况进行督促和检查，及时向县工程领导小组办公室汇报工程实施情况；二是建设主管部门从质监站、设计院、乡（镇）村建所抽调专业技术人员，挂钩项目乡（镇）和学校，定期或不定期对工程建设质量进行督查，整改存在问题；三是监理单位工程监理员进驻项目乡（镇）和学校，对工程建设进行全覆盖监理，对隐蔽工程、重要工序的施工实行旁站监理。

“四道建设关”：一是严把规划选址关，选址时避开滑坡、泥石流等自然灾害易发地带，所有项目均按照当地抗震设防标准一次性规划设计；二是严把材料进场关，严格执行取样见证的相关规定，对进场原材料进行随机取样，严格检验，不合格建材严禁进场；三是严把施工程序关，实行定人、定岗、定责“三定制”，对每道施工程序进行全程监管，严格把关；四是严把质量检验关，所有隐蔽工程、关键工序必须经监理、工程责任人、质量监督机构人员检查验收，签字认可后，方可进入下一道工序的施工。

“五项责任制”：即项目法人负责制、工程招投标制、工程监理制、工程合同管理制、质量终身负责制。在建设程序中，按照“五项责任制”，严格执行建设工程强制性标准，严禁工程转包、分包，坚决打击和查处工程建设中的各种腐败和违纪违规行为。

5. 严格资金管理

严格执行中央、省对“初中工程”国债资金管理的相关规定，项目资金实行专户储存、专款专用、封闭运行；资金管理严格按规定在财政局设资金专户，资金拨付严格按施工单位申请，监理单位签署意见，建设单位法人签字，教育局、发改局、财政局审核，报政府分管领导签字后，由财政局直接将工程款拨付到施工单位账户。工程款拨付严格按照合同订立的条款支付，有效的防止资金失控，杜绝国有资金被挤占、挪用和流失的问题，确保资金投资效益。

6. 抓工程进度，工作措施到位

为如期实现建设目标，各地结合实际，采取有效措施，抢抓工程进度。一是实行倒排工期管理。严格要求施工单位、项目乡（镇）和学校，根据项目建设规划、建设规模、施工条件等情况研究制定工程建设施工进度计划，实行倒排工期，严格按施工计划组织施工。二是加强施工组织管理。施工企业严格按项目建设要求，组织好施工机械、施工设备，技术人员和施工人员，并在雨季来临之前备齐建筑材料，尤其是运输困难、施工难度大、施工条件较差的学校，建筑主材料必须全部进场，机械设备、施工设备和施工人员必须全部到位。三是及时拨付工程建设资金。根据工程进度和资金款拨付比例，按时拨付工程建设资金，确保施工单位的正常运转。将旱涝灾害对工程建设进度的影响，降到了最低。

7. 严格竣工验收手续

建设项目竣工后，施工单位整理出完整的工程技术资料和竣工工程决算资料，签署建筑项目质量保证书，并向工程管理机构报送竣工申请验收报告，经工程管理机构组织质监、勘察、设计、施工、城建、消防等职能部门和监理单位及项目学校对工程质量进行验收。参加验收的部门和单位均在竣工验收单上签署意见并盖章签字，县级工程管理机构按相关规定进行竣工备案。

8. 减免建设“规费”，降低工程成本

在项目执行中云南省严格执行上级批复的分年度建设计划，严禁随意变更项目学校、变更建设内容和大幅度增减建设规模。要求各项目县继续按照《云南省人民政府关于减免基础教育工程建设项目规费的通知》(云政办发〔2003〕18号)等政策文件精神，减免各项建设收费，采取有力措施切实降低成本。2009年，云南省人民政府办公厅又下发了《云南省人民政府办公厅关于减免中小学校舍安全工程建设有关收费的通知》(云政办发〔2009〕251号)，对于涉及的行政事业性收费（政府性基金）“24项全免”项目，必须全部免收；对于涉及的经营服务性收费“4项全免、16项减半或以下”项目。各地认真执行文件规定的规费减免政策，做到了行政性收费全免、经营性收费减半，确保中央和省级的专项资金真正用在学校建设上，降低了建设成本。

三、取得的成效

一是学生生活条件得到明显改善。“初中工程”的实施，解决了项目学校办学条件不足、校舍破旧拥挤，屋椽腐朽、漏雨严重、安全通道不畅、安全隐患大等问题，确保了师生生命安全，优化了校园布局，改善了就餐环境，学校校舍条件和整体环境明显改善。项目学校生均生活用房面积比实施前平均增加了2.8平方米，校园面貌发生了翻天覆地的变化，实施了“初中工程”项目的地方，最漂亮的房屋是校舍，环境最优美的地方是学校。达到“优化育人环境，促进学校可持续发展”的目标，项目学校初中的寄宿率与巩固率稳步提高。

云南省昭通市昭阳区凤凰中学新校园

二是学校布局更为科学、合理。在项目规划过程中，结合云南经济与社会发展实际，充分考虑城镇化进程、地理环境、人口增长和密度、学龄人口变化趋势、中小学教育布局、寄宿学生的实际需求等基础因素，对项目进行科学、合理布局。整合项目县（市）内农村初中办学资源，着力解决寄宿制学校学生生活条件不足的问题，让每一笔资金都能收到实实在在的效益。

云南省凤庆县象贤中学原学生宿舍

云南省凤庆县象贤中学新学生宿舍楼

三是校舍更加安全。通过项目的实施，项目学校校舍建筑结构和房屋的安全性得到了极大改善，新建校舍主要以框架结构为主，达到国家抗震设防要求，学生住进了安全、放心的校舍。在“初中工程”项目实施以前，保山市腾冲县中和中学原有在校生1 842人，学生生活用房5 067平方米，为砖木结构，均为D级危房。学校食堂多年来一直在破旧的简易房内，各种功能用房也不能分开，由于没有餐厅，师生只能在露天就餐，远远达不到学校食品卫生安全管理的要求。项目实施后，学校D级危房基本拆除，有效排除了学校校舍安全隐患，新增学生生活用4 788平方米，可满足1 900名学生学习和生活。

云南省凤庆县营盘中学原来的简易食堂（伙房）

云南省凤庆县营盘中学新建的标准化学生餐厅

四是取得了显著的社会效益。2010年，贵州省初中在校生由2007年的195.91万人增加到208.04万人，增加在校生12.12万人，增长率6.19%；初中寄宿生由2007年的135.17万人增加到147.87万人，增加寄宿生12.7万人，增长率9.4%；初中阶段毛入学率由2007年的99.63%上升到104.36%，上升了4.73个百分点；2010年初中阶段辍学率由2007年的1.96%下降到1.57%，辍学率下降了0.39个百分点；2010年中学生均校舍由2007年的8.52平方米上升到9.21平方米，生均校舍增长了0.69平方米，增长率8.1%。

四、典型事例

临沧市位于云南省西南部，因濒临澜沧江而得名，是集“边、山、少、穷”为一体的少数民族边疆市，东与思茅市、大理白族自治州接壤，西南与缅甸交界，国境线长290.791公里。全市辖7县1区，77个乡镇，国土总面积24 469平方公里，山区占总面积的97.5%。全市243万人总人口中，农业人口占84%。有佤、傣、彝、布朗、德昂、拉祜等少数民族23个，多元化、多形式、多层面文化互通共存。“十一五”初期，临沧市共有农村初级中学114所，基本实现了每个乡镇有一所普通初中，人口数较大的乡镇有2至3所普通初中，共有初中在校生89 962人，教职工4 993人。共有校舍81.92万平方米（危房面积7.69万平方米，危房率为9.39%），其中框架结构18.82万平方米，砖混结构48.87万平方米，砖木结构11.16万平方米，土木结构3.07万平方米。

为加快临沧经济社会的发展，“十一五”以来，临沧市市委、市政府明确提出以提高教育质量、办人民满意的教育为宗旨，以创新机制、优化结构、增强活力为主线，坚持“两基”重中之重地位不动摇，着力抓好“两基”巩固提高工作。按照国家、省有关“初中工程”建设的安排部署，临沧市组建了由市教育局局长兼任办公室主任、分管副局长兼任办公室副主任、市直相关职能部门为成员的“临沧市初中工程办公室”，在市委、市政府的领导和省工程办的指导下负责做好各项日常工作，同时，指导各县（区）工程办做好项目实施工作。

永德县在工程管理中走出了一条成功之路。该县按照“四个一”的工作目标（确定一个规划目标，落实一块学校建设用地，做好一张校园规划图，坚持一个管理标准），加强工程建设管理。一是做到安全设施齐备。脚手架、安全网按标准搭建；各种安全警示牌、标志牌齐全，并悬挂在重要的醒目位置。二是对工程概况和工程管理人员进行公示，让社会对工程的整个施工过程进行监督。三是做到资料齐全。每个工地都有施工管理制度、各班组管理制度、施工组织设计、监理计划和定期召开监理例会。四是在实施工程中通过会议联席制度来解决存在问题，解决所遇到的困难。工程办工作人员及驻工地代表和监理人员全程监督管理施工过程。工程办工作人员实行分片挂钩制度对全县各乡镇工地进行管理，做到定期或不定期地对所管辖的工地进行检查，并及时召开反馈会，出现问题的要求马上整改；甲方驻工地代表必须做好施工日志，监督乙方做好各种资料，对监理人员进行考勤，监督监理人员是否对工作认真负责；监理公司做到旁站式监理，每周至少有一次监理例会，有完整的监理日志。五是对施工人员进行严格安全管理。每周至少进行一次安全教育，在施工过程中经常进行抽查，出现违规操作的，对其进行教育，并做相应的惩罚。六是对隐蔽工程都进行组织验收，待验收合格后方能进行下一步工序，对验收不合格的要求发监理整改通知进行整改，整改合格后再进行下一步工序。永德县的做法，为临沧市加快初中工程提供了很好的经验。

2007—2010年，临沧市共实施中央投资“初中工程”项目学校17所，项目总投资6 109万元（土建投资6 016.2万元，设备购置92.8万元），新建学生生活用房44 841平方米，购置学生用床2 577张。省级资金初中工程项目学校5所，项目总投资3 465万元（土建投资3 432万元，设备购置33万元），新建学生生活用房26 734平方米，购置学生用床940张。大大改善了项目学校办学条件，解决了项目学校生活用房及生活设施不足的问题，促进了全市教育改革和发展。

一是加快了排危步伐，消除了22所项目学校7.1万平方米D级危房，确保了广大师生生命财产安全和学校教育教学工作的正常开展。

二是缓解了办学压力。新建的26幢校舍，解决了近11 000名初中生的住宿问题，缓解了各项目学校生活用房紧张的现状，为学校师生的工作、学习和生活提供了基本的物质保障，缓解了办学压力，保障了教育教学工作的正常开展，加快推进了学校标准化建设。

三是加快了中小学布局调整步伐。2010年，全市有初级中学104所，共撤并了10所。随着初级中学布局的优化，小学布局也将逐步趋向合理化。

四是加快了初中阶段教育发展。2010年，全市初中阶段毛入学率上升为101.65%，上升了8.2个百分点，辍学率下降至1.64%，下降了0.98个，在校学生数为97 378人，增加了6 067人。同时，随着办学条件的改善，初中教学质量也得到大幅度提高。2011年，临沧市高考成绩已位居全省第四名，这与初中阶段教育的发展是不可分离的。

五是助推了社会主义新农村建设进程。“初中工程”的实施，对改善村容村貌起到了积极的助推作用，提高了农村人口就业率，增加了项目学校服务区农民收入，推动了社会主义新农村建设进程。

六是加快了临沧教育国际化进程。随着教育事业的快速发展和边境学校办学条件的逐步改善，镇康县、耿马县和沧源县边境线上越来越多的缅甸籍华人家长都愿意把适龄儿童送到云南境内就读，学习中华民族文化，这必将加快临沧教育国际化进程，对宣传我国教育思想、教育理论、办学条件、办学水平等方面发挥积极的助推作用。2011年，全市共有缅甸、越南、老挝等国籍的在校生1 302人，其中小学阶段1 071人，初中阶段231人。从近年来的招生情况看，临沧市义务教育阶段外籍学生将继续保持上升趋势。

云南省沧源县班洪中学新校园一角

临沧市所取的成效是云南省“初中工程”的一个缩影。通过“初中工程”

的实施，云南省各项目学校办学条件得到了极大改善，初中阶段学生流失、辍学的现象已大大减少，广大教职工安心乐教，“两基”成果得以夯实、巩固。这为促进云南社会经济发展，增进各民族团结，维护社会稳定，构建和谐社会作出了积极的贡献。

（云南省教育厅供稿）

为农牧区孩子构筑温馨舒适的学习生活环境
——西藏自治区农村初中校舍改造工程报告

实施“初中工程”是党中央、国务院落实科学发展观、改善农村学校办学条件的重大举措，是建设社会主义新农村的重要内容，对于进一步加强农村义务教育，巩固和提高“两基”攻坚成果，改善农村教育基础设施，缩小城乡、区域教育发展差距具有重要作用。2008—2010年，国家在西藏实施了“初中工程”。该工程的实施极大地改善了我区农牧区初级中学办学条件，提高了农牧区初级中学巩固率和寄宿率，推动了公共教育协调发展，对促进构建平安西藏、和谐西藏具有重要意义。

一、工程投资情况

2008年，在国家发展改革委、教育部等有关部委的大力支持和亲切关怀下，国家批复了西藏自治区“初中工程”规划，批准建设我区63所农牧区初中的教学用房、学生生活服务用房及附属设施，总投资38 000万元，改扩建农牧区初级中学校舍19.36万平方米，其中2008年底国家下达该工程投资20 000万元，2009年国家下达18 000万元。

二、工作开展情况

（一）科学编制规划

根据教育部、国家发展改革委《关于编报中西部农村初中校舍改造工程建设规划的通知》（教财函〔2007〕28号）要求，自治区教育厅、发改委结合西藏自治区初中办学规划和布局等特点，编制了西藏自治区“初中工程”建设规划，由教育部、国家发展改革委审定后实施。

1. 科学规划，合理布局

结合西藏自治区经济社会发展和人口分布实际，除昌都地区芒康县盐井纳西民族乡设有一所乡镇初中外，其他所有初中均设置在县一级，按照一县一校布局，个别人口较多的县布局两所。初中办学坚持以寄宿制集中办学为主，除拉萨市城关区和各地市行署（人民政府）所在地的部分初中实行走读外，其余初中全部实行寄宿制办学，全区初级中学寄宿率达到90%以上。在“初中工程”规划编制过程中按照我区“十一五”经济社会发展规划，根据城镇化进程、人口流动和密度、学龄人口变化趋势、中小学布局结构调整、寄宿学生的实际需求等基础因素，立足长远、科学制定建设规划，切实提高教育资源配置效益，妥善处理集中办学与就近入学的关系，做到布局合理、规模适度。

2. 突出重点，解决急需

“初中工程”实施期间，正值西藏自治区“两基”攻坚和“普九”收尾关键时期，在“初中工程”项目的筛选环节上，重点放在未通过“普九”验收和学校规模较大、基础设施差的初级中学，优先解决教学用房和学生生活用房。坚持从实际出发，因地制宜，坚持“实用、够用、方便学生”的原则，力戒不切实际盲目扩大规模。

3. 严格标准，节约资源

严格按照《农村普通中小学校建设标准》（建标109—2008）、《中小学校建筑设计规范》和国家有关建设规范的各项规定和要求进行项目学校新建或改扩建的设计和投资需求测算，避免追求高标准建设、华而不实，确保经济、实用和适用。

（二）严格项目管理

按照教育部办公厅、国家发改委办公厅印发的《关于中西部农村初中校舍改造工程实施意见》及《关于中西部农村初中校舍改造工程建设项目管理办法》等规定对工程项目进行管理。

一是加强队伍建设，切实提高自身能力和水平。在全区组织与基本建设有关的专项培训，不断提高参建人员的素质和管理能力，造就一支政治过硬、业务水平高、能打硬仗的干部队伍。把工程建设与人才培养紧密结合起来，在实践中培养人、锻炼人、造就人，做到项目建设既出精品工程，又出优秀人才。

采取组织区内外专家为项目建设建言献策、项目法人聘用专业技术人员、委托有资质的中介机构代建等多种有效方式，充分发挥社会力量和中介机构在项目建设管理中的作用，促进我区项目建设管理水平不断提高。

二是加强项目前期工作，把握项目建设的主动权。在确定项目时，做事做细前期工作，既防止出现前期工作深度不够影响工程质量或建设超标准等现象。严格按照国家相关建设标准和项目审批相关要求，加大项目技术审查力度，严把项目筛选关、申报关、审批关，合理确定工程规模、建设标准和概算投资，严格进行施工图纸审查，充分考虑安全、安静、便利、卫生等因素，有利于防灾和安全疏散，重点做好建筑项目的走道、楼梯、安全出口等关键部位的设计工作，确保前期工作达到行业规定的深度。

三是切实落实好责任制度，为项目实施提供强有力的保障。严格落实项目建设领导责任制、项目法人责任制、招标投标制、监理制、合同管理制等基本制度，严格实施工程全过程监理，约束参建单位行为，保证项目建设管理工作有人抓、责任有人负，确保项目的顺利实施。

四是严格控制工程质量。把质量管理放在项目管理工作的第一位，进一步强化质量意识，建立健全质量保证体系，严格按照国家技术规范标准组织实施，从材料设备进场到各施工工序的技术控制等各个环节都严格把关。

五是加快项目建设进度。严格按照预定计划进行建设，在保证质量的前提下，尽可能加快建设进度。对因一些不可抗拒原因造成进度延误的，采取合理的措施，使项目早日建成，尽早发挥投资效益。

六是及时做好项目竣工验收工作。对已完工的项目，抓紧进行竣工验收，竣工验收领导小组组织规划、勘察、设计、质监、施工、城建、消防等单位及项目学校联合进行，重点检查审批建设内容和实施内容是否一致，严把资金使用、工程质量关，保证档案资料完整、准确。竣工验收后，认真总结建设过程的经验和教训。

七是加大监督检查力度。各级发展改革、教育、财政、建设等部门加强行业指导，对执行相关法律法规、强制性标准和落实有关政策措施情况进行监督检查。自治区发展改革委把农牧区“初中工程”作为稽查工作的重中之重，及时发现建设管理、竣工验收过程中存在的问题，提出整改措施，督促相关单位改进工作，并对整改落实情况进行检查。

（三）加强资金监管

严格按照《中西部农村初中校舍改造工程专项资金管理办法》和有关财务管理规范的要求，对“初中工程”项目资金实行专户管理，按施工进度拨付资金，确保专款专用。项目实施过程中，实行概（预）算审计和竣工决算审计制度。监察和审计部门对项目申报、工程进展和专项资金使用情况进行全程监督。

（四）落实规减免政策

在工程实施过程中，为有效利用建设资金，降低工程其他建设费用，各项目市（县）积极协调辖区内城建、国土、地震、消防等部门，争取各项优惠政策，检测费、图纸审查费、地勘、设计、监理等费用在一定程度上得到相应减免。

三、取得的成效

“初中工程”的实施极大改善了农牧区初中阶段学校的办学条件，学校面貌发生了根本变化，生活设施不足的问题得到缓解，生均用房面积有较大幅度的提高，基本消除了“大通铺”现象，极大地改善了边远贫困地区农牧区初中学校特别是寄宿制学校学生生活学习条件，较大程度地解决了路途较远学生的寄宿需求，促进了学校的精细化管理和城乡义务教育的均衡发展。目睹着学校一幢幢建筑拔地而起，农牧民群众都高兴地说：现在牧区最漂亮、最

西藏自治区昌都地区贡觉县中学新学生食堂

醒目的建筑是学校，送孩子到学校去是最放心的了。

“初中工程”实施前,全区初中在校生135 995人，毛入学率达到90.79%，校舍总建筑面积152.4万平方米，生均11.2平方米；“初中工程”实施后，全区初中在校生138 992人，较2007年增加2 997人，毛入学率达到98.2%，校舍总面积达到176.1万平方米，新增校舍237 353平方米，生均校舍面积达到12.7平方米,生均校舍面积增加1.5%（见下表）。

西藏自治区“初中工程”实施前后数据对比表

类别		2007年	2010年	净增加（人、平方米、%）	生均面积（平方米）	
					2007年	2010年
在校生数（人）		135 995	138 992	2 997	—	—
毛入学率（%）		90.79	98.20	7.41	—	—
校舍面积（平方米）	教学及辅助用房	477 488	615 448	137 960	3.51	4.43
	办公用房	82 503	95 930	13 427	0.61	0.69
	学生宿舍	423 970	477 595	53 625	3.12	3.44
	学生食堂	101 250	117 031	15 781	0.74	0.84
	其他生活用房	33 962	39 296	5 334	0.25	0.28
	教师周转宿舍	358 210	415 897	57 687	2.63	2.99
	其他用房	46 461	—	—	—	—
	合计	1 523 844	1 761 197	237 353	11.21	12.67

四、项目建设主要经验

（一）高度重视，齐抓共管，保证工程顺利实施

西藏自治区山南地区隆子县中学新学生宿舍楼

“初中工程”是我国“十一五”期间教育发展的一项重点工程，更是西藏自治区义务教育发展的大好机遇。西藏自治区从思想上高度重视，积极协调各有关部门，要求各项目地市尽最大努力，齐抓共管，克服重重困难，按时、按质、按量完成改造任务，确保“改善农村教育基础设施，缩小城乡教育发展差距”这一目标的实现。

（二）提高责任意识，加强统筹领导

学校校舍质量是一件关系到广大师生生命安全的大事。各级教育行政部门、发展改革部门和项目学校领导都以对党和人民高度负责的态度，进一步提高对校舍安全重要性的认识，以健全制度、落实责任为核心，切实加强对“初中工程”项目建设和管理工作的领导。在工程实施过程中，进一步强化项目单位在工程项目实施过程中的主导作用，严格落实“初中工程”相关管理办法和规定，同时也进一步加强了部门间的合作，把工程质量摆在突出位置，确保施工质量，将“初中工程”项目建设成为“精品工程”、“放心工程”。

（三）科学规划，积极开展项目前期工作

各项目单位认真掌握辖区内各学校校舍状况，做好资金测算和分配工作，深入项目学校进行现场勘查、实地测量、整体规划。在工程选址上，聘请有资质的专家对项目现场周边的地质、交通、环境等主要条件进行科学评测。按照学校规模适中，功能齐备和够用、实用、耐用的原则，科学、合理进行规划设

计。学校规划严格按照《农村普通中小学校建设标准》（建标109—2008）执行，努力做到布局合理、功能齐全、美观实用、特色鲜明，为“初中工程”的有效推进提供保证。

西藏自治区日喀则地区第三中学新运动场

（四）积极争取资金，加强协作，确保工程顺利实施

在认真细致做好各项前期工作的基础上，加强同自治区发改委等相关部门的衔接，确保国家资金及时落实到位。同时，积极筹措地方配套资金和援藏资金，确保我区“初中工程”顺利实施。

（五）明确职责、切实加强工程监管力度，做好项目管理

项目实施过程中，坚持先勘察、后设计、再施工的原则。在项目建设过程中，要求各项目地市严格按照国家规定的基本建设程序履行报批手续，勘察、设计、施工和监理等单位，必须具有相应的资质。进一步明确项目法人职责，严格执行项目法人制、招投标制、监理制、合同管理制等基本建设制度，采取有效措施，做好安全建设，保证工程顺利竣工并交付使用。对工程招投标、工程质量监督、拨付工程款、工程验收等都做出严格的规定和要求，确保“初中工程”项目建设安全有序推进。

（六）政策落实到位，工程建设成效显著

全区各级教育主管部门严格按照“初中工程”建设项目相关政策，科学编制规划，加强项目建设管理，确保工程质量。全区初级中学办学条件得到进一步改善，学校面貌发生深刻变化，创造了良好的教书育人条件。

“十二五”期间，西藏自治区将认真总结“初中工程”实施的成功经验和做法，进一步加大对全区初级中学校舍改造力度，不折不扣地落实国家有关农村初中校舍改造工程的各项政策措施，进一步增强紧迫感和责任感，理清工作思路，落实工作责任，强化工作措施，加强行业指导，为改善全区义务教育学校办学条件和促进教育事业科学发展作出新的应有的贡献。

（西藏自治区教育厅供稿）

改善农村中学办学条件的一剂强心针
——陕西省农村初中校舍改造工程报告

陕西是中华民族的重要发祥地之一，素有重教兴学的优良传统。“十一五”期间，省委、省政府坚持优先发展、育人为本、改革创新、促进公平、提高质量的方针，坚持不懈地推动教育科学发展，教育改革不断深化，教育质量持续提高。“初中工程”启动实施以来，在教育部、国家发展改革委的大力支持下，我省紧紧抓住这一改善农村初中办学条件，提升农村义务教育均衡发展的契机，强化项目管理，科学统筹实施，严把工程质量，工程建设取得了显著成效。全省义务教育发展站在了一个新的历史起点上，步入提高质量、内涵发展的新阶段。

一、中央投资带动地方投入，“初中工程”推动陕西农村中学硬件建设上新台阶

2007年7月，陕西省按照教育部、国家发展改革委的统一部署开始实施“初中工程”以来，累计下达中央预算内投资计划62 925万元，新建学生公寓、食堂及厕所等学生生活设施，总建筑面积达63.59万平方米，并为173所学校配备了生活设施，为7所学校新建了体育场地。共建设项目学校340所，项目覆盖革命老区县、国贫县以及劳务输出大县68个（见表1）。

表1　陕西省2007—2010年中央专项投资分年度建设情况

实施年度	中央投资（万元）	安排项目学校数（所）	建筑面积（万平方米）	竣工交付使用情况
2007	5 428	34	6.66	竣工交用
2008	26 197	165	28.71	竣工交用

续表

实施年度	中央投资（万元）	安排项目学校数（所）	建筑面积（万平方米）	竣工交付使用情况
2009	25 000	117	21.65	竣工交用
2010	6 300	24	6.57	竣工交用
合计	62 925	340	63.59	

在中央投资的带动下，省级也加大了投入力度。2008—2010年，省教育厅会同省财政厅，在全省实施生活设施改造项目，共改造初中项目学校758所，省级专项安排5.37亿元，新建锅炉房、开水房、浴室、食堂和餐厅及厕所，总建筑面积26.97万平方米（见表2）。

表2　陕西省2008—2010年省级专项资金分年度建设情况

实施年度	省级投入（万元）	安排项目学校数（所）	建筑面积（万平方米）	竣工交付使用情况
2008	16 700	200	7.56	竣工交用
2009	10 200	205	10.56	竣工交用
2010	26 800	353	8.85	竣工交用
合计	53 700	758	26.97	

二、科学编制工程规划，“初中工程”被纳入省级重点项目和民生工程统筹实施

在“初中工程”项目建设过程中，陕西省严格按照教育部办公厅、国家发展改革委办公厅印发的《中西部农村初中校舍改造工程建设项目管理办法》，切实加强组织领导，严格执行基本建设程序，落实项目管理责任，加强项目全程管理，确保工程建设质量。

陕西省委、省政府高度重视“初中工程”实施工作，2007年9月，成立了由主管省长任组长，教育、发改、财政、建设、水利、农业、卫生等部门负责人为成员的工程领导小组，并下设办公室，与省农村中小学危房改造工程领导小组办公室合署办公。项目实施以来，省领导多次检查并召开协调会，解决项目实施过程中出现的实际问题。各市、县（区）也成立了本级“农村初中校舍改造工程领导小组”及办公室，具体负责组织、协调和指导本地区工程项目管理工作。

此外，陕西还将“初中工程”纳入省级重点项目和“民生八大工程”统筹实施。2007年12月，省教育厅、省发展改革委与各市人民政府签订了“初中工程”责任书，进一步明确各级各部门项目建设责任，要求“初中工程”年度项目必须当年年底前完工投入使用。同时，借鉴寄宿制工程经验，陕西继续实行市、县行政部门领导包片、科室干部包校制度，并工程建设任务纳入省委、省政府年度目标责任考核内容，实行“第一责任人负责制”，县长为工程实施的第一责任人，教育局长为工程实施的具体责任人，校长为工程实施的直接责任人。

为使“初中工程”规划符合实际、科学可行，省教育厅和省发展改革委联合组织召开了“中西部农村初中校舍改造工程”实施规划编制工作会，明确了规划编制的原则、标准和要求，坚持因地制宜，科学编制工程规划。

具体规划过程中，坚持做到“五个结合”：与城镇化进程和人口变化相结合，与中小学布局调整相结合，与义务教育均衡发展和各类教育规划相结合，与陕西实际情况相结合，与农村寄宿制建设等建设工程相结合，合理配置教育资源，集中财力建设覆盖人口广、受惠学生多的学校，建一所，成一所，使全省农村初中办学条件得到根本性改变。

规划完成后，还组织教育、发改、建设、财政等相关部门对规划进行评审，根据评审意见，进一步修改、完善。部分市县还依据学生规模预测数和《农村普通中小学校建设标准》，抽调专人深入项目学校实地查看、调研，使规划更加符合当地初中教育实际。事实证明，陕西规划具有一定的前瞻性，顺应了中小学布局调整、教育均衡发展的要求。

三、把好关口力保质量，“初中工程”公开接受社会各界监督成为群众放心工程

工程质量、进度和安全是实施好“初中工程”的关键。陕西省在实施“初中工程”过程中，严格把好六个关口，确保项目建设质量。

一是严把审批设计关。各项目由有资质的单位编制项目可行性研究报告、勘探和设计。可研报告、初步设计方案经过专家组评审、批准后再进行正式设计。二是严把招投标关。所有项目都必须依法委托招标公司，按照“公平、公正、公开”的原则公开招标，择定具有相应资质的施工企业。三是严把建设进

度关。陕西严格执行八项制度，从2008年1月起，对所有建设项目实行双月报制度。2008年7月，省教育厅下发了《关于加快实施“初中工程”的通知》，实行倒排工期制。要求各市县区、各项目校和施工企业科学统筹安排施工力量，严格按照工程建设进度安排施工，定期组织人员对工程建设进度进行检查，将检查情况进行通报。四是严把工程质量关。工程建设严格执行基本建设程序，按照图纸和施工规范组织施工，建筑和安装材料进场严格复检，实行项目合同管理制、工程监理制和质量终身制，普遍提高了校舍设计和建设施工标准，实行校舍勘察设计、施工图审查、建筑施工和工程监理等单位准入制度。五是严把施工安全关。在狠抓工程进度和质量的同时，严格施工安全管理，施工企业采取必要措施保证安全施工，项目学校对师生加强安全防范教育，杜绝不安全事故发生。六是严把竣工验收关。所有项目均要按程序进行审计和竣工验收，竣工验收后才交付使用。

把好六个关口，“初中工程”建设项目的质量有了保障，资金安全就成为了另外一个重点。在工程实施中，陕西严格执行《国家中西部农村初中校舍改造工程中央专项资金管理办法》，加强和规范工程专项资金的管理，杜绝违法违纪行为，确保专款专用。

一是按照国债资金管理要求，设立专户，实行专账管理，专款专用，确保资金用于工程。二是严格资金拨付流程。在项目实施过程中，项目学校根据工程形象进度提出资金拨付申请，经教育、发改及监理单位审核后，财政部门及时足额将款项直接拨付给供应商或工程建设承包商，以减少中间环节。三是邀请审计部门对资金使用情况进行专项审计，工程资金运行符合规范。工程实施中，没有发生克扣、截留、挤占、挪用工程专款现象。四是对配套设施的采购，按照省上有关规定集中招标采购，节约工程资金。五是按照国务院办公厅转发教育部等部门《关于进一步做好农村寄宿制学校建设工程实施工作若干意见的通知》（国办发〔2005〕44号）的有关规定，对城市配套、水泥散装、墙改、消防、环保、气象等事业性收费和政府性基金等有关收费予以减免，降低了工程成本。

在项目实施中，工程领导小组及其办公室对各项目县从规划、勘探、设计、施工管理和工程质量等各个环节实行全程监督，对工程质量进行现场检查。按照国家《关于进一步加强中西部农村初中校舍改造工程质量管理的通知》精神，在省政府统一领导下，省教育厅、省发展改革委、省建设厅分别从省级机关和全省高校、建筑设计单位、科研院所等抽调近200人，组成8个检查督导组，对工程建设项目进行全面排查，及时消除安全隐患。省级组织力量对资金的管理使用情况进行了专项检查和审计，对项目管理和资金落实情况进行督查，及时纠正和防止工程建设管理中可能出现的问题。各地也成立了由教育牵头，发改、监察、财政、审计等部门参与的督查队伍，对项目实施过程进行督查，督查工作分阶段逐项目进行，重点督进度、督管理、督安全、督质量、督验收。项目校按照有关规定，将工程进度计划和责任人在施工现场挂牌公示，接受社会各界监督，努力将项目建设成为放心工程。

四、办学条件大为改善，“初中工程”取得显著办学效益、经济效益和社会效益

作为巩固中西部“两基”成果、改善农村学校办学条件、解决留守儿童学习和生活问题而实施的一项重大工程，通过中省和地方的共同努力，“初中工程”新建了一大批学生宿舍、食堂餐厅和生活设施，购置了一大批取暖、供水、床具、炊具等生活设备，解决了农村初中投入乏力、校舍不足、寄宿困难等迫切问题，项目学校校园面貌焕然一新，工程建设取得了显著的办学效益、经济效益和社会效益。

陕西省商洛市洛南县谢湾中学新学生宿舍楼

一是校舍建筑标准功能明显提高。工程新建校舍建筑结构均为砖混或框架结构，抗震设防能力增强，安全系数提高。新建宿舍、餐厅外观简洁大方，功

能齐全，住宿条件得到根本改善。项目学校生均校舍面积有了大幅增加，生均校舍面积由2007年4.8平方米提高到7.4平方米，生均生活用房面积由0.8平方米提高到2.6平方米，生均学生住宿面积由0.5平方米提高到1.2平方米，生均食堂面积由0.17平方米提高到0.4平方米，生均厕所面积由0.12平方米提高到0.2平方米。

二是寄宿生食宿条件明显改善。项目实施前城镇初中学生宿舍不足，许多学生在校外租房住宿，管理和安全存在隐患；农村乡镇初中普遍是大通铺，往往一间房住10多人，拥挤不堪，卫生条件很差。项目实施后，新建学生宿舍每间只住8人，每人1床1柜，还配备了脸盆架、书桌等，楼内设有卫生间、水房等设施，住宿条件大大改善。新建学生食堂、餐厅干净卫生，炊具、餐具齐全，设施完备，结束了寄宿生露天就餐的历史，大大提高了学校食品卫生安全工作防范能力。项目学校还同步安装了供暖锅炉、开水茶炉，真正意义上实施了“双暖工程”，彻底结束了学生火炉取暖、吃冷饭、喝生水的历史，学生和家长十分满意。

陕西省商洛市洛南县谢湾中学新学生餐厅

陕西省商洛市洛南县洛源中学新学生宿舍内部设施

三是学校办学效益明显提高。办学条件改善后，学生学习用心、生活安心，家长也放心，初中入学率、寄宿率、巩固率不断提高。工程的实施，加速了农村初中布局调整进程。截至2010年年底，全省共有农村初中1 867所，共撤并学校185所，在校生总量达到164.32万人，校均规模达到880人。寄宿生57.82万人，项目校寄宿率达到54.4%。全省初中学龄人口毛入学率达到99.7%，义务教育巩固率达到99%。

陕西省商洛市洛南县谢湾中学新校园全貌

四是经济和社会效益初步显现。“初中工程”的实施，不仅优化了农村初中的资源配置，推进了农村城镇化建设，而且促进了地方经济发展，拉动了内需，促进了地方经济又好又快发展，取得了明显经济效益。工程的实施不仅改善了农村中学的办学条件，缩小了城乡之间教育差距，为教育的均衡发展奠定了一个坚实的基础，而且得到了人民群众的认可和拥护，提升了党和政府在人民群众心中的形象和地位。工程的实施不仅解决了农村孩子在生活和学习方面遇到的双重困难，使更多的尤其是偏远村屯的学生能够更好地接受九年义务教育，而且解决了外出务工学生家长的后顾之忧，促进了社会和谐稳定，取得了显著的社会效益。

五、与当地实际相结合，“初中工程”成功关键在于责任落实、监管到位和监督有力

高度重视、责任落实的领导机制是做好“初中工程”实施工作的关键所在，符合实际、科学合理的项目规划是实施好工程建设任务的前提条件，足额投入、监管有力的资金保障机制是工程顺利实施的重要保证，严格规范、科学

到位的项目管理是确保工程建设质量的重要保障，及时有效、扎实务实的监督检查是工程有序推进的重要手段。

在“初中工程”实施过程中，陕西省总结出了一套符合自身实际的经验。

一是纳入目标责任考核，夯实了各级工作责任。为了落实各级在工程实施过程中的责任，省委、省政府将工程建设任务纳入年度目标责任考核内容，实行“第一责任人负责制”，落实了“三长”（县长、局长、校长）在工程实施过程中的责任。实行市、县教育行政部门领导包片、科室干部包校制度，责任明确，措施到位，工程实施顺利。

二是实行资格准入制度，确保了工程建设质量。2008年6月，省政府下发了《陕西省地震灾后学校恢复重建实施方案》，实行建筑行业资格准入制度，对校舍勘察设计、施工图审查、建筑施工和工程监理等单位准入资格提出要求。

陕西省明确规定：校舍勘察设计单位资质须为甲级或乙级，技术负责人有8年以上勘察设计经历，且具备工程地质、资源与环境、城乡规划、建筑设计等方面的专职勘察、规划、设计人员，注册建筑师、结构工程师各不少于2人。施工图审查单位资质须为一类或二类，技术负责人有8年以上本职工作经历，且具备相应的专业技术队伍，至少各有1名注册建筑师和注册结构工程师。

建筑企业具有建设行政主管部门颁发的一级或二级资质，近5年承担过6项中的4项以上工程的施工总承包或主体工程承包（12层以上的房屋建筑工程、高度50米以上的构筑物或建筑物、单体建筑面积1万平方米以上的房屋建筑工程、单跨跨度21米以上的房屋建筑工程、建筑面积5万平方米以上的住宅小区或建筑群体、单项建安合同额3 000万元以上的房屋建筑工程），企业经理具有8年以上从事工程管理工作经历或具有中级以上职称，技术负责人具有8年以上从事建筑施工技术管理工作经历并具有本专业高级职称，企业有职称的工程技术和经济管理人员不少于100人等。

监理机构持有建设行政主管部门颁发的甲级或乙级资质，监理机构技术负责人应为注册监理工程师，并具有10年以上从事工程建设工作的经历，注册监理工程师、注册造价工程师等注册人员合计不少于15人。同时，校舍抗震设防按照高于当地房屋建筑抗震设防的要求，进行校舍设计和施工，所有新建项目一律取消预制构件，实行现浇，取消外廊建筑。通过实行严格的建筑行业准入制度，提高校舍综合防灾标准，从根本上保证了项目建设质量。

三是与当地实际相结合统筹实施，提高了项目投资效益。陕西把“初中工程”纳入省级重点项目和省政府实施的“民生八大工程”统筹实施，项目建设效益十分显著。宝鸡市山区县太白县在实施“初中工程”时，与当地实施的“一乡一校”布局调整工程紧密结合，全力打造寄宿制特色学校。项目学校办学条件、设施设备、育人环境全面提升，项目综合效益十分明显，推动了教育均衡发展。省委、省政府主要领导、分管领导，省级有关部门领导先后考察，给予了充分肯定和赞扬。

（陕西省教育厅供稿）

“丝绸之路”迎来教育春天
——甘肃省农村初中校舍改造工程报告

为加强农村义务教育，改善农村教育基础设施，缩小城乡、区域发展差距，推动公共教育协调发展，促进构建社会主义和谐社会，在国家的支持下，甘肃省于2007—2010年实施了第一期“初中工程”。在各级党委和政府的领导下，教育、发改、财政、国土、建设等有关部门积极配合、通力协作，强化机遇意识，采取积极有效措施，加快“初中工程”实施，取得了显著成效。

一、工程投资概况

2007年，国家规划安排甘肃省农村“初中工程”中央投资4亿元。甘肃省11个市（州）中的28个县（市）被列为项目县，278所农村初中被列为项目学校。该工程计划新建或改扩建校舍建筑面积46.8万平方米，将解决11万农村初中学生的住宿问题。

2007—2010年，国家实际安排甘肃省“初中工程”总投资6.4亿元，项目322个，涉及甘肃省13个市（州）43个县（市、区）。具体为：2007年国家安排甘肃省初中项目学校24所，规划建筑面积5.147 6万平方米，总投资4 602万元；2008年国家安排甘肃省初中项目学校88所，规划建筑面积15.660 8万平方米，总投资13 398万元；2008年年底，安排68所农村初中校舍改造项目，建筑面积11.294 0万平方米，安排新增中央预算内投资14 000万元；2009年年初下达123个项目，建筑面积18.853 8万平方米，安排新增中央预算内投资25 000万元；2010年国家安排甘肃省初中项目学校19所，规划建筑面积5.785 2万平方米，总投资7 000万元（含设备投资72万元）。2007—2010年，国家共计下达甘肃省322所项目学校中央投资6.4亿元，新建校舍56.741 4万平方米。

二、主要工作做法

“初中工程”实施期间，党中央、国务院作出进一步扩大内需，促进经济增长的重大战略决策，甘肃省委、省政府迅速作出了落实党中央、国务院决策的部署。

（一）健全机构，加强领导，落实政府行为

省上高度重视“初中工程”实施工作，把思想和行动统一到中央的决策部署上来，统一到贯彻落实科学发展观的要求上来，以高度的政治责任感全力以赴，确保按时保质保量完成项目建设任务。省政府成立了由政府分管领导任组长，教育、发改、财政、建设、审计等部门为成员单位的农村初中校舍改造工程领导小组，负责组织、管理、协调、监督项目实施工作。同时在省教育厅设立了农村初中校舍改造工程项目办公室。各市（州）、县（市、区）也都相应成立了工作机构，配备了人员。为了进一步落实工作责任，省政府与项目市（州）政府签订了项目管理责任书，把项目工作实施情况纳入年终综合考核内容，统一评定，奖优罚劣。省直有关部门从自身业务出发，在领导小组的组织协调下，全力以赴开展工作。财政部门在资金运作中优先拨付农村初中校舍改造工程专项资金，建设部门除安排质检部门进行蹲点监督外，还组织人员对农村初中校舍改造工程项目进行抽查；审计部门把农村初中校舍改造工程作为审计重点，全方位监督资金运行。省教育厅建立了项目管理“二三一”工作机制：每年两次项目会，3月份安排部署会，12月份总结会，核查任务完成情况，总结经验，寻找差距，研究解决问题的措施；每年三次项目工作检查，5月份查开工、查招投标是否规范，查跨年度工程，9月份重点查当年在建工程，12月份查工程完成情况；一评比，每项检查都要评比，排出各项目工程的名次，年终进行总评比。不折不扣落实“八项制度”，确保项目工程顺利实施。

（二）统筹规划，调整布局，突出规模效益

坚持科学发展观，贯彻规模发展、均衡发展、以人为本发展的基本思路，坚持“高中阶段学校向县城集中，初中向中心镇集中，新增教育资源向城镇集中”的布局结构调整原则，通过实施农村初中校舍改造工程，进一步加快中小学布局结构调整步伐，优化学校布局，扩大办学规模，提高质量效益，努力创建农村示范性寄宿制学校，促进县区之间、城乡之间、校际之间、区域之间教育均衡发展。同时，妥善处理好撤并学校的财产管护、校产清理、调整和移交工作，防止国有资产闲置、流失。

（三）多管齐下，加强监管，提高资金使用效益

严格执行教育部办公厅、国家发展改革委办公厅《关于中西部农村初中校舍改造工程专项资金管理办法》的有关规定，在县级财政部门设立资金专户，根据工程进度实行报账制，做到专户储存，专账核算，集中支付，封闭运行，保证了项目资金的按时足额拨付，杜绝了克扣、挤占、截留、挪用现象。所有项目工程都严格实行预决算制度、审计制度和管理责任追究制度。项目工程招标前，委托财政部门对工程造价进行预算，招标过程中严格执行建筑法规定、严格工队资质审查、严格投标资料审查、评委审查评分，努力做到公开公正。工程竣工后，依照合同及时决算，报送财政部门审批，审计部门出具审计报告，全方位、多角度加强资金监管，提高投资效益。

（四）加大力度，定期督察，狠抓质量管理

始终把工程质量作为项目建设和管理的重中之重。坚持先勘查、后设计、再施工的原则，坚决杜绝边勘查、边设计、边施工的“三边工程”。加强安全防范，将建设项目安全切实纳入工作范围，坚决杜绝工程项目出现重大安全事故或工程质量问题。建立工程质量责任制和责任追究制，明确了建设、设计、施工、质检四个方面的法人，靠实了责任。严把项目报批关、工程设计关、工队选择关、施工关和验收关。加强质量督查，组建成立了项目专家组，项目办公室定期不定期组织专家组成员深入项目县（区）、项目学校督促进度，检查质量。特别注意加强对施工过程的监管，重点检查在建项目，检查隐蔽工程，检查结果向县（区）通报，排出名次，对普遍性的问题督促整改，典型事件点名批评。

（五）实行倒排工期制度和领导联系县区制度

对全部322个“初中工程”项目实行倒排工期。《甘肃省教育厅关于进一步加强农村初中校舍改造工程项目管理的通知》（甘教发〔2009〕33号）要求，按照竣工交付使用时间倒排工期，领导分级层层抓落实，靠实责任。对全部“初中工程”项目实行领导联系县区制度，每个项目县都有1位市州教育局领导负责联系，重点协调解决项目县工程建设过程中的问题。每个项目都有1位

县教育局领导联系，具体负责督促落实推进项目建设的各项工作。每个“初中工程”项目都有法人代表，具体执行项目管理工作。

（六）落实优惠政策

继续执行甘肃省物价局、甘肃省财政厅、甘肃省建设厅《关于印发甘肃省城市基础设施配套费收费管理暂行办法的通知》（甘价服务〔2002〕216号）所确定的优惠政策，免征大、中、小学教学用房城市基础设施配套费。

参照《甘肃省人民政府办公厅关于国家西部地区农村寄宿制学校建设工程实行优惠政策的通知》（甘政办发〔2005〕73号），甘肃省出台优惠政策，印发了《甘肃省人民政府办公厅关于中小学校舍安全工程实行优惠政策的通知》（甘政办发〔2009〕183号），作出了如下规定。一是新建、扩建学校建设用地，各级政府以行政划拨方式进行提供。二是对教育工程中涉及的行政事业性收费、政府基金和中介服务费等进行适当减免。即免征房屋所有权登记费、人防异地建设费、避雷装置安全检测费；减半征收征地管理费和土地登记费；减半收取工程（招标）交易服务费。三是严禁收取已经明令取消的费用和没有收费依据的各种费用。四是严格执行《关于印发甘肃省城市基础设施配套费收费管理暂行办法的通知》（甘价服务〔2002〕216号），免征城市基础设施配套费。五是中小学校舍灾害评估中涉及地震灾害评估、地质灾害评估、气象灾害评估、防洪安全评估等项目的，如属行政事业性收费，一律免收；如属企业经营服务性收费，按照国家指导收费标准，一律减半收取服务费用。六是其他教育工程项目（含国办、集体办、民办及其他各类团体办各级各类学校的各类校舍及相关基本建设工程），亦按照本优惠政策执行。已享受此优惠政策的民办及其他各类团体举办的各级各类学校的教育项目及相关基本建设工程，均不得改变其教育用途或以其他方式转让。七是在实施教育工程过程中，因合理调整学校布局而撤点并校的原校址，原则上由县级政府教育行政主管部门统一负责管理和使用，用于当地教育事业的发展。

三、工程实施成效

（一）学校生活设施和校舍功能进一步完善

“初中工程”为43个县的322所农村薄弱初中建设了学生宿舍、食堂、厕

甘肃省靖安县新学生公寓楼

所、锅炉房、浴室、卫生室及体育场地，大大改善了项目县农村初中学校生活服务设施及体育运动场地严重不足的状况。省内各地自筹资金，与土建项目配套，购置了设计科学、牢固耐用、造型美观、工艺精细、使用方便的高质量、符合规范的钢质学生用床和学生餐桌凳。各项目学校安装或配备了与学校发展规划和学生人数相适应的锅炉房及学生浴室、开水房等相关设施设备，改变了过去因无条件不得已端着饭菜随便找个地方蹲着、站着吃饭，到处抛洒残汤剩饭的不文明行为，促进了学生的生活习惯的养成。

（二）促进了学校均衡发展

“初中工程”的实施，推动了未纳入“两基”攻坚计划实施范围的农村初中进行校舍改造，加强了农村薄弱初中学生生活设施建设，改善了食宿条件，提高了农村初中巩固率和寄宿率。“初中工程”重点加强了农村薄弱初中学生宿舍、食堂和厕所等生活设施建设，使项目学校寄宿生生活设施达到或接近《农村普通中小学校建设标准》，基本消除了“大通铺”和校外租房现象，有效地缩小了与纳入国家

新建学生宿舍楼

“两基”攻坚战略计划地区的学校硬件设施的差距，促进了县际间办学条件的均衡发展。

（三）巩固了“两基”成果

项目县农村薄弱初中生活设施的改善，使学生寄宿率得到较大提高，“两基”成果得到有效巩固，为接受国家“两基”检查验收创造了条件。2011年11月，国家“两基”督导检查组对我省‘两基’工作进行了检查验收，11月5日，当教育部部长袁贵仁在兰州宣布“甘肃全面实现‘两基’目标”时，会场内外掌声四起。这是甘肃各族人民多年的共同心愿，从开始实施“两基”到“两基”攻坚，再到全面实现“两基”目标，甘肃省已经为此努力了25年。甘肃省“两基”目标的实现，各类教育项目功不可没，尤其是“初中工程”功不可没。甘肃义务教育改革和发展发生了翻天覆地的变化。

四、工程实施经验

为使有限的“初中工程”资金投入，发挥出最佳的经济效益和社会效益，在实施工作中我们做到了四个坚持。

（一）坚持结合实际，统筹安排

依据《中西部地区农村初中校舍改造工程总体方案》所确定的总体目标和任务、工程覆盖范围、资金安排和用向、主要指导原则、组织实施和管理等各项要求，进一步结合省情，切实安排好有限的资金，使有限的资金发挥最大的效益，推动了未纳入“两基”攻坚计划实施范围的农村初中进行校舍改造，加强了农村薄弱初中学生生活设施建设，改善了食宿条件，提高了农村初中巩固率和寄宿率。这一原则体现在工程实施过程中，在2007—2009年的5.7亿元投资中，所安排的303个项目集中体现了中央的原则要求，覆盖甘肃省11个市（州）29个县（市、区）。在此基础上，进一步结合省情，在2010年投资7 000万元的19个项目安排中，涉及11个市（州）17个县（市、区），其中新增2个市，新增14个县（市、区）。

（二）坚持以人为本，注重发展

所建“初中工程”项目学校，按以学生为本的指导思想，对所建学生宿舍设置居室、洗漱间、卫生间、衣柜、书柜；学生食堂在满足规范的前提下，充分考虑学生文明就餐的要求；锅炉房、浴室设置保障学生安全、舒适就浴的设施，克服陈旧观念，体现现代文明特征。

（三）坚持严肃规划、规范实施

凡经批复的“初中工程”项目建设规划，不论是学生宿舍、学生食堂、锅炉房、浴室、卫生室、厕所、体育场地等，其建设规模、投资规模，未经原审批部门批准，不得擅自变更，以维护规划的严肃性。变更建设项目或建设内容，必须报原审批部门批准后备案。

（四）坚持严格标准、严把程序

凡纳入“初中工程”建设的项目学校，必须依照国家《农村普通中小学校建设标准》，科学规划学校校园布局，做到教学、体育运动、生活等几大区域分区合理，联系便捷，互不干扰，相互协调；生活设施建设规模，按学校规划规模一步到位，投入一所，建成一所，不留缺口；新建校舍按其使用性质，做到设计规范、造型美观、功能齐全、适用耐用，并符合抗震设防要求，确保校舍安全。

五、寄宿制学校建设仍是我省的迫切需要

尽管甘肃省“初中工程”取得显著成效，但农村学校生活设施仍不能满足学生的寄宿需求。

一是艰难的地理条件。甘肃位于祖国地理中心，地貌复杂多样，山地、高原、平川、河谷、沙漠、戈壁，类型齐全，交错分布，地势自西南向东北倾斜。地形呈狭长状，东西长1 655公里，南北宽530公里，复杂的地貌形态，严酷的自然条件，经济欠发达的省情，长期制约着教育的发展。

二是必要的布局调整。为提高办学质量和办学效益，我省农村中小学布局进一步调整，布局结构调整规划过程中，遵循以下原则：高中阶段的学校选址在城区或县镇政府所在地；取消完全中学的办学模式，尽快完成完全中学初中部和高中部的分离；初中（含九年制学校）建在城区或大的乡镇政府所在地；中心小学要有寄宿条件，建在乡镇政府所在地；教学点只在行政村设置，自然村不再设置教学点，教学点原则上只包含三年级以下的学生，不允许再搞复式教学。经调查和测算，由于我省地广人稀，地形复杂，山区和牧区多，按照小学生寄宿率20%计算，全省小学生269.0万人，学生生活用房建筑面积缺额为

198.4万平方米（按照生均生活用房建筑面积4平方米估算，小学现有生活用房16.8万平方米）；初中生寄宿率按80%计算，全省初中学生142.0万人，学生生活用房建筑面积缺额为506.2万平方米（按照生均生活用房建筑面积5平方米估算，现有生活用房61.8万平方米）。合计义务教育阶段学生生活用房建筑面积缺额达704.6万平方米。

三是众多的留守儿童。我省农村“留守儿童”现有56万人左右（其中，小学阶段农村随迁儿童10.6万人，留守儿童26.2万人；初中阶段农村随迁儿童3.7万人，留守儿童15.5万人），缺乏家庭和父母的关爱监护。父母离家造成这部分儿童家庭教育的缺失和身心健康得不到有效保障，迫切需要学校和社会予以高度关注和解决。

四是困难的经济状况。甘肃省贫困面大、贫困程度深，是全国扶贫攻坚的主战场，在全省87个县市区中，有58个县市区纳入国家连片特困地区名单，作为扶贫攻坚主战场，这些地区将全面推进连片特困地区扶贫攻坚，把稳定解决扶贫对象温饱、尽快实现脱贫致富作为首要任务。

“初中工程”在我省的实施，充分体现了党中央、国务院对贫困地区人民群众的关怀，我们将不断总结经验，针对存在问题，克服困难，继续加大农村学校建设力度，改善农村办学条件，提高农村办学水平，把党中央、国务院对边远贫困地区教育事业发展所给予的支持和寄予的厚望送达人民群众手中和心中。

（甘肃省教育厅供稿）

三江源头涌活水
——青海省农村初中校舍改造工程报告

“初中工程”是国家继寄宿制学校建设工程之后，在我省实施的又一项教育重点项目。在各级政府及有关部门的大力支持下，工程进展顺利，全面完成了规划建设任务并投入使用，取得了阶段性成果。项目的实施，为进一步加强我省农村牧区义务教育，巩固提高“两基”成果，促进城乡教育均衡发展，改善办学条件，缩小区域差距，构建和谐社会具有重要的现实意义，并产生了积极的推动作用。

一、青海教育发展环境与特点

青海地域辽阔，东西长1 200多公里，南北宽800多公里，总面积69.66万平方公里。全省辖1市、1地和6个自治州，共46个县（市、区、行委）。全省常住人口562.67万人，其中城镇人口251.63万人，占44.72%；农村人口311.05万人，占55.28%。青海的总体特点如下。一是多民族聚居，少数民族人口264.32万人，占总人口的46.98%，仅次于西藏、新疆，实行民族区域自治的地区占全省总面积的98%，是我国少数民族比例最高的省份。二是自然条件严酷，境内平均海拔在3 000米以上，其中54%以上的地区海拔在4 000米以上，高寒缺氧，生态脆弱，生产生活条件十分艰苦。三是社会发展滞后，贫困人口138万人，占全省总人口的24.5%；2010年农牧民人均纯收入低于全国平均水平2 056元，城镇居民人均可支配收入低于全国平均水平5 254元。四是矿产资源富集，已发现各类矿产125种，潜在价值达17.8万亿元，其中54种矿产储量居全国前10位，11种居全国首位，水能资源、盐湖资源、石油天然气资源、有色金属资源储量可观，分布集中，是我国资源的战略接续地。五是生态地位重要，长江、黄河、澜沧江均发源于青海，黄河49%、长江26%、澜沧江

16％的水量源于青海，是我国重要的水源地，被誉为“万山之宗、千湖之地、江河之源”，“中华水塔”，“全球气候形成启动器”，“高原生物自然物种资源库”，“世界四大无公害超净区之一”，其生态状况对全国具有重要影响。青海集中了西部地区、民族地区、高海拔地区和集中连片贫困地区的所有特征。

二、“初中工程”基本情况

国家批准我省2007—2010年建设规划总投资3.2亿元，规划建设项目学校169所，规划总建筑面积27.86万平方米。其中设备购置资金2 835.4万元（含购置学生生活设施资金1 603.1万元，其他配套设备1 232.3万元）。2008年年底至2009年年初，建筑材料大幅度涨价，其中钢材涨幅达40%以上，人工费及其他材料同样大幅度增长。针对我省存在的实际困难，国家下达补助资金3 331万元。

项目实施地区根据教育部、国家发改委的有关要求，工程实施的范围主要是“四类”县（即国家扶贫工作重点县、少数民族自治县、革命老区县和边境县），我省确定了14个县（市、行委）实施，分别是西宁市大通、湟中、湟源县；海东地区平安、民和、乐都、互助县；海北州门源县，海南州贵德县；海西州格尔木市、德令哈市、乌兰县及大柴旦、茫崖行委。

三、项目进展及资金到位情况

(一)土建工程

2007—2009年，全省已完成工程项目学校建设154所，累计完成投资35 331万元，累计建设初中学校生活用房27.6万平方米（见下页图）。截至2009年11月，工程开工率100%，完工率达100%。工程建设资金全部拨付给项目县资金专户，工程资金到位率100%。

(二)设备采购

截至2009年11月，我省全面完成所有项目学校的设备购置和配发工作。实际完成设备购置资金2 835.4万元，占计划投资的100%，其中购置学生生活设施（学生用床等）资金1 515.3万元，购置其他配套设备（名锅炉、炊具等）资金1 320.1万元。

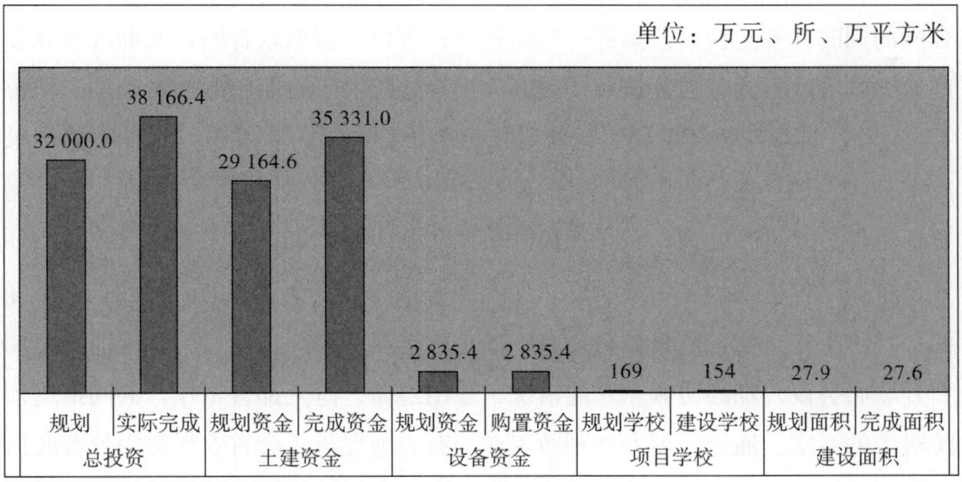

青海省农村“初中工程”完成情况图

四、项目建设管理的主要措施

（一）政府高度重视，各部门齐抓共管

省委、省政府高度重视工程建设工作，将其确定为重点建设、重点督查的教育项目之一，又作为落实科学发展观、改善民生、促进青海教育发展的一项重要政治任务来抓。各级地方党委、政府以及发改、财政、建设等部门积极配合，成立了由政府主要领导挂帅，教育部门牵头，发改、财政、建设等部门参与以及人大、政协督促检查的项目建设领导小组及管理机构，将工程列为地方政府的重点工程加以落实。为明确各级地方政府和项目管理部门职责，做好工程建设工作，我们下发《关于进一步加强我省中央预算内投资农村初中校舍改造等三项工程管理工作紧急通知》（青教计〔2009〕5号），明确了省、州（地、市）、县（市）各级主管部门的职责、任务和目标，严格实行项目分级管理、分级负责目标责任管理工作机制，明确项目实施单位负责人是第一责任人，在制度上确保了工程的顺利进行。

（二）加强廉政建设，实施“阳光工程”

为促进全省农村初中校舍改造工程廉政工作，做好专项预防，拓展从源头上防止腐败工作领域，省检察院、省教育厅于2008年5月共同制定了《关于在农村初中校舍改造建设项目中共同开展专项预防工作的实施意见》。一是推行“双签制度”，即建设单位与勘察设计方、施工方、监理方在签订工程承包合同的同时，在纪检、监察部门的监督下，签订工程廉政合同，明确规定双方应遵守的廉政行为；二是按照《最高人民检察院关于行贿犯罪档案查询工作暂行规定》，对参与教育系统工程建设项目的单位向检察机关进行行贿犯罪记录查询，对发现存在行贿犯罪记录的单位和个人，建设单位采取公示和取消其竞争资格等方式进行处理；三是积极开展预防调研和咨询，对工程建设中重点环节、重点岗位进行预防对策研究，加强预警预测和资金管理的监督检查，做好源头预防工作，完善监督预防措施；四是根据双方开展工作情况，定期不定期召开联席会议，加强协调，互通情况，总结经验，研究部署工作，共同推进预防对策的落实。通过开展专项预防工作，有力地促进了全省农村初中校舍改造工程项目的安全、健康实施，推进了教育项目工程的廉政建设。2009年10月，省纪委驻教育厅纪检组组长组织有关处室，会同省检察院对西宁市、海东地区部分农村初中校舍建设项目廉政建设和预防职务犯罪工作进行了联合检查，对检查中发现的问题提出了整改意见和要求，并督促整改。

（三）严格项目前期工作，打好工程建设基础

在项目建设中，我们要求各地严格按照基本建设程序和相关工程管理办法的规定，组织项目设计和招投标工作，并切实加强土建项目的质量管理，严格按照先勘察、后设计、再施工的原则组织施工，坚决杜绝出现“豆腐渣”工程，确保项目进度、质量和安全。重点加强了以下环节：一是注重满足学校发展需求，搞好项目前期调研、规划及论证；二是严格审查设计方案，杜绝铺张浪费，坚持勤俭节约搞建设；三是坚持公开、公正、公平和透明的原则，认真组织工程招投标工作，严格实行项目管理法人责任制；四是认真做好工程质量监督和检查工作，委托监理单位全过程旁站监理，保证工程质量和进度。

（四）完善规章制度建设，加强质量管理

为了加强项目管理特别是工程质量管理，确保工程建设规范有序、有章可循，省教育厅、发改委、财政厅等部门在认真总结项目建设和管理经验的基础上，共同研究制定了《农村初中校舍改造工程实施意见》、《农村初中校舍改造工程资金管理办法》、《农村初中校舍改造工程土建工程管理办法》

和《农村初中校舍改造工程设备采购管理办法》等一系列规范性文件，并于2008年初编印了《农村初中校舍改造工程文件汇编》，为全省“农村初中校舍改造工程”项目建设和管理工作的顺利开展提供了可靠的制度保障。

（五）抓好工程进度管理，确保项目如期完成

“初中工程”大多数分布在我省施工条件较差的农村牧区，交通不便，高寒缺氧，全年有效施工期很短。特别是2008年第四季度国家扩大内需中央预算内投资中安排的教育项目时间紧、要求高、任务重、责任大。我们坚决按照中央要求和省政府的统一部署，精心组织、周密安排，争分夺秒、克服气候寒冷等不利因素，在不具备开工条件的情况下，打破常规、超前工作，积极做好工程招标、材料采购等各项准备和建设工作，形成实物工作量，全力以赴推进项目实施。

（六）加强资金管理，确保投资效益

为确保专项资金安全、高效运行，我们不断完善经费管理办法，努力做到用制度管项目，用制度管资金，在注重及时到位的同时，注重专项资金的管理；在注重项目预算审核的同时，强化资金监督检查力度，建立责任追究制度和举报查处等制度，注重专项资金使用的实际效果。不断加强资金核算、拨付、使用管理和审计监督，严格按照省制定的资金管理办法，设立工程资金专户，做到专户储存，封闭运行，专款专用；分地区统一核定工程建设成本，严格工程预算管理和专项资金拨付程序，做到了三个“决不允许”，即决不允许挤占、挪用、截留建设资金；决不允许用专项资金偿还债务；决不允许出现“挤出效应”，用中央和省投入的专项资金替代地方投入，确保了项目专款及时足额到位，使建设资金发挥了最大效益。

五、取得的成效和经验

（一）项目实施成效

我省“初中工程”从2007年启动实施以来，在国家的大力支持及全国初中办的领导下，通过各级政府及相关部门的密切配合、共同协作，全力推动工程建设，达到布局趋于合理，危房基本消除，条件得到改善，质量稳步提升的目标。

1. 扩大办学规模，提高生均标准

青海省海西州德令哈市民族联校新学生宿舍楼

项目实施完成后，14个县（市、行委）76%的农村初中学校生活设施条件得到改善，办学效益进一步提高。项目学校在校生由2006年的9.7万人增加到12.83万人；住宿生由2.4万人增加到7.7万人；全省初中学校生均宿舍面积从2006年0.35平方米/生提高到2.14平方米/生，生均食堂面积从2006年0.35平方米/生提高到0.64平方米/生。

2. 项目统筹规划，提高投资效益

“初中工程”与校安工程及其他教育项目建设“三合一”，统筹规划、同步进行、同步完成，既整合了教育资源，节省了建设投资，提高了投资效益；又解决了学生生活用房的不足，并消除了安全隐患。

3. 补充设施设备，完善配套设施

通过实施“初中工程”，对我省农村初中学校的学生用床、食堂设施设备和锅炉房及浴室等配套设施进行了查漏补缺和填平补齐，进一步完善了各项设施，对学校的正常运转起到了积极的推进作用。

4. 发挥综合效益，促进均衡发展

我省以实施“初中工程”为契机，结合校安工程和布局调整等项目，整合教育资源，集中加大投入，解决了校舍资源不足及扩容达标问题，发挥项目综合效益，进一步推进城乡、区域的均衡协调发展，并给我省已启动实施的中小学标准化建设工作奠定了坚实基础。

（二）取得的工作经验

通过实施“初中工程”，我们深深地体会到以下几点。一是落实各级政府的责任主体和行动主体是实施工程的关键。在实施过程中，全省各地根据国家要求，建立“初中工程”权责一致的工作机制和责任机制。省政府切实履行省级统筹责任，各州（地、市）、县（市、区）政府认真履行组织实施责任，各级专业部门积极履行技术指导责任。省对下，将责任层层落实到人、到机构、到项目、到具体时间；基层对上，结合当地实际，因地制宜，积极主动开展工作，克服“等、靠、要”思想。二是加强省级统筹是科学实施工程规划的关键。我们在做好“初中工程”的前提下，综合考虑城镇化进程、人口流动变化趋势、区域内教育事业发展需求等因素，把有限的工程资金用在“刀刃”上。同时与农村义务教育经费保障机制改革中校舍维修改造长效机制以及寄宿制学校建设工程等与正在实施的重大项目有机结合，统一规划，科学安排。在统筹管好、用好这些资金的前提下，进一步开源节流，确保工程规划所需资金能够得到及时、足额落实，不开“空头支票”，不留缺口。三是加强建设质量监管是实施“初中工程”的重中之重。通过“初中工程”建设的校舍，能不能经得起自然灾害的考验和历史的检验，关键在于质量。我们始终把工程质量监管作为工作指导的重中之重，充分发挥建设、国土、水利、地震、气象、公安消防等专业部门的技术指导作用，认真做好校舍的勘察、鉴定、设计、施工、监理工作，确保建设一栋，安全使用一栋。

青海省湟中县海上学校新学生宿舍楼

我们将认真总结“十一五”期间实施“初中工程”的经验和做法，坚持教育服务跨越发展、绿色发展、和谐发展和统筹发展；坚持改革创新精神和教育优先发展的战略；坚持以人为本，立足基本省情，着眼未来发展。紧紧围绕全省经济社会发展的总体规划和部署，按照“全面推进抓规划，制度创新抓政策，外延发展抓项目，内涵发展抓质量”的总体思路，对全省“十二五”及到2020年教育改革和发展作出全面安排，进一步把握教育发展规律，创新教育发展理念，转变教育发展方式，破解教育发展难题，把各项工作落到实处，为青海教育实现跨越发展提供有力的条件保障。

（青海省教育厅供稿）

为了六百万回汉人民的明天
——宁夏回族自治区农村初中校舍改造工程报告

“初中工程”启动实施以来，宁夏回族自治区党委、政府和有关部门高度重视，加强组织领导，精心部署，周密安排，加强宣传，严格管理，做到了领导认识到位、政府行为到位、宣传发动到位、工作措施到位，一期“初中工程”建设任务全部按期实施完成。

宁夏“初中工程”项目中央投入资金30 337万元，批复建设学校108所，建设生活用房301 466平方米，购置学生用床、炊具等生活设施及其他配套设备投资563.4万元。自治区多方筹措资金7 571万元，其中：自治区专项资金7 200万元，县级配套371万元，批复建设学校24所，建设生活用房61 736平方米。截至2011年年底，中央投入资金和自治区筹措资金已全部到位并下达县（市、区），批复的项目学校已全部竣工并交付使用，占项目总数的100%。

教育是一项面向未来的事业，发展教育必须要有时不我待、只争朝夕的精神，增强责任感和紧迫感，必须保持一种与时俱进、不甘落后的精神状态。因此，我区在实施一期“初中工程”中，注重科学规划，综合考虑城镇化发展、生态移民、沿黄城市带建设和着力解决农村学校“大通铺”问题，推进教育均衡发展以及学校标准化建设等因素，总体规划做到了“远近结合，重点突出，分步实施”，与近期的学校布局调整以及长远的事业发展目标有机结合起来，分清轻重缓急，优先考虑解决人口稠密、办学条件差的地区和学校。规划编制坚持以下原则。一是科学规划、合理布局，综合考虑城镇化进程、人口流动和密度、学龄人口变化趋势等因素，在充分利用现有学校的基础上，以确保生源和师资、方便学生入学为前提，科学合理地制订建设规划，做到布局合理、规模适度，切实做到建一所成一所。二是整合资源、统筹安排，以县为单位统筹考虑农村初中学生生活校舍建设问题。整合县域内农村初中办学资源，对于校舍面积总量已经达到或者超过国家标准但存在结构性短缺矛盾的县，首先应进行办学资源整合，通过调整、改造部分富余校舍，解决寄宿学生生活条件不足的问题。三是分类指导，推进均衡，对于人口密度较低、生源过于分散的县，优先遴选支持设在县城周边、中心乡镇或邻近乡镇联合举办的初中学校，提高办学效益。对于人口密度较高、生源较为集中的县，优先遴选支持设在乡镇的农村薄弱初中学校，通过专项建设推进其办学条件达到国家或省级规定要求，促进校际间办学条件基本均衡。四是与中小学布局结构调整相统筹，列入“初中工程”的学校充分利用现有教育资源，尽可能建在人口相对集中的城镇和乡镇，使学校既适应当前普及义务教育的现实需要，又能适应当地基础教育未来发展的长远需要。同时与当地的中小学布局结构调整相结合，既符合当地中小学布局调整的规划，也通过项目学校的设置优化了当地的中小学布局。

实施“初中工程 ”首先是政府行为，而加强领导，落实工作责任又是落实政府行为的关键。为加强对“初中工程”的领导，自治区成立了工程领导小组，由自治区分管教育副主席任组长，教育、计划、财政、城建、国土资源、审计、环保、公安、地震、安监等部门主要负责人为成员的工程领导小组，下设项目管理办公室，办公室设在教育厅，具体负责日常办公。各市、县(区)党委、政府高度重视，落实责任，并成立了由主管市长（县长、区长）为组长，发改、教育、财政、土地、建设、地震、审计等有关部门主要负责人为成员的工程领导小组。加强了组织领导，建立健全机构，明确责任，实行主要领导全面抓，分管领导具体抓，从项目选址、规划、勘察、设计、施工各个环节，精心组织实施校舍建设工程，为校舍建设工程高标准、高质量、顺利实施提供了有力的保证。

实施“初中工程 ”，我区采取了一系列行之有效的措施来加强管理，狠抓落实。一是严格按程序审批项目，自治区教育厅会同自治区发改委、财政厅审批市、县（区）政府建设规划，对列入规划的项目由自治区教育厅、发改委、财政厅批复项目并下达资金。各市、县（区）政府按照自治区确定的目标和原则，认真落实“以县为主”的管理体制，明确责任，按照审定的规划具体负责组织实施。工程项目一经批复后，不可随意改动。二是严格执行基本建设程序，由发改部门进行工程的立项和审批，项目县统一组织招投标选择施工队伍。工程建设严格执行基本建设制度，即基本建设工程招投标制、工程质量监理制、合同管理制、项目法人制和决算审计制。三是严格工程质量，项目选择具有乙级以上资质的设计单位进行设计，由二级以上资质的施工单位承建，监理单位具有乙级以上资质，选择有经验的专业人员指导和监督工程的施工，选择资质高的单位对完工项目进行验收，确保工程质量。同时建立了由建设、教育部门、监理公司、学校、施工单位五位一体的质量监督机制，对建设项目进行全程质量监督。工程竣工后，由建设单位、施工单位、勘察单位、设计单位、监理单位、质监部门等组成验收组，对工程进行竣工验收，质量均达到合格标准以上再交付使用，所有工程全部验收备案。所有工程资料齐全，装订成册，分类归档，专人保管。四是严格资金管理，项目学校严格执行相关法规，规范资金使用程序，工程资金纳入财政国库，集中在县级管理，分账核算，集中支付，封闭运行，教育、财政两家共同把关，按工程进度拨付资金，从而保证了资金使用效益和风险防范。建立专款专用制度，严肃财经纪律，确保资金安全，禁止截留、挤占、挪用、滞拨的现象发生。工程实行预决算制度、专项审计制度和责任追究制度，在确保工程质量、依照设计要求施工的前提下，从严控制工程造价。五是加大监管力度，自治区项目办采取统一管理，经常深入基层进行检查，加强对项目县土建工程的监督管理，做到了项目县跑到，项目学校看到，发现问题及时纠正。同时，自治区项目办在每年的施工期内，组织两次专项检查：4月份对工程的开工情况进行全面检查，10月份对工程的竣工情况进行全面检查，并对检查情况进行通报。各项目县牢固树立“百年大计，质量第一”的思想，狠抓每一个环节，全过程跟踪检查监理，对工程建设的每个重点、难点、隐蔽工程，设计、质监、监理、教育局、学校等单位的相关人员，均到现场进行指导和检查验收，保证了校舍建设施工质量。六是严格项目责任，每个项目都要有专门的负责人，负责项目实施全过程的责任。自治区与项目县签定责任书，建立责任追究制，严格按照自治区确定的年度工程计划，实行倒排工期制度，按时、保质完成年度建设任务。七是落实政策，使有限的资金发挥最大的使用效益。各地根据本地区实际，相继出台了一系列优惠政策，对项目立项、办理土地使用手续、规划设计、施工组织等建设过程中涉及的行政事业性收费和政府性基金，予以减收或免收；涉及的经营服务性收费，在服务双方协商的基础上，从关心支持农村义务教育事业发展的角度予以减收或免收。

在工程管理上措施到位，始终把规划设计放在第一位，坚持高标准建设，从规划选址、地质勘察、图纸审查、施工现场等各个环节严格把关，坚决杜绝边勘察、边设计、边施工的“三边工程”。始终坚持依法办事，规范建设程序，在工程立项、抗震设计、招投标等方面，严格按照国家有关法律、法规、规章和行业标准执行。各项目县根据自治区的要求，结合本地实际，均建立了相应的项目管理制度并狠抓落实。

我区不但对工程建设质量高度重视，而且还在巩固工程建设成果，认真做好项目学校的管理工作，不断提高教育教学水平上下功夫。一是健全规章制度，加强规范管理。加强制度建设，实行规范化管理，是提高寄宿学校管理水平的可靠保障。结合寄宿制学校管理工作实际，寄宿制学校建立健全了《寄宿制学生管理制度》、《宿舍管理制度》、《安全保卫制度》、《寄宿学生学习、生活管理制度》和《宿舍管理人员、生活指导教师考核制度》等规章，不断规范寄宿学生管理工作。重点抓好三个方面。首先是生活管理。寄宿制学校运用多种形式，加强对学生的生活常识教育；督促食堂管理人员切实做好食品安全卫生工作；责成班主任和宿舍管理人员加强寄宿学生纪律和内务检查。其次是学习管理。督促寄宿生严格遵守学习纪律，由班主任和任课教师轮班值守住宿学生上晚自习；督促寄宿学生养成良好的学习习惯，确保在校学习时间。再次是活动管理。加强校园文化建设，利用课余时间和周末，组织寄宿学生广泛开展内容丰富、形式多样的文体活动和社会实践活动。二是坚持预防为主，确保师生安全。采取定期与不定期的方式，加强对寄宿制学校的安全检查，主动协调公安、工商、文化、消防等部门和单位开展专项整治活动，及时发现和消除寄宿制学校安全隐患，积极协调派出所在寄宿制学校设立警务室，派驻民警协助学校维护校内治安，治理校园周边环境。切实加强安全教育，每周至少上一节安全常识课，学习掌握必须的安全常识；责成有关人员认真落实安全管理责任制和相关工作制度，避免了寄宿学生安全事故的发生。指导寄宿制学校结合本校实际，制定《安全应急预案》，协调有关部门配合学校师生进行安全应急演练，增强了师生的安全防护意识和自救互救能力。三是增强工作合力，提高管理水平。寄宿制学校管理工作头绪多、任务重，需要调动方方面面的力量，形成工作合力，才能保证实效。每学期开学初，各县（市、区）教育局都要协调有关部门召开寄宿制学校管理工作会议，通报寄宿制学校管理工作情况，分析研究寄宿制学校管理工作中出现的新情况、新问题，共同商讨行之有效的解决办法。寄宿制学校认真落实家校联系制度，及时向寄宿生家长反映学生在校学习、生活情况，充分听取寄宿生家长对学校管理工作的意见和建议，及时改进管理工作中存在的问题和不足。

通过“初中工程”的实施，学校布局进一步得到优化，县城、乡镇学校规模进一步扩大，有效化解了农村中小学校“大通铺”问题，解决了教育上多年来想解决而无力解决的问题，推动了城乡教育的均衡发展，大力改善了农村学校办学条件。在“初中工程”实施前，学校基础设施十分落后，校舍十分紧缺，特别是学生宿舍及食堂更为紧缺，存在床位少住宿生多的问题，出现“大通铺”现象，许多本应住校的学生无缘住校。据统计，2006年全区初中住宿生79 610人，在校住宿生占在校生比例为27.42%，住宿生生均宿舍面积为1.77平方米、食堂面积为0.55平方米。工程的实施不但使农村薄弱学校建设得到了加强，改善了食宿条件，提高了生均生活用房面积，而且极大地改善了学生学习环境，提高了农村初中巩固率和寄宿率，并且使学校面貌焕然一新，学生从没有条件住、住得简陋到住得宽敞舒适，极大地缓解了“大通铺”现象。据统计，2010年全区初中住宿生109 946人，在校住宿生占在校生比例为35.84%，住宿生生均宿舍面积为3.35平方米、食堂面积为1.00平方米。

宁夏回族自治区“初中工程”实施前后初中办学条件及效益情况的对比见表1、表2、表3。

表1　全区初中住宿生对比

学年度	在校学生数(人)		其中：农村(包括县镇)在校学生数(人)		寄宿生比例(%)	
	合计	其中：寄宿生	合计	其中：寄宿生	合计	其中：农村(包括县镇)
2006—2007	290 375	79 610	217 368	75 495	27.42	34.73
2009—2010	306 755	109 946	213 639	101 165	35.84	47.35

表2　全区初中生活用房对比

学年度	生活用房(平方米)				生均生活用房(平方米)			
	合计	其中：			合计	其中：		
		学生宿舍	学生食堂	厕所		学生宿舍	学生食堂	厕所
2006—2007	365 373	140 526	43 695	48 121	4.59	1.77	0.55	0.17
2009—2010	691 601	368 737	109 567	65 482	6.29	3.35	1.00	0.21

表3　全区农村初中生活用房对比

学年度	农村(包括县镇)学校生活用房(平方米)				生均生活用房(平方米)			
	合计	其中：			合计	其中：		
		学生宿舍	学生食堂	厕所		学生宿舍	学生食堂	厕所
2006—2007	314 137	127 271	38 487	37 692	4.2	1.69	0.51	0.17
2009—2010	581 177	318 062	91 776	47 783	5.7	3.14	0.91	0.22

许多市（县、区）及学校借助“初中工程”的实施，改善了办学条件、增加了校舍，扩大了招生规模。

宁夏回族自治区银川市第二十五中学新学生宿舍楼

青铜峡市“初中工程”改造前的2006年，15所初中学校在校生12 209名，其中住宿学生2 552名，学生住宿、就餐条件差，大部分学校学生宿舍都是低洼的平房，内部设施不全，室内阴暗潮湿，卫生条件不达标，一间宿舍用木板支一个通铺，十多人挤在一起，生均住宿面积不到2平方米，存在较多的安全隐患，还有部分学生在学校附近租农房住宿，给学校管理带来了不便。学生食堂就是用教室改造后的灶房，没有餐厅，灶房设施也比较差。自2007年实施“初中工程”以来，青铜峡市先后对11所初中学校的宿舍和食堂进行了改造，新建了学生宿舍、食堂，配备了高低床、厨房设备、餐桌，从根本上改变了学校的食宿条件。2010年住宿生达到3 673名，生均住宿面积达到3平方米，“大通铺”已成为历史。

吴忠市红寺堡区第二中学，2006年在校学生3 300多名，寄宿生2 000多名，但当时学校仅有宿舍楼一栋，面积3 500平方米，没有餐厅，只有150多平方米的操作间，“大通铺”、校外寄宿现象严重影响学校教育教学质量的提升与学校管理工作。2008年，通过“初中工程”实施，给学校新增了宿舍楼、餐厅后，住宿、就餐条件改变了，从教师到学生没有不说“初中工程”实施后带来的

宁夏回族自治区吴忠市金银滩学校新学生宿舍楼

好处，学校管理也方便了，家长也高兴了。

宁夏回族自治区银川市第十六中学新学生宿舍楼

宁夏是欠发达地区，经济实力弱，教育基础差，常规发展就意味着要落伍，只有加快发展、超常规发展，才能缩小差距，迎头赶上。然而，我们不能只是为了发展而发展，发展的目的是为了努力办人民满意的教育，让人民群众最大限度地享受到发展所带来的成果。为此，自治区党委、政府始终认识到位，把“初中工程”作为民生工程来抓，是一把手工程，是民心工程。几年来，全区各级政府和有关部门站在全局和战略的高度，把实施“初中工程”作为推动贫困地区教育事业发展、提高人口素质、缩小地区间差距的“金钥匙”工程，列入政府的重要议事日程，常抓不懈，确保了工程建设顺利开展。自治区多次召开“初中工程”项目领导小组会议，就我区实施“初中工程”项目进行了专题研究和安排部署。自治区人民政府召开了“初中工程”项目启动大会，与各项目县政府签订了项目责任书。2008年5月22日自治区人民政府召开了全区学校建设质量安全工作电视电话会议，会议要求全力以赴地做好我区学校建设工程质量和安全工作，努力把各项教育工程建成优质工程、精品工程。

在“初中工程”项目实施过程中，许多项目县积累了丰富的经验，结合本地实际情况，因地制宜搞项目，创造性地开展工作，产生了许多好的做法，形成了不同区域内的“特色工程”，增加了设施功能，提高了投资效益。

隆德县的经验如下。一是早安排、早部署、早实施。为实施好这项工程，按照自治区的安排部署，对项目学校进行实地调研，根据项目学校的具体情况，有针对性地制定和完善学生周转安置方案，确保学校安置过程无安全事故发生、安置后学校教育教学工作和师生生活不受影响；提前拆除旧校舍并进行地质勘察工作，委托符合资质条件的设计单位设计施工图纸，为提前开工建设创造了许多有利条件。二是加强工程管理、质量监督和安全生产工作。严格按照建设工程“四制”原则、建设程序和工程技术指南组织实施，加强与工程设计部门、质量监督单位的协调与配合，定期与不定期地对各个项目工程进行检查核验，寻找问题，查找不足，及时整改，确保工程质量达标并按期建成；与施工单位、监理单位、项目学校层层签订工程质量和安全生产责任书，确保工程质量和安全施工；通过新闻媒体等多种途径大力宣传校安工程，让社会各界广泛了解党和国家实施这项惠民工程的重要意义和作用。三是重心下移、责任到人、措施得力。为实施好这项工程，将工程所涉及的规划方案、建设手续、征地、三通一平、图纸设计、组织招投标、工程质量监督、竣工验收决算等每一项具体工作分解到项目办工作人员及项目学校负责人，并实行限时制、责任制；明确项目学校负责人为工程第一责任人，全权负责工程质量监督和安全生产工作，并要求项目学校委派专人驻工地协助监理技术人员加强工程质量监督、协调工作，从而形成了人人负责、个个争先的工作氛围，责任更加明确，效率显著提高。四是加强对监理技术人员的管理。监理技术人员作为工程质量及安全生产的主要责任人，其工作直接影响着工程质量的好坏和生产的安全与否。加强对监理技术人员的管理，严格出勤考核、检查工作日志、核验工程质量；发现问题，及时进行问责并通告监理单位，督促他们切实履行职责。通过这些措施，监理技术人员很好地发挥了他们懂技术、会管理的专业优势，极大激发了他们想管理、敢管理的工作热情，促进了工程质量和进度，防止了安全生产责任事故的发生。

宁夏回族自治区中宁县第五中学新学生公寓楼

中卫市的经验是坚持日常巡查制度：市“初中工程”建设领导小组定期召开会议，坚持日常巡查制度，并组织市工程质检部门对工程施工资料及工程质量进行全面系统的检查验收，发现工程出现的问题，用时督促整改。市教育局通过日常巡查，及时监控工程质量和施工安全，巡查的主要内容有：查制度上墙、查工程进度、查工程质量、查工程安全隐患、查项目经理和工程监理到岗及职责履行情况等。对于项目管理规范、工程质量良好的单位进行表扬，对于管理混乱、施工质量差的按有关规定作出警告、限期整改、通报批评和推迟资金拨付的处罚。同时，要求监理人员必须挂牌上岗，按时签到，认真履行职责，如发现监理不认真履行职责，擅自离岗或因失职造成工程质量问题的进行处罚。在工程实施过程中，坚持严把验收关，每一道工序完工后，组织验收合格后方可进行下道工序施工。在委托监理公司全程监督的同时，还委派学校工程负责人常驻工地对施工过程进行全面监督。

（宁夏回族自治区教育厅供稿）

夯实新疆教育发展的基础
——新疆维吾尔自治区农村初中校舍改造工程报告

新疆维吾尔自治区是一个多民族地区，地处欧亚大陆腹地，总面积166.5万平方公里，约占国土面积的六分之一，境内有维吾尔、汉、哈萨克等47个民族，使用7种语言教学。全区地域辽阔、民族成分多且居住分散、经济基础薄弱，自然环境恶劣，经济发展总体水平低，发展不平衡，80%以上的县市地处边远地区和山区，生产方式落后，是少数民族聚集的地区。新世纪以来，在中央关心、全国支援和全区各族干部群众艰苦努力下，全区教育事业取得了显著的成就，特别是双语教育事业发展迅速。但由于历史、自然、社会等因素，我区教育基础薄弱，现有的学校基础条件不能满足使更多的农村学生集中享受到优质的教育资源的需要，还不能满足少数民族学生接受双语教育的需要。据统计，截至2006年年底，全区仅有义务教育阶段寄宿制学校913所，占全区义务教育阶段学校总数的14.68%；共有中小学寄宿学生37.17万人，占全区义务教育阶段在校生总数的11.37%。

一、高瞻远瞩，启动实施“农村初中校舍改造工程”

为改善农村教育基础设施，缩小城乡、区域教育发展差距，推动公共教育协调发展，国家发展改革委、教育部报经国务院批准，于2007—2010年在中西部省市实行“初中工程”，重点加强农村薄弱初中学生生活设施建设，改善食宿条件，提高农村初中巩固率和寄宿率。教育部、国家发展改革委在2007—2010年，下达我区“初中工程”中央资金6.59亿元，为30个项目县（市）的193所学校建设校舍54.6万平方米。为了扩大“初中工程”实施范围，自治区又安排2亿元专项配套资金，其中1亿元用于10个地（州）所在的市（1亿元中，安排土建资金7 500万元，涉及学校24所，建设面积8.3万平方米；设备购置资金2 500万元）；其余

1亿元用于国家补助的30个项目县（市）购置配套设施设备。

自治区农村初中校舍改造中央资金投入和自治区配套资金投入情况见表1和表2。

表1 自治区农村初中校舍改造工程（中央资金）情况

年度	资金投入（万元）			建设面积（万平方米）	项目实施对象
	计	中央	自治区		
2007	5 199	5 035	164	5.2	19所项目学校
2008	12 374	12 374		12.9	43所项目学校
2008	15 500	15 500		12.9	40所项目学校
2009	20 000	20 000		16	67所项目学校
2010	13 000	13 000		7.6	24所项目学校
合计	66 073	65 909	164	54.6	193所项目学校

表2 自治区农村初中校舍改造工程（自治区配套资金）情况

年度	资金投入（万元）					建设面积（万平方米）	项目实施对象
	资金来源			资金投向			
	计	自治区	县级配套	土建	配套设施建设		
2007	5 000	5 000		5 000		5.3	10个城市的16所中小学校
2008	5 117	5 000	117	2 617	2 500	3.0	5个城市的8所中小学校
2009	5 000	5 000			5 000	—	12个地州30个县（市）的中小学校
2010	5 000	5 000			5 000	—	12个地州30个县（市）的中小学校
合计	20 117	20 000		7 617	12 500	8.3	

二、科学规划，规范程序，工程建设保效益

项目实施以来，全区上下形成工作合力，教育、发改部门密切配合，推进了“初中工程”建设项目的顺利实施。

(一)坚持原则，统筹安排，科学合理编制规划

自治区在编制规划时紧密结合区域内教育事业发展规划、中小学布局调整

规划，科学合理地统筹制订工程总体需求规划和年度实施计划。根据年度资金落实情况统筹安排，重点支持特殊困难地区，优先解决当地人民群众反映最突出的问题。编制规划时遵循以下原则。

一是科学规划、合理布局。结合当地经济社会发展总体规划，充分考虑城镇化进程、人口流动和密度、学龄人口变化趋势等因素，在充分利用现有学校的基础上，以确保生源和师资、方便学生入学为前提，科学合理地制订建设规划，做到布局合理、规模适度。从严把握改扩建面积较大的学校，切实做到建一所成一所，不留资金预算缺口。

二是整合资源、统筹安排。整合县域内农村初中办学资源，统筹考虑农村初中学生生活校舍建设问题。对于校舍面积总量已经达到或者超过国家标准、但存在结构性短缺矛盾的县，首先进行办学资源整合，通过调整、改造部分富余校舍，解决寄宿学生生活条件不足的问题。

三是分类指导，推进均衡。对于人口密度较低、生源过于分散的县，优先选择设在县城周边、中心乡镇或邻近乡镇联合举办的初中学校，提高办学效益。对于人口密度较高、生源较为集中的县，优先选择设在乡镇的农村薄弱初中，通过专项建设推进其办学条件达到规定要求，促进校际间办学条件基本均衡。

四是协调发展、节约资源。在规划中注意与已经实施的农村中小学危房改造工程建设计划相衔接，要与农村义务教育经费保障机制校舍维修改造资金的使用相结合，以县为单位，以学校为重点，将建设项目统筹规划，合理安排。对已经在校舍维修改造项目中布点建设了生活用房的农村初中学校，原则上不重复安排；若项目确需交叉安排的，利用校舍维修改造资金建设教学及辅助用房，利用“初中工程”资金建设学生生活用房。

五是严格限定工程建设内容。按照国家要求，将工程项目学校建设内容严格限定为学生生活用房，包括学生宿舍、食堂、厕所、锅炉房（水房）、浴室、卫生室等校舍建设，以及项目学校床具、炊具等设备购置及取暖、供水等配套设施建设。教学和教学辅助用房、行政办公用房、教工宿舍等在“初中工程”项目中不予安排。

（二）出台实施办法及管理办法，规范项目管理

为加强自治区“初中工程”建设项目的管理，确保工程质量、进度和效

益，规范建设过程中各环节的工作，依照国家有关法律法规、规范、文件，自治区出台了“初中工程”实施办法及资金、土建、设备采购管理办法，明确了工程管理机构及职责，针对项目管理，选址、勘察和设计，施工质量和监理，竣工验收和移交以及资金投向、使用、管理、审计等制定了细致的要求。同时，自治区依照建设程序及资金、项目管理办法，加大了对各地“初中工程”项目的指导、管理、监督力度，推进了全区“初中工程”项目建设工作的高效、顺利、有序进行。

（三）严格执行建设规范，确保校舍质量

工程质量是校舍安全的基本保障。自治区教育、发改部门本着对国家、对人民、对历史高度负责的精神，把加强工程质量管理作为“初中工程”工作的重中之重，牢固树立“百年大计，质量第一”的思想，切实加强对“初中工程”工作的领导，严格管理，确保工程质量。

第一，坚持标准，合理设计。项目学校的校舍规划及建筑设计，严格按照《农村普通中小学校建设标准》的规定进行。建筑设计和建设本着“牢固、实用、够用、方便学生学习和生活”的原则，能够基本满足学生的学习、生活等方面的需求。新建和改扩建后的校舍保证使用寿命必须在50年以上。生活用房坚持按规范确定规模，无论是学生宿舍、食堂还是厕所，都按生均标准足额计算，防止主观臆断。设计时在坚持标准的前提下，满足学生的基本需要，同时合理控制建设成本，既防止出现盲目提高建筑或装潢标准，贪大求洋的现象，也杜绝在项目具体实施时刻意降低建设标准，影响使用功能。在不增加投资的前提下，设计尽可能多样化、有特色。

第二，规范“初中工程”土建项目管理。自治区在工程建设中实行项目法人责任制、招投标制、工程监理制和合同管理制，做到公平、公正、公开、透明。在工程项目勘查、设计、招投标、施工、监理、检查验收等各个环节，切实把责任落实到有关承担机构和人员。不管是楼房还是平房，凡是纳入“初中工程”的，都严格执行法定的建设程序，委托具备相应资质的工程勘察、设计单位进行地质勘察和工程设计。严格按照强制性标准进行设计和施工，严禁将工程发包给没有资质或资质达不到要求的施工单位。

第三，规范质量监督管理。增强质量第一的意识，项目业主、施工、监理单位责任人现场到位，密切配合，控制好质量，杜绝质量事故。一是把住施工图纸审查关。既按建筑规范标准进行审查，又按构筑特色和塑造精品的原则，达到完善功能、改善环境和提高使用效益的目的。二是把住材料质量关。主要材料公开招标采购，材料进场严格执行报验和试（化）验制度，不合格的材料不准使用，建设部门规定淘汰的建筑材料不准使用。三是把住施工质量关。各个项目的建设、施工、监理各方落实质量责任制，严格按规范施工。四是严把工序验收和竣工验收关。各项工序必须报验，未经检验合格不准进入下一工序。项目竣工后，县级“初中工程”管理机构组织有关部门及专业技术人员对竣工项目逐一进行验收，并报地（州）教育、发改委部门备案。项目竣工验收合格后，方可交付使用，并办理有关固定资产交接手续。

新疆维吾尔自治区伊宁市第十一中学综合楼建设现场

（四）统筹落实工程资金，优化拨付程序，确保及时到位

自治区加强了资金统筹力度，足额落实本级应承担的工程建设资金。同时建立科学规范、高效快捷的资金拨付制度，按照工程批复的进度计划，及时拨付工程建设资金，不因资金问题造成工程进度滞后。各地严格按照“专户管理、封闭运行、专项核算、专款专用”的原则，不分资金来源，实行专户管理，充分发挥资金的使用效益，坚决防止挤占、挪用及浪费现象的发生。

（五）落实优惠政策，减免建设收费，降低建设成本

为了确保我区教育工程尤其是“初中工程”的顺利实施，使有限的资金发挥更大的作用，自治区人民政府出台了《关于对教育工程实行优惠政策的通知》，本着“能免则免、能减尽减”的原则，对“初中工程”项目立项、办理土地使用手续、规划设计、施工组织等建设过程中涉及的行政事业性收费和政府性基金，均应予以免收；涉及的经营服务性收费，在服务双方协商的基础上，提倡各有关单位从支持农村义务教育事业发展的角度适当予以减收或免收；鼓励企业以提供免费服务的形式，通过非营利的社会团体和国家机关向“初中工程”进行捐赠。仅此一项政策，节省工程建设费用近3 500万元。

三、把握重点，多措并举，严格管理保质量

（一）自治区领导高度重视，高位推动项目建设

为加强对“初中工程”项目的领导，我区成立了以自治区党委副书记、自治区主席努尔·白克力为组长，自治区副主席靳诺为副组长，自治区教育、计划、财政、建设、审计等部门联合组成的领导小组及其办公室，办公室设在教育厅，负责“初中工程”具体实施工作。各地也相应成立了由党政一把手任组长的“初中工程”领导机构，自上而下推动项目建设工作。

（二）实行“一把手”负责制，落实目标责任制

自治区严格落实“一把手”负责制，要求各地、州、市相关部门和各县、市、区“一把手”亲自抓，负责项目实施工作。实行项目县党政负责人分片包干，将工作责任落实到具体单位和个人，并层层签订目标责任书，建立绩效考评机制，对完成任务好的单位和个人，给予表彰；对工作马虎、拖沓的，提出批评、警告；对造成重大不良影响的，追究“一把手”的领导责任和相关责任人的直接责任。

（三）掌握工程动态，实行倒排工期和旬报制度，促进工程建设进度

自治区按照批复年度计划，对所有“初中工程”项目逐一倒排工期，明确每一个工程的开工、主体建设、完工和竣工验收时间。根据工程进度，拨付项目建设资金。建立工程项目进展旬报制度，要求各地定期上报工程进展情况，自治区不定期召开现场会或组织调研组督促检查项目实施情况。

（四）完善档案管理制度，提高工程信息管理水平

各项目县（市）建立在县教育部门建立工程档案室，安排专人负责项目档案资料管理工作。土建项目实施期间，项目建设的各类档案依照管理法规，切实做到档案与项目进度同步，与档案管理要求相符，与计算机信息管理相适，便于查阅，实现工程档案的科学化、信息化管理。

（五）建立项目公示制度，实行质量问责制

各项目地（州）、县（市）将工程概况、项目进展情况、监督举报电话在当地媒体上公布，自觉接受社会监督。每个工程建设项目建立永久公示牌，公示所有参与工程设计、施工、监理等单位，按各自的职责对工程质量负终身责任。

（六）推行社会中介审计，加强教育内部监管，确保资金使用效益

为了加强全区各地教育工程项目专项资金的监督和管理，全面掌握全区教育工程项目资金使用执行情况，确保专项资金的使用效益，自治区委托了信誉高、业绩好的社会中介审计机构，对我区"初中工程"项目进行了试点审计。试点工作完成后，及时进行总结、反馈，并在全区范围进行全面审计。通过审计，提高项目县（市）对国家和自治区有关工程建设法律法规和相关文件要求的重视，更好的完成"初中工程"管理工作，规范建设程序，确保工程建设质量。

（七）举办培训班，提高项目县（市）基建专干业务水平

自治区教育厅聘请土建、财务、审计、工程管理等方面的专家，对"初中工程"项目县（市）教育局基建专干进行了多次系统培训。讲解了"初中工程"土建、资金管理办法，《工程项目管理》、《建筑法》、《招标投标法》、《合同法》、《质量管理条例》、《建筑工程安全生产管理条例》、《建筑工程文件归档整理规范》、《建筑工程施工质量验收规范》等内容。经过系统培训，在一定程度上丰富了基建专干的专业知识，使各地基建管理水平有了明显的提高。

四、成效显著，取得历史性成果

"初中工程"的实施，极大地改善了我区农村初中学生的在校学习、生活条件，使农村初中学生享受到了更优质的教育资源。

（一）集中办学，提高资源配置效益

我区实施“初中工程”以前，农村教育投入分散，资源浪费严重，学校多，教具、图书奇缺；专业教师配置不全，一师多用；管理、行政、财务管理总成本居高不下。同城镇学校比较，村级学校的教育质量差距逐年拉大。为了能把农村现有的、有限的教育资源，通过整合科学合理地规划好、配置好、利用好，发挥最大的效益和效率，我区“初中工程”实施过程中，坚持农村教育实行集中办学，优化资源配置的原则，彻底改变村村办学校、校校质量低的办学局面。在集中办学的过程中，新建的学校实现了楼房化、暖气化和教学设施的现代化，并全部按照新课程要求配齐了微机室、语音室、电教室、图书室、卫生室、实验室等专用教室，学校标准化建设取得显著成效，教学质量全面提升，教育管理成本大幅降低。

（二）专项建设，学生生活条件明显改善

自2007年实施“初中工程”以来，我区农村（含县镇）初中阶段学校生均生活服务用房面积从1平方米提高到2.21平方米，提高了121%，其中：生均学生宿舍面积从1.89平方米提高到3.04平方米，提高了61%；生均食堂面积从0.18平方米提高到0.45平方米，提高了150%；生均厕所面积从0.12平方米提高到0.21平方米，提高了75%。我区农村（含县镇）初中阶段学校学生在校生活、学习条件得到了极大的改善，为农村偏远地区的孩子创造了优良的学习环境，进一步缩小了城乡差距，促进了教育均衡发展。

新疆维吾尔自治区霍城县清水镇中心学校
新学生宿舍、食堂全貌

（三）因势利导，学生寄宿率不断提高

据统计，2006—2010年，我区农村（含县镇）初中在校寄宿生从23.76万人增加到30.69万人，增加了6.93万人；寄宿率从25.24%提高到41.21%，提高了15.97%。“初中工程”的实施，使更多的农村学生集中享受到优质的教育资源，进一步形成了有利于双语教学的氛围和民族团结教育的环境，满足少数民族学生接受双语教育的需要，实现统筹推进双语教育工作、全面提高各族学生整体素质的总体目标。

新疆维吾尔自治区木垒县原维族中学新学生宿舍楼

（四）控辍保学，义务教育普及程度不断提高

“初中工程”的实施，有利地促进了广大农牧民送子女上学的积极性，不断提高了我区中小学的入学率和巩固率；2006—2010年，小学入学率、初中入学率分别由99.15%、92.32%提高到99.78%、97.15%；初中毕业生升学率由56.96%提高到82.98%，为顺利通过国家“两基”验收创造了有利条件。

五、展望未来，任重道远

新疆的教育事业在国务院及教育部、国家发展改革委、财政部的关心和支持下，在自治区党委、人民政府的正确领导下，自治区教育事业坚持科学发展观，大力实施“科教兴新”、“人才强区”战略，落实教育优先发展战略地位，全区教育事业得到快速发展。“两基”攻坚目标基本完成，农村中小学办学条件得到重大改变，“双语”教学推进步伐加快，教师培养培训工作不断加强，教师队伍素质得到提升，教育教学改革不断深化，办学效益明显提高。特别是“初中工程”的实施取得了显著的成效，但我区教育基础依旧薄弱，与内地发达地区还有较大差距，还不能满足当前人民群众不断增长的教育需求。农村初中的生活用房生均面积还远远不能达到标准，距国家标准生均学生宿舍面积5.5平方米、生均学生食堂2平方米(就餐比例50%)还有较大的差距。现有寄宿制学校无论是规模还是生活条件都远远不能满足家长送孩子寄宿学习的需要，许多孩子依然在亲戚家借宿或在外租房住。还有众多的少数民族学生没有在校寄宿，缺乏接受更优质的双语教育的条件。继续推动实施“初中工程”二期建设，进一步加强农村薄弱初中学生生活设施建设，改善食宿条件，推进学校标准化建设，提高农村初中巩固率和寄宿率，对促进全区义务教育均衡发展具有积极的现实意义和深远的历史意义。

（新疆维吾尔自治区教育厅供稿）

希望，在天山南北腾飞
——新疆生产建设兵团农村初中校舍改造工程报告

2007年，一项工程带着期盼启动，万众瞩目，温暖人心。

2010年，这项工程历时3年，稳步推进，成效显著。

这项工程就是国家继“中小学危房改造工程”、“寄宿制学校建设工程”之后，为进一步巩固“两基”成果，改善农村初中办学基础生活设施条件而实施的重大工程项目——“初中工程”。

如今，走进兵团团场学校，一栋栋新建的宿舍楼掩映在绿树之中，一个个标准化食堂正升起袅袅炊烟，校园已经成为孩子们最向往的地方。

中央送来及时雨

在一师三团学校，寄宿学生原来都住在一所平房大教室内，20多个人睡一张大通铺。没有暖气，到了冬天，学生得自已生煤炉，有时还会生冻疮。

即便这样艰苦，寄宿生还是比走读生幸福。该团一连，距离学校28公里。学生读初中，路上一个单趟就要两个多小时。很多学生不得不三四个人一起租住在校外职工家的平房里。

兵团点多、面广、线长，170多个团场分布于新疆的16个地州境内，人口居住分散、自然条件恶劣，像三团学校这样的情况并非个案。

多年来，兵团党委想尽各种办法，努力解决团场孩子的住宿、就餐问题，但因财力有限，各个团场困难也多，想彻底解决这个问题实在很难。

正在一筹莫展之际，2007—2009年，中央决定在中西部省份实施“初中工程”。兵团有91个团场纳入此工程中，得到中央专项资金2.36亿元。

这样的大项目，对于兵团教育事业来说，真是一场及时雨。

可是，如何用好这笔资金？

兵团党委给予了掷地有声的回答：从2007年至2010年分四年实施“初中工程”，用于支持103所项目学校初中生活设施建设，规划新建生活用房19.93万平方米（其中学生宿舍10.56万平方米，食堂7.66万平方米，厕所0.33万平方米，其他生活用房1.38万平方米），购置相应的床具、炊具等配套设备。

除了中央资金，兵团各师、团也积极行动起来。兵团各师、团自筹资金1 205万元，并为项目学校配套床、桌、凳等寄宿设备。

三师地处南疆，经济发展相对落后。受这一因素影响，教育基础设施一直未能完善。“初中工程”实施后，这个师下辖4个团场的6所学校争取到了项目工程。3年来，该师共投资1 235万元，建设单位建筑共17栋，改造校舍面积1.42万平方米。

十三师在国家和兵团的大力支持下，前些年先后实施了“危房改造”、“二期义教”、“寄宿制”、“农村现代远程教育”等国家教育工程，教育基本建设及学校办学条件发生了翻天覆地的变化。2007—2009年，这个师“初中工程”项目共有4个，规划总面积为8 902平方米，中央规划资金1 080万元。其中，红星一场300万元、红星二场215万元、黄田农场315万元、柳树泉农场350万元。

在七师各团场中学，学生宿舍、食堂、厕所的安全和卫生条件相对较差，学校生活用房不足、寄宿条件简陋的现象依然比较普遍。同时，随着人口流动加速和城镇化进程不断加快，大量季节工和“留守子女”迅速增多，而团场社会管理和公共服务能力欠缺。因此，改善团场学校生活条件，为团场孩子提供安全、卫生和文明的生活环境，已成为制约团场义务教育巩固和提高的突出因素，也是团场社会发展领域重要的民生问题。“十一五”期间，这个师“初中工程”共涉及8个团场初中学校13个项目。项目资金1 725万元，均来自中央预算内教育项目专项资金……

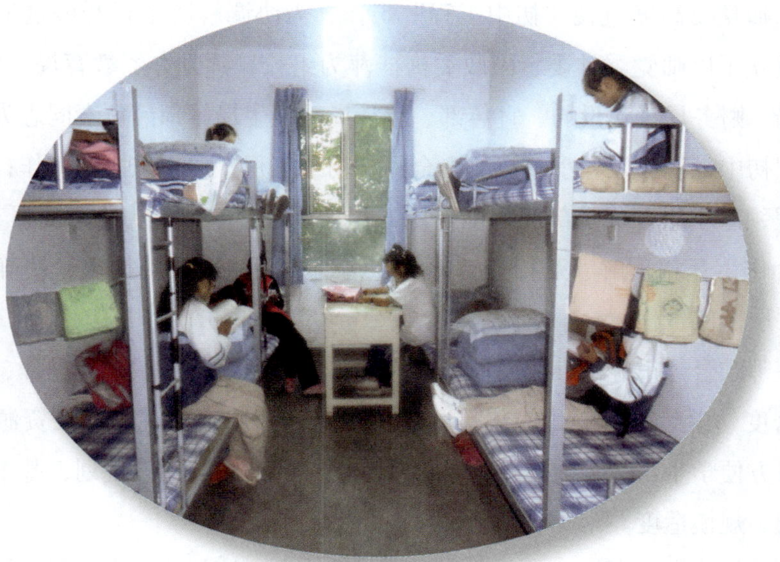

新疆生产建设兵团七师131团中学学生住宿条件大为改观

一时间，兵团各项目学校掀起了一波波建设热潮。

扎扎实实抓落实

寒冬时节，八师143团第一中学的学生宿舍里暖意浓浓，6人一间的屋子里，储物柜、杂物架一应俱全，还统一安装了防护栏。就在几年前，学校寄宿生均住在20世纪八九十年代末兴建的平房内。2009年，在“初中工程”的支持下，投入330多万元为学校建成两幢学生公寓楼。

中央、兵团党委对学校建设投入力度这么大，建设过程中又这么“上心”，着实让校长陈国庆没有想到。他没有想到，每个建设环节，设计方、监理方、校方、教育局和施工方，五方都要一起验收；他更没有想到，验收标准如此细致，一根水泥柱，钢筋插进去，粗细度、根数都要细细查验。

在实施“初中工程”过程中，兵团本着“科学规划、合理布局，整合资源、统筹安排，分类指导、推进均衡，协调发展、节约资源”的总体原则，对上报的每所学校逐一进行论证分析，尽可能充分利用布局结构调整合并学校的原有校舍，以提高投资效益，并尽量将辐射面广、规模效益高、社会影响大的学校纳入到项目建设中。

二师党委高度重视“初中工程”工作，为协调解决工程开展过程中的问题，成立了以师党委常委、副政委梅桂萍为组长，师党办、教育局、发改委、公安局、财务局、建设局、宣传部、审计局、卫生局等部门负责同志为成员的二师“初中工程”领导小组，负责全师“初中工程”的组织协调工作；充分发挥工程领导小组各成员部门职能作用，积极配合，共同努力，大家既有分工，又有合作，互相理解、互相支持、加强沟通协调、不推诿扯皮，明确责任分工，层层落实责任。

一师结合师市经济社会发展总体规划，充分考虑师市城镇化进程、人口流动和密度、学龄人口变化趋势等因素，在充分利用师市现有学校资源的基础上，以方便学生入学为前提，科学合理地制订师市学校建设规划，基本做到布局合理、规模适度。

在项目建设管理上，十师着实下了一番功夫。该师“初中工程”领导小组对列入改造计划的所有项目实行全程监控，项目建设统一规划，严格控制规划和造价，强化质量监督、资金管理、工作过程监督，严把项目选址关、招投标关、施工队伍关、材料质量关。工程建设始终坚持“先勘察，后设计，再施工”的原则，通过招投标的方式，选择有资质的设计、施工单位进行规划设计和建设。严格按照项目法人责任制、招标投标制、工程监理制、工程质量终身制等要求实施和管理，确保“初中工程”质量。

在工程实施过程中，该师各项目单位都召开了专题会议，要求施工方保证工程完工时间，并制定出工程进度时间表，实行倒排工期；对改造工程实行每日督查制，要求每日及时了解掌握工程的进度、质量、安全等施工情况，做到及时发现问题及时解决；“初中工程”由于时间紧、任务重，各项目单位在提高工作效率，加快办事速度上下功夫，凡涉及“初中工程”的工作、手续一律优先办理，形成“初中工程”特事特办制；建立了以法定代表人为核心的施工责任制，通过每日督查，认真排查事故隐患，消除违章作业行为和不安全因素，切实落实安全施工责任；严格划分施工区和教学区，施工现场实行封闭管理，施工机械作业范围必须限定在施工区内；做好学生在施工期间的安全教育和安全防范，做到安全工程不出事故。

九师的6个项目团场在项目实施过程中均设置了项目专项资金专账，在施工过程中按施工进度拨付相应资金。为切实加强资金管理，这个师实行项目公示、预算和竣工决算审计制度，严格控制建设成本。在资金管理上实行报账提款制，在各团场分别设立资金专户集中管理项目资金，封闭运行。付款时，根据项目工程进度，先由施工队提出申请，监理公司、基建科确认后报财务科审批，批准后由建筑公司直接到团场财务科办理支付手续。这样，减少了中间环节，保证了资金能按时拨付到承建方手中，保障了工程进度，提高了资金使用效益。

新疆生产建设兵团七师128团中学原学生宿舍

新疆生产建设兵团七师128团中学办学条件得到了显著改善

七师在实施“初中工程”过程中，延续“农村寄宿制学校建设工程”等义务教育工程的有关优惠政策措施，对项目立项、办理土地使用手续、规划设计、施工组织等建设过程中涉及的行政事业性收费和政府性基金，均应予以免收；涉及的经营服务性收费，在服务双方协商的基础上，提倡各有关单位从支持农村义务教育事业发展的角度适当予以减收或免收；各级教育部门联合发改、财务、建设等部门，积极落实这一规定，提高“初中工程”投资的效益。3年来，该师共减免收费10.2万元。而在全兵团，这一数字已达到416.93万元，占工程总造价的5.1%。

截至2010年年底，兵团共投入资金24 780万元，占规划投入的123.9%，新建校舍面积21.67万平方米，占规划建设的108.8%，购置设备167万元。其中，2007年投入资金2 575万元，新建校舍面积2.549万平方米；2008年投入资金1.3亿元，新建校舍面积12.77万平方米，购置设备139万元；2009年投入资金8 000万元（见图1），新建校舍面积6.35万平方米，购置设备28万元。

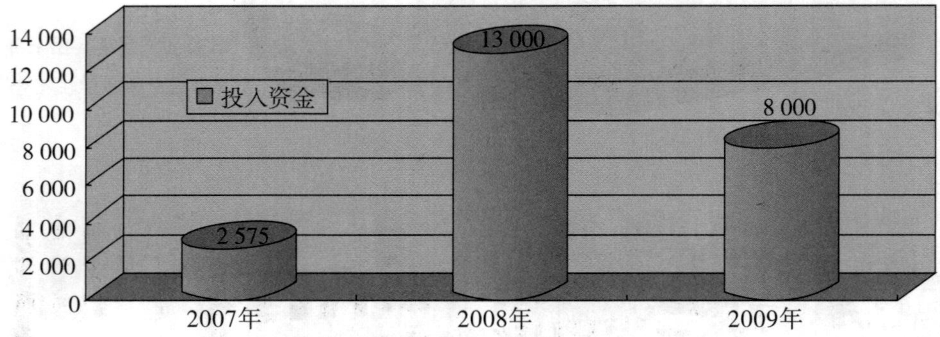

图1　新疆生产建设兵团“初中工程”分年度资金投入情况（单位：万元）

项目建设显成效

六师101团学校是该师团场唯一一所十二年一贯制学校，拥有在校学生3 005人，其中寄宿制学生达1 045人。

然而，就是这样一所学校，在2008年以前，学校学生的住宿条件却十分艰苦，一共3间平房，一间平房能挤下二三十名学生。就餐条件更为“磕碜”，全校只有一间156平方米大的食堂，两口锅，每顿只能做三样菜。

更令人难以置信的是，因为食堂空间小，许多学生都得到室外排队打饭。夏天，下雨时只能淋着。冬天，只能站在屋外挨冻。打完饭后，学生们也只能回宿舍就餐。

2007年，在各级领导的努力和支持下，学校争取到了“初中工程”项目。项目总面积4 344.18平方米，其中宿舍楼2 527.88平方米，餐厅1 816.3平方米。

如今，全校住校生住上了通暖气的公寓楼，室内通了上下水，配有卫生间。就餐条件更是大为改观，一次能同时容纳800名学生就餐。餐厅内蒸箱、切菜机、压面机、消毒柜等家伙什一应俱全。菜系品种“包罗万象”，土豆烧牛肉、干煸豆角、家常水煮肉等都端上了学生们的餐桌。

“到了冬天宿舍非常暖和，还能洗澡，食堂的饭菜也十分可口。这比家里舒服多了，我周末都不想回去了。”说起学校的变化，目前已就读高二年级学生施鑫显得非常兴奋。

新疆生产建设兵团六师101团学校的住校生们再也不用为吃饭而犯愁了

而随着办学条件的不断改善，教师们更专注于教学研究，学生们更专注于学习，使得学校的办学规模也不断扩大，教学质量显著提高。2011年度，该校高考上线率达94.67%。2012年度，再次刷新高考纪录，上线率达97.12%。

新湖农场是六师较大的团场之一，由于该团实施集中办学较早，住校生多，原有的学生宿舍满足不了学生住宿需要，许多学生在外租住民房。这不仅增加了家庭负担，学校管理也困难重重。

“初中工程”实施后，基本解决了学生校外租住民房问题。同时，学校还建立和完善了教学管理、学生管理、资产管理、宿舍管理、食堂管理、安全管理等各项制度。

“学生在外面租房子，就是不放心啊！”六师教育局局长徐斌感触颇深，以前租住民房都是家长自己联系的，然后把租房情况上报给学校，虽然不是学校的主动行为，但管理责任一点不能含糊。当时全校有许多学生分散住在学校周边，每周学校都要派出十几人次的安全老师，骑上摩托车挨家挨户去检查。

“遇到孩子不在的，安全老师总是放心不下。现在，学生在校内寄宿，管理员熄灯前集中检查，放心多了。”徐斌说，现在学生在学校比家里住得好，水、电、暖气免费，家长特别满意，对学校的发展十分支持。

带来的效果是显而易见的。目前，该师“初中工程”9个项目单位覆盖人口数由项目初期124 396人提高到目前169 540人，在校初中生人数由5 289人提高到7 627人，初中寄宿生人数由987人提高到2 861人，生均生活用房面积由每人3.74平方米提高到每人6.69平方米。

这只是“初中工程”实施后，对兵团教育事业发展促进的一个缩影。

“十一五”期间，因为这一工程的实施，使兵团91个项目团场103所初中学校办学条件明显改善，建成了一批功能较为完善的寄宿制学校。

因为这一工程的实施，促进了兵团初中学校布局调整，优化了教育资源配置。项目团场初中学校数由108所调整为92所，撤并14所；寄宿制学校数由83所调整为92所，新增9所。调整后，初中生师比从14.68提高到15.05，初中校均人数将达到832人，寄宿生由18 446人增加到40 087人。

因为这一工程的实施，使兵团初中办学条件将有明显改善，消除27 499平方米危房。生均校舍面积由6.32平方米增加到8.15平方米，生均食堂面积由0.27平方米增加到1.1平方米，生均宿舍面积由0.89平方米增加到2.05平方米，生均厕所面积由0.19平方米增加到0.22平方米。

因为这一工程的实施，使兵团项目团场初中辍学率由1%下降到0.65%，15周岁人口文盲率0%，初中三年保留率由 92.6%提高到97.4%，15周岁人口文盲率0 %，初中学生在校寄宿率由27.2%提高到51.83%，初中校舍危房率由6.76%下降到3%以下，初中大班额班级比例由57%下降到16%，初中学生食堂达标比例由11%提高到98%，初中学生厕所达标比例由37%提高到97%。

新疆生产建设兵团新建初中校舍情况、寄宿生情况、生均校舍情况见图2、图3、图4。

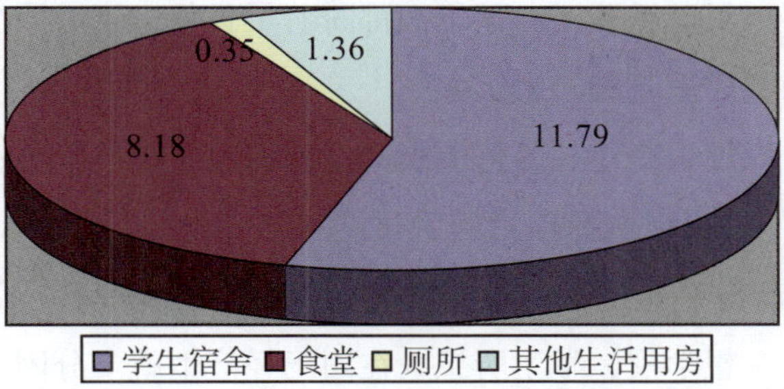

图2 新疆生产建设兵团“初中工程”新建校舍情况（单位：万平方米）

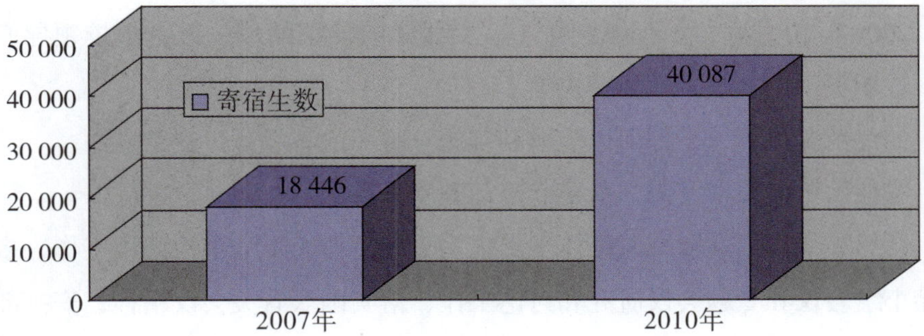

图3 新疆生产建设兵团“初中工程”实施前后寄宿生情况（单位：人）

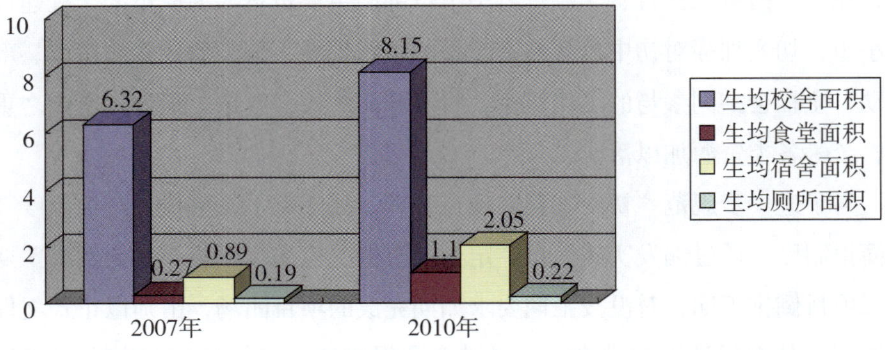

图4 新疆生产建设兵团“初中工程”实施前后生均校舍情况（单位：平方米/生）

建章立制是根本

2008年，对于兵团实施“初中工程”项目的团场来说，是经历“挫折”的一年。

这一年，因为疆内建筑材料价格普涨，“初中工程”项目建设成本倍增，给各个团场原本就已十分紧张的财力“雪上加霜”。

可是，许多项目已经开工，孩子们都盼着早日住进宽敞明亮的宿舍，希望在舒适、安全的餐厅里就餐，怎么办？

有人说，可以停工待建，等待上级部门追加项目建设资金；有人说，如果确实“囊中羞涩”，可以选择项目延后建设。

八师136团却没有这样做。他们没有停工待建，更没有延后建设，而是急学校、学生所急，想学校、学生所想，在团场经济本就十分困难的情况下，积极筹措基建经费，继续施工建设直至工程全部完工。

2008年10月底，工程顺利竣工。交付学校使用的那一天，学校领导们笑了，教职员工们笑了，学生们也笑了。

如此情况之下，工程何以能顺利实施？唯一的答案是：建章立制。

看似简单的几个字眼，落实起来却颇费一番周章。

领导表率作用在这个时候体现出来。兵团领导们十分重视此项工作，多次领导小组会议和专题会议研究和讨论工作，落实国家有关会议精神，安排部署工作任务，并成立了以主要领导为组长，分管教育、基建的副职领导为副组长，建设、财务、教育、学校等有关单位部门主要负责人为成员的工程建设领导小组，切实加强对初中校舍改造工程的组织领导，努力形成兵团协调、部门联动、全社会共同参与的工作机制，将实施初中校舍改造工程列入重中之重来抓，统筹各类资源加以落实。

为了进一步规范“初中工程”项目管理，兵团上下严格执行八项制度。一是简报制度。通过编发实施简报，定期通报情况、交流经验。二是倒排工期制度。项目倒排工期，对没按工期要求如期完成的项目团场，由师以正式文件解释原因，从而保证工程进度。三是进度月报制度。求每月10日前上报工程进度并且上报进度照片，每月向领导小组成员单位报告一次进展情况。四是问责制度。每月对各师工程进度排队，对排名靠后的、未开工的项目团场予以通报，并给师项目主管领导写信问责，督促工作成效。五是综合检查制度。建立兵团重点抽查、师级定期巡查、团级经常自查的监督检查机制。六是项目公示制度。年初将年度项目内容、工期、负责人等信息在《兵团日报》、兵团新绿洲网、兵团教育网、兵团教研网向社会公示。七是建立监督举报机制。设立并公布监督举报电话，接受社会监督，将工程建设成为阳光、民心工程。八是宣传引导制度。兵团、各师及项目团场充分利用各种宣传媒介，通过各种途径广泛宣传“初中工程”的概况、意义、效益以及各自的职责和实施办法。

八师143团地处戈壁明珠石河子市西郊，在校学生1 700余人，其中住校生达400余人。

2009年，学校争取到了“初中工程”项目。项目建设包括学生宿舍、食堂、浴室等，总面积达2 700平方米。

一年后，项目顺利竣工。交付学校使用的那天，校长陈国庆既开心，又犯愁。开心的是，学生们终于告别了“冷宿舍”、“小餐厅”时代，不仅住上了暖心房，还可以吃上营养餐；犯愁的是，随着学校住宿、就餐条件的改善，住校生的人数会日益增多，与之俱来的就是设施使用管理的问题。

陈国庆脑子活，没有能难倒他的事。不管是学生宿舍，还是餐厅，他都建立起了安全管理、财务管理、卫生检查等各项规章制度，每项制度都具体落实到人头，各司其职，各尽其责。

最让陈国庆得意的是，他们将周评、月评、季度评、年度评的“四评”机制引入到日常管理工作中。学生宿舍卫生如何、餐厅卫生如何都要经过“四评”，并将评比结果向全校师生公开。而评比则打破了原来的老套路，既有学校领导评、教职员工评，又有学生家长评、学生互评。正是基于这一项项公开、公正的规章制度，2011年，该校还被评为全师“教育教学管理先进单位”。

时下，来到兵团，美丽的校园、整洁的宿舍、安全卫生的食堂、干净的水厕，已经成为团场一道亮丽的风景线。

（新疆生产建设兵团教育局供稿）

三晋大地绽开学生笑靥
——山西省农村初中校舍改造工程报告

山西省钟灵毓秀，人杰地灵，自古就有重视教育的传统。“十一五”期间，党中央、国务院为巩固中西部“两基”成果、改善农村学校办学条件、解决留守儿童学习和生活问题，推动实施了“初中工程”。山西省借助工程实施东风，本着“科学规划，合理布局，整合资源，统筹安排”的原则，按照国家要求，结合本省经济社会发展实际和总体规划，认真申报符合国家政策的项目。通过一期工程的实施，有力地推进了本省义务教育的均衡发展，极大地改善了本省农村初中食宿条件，使农村初中学校焕然一新，曾经的木头梁、芦苇顶变成了框架结构、现浇板，昔日的“水帘洞”、裂缝楼被打造成了“钢筋铁骨”，使山西省向办“人民满意教育”的总体目标又前进了一大步。

一、科学规划，着力提高农村初中办学水平

山西省在实施“初中工程”建设，拟定总体方案时，就确立了“加强薄弱学校建设，促进均衡发展，注重协调发展，鼓励资源节约”的思想。

按照国家有关精神要求，省教育厅和省发改委共同深入基层调查研究，逐县调查走访，对全省119个县（市、区）的农村初中学校校舍进行了认真细致的排查鉴定。在掌握了第一手情况的基础上，有针对性地提出了工作思路和方案，结合本省经济和社会发展的实际，以及全省中小学布局结构调整规划，充分考虑城镇化建设规划、人口密度和增长、学龄人口变化趋势、寄宿学生的实际需求、教育资源布局、地理环境，以及水电等基础条件是否能够满足寄宿学校的长远发展需要等关键因素，使“初中工程”既能适应当前普及义务教育的现实需要，又能适应各县基础教育未来发展的长远需要；既做到勤俭办事，避免重复投资和资源浪费，又保证改、扩建的寄宿制学校与“校安工程”相衔

接。规划的编制本着“集中力量、重点突破、确保实效”的原则，围绕有限目标，抓住重点任务，集中资金投入，保证建设成效。按照“整合资源，合理布局，分类指导，推进均衡”的要求，对拟纳入规划的项目学校进行认真审核，统筹考虑，严格把关。同时，加强对县级规划编制工作的指导，引导项目县加强规划的研究论证工作，增强规划的前瞻性和科学性，努力做到“投一所，建一所；建一所，成一所”。最终，确定了80个县（市、区）的374个项目。

2007—2010年，山西省“初中工程”总投资4.75亿元，其中中央专项投资4.68亿元，地方投资0.07亿元，总建筑规模54.64万平方米。其中：2007年投资0.4亿元，用于41所项目学校的学生生活设施建设，建设面积4.8万平方米；2008年投资2.3亿元，用于194所项目学校学生生活设施建设，建设面积26.5万平方米；2009年投资1.55亿元，用于107所项目学校学生生活设施建设，建设面积14.6万平方米；2010年投资0.49亿元，用于32所项目学校学生生活设施建设，建设面积8.6万平方米。目前所有项目均已全部完工并交付使用。

“初中工程”的实施，有效解决了项目学校生活设施短缺、简陋，学生寄宿率低，办学条件不足等问题，使项目学校具备了基本的校园、校舍、体育活动设施，完善了寄宿学校必需的食堂、饮水、住宿和厕所等生活设施，基本实现了项目实施县一个乡镇办一所初中的目标，为实现义务教育标准化和提高教育教学质量奠定了坚实基础。这也使山西省项目县的农村初中寄宿率由“十一五”初的41.02%提高到了51.78%，寄宿生生均居住面积由3.04平方米提高到4.09平方米，学生就餐、运动场地以及厕所蹲位基本达标。

二、加强领导，确保工程建设有序推进

为了实现“建一所，成一所”的目标，山西省在“规划编制、项目审核、政策配套、检查验收”等环节中加强领导，明确职责，落实政策，强化监管，严格程序，完善制度，采取有效措施，确保工程建设有序推进。

（一）加强领导，明确职责，确保工程建设有序推进

“初中工程”是一项复杂的系统工程，为了确保建设工程有序推进，省教育、发改、财政等多个部门在省政府的统一领导下积极主动地开展工作，相互协作、密切配合，努力形成充分协商、协调行动、共同实施的工作机制。根据

国家有关文件精神，结合本省实际，成立了“初中工程”领导组，教育、发改、财政、城建、审计、土地、监察、地震等部门主要负责人为成员，统一组织实施，并要求各项目市、县要尽最大努力，克服重重困难，按时、按质、按量完成改造任务。

按照项目实施要求，教育与发改部门相互沟通配合，做好项目论证，共同编制工程规划和年度建设计划；配合建设部门做好项目施工手续办理及施工过程监督；主动沟通协调领导小组成员单位中的其他职能部门，求得支持与帮助，确保“初中工程”的各项措施有效实施。规划、环保、城建、国土等成员单位根据各自工作职责和部门工作实际，充分考虑“初中工程”的重要性和紧迫性，尽量为项目建设提供方便，在工程审核和项目审批上从严、从快、从简，打破常规、积极配合，为“初中工程”开辟“绿色通道”。

在省政府的统一领导下，全省形成了党政齐抓共管，部门密切配合，多方积极参与的良好工作机制与氛围，为工程的顺利实施奠定了坚实的基础。

（二）落实政策，强化监管，发挥资金使用效益

山西省教育、发改、财政等部门，本着对人民群众和历史高度负责的态度，认真落实相关政策，及时转发下达和拨付资金，防止出现挪用、挤占和截留现象。并对“初中工程”项目立项、办理土地手续、规划设计、施工组织等建设过程中涉及的行政事业性收费和政府性基金，均予以免收，使中央专项资金发挥了最大效益。同时进一步提高项目实施过程中的透明度，强化监督机制，从严把握建设内容，合理使用资金，建设“放心工程”、“阳光工程”。严格执行相关法规，规范资金使用程序。“初中工程”专项资金纳入财政专户，分账核算，集中支付，封闭运行。严格执行规划，按工程进度及时足额拨付资金。

在多方努力下，全省建立了一套公正、合理、高效的监督管理机制，将资金的使用和管理列入重点审计内容，层层落实责任追究制度。建立了定期或不定期的检查制度，发现问题，及时纠正。

（三）严格程序，完善制度，严把工程质量关

百年大计，质量为本。山西省把工程质量作为项目建设和管理的重中之重，强化项目过程管理，严格按照基本建设的有关程序办事，确保“初中工

程”建筑项目保质保量、顺利实施。项目建设符合建筑设计规范及《农村普通中小学校建设标准》的相关规定。

在项目实施过程中，全省严格实行项目法人责任制、招投标制、工程监理制和合同管理制。按照国家有关法律法规，通过招标方式，确定具有国家认定的相应资质的勘察、设计、施工、监理承担单位。明确竣工验收条件，按设计要求完成项目工程主体，并依据强制性规定和使用功能要求，同步建成附属配套设施。

项目竣工后，组织相关部门联合进行验收，验收合格后，方可投入使用，并办理固定资产移交手续。

三、效果明显，促进了初中教育均衡发展

基层学校认为“初中工程”和“中小学校舍安全工程”一样，是一项惠及师生、与人民群众利益密切相关的民生工程，是对教育未来发展影响最大的德政工程，是阳光雨露，更是雪中送炭，对促进初中教育均衡发展意义重大而深远。因此，受到了全省人民的高度关注，也赢得了广大人民群众的普遍赞誉。

（一）有效改善了设施，夯实了农村教育基础

山西省“初中工程”一期的实施，有效改善了项目学校的学生生活用房条件，使农村孩子享有和城里寄宿学生相当的生活条件，方便了项目学校所在地的农村学生就近上学。同时通过不断规范学校管理、充实师资队伍、提升服务质量等措施，让孩子们能够“进得来，留得住，学得好”。

这项工程实施后，祁县里村村委主任孙吉云在县人代会上说：国家这一回花这么多的钱修学校。过去俺村的学校是瓦房建筑，每天送娃娃们上学也不歇心，不知哪阵子来个地震，非把娃娃们拍了蚂蚱不可！这回国家一下子给俺村就拨了400多万元新建学校，这下送娃娃上学彻底歇心了！他的话代表了广大群众的心声，也折射出改善初中校舍对农村教育的正向影响。

（二）生活用房齐全，校容校貌彻底改观

根据本地学校发展规划，结合中小学布局调整，所有“初中工程”项目校都因地制宜，因校制宜，按照《农村普通中小学校建设标准》要求进行施工。经过改造后的初中学校的生活设施、寄宿条件，都得到了彻底改观，学生宿

舍、餐厅、伙房、水房、厕所等各种生活服务用房齐全，供暖、供水、照明、餐饮等设施设备完善，食堂饭菜有专门消毒柜，学生就餐有专用餐桌，每日三餐饭菜也较为丰富，学生营养健康状况明显好转。许多学生家长都赞叹说，现在住校的孩子念书条件真好，吃得住得比家里都舒适。

山西省太原市阳曲县大盂乡大盂中学新学生宿舍楼

（三）发挥资源优势，办学水平极大提升

我们欣喜地看到，改造后的初中学校人口覆盖面进一步扩大，生源状况明显好转，生均生活服务用房面积符合标准，学生可以就近入学，集中就读，共享优质资源。以忻州市河曲县巡镇初中为例，该校是在巡镇中学搬迁回城后的旧址上，以原巡镇初中为主体，整合了布局调整中撤消的生源少、办学条件差的开明初中、寺也初中、鹿固初中、曲峪初中，创办的一所规模较大的综合寄宿制初级中学。实施“初中工程”以来，该校综合利用教育资源，校舍条件和办学水平极大提升，服务范围由原来的1镇11村扩大到1镇3乡42村，极大地便利了周边农村孩子就近接受优质教育，对于拉动该镇及周边地区经济发展也发挥了重要作用。

通过对吕梁市柳林县实施“初中工程”的调查，我们也可以看到该工程的成效。柳林县留誉中学宿舍楼建成后，恰逢布局结构调整，圪台中学与留誉中学合并，留誉中学学生数由原250人增至769人，住宿生由原180人增至

山西省高平市云泉初级中学新学生宿舍楼

680人，学校规模扩大了，校园资源得到了优化，教改的力度也因此而加大，学生的学习积极性也因环境的改善而提高。石西中学、成家庄示范中学宿舍楼建成后，因住宿条件的改善，学生流失现象明显下降。石西中学多年来一直在校外租民房，学生管理成了学校的老大难问题，教师晚上踏着崎岖的小路，手持手电筒巡查至深夜，现在全体480名住宿生分男女区同住一楼，管理方便多了，很多学生也因环境的改善而打消了转校的念头，管理负担的减轻也使得教师可以将更多的时间和精力用于教学，教学质量也因此得到提高。穆村中学未修宿舍楼前，不能接收住宿生，服务区内的住宿生只能由家长租用民房。“初中工程”实施后，全校936名学生中的148名住宿生住进了宽敞舒适的宿舍，家长放心，学生安心，学校在安全问题上也减轻了管理负担。柳林县庄上镇中学、柳林县孟门中学宿舍建成后，服务区内的学生流失减少，家长的负担也减轻了，对当地的农业生产和经济建设起到积极的作用。陈家湾中学宿舍楼交付使用后，在校领导内强素质，外树形象的改革举措下，学校热闹起来了，教与学的热潮一浪高过一浪，学生总数由原来的280名增加至625名，住宿生也由160人增加至504人。住宿条件的改善使学校焕发了生机，赢得了希望。

四、工程建设，要确立“责任重于泰山”的观念

“初中工程”是一项打基础、蓄力量，造福子孙后代的百年大计工程，山西省在实施过程中，要求各级政府和部门，以及学校，要确立“责任重于泰山”观念，把好事办好。

（一）坚持原则，保证科学发展

在“初中工程”实施过程中，山西省始终坚持“五项原则”：坚持科学规划、分年度实施的原则；坚持与中小学布局调整相结合的原则；坚持质量与效益相统一的原则；坚持资金管理与招投标相结合的原则；坚持依法进行项目管理的原则。

在工程项目实施中，山西省结合布局调整，因地制宜进行建设，一方面把需要改造的危房校舍进行彻底改造，另一方面又针对部分不必要的项目进行及时调整，科学规划。重点瞄准乡镇所在地，建设标准化寄宿制初中，力争建成一所，达标一所，实现学生不出中心片区就能受到很好的初中教育的目标。

（二）坚持规范实施，保证质量落实

在山西实施的“初中工程”，所有项目工程均是先编制规划，再勘察设计，办理好各种手续后施工。在工程立项、勘察设计、招投标、施工监理、竣工验收、决算审计、档案管理等方面，都严格执行国家有关法律、法规和部门规章、行业标准，同时按规定认真落实有关优惠政策，严格按程序规范实施。

每个项目都把安全文明施工作为第一要务，施工期间尽可能不影响教学工作。工程负责人、驻工地代表和质检人员在材料进场时，都要严格检查建筑材料是否合格，杜绝了假冒伪劣产品进入工地。工程按进度进行同步检验，特别是地槽、钎探、基础、主体以及隐蔽工程都经质检部门检验，现场签证并留存影像资料备查，同时妥善保管施工资料，随时接受有关部门检查。

（三）坚持制度管理，保证目标落实

在实施“初中工程”时，各市、县都建立了《公示制度》、《月报制度》、《巡查督查制度》、《管理制度》、《资金使用管理制度》等有关制度。在实施过程中，各部门团结协作，职责分明，责任明确，层层把关，责任到人，并确定项目校校长是项目第一责任人。总结回顾山西省省的工作，不难看出，这里的“初中工程”之所以取得预期的成果，是严格实行了“十六制管理”：工程管理目标责任制、项目学校校长法人制、招标投标制、工程监理制、驻工地代表负责制、合同管理制、工程安全责任制、项目公示制、工程质量责任制、工程预决算制度、资金专项审计制度、按工程进度拨款制度、工程专项资金管理责任追究制度、监督检查制度、信息报告制度、工程评估制度等。这样细化的措施，有力保证了工程各项目标的落实。

（四）坚持严格工程资金管理和责任追究，保顺利实施

为了切实管好、用好工程资金，让有限的资金发挥最大的效益，山西省严格要求落实工程资金管理“四项制度”：一是严格落实工程资金专户管理制度，分账核算，专款专用；二是严格实行工程资金预决算制度，控制工程建设成本，提高投资效益；三是严格实行按工程进度拨款制度，各施工单位按照工程进度，向各县（市、区）“工程办”提交付款申请和由监理人员签字的进度明细，经各县教育部门负责人、分管领导、县（市）长逐一审批签字后，方可拨款；四是严格实行工程资金专项审计制度。实行监察局全程参与、专项办提前介入、审计局跟踪审计的办法，对初中校舍改造工程建设项目实施问责、问廉、问效，要求工程建设单位每月上报安全生产、工程进度、资金拨付等情况，相关单位工作人员不得吃、拿、卡、要，具有收费项目的单位对校舍改造工程行政事业性收费一律免收，严格实行工程项目公示制、工程质量终身负责制和责任追究制。通过这些措施，层层落实责任，确保校舍改造工程成为“阳光工程”、廉政工程和放心工程。

“初中工程”的实施，改善了项目学校的办学条件，推进了山西省义务教育的均衡发展，缩小了城乡、区域教育发展差距，为办人民满意的教育，推动公共教育协调发展，促进构建社会主义和谐社会起到了很大的作用。一期工程实施后，“大通铺”现象、校外租房、学校供餐能力不足等问题进一步得到解决，农村初中学生入学率和巩固率有了很大提高，并有效解决了外出务工农民家庭子女的上学问题，使广大的学生能够进得来、容得下、学得好，这些工程真正被广大人民群众誉为明星工程，学校建筑已经成为山西省最靓丽的一道风景线。

（山西省教育厅供稿）

打造如家一样温暖的校园
——安徽省农村初中校舍改造工程报告

安徽省属中部内陆省份，位于华东腹地，地处江淮之间，全省东西宽约450公里，南北长约570公里，总面积13.96万平方公里，辖16个地级市、108个县（市、区），总人口6 862万人。全省地形地貌南北迥异，复杂多样。长江、淮河横贯省境，将全省划分为淮北平原、江淮丘陵和皖南山区三大自然区域。全省现有普通中小学校1.8万所，在校中小学生915.7万人，其中义务教育阶段在校学生739.4万人，农村学生近80%。

2007—2010年，我省“初中工程”项目覆盖74个县（市、区）、约500所独立设置的农村普通初中和初中生较多的九年一贯制学校，新建或改造学生宿舍、食堂、厕所等生活用房和体育场地，有效地改善了项目学校在校学生的学习和生活环境，提高农村初中的寄宿率，较大程度地巩固了“两基”成果，有力地促进了农村义务教育的发展。

一、落实投资“初中工程”实施取得新进展

2007—2010年，我省初中工程一期共建设533个项目，中央预算内投资8.8亿元。土建部分投资8.4亿元，建设面积130.1万平方米（新建、改扩建校舍97.3万平方米、体育场地32.8万平方米）；购置生活设施和图书设备4 000万元。

我省2007—2010年“初中工程”分年度资金来源情况见表1，分年度资金投向土建部分情况见表2，分年度资金投向生活设备情况见表3。

表1 安徽省2007—2010年"初中工程"分年度资金来源情况

年份	下达文号	文件名称	项目学校数（所）	资金来源（万元）			
				合计	中央专款	省级财政资金	省以下各级财政资金
2007	皖发改投资〔2007〕1101号	关于下达2007年中西部农村初中校舍改造工程中央预算内专项资金（国债）投资计划的通知	43	5 980	5 980	0	0
2008			269	40 392	40 378	14	0
第一批	皖初改办〔2008〕2号	关于转发《国家发展改革委关于下达2008年中央预算内专项资金和国债投资计划的通知》的通知	133	20 878	20 878	0	0
新增	皖发改投资〔2008〕1356号	关于下达2008年中西部农村初中校舍改造工程新增中央预算内专项资金投资计划的通知	136	19 514	19 500	14	0
2009	皖发改投资〔2009〕147号	关于下达中西部农村初中校舍改造工程2009年新增中央预算内投资计划的通知	145	30 000	30 000	0	0
2010	皖发改投资〔2010〕604号	关于下达中西部农村初中校舍改造工程2010年中央预算内投资计划的通知	76	11 605	11 500	54	51
合计			533	87 977	87 858	68	51

表2　安徽省2007—2010年“初中工程”分年度资金投向土建部分情况

年份		项目学校数（所）	合计（万元）	校舍建设		体育场		其他配套设施建设
				金额（万元）	面积（平方米）	金额（万元）	面积（平方米）	金额（万元）
2007		43	5 980	5 604.9	82 352	61.9	16 331	15
2008		269	40 392	36 841.6	511 264	1 034.6	157 089	271.5
	第一批	133	20 878	18 970.6	266 285	577.6	90 957	155.2
	新增	136	19 514	17 871	244 979	457	66 132	116.3
2009		145	30 000	27 005.7	283 443	1 883.3	52 002	73.6
2010		76	11 605	9 987.5	96 171	1 221.5	102 564	0
合计		533	87 977	79 439.7	973 230	4 201.3	327 986	360.1

2007年安排建设43个学校项目，投入资金5 980万元，全部为中央预算内资金。土建部分投资5 681.8万元，建设面积9.9万平方米（新建、改扩建校舍8.3万平方米、体育场地1.6万平方米）；购置生活设施和图书设备298.2万元。

2008年安排建设269个学校项目，投入资金40 392万元，其中中央预算内资金40 378万元。土建部分投资38 147.7万元，建设面积66.8万平方米（新建、改扩建校舍51.1万平方米、体育场地15.7万平方米）；购置生活设施和图书设备2 244.3万元。

表3　安徽省2007—2010年“初中工程”分年度资金投向生活设备情况

年份	项目学校数（所）	购置生活设施			购置图书、计算机等仪器设备					
		小计（万元）	其中：学生用床		小计（万元）	课桌凳		计算机		其他配套设备（万元）
			金额（万元）	数量（单人张）		金额（万元）	数量（单人套）	金额（万元）	数量（台）	
2007	43	210.4	120.8	6 586	87.8	0	0	0	0	87.8

续表

年份	项目学校数（所）	购置生活设施			购置图书、计算机等仪器设备					
		小计（万元）	其中：学生用床		小计（万元）	课桌凳		计算机		其他配套设备（万元）
			金额（万元）	数量（单人张）		金额（万元）	数量（单人套）	金额（万元）	数量（台）	
2008	269	1 692.5	849.3	48 113	551.8	0	0	0	0	551.8
新一批	133	878.8	425.4	23 808	295.8	0	0	0	0	295.8
新增	136	813.7	423.9	24 305	256	0	0	0	0	256
2009	145	665.3	294.5	16 222	372.1	2.4	300	0	0	369.7
2010	76	291	88	4 740	105	17	1 500	19	46	69
合计	533	2 859.2	1 352.6	75 661	1 116.7	19.4	1 800	19	46	1 078.3

2009年安排建设145个学校项目，投入资金30 000万元，全部为中央预算内资金。土建部分投资28 962.6万元，建设面积33.5万平方米（新建、改扩建校舍28.3万平方米、体育场地5.2万平方米）；购置生活设施和图书设备1 037.4万元。

2010年安排建设76个学校项目，投入资金11 605万元，其中中央预算内资金11 500万元。土建部分投资11 209万元，建设面积19.9万平方米（新建、改扩建校舍9.6万平方米、体育场地10.3万平方米）；购置生活设施和图书设备396万元。

二、扎实推进“初中工程”建设取得大跨越

自“初中工程”开始建设以来，我们坚持从实际出发，积极探索“初中工程”实施推进的新路子，严格落实责任，完善政策措施，创新管理机制，不断

提高工作水平，“初中工程”建设取得跨越发展。

（一）高规格推进，严格落实目标责任

省政府坚持把教育类建设项目放在第一位置，坚持“一把手”负总责，坚持一线工作法，坚持全省“一盘棋”总体要求。为加强对“初中工程”的领导，我省成立了由政府分管领导任组长，发改、教育、财政、住房建设、审计、监察等15个部门参加的领导小组，领导组下设办公室，具体负责教育项目包括“初中工程”的协调、指导和督查。

我省从项目实施之初就将落实各方工作责任放在项目实施和管理工作的首要位置。2007年第一批“初中工程”投资计划下达后不久，我省“初中工程”领导小组与各项目县政府主要负责同志签订了实施责任书，建立了上下联动、紧密配合、各负其责、各尽其职的“初中工程”目标管理体系。省教育厅、发展改革委联合成立了省级驻点督查组，先后组织了7次专项督查，每次8—11个督查组，深入各地督查项目并及时印发督查通报，推广好的经验和做法，批评存在的问题和不足。省教育厅另成立了教育类建设项目“三人小组”，不定期随机暗访各地工程实施情况。“初中工程”领导小组办公室每月召开一次联络员调度会议，了解“初中工程”进展情况，分析解决存在的问题。实行每月通报制度和市级政府会商制度，先后8次致函有关市政府，商请协调解决有关项目开工建设和配套资金落实等问题，进一步促进各地做细、做实、做好。

各市、县政府也相应采取了一系列强有力的管理措施：一是成立了以县区政府主要负责人为组长的“初中工程”建设工作领导组；二是落实了法人负责制，明确规定各中心学校为项目法人，对项目实施负直接责任；三是落实了主管部门负责人分校联系包干责任制；四是明确了县区教育局项目办人员具体负责“初中工程”的日常管理工作。我省各地自始至终狠抓落实、严格执行，切实增强了项目实施的推动力和政策落实的执行力。

（二）高效率协调，认真落实优惠政策

在我省“初中工程”领导小组的统筹组织下，项目的建设过程由多部门参与配合：项目规划由建设部门和教育局共同派员进行现场踏勘，做到规划科学、选址适当，最大限度地降低前期成本；勘察、设计、监理等中介服务单位，实行统一打捆招标，大大降低了中介费用；报批报建等行政性收费各县区出台了相关文件实行全免；工程全部实行公开招投标，由纪检监察部门派员现场全程参与监督，坚持阳光操作，实行合理低价中标；隐蔽工程和工程量变更由勘察、设计、监理、学校和施工单位五方会签后，再由监察、教育、建设等部门派员现场鉴证确认；县区教育局牵头组织质检等相关部门进行质量单项验收；检收合格后，由县区审计局牵头组织实施工程竣工决算。

我省坚持执行有关校舍建设优惠扶持政策。工程建设过程中，一是开辟绿色通道。涉及项目立项、土地手续、规划设计、施工组织等程序，由项目县政府协调，教育部门与国土、住房建设、发展改革等有关部门密切配合，加快办理进度。二是土地无偿划拨。工程建设所需用地为国有建设用地的，由市县人民政府以划拨方式提供土地使用权。三是行政性收费免收、经营性收费减半。继续执行省政府办公厅《关于对农村中小学危房改造和校舍建设实行扶持政策的通知》（皖政办〔2002〕71号）有关规定，落实工程建设收费减免优惠政策，比照“农村寄宿制学校建设工程”、“中小学校舍安全工程”等，减免建设前期收费，降低“工程”建设成本，提高资金使用效益。四是加大收费的监督检查力度。严禁收取国家明令取消的行政事业性收费和政府性基金，对自立项目、超标准收费等乱收费行为，依法予以查处。

（三）高标准建设，严格落实过程管理

在项目实施过程中，我省要求各地及项目学校在规划执行、项目建设、资金管理等方面切实做到“三个严格”。

1. 严格执行规划

“初中工程”是中央预算内投资项目，我们要求有关市及项目县（市、区）切实维护“初中工程”建设规划的严肃性，将工程项目学校建设列入本地基本建设计划管理；要依据审核确定的建设规划和批准下达的年度计划实施工程；要按照批准的初步设计内容及总概算进行施工图设计，防止随意变更项目学校、建设内容和大幅度增减建设规模的现象发生。对因不可预见因素导致确需调整工程建设规划和年度计划的，必须经县级教育和发展改革部门提出申请，经省教育厅和省发展改革委同意后报国家发展改革委和教育部审核批准。

我省砀山县为保障“建一校，成一校”，从规划入手，公开招标，选择了经济发达地区有资质的优秀设计单位进行设计。在测绘、勘探的基础上，对每一所学校进行详细规划。在规划时做到三区(教学区、生活区、活动区)分明，五大设施(教学楼、宿舍楼、综合楼、食堂、厕所)齐建，三化(绿化、美化、亮化)配套建设，道路管网预设、预埋。每一所学校不仅有控制性详规，而且有平面规划彩图和鸟瞰彩图，做到了在今后建设中有据可依、有规可查，从而避免了各学校建设的盲目性、随意性。在完成校园规划的基础上，把“初中工程”与学校标准化建设有机地结合，科学编排项目。目前，砀山县每一所农村初中校舍改造工程项目学校，基本上达到了布局合理、环境优雅、教室明亮、品位提升的良好效果，过去破旧的校舍、陈旧的设施逐步被现代化学校取代，成为当地一道靓丽风景线。

2. 严格工程质量

建设过程严格按照《中西部农村初中校舍改造工程建设项目管理办法》和《中西部农村初中校舍改造工程实施意见》的有关要求，坚持以县为主的“五统一”管理模式，明确县区教育局、项目学校、勘察设计单位和图纸审查机构、施工单位、监理单位、工程质量检测站和工程质量监督管理站的职责，建立项目学校全程监管、监理人员专业监督、质检站分部分项把关、项目办组织竣工验收“四位一体”的质量监督体系。各项目学校选派责任心强、懂业务或经过培训的人员担任现场监督员，配合专业监理人员，监督检查建材质量和施工工序、工艺、进度、质量、安全，加强对施工现场的监督与协调。

安庆市在工程实施过程中加强对三个环节的重点管理：一是加强施工过程管理，严把各道工序。对进场材料和施工程序进行逐一核查；二是加强施工现场管理，做到责任追究制度、专业资质人员、安全保障措施“三到位”，确保施工安全；三是加强施工记录管理，确保工程资料整理完整。工程结束后及时按照“初中工程”档案管理规定对工程资料收集整理，并由项目学校归档保存。

3. 严格资金管理

一是坚持标准并确保专项资金用途。结合当地教育资源现状，坚持安全、够用、适用的原则，进行科学合理的规划，不搞大而全、豪华校舍，确保“初中工程”达到预期目的，珍惜并用好每一分钱。专项资金严禁支付工程外或者合同外的支出项目。二是建立专款专用制度，严肃财经纪律，确保资金安全。严格按照中央相关规定，对专项资金实行专户管理、分账核算，中央和地方安排的专项资金,都进入财政专户统一管理。三是严格按照财政国库管理制度有关规定支付和使用资金，按合同约定直接拨付给建设单位、按工程进度拨款，不得拨付到乡镇和学校。严禁克扣、截留、挤占挪用、套取专项资金，不得用于偿还过去拖欠的工程款和其他债务，更不得把债务留给学校。池州市项目资金按进度及时审批和拨付，施工单位在工程完工后凭《工程竣工验收备案表》、《工程项目决算书》、《工程审价意见书》、竣工图等，除预留5%左右质量保修金，其余工程款全部结清。四是工程资金实行项目公示、工程预算和竣工决算审计制度。项目工程竣工验收合格后，由教育行政主管部门委托审计部门办理竣工决算，按规定办理固定资产结转。

三、统筹兼顾“初中工程”建成取得新效益

至2010年年底，74个项目县（市、区）在校生生均生活服务用房面积由2006年的1.33平方米增加到3.05平方米，寄宿学生由40.35万人增加到65.6万人，寄宿率由29.09%提高到34.5%，基本达到国家标准；533个项目学校在校生生均生活服务用房面积由2006年的1.85平方米增加到3.13平方米（其中寄宿生生均宿舍面积达到3.49平方米，生均食堂面积达到1.2平方米），寄宿学生由15.34万人增加到20.55万人，寄宿率由30.95%提高到54.41%。

安徽省天长市铜城第二中学新运动场

（一）新建了生活用房，改善了学校寄宿条件

“初中工程”集中对中小学校舍特别是农村中小学校舍破旧和不足的问题进行了整改，改造和新建了一批校舍，改善了中小学生活设施的硬件环境，缓解了中小学学生宿舍的“大通铺”现象，学校整体办学条件得到了逐步改善。极大地改善了住宿条件，改变了部分学生寄宿亲朋好友家或在外租住的现象，使那些离学校较远的学生有了舒适的住宿环境，提高了寄宿率，既减轻了学生的家庭负担，又便于学校统一管理，同时也充分发挥了学校标准化食堂的最大使用效益，也有效地减少了学生上学、放学意外事故的发生。

安徽省祁门县第二中学新学生宿舍楼

蚌埠市项目实施前生活用房多为旧教室改造，设施不齐全，宿舍需要学生自带床，面积20平米宿舍挤着24名学生；食堂无桌椅，开饭时学生只能在教室或者户外吃饭；没有大锅炉房，学生没有办法洗热水澡。项目实施后，建成了新的宿舍和食堂，学生生活用房面积增长3倍，寄宿学生增长4.7倍，住宿条件明显改善。

肥西县清平中学在学生餐厅公寓建成前学生数为790人，公寓食堂建成后在校生数为890人，能容纳410人住宿，620人就餐、300多名“留守儿童”全部在校内封闭管理，解决了外出务工父母的后顾之忧。

（二）调整了学校布局，优化了教学资源配置

通过实施农村初中校舍改造工程和校舍安全工程，既满足了我省农村基础教育发展的要求，又使我省城镇化建设和农村初中布局调整进一步深入，对全省中小学布局规划进行了调整完善，撤并了一批区域设置不合理的学校，避免了重复建设和资源浪费，从而整合了资源、节约了经费，避免了重复建设、盲目投资现象的发生，优化了教学资源配置，提高了学校办学效益。

长丰县8个“初中工程”项目完成后，撤并中小学3所，满足1.3万学生的上学需求。学校面貌焕然一新，落成的学生宿舍及食堂是所在乡镇最美的建筑。

无为县实施“初中工程”以前，因食宿和校舍紧缺条件的限制，造成部分初中的布局调整不彻底，高年级虽然撤并，低年级仍保留原地上课，不利于统一管理，更不利于整体教育质量的提高。在“初中工程”项目学校选择上，与危房改造和寄宿制项目学校相衔接，对已安排建设了生活用房且已满足寄宿要求的，不再重复安排“初中工程”项目，做到各初中学校协调发展，整体受益。

安徽省祁门县第二中学新校园全貌

（三）配齐了基础设施，加强了人才全面培养

在实施“初中工程”的同时，加强了设施设备及运动场馆的建设，为社会培养德、智、体、美、劳全面发展的高素质人才提供必要的场所。石台七里二中通过“初中工程”建设，新建了一个6跑道2.5万平方米的标准运动场，该

运动场既可作为教学用运动场，又为市民提供了健身场所。

四、全面总结“初中工程”建设新经验

2007年以来，我省“初中工程”总体进展顺利，成效显著，初步实现了科学规划、合理布局；整合资源、统筹安排；分类指导，推进均衡；协调发展、节约资源的预期目标，惠及全省500多万的农村义务教育阶段学生，达到了既定目标，积累了宝贵经验。

（一）工作上完善了“三个机制”

建立健全落实保障机制，促进“初中工程”顺利实施。一是完善了工作推进机制。在坚持定期调度、不定期会商、季函询、月通报、巡查督办等工作机制的同时，研究制订了《安徽省农村初中校舍改造工程实施意见》，建立了项目公示制、项目重点监管区制、考核评估制度、预警调控机制和责任追究制度等，全面加强对“初中工程”项目的管理。每年出台资金分配、项目批复、年底考评的相关文件，并不断完善配套政策，扎实推进“初中工程”。二是完善了监管监督机制。坚持现场调度与明查暗访相结合、联合督查与社会督查相结合、进度督查与质量检查相结合的“三结合”督查方式，促进了“初中工程”有序、有力实施。督查内容涵盖项目开工情况、建设管理情况、资金管理情况、效益评估情况等多项内容，对加强项目管理和提高建设质量起到了重要促进作用。各级教育主管部门和项目学校也层层建立健全督查机制，加强对辖区内项目的督查指导。三是完善了校舍建成后的维护长效机制。“初中工程”项目从建设为主向建管并重转变，制定具体项目管理办法，不断提高保障标准，认真总结建后管养情况，进一步推进“初中工程”项目的常态化管理，逐步建立起管养主题、责任、制度、人员、经费“五到位”的长效管养机制。

（二）效益上体现了“三个评价”

工程实施的效益由社会舆论、审计评估和政府考核三种方式综合确定。一是营造良好社会氛围。自“初中工程”实施以来，我省高度重视工程的宣传工作，大力开展媒体宣传，在各地项目学校设立宣传牌和宣传栏，公开介绍工程实施情况，扩大“初中工程”影响，接受来自社会的监督和评价。二是建立考评制度。我省建立了多维度的综合考评制度，全面考核和评价“初中工程”实施情况及其成效。2009年，我们将含“初中工程”项目在内的扩大内需中央

投资教育项目实施情况纳入每年的县区党政领导干部督导考核内容和省教育厅对各市教育局年终考核评价的内容之中，以此为抓手提高各地对“初中工程”项目的重视程度。同时将各地“初中工程”实施情况及其成效与后续教育项目安排相关联，促进各地在“初中工程”项目实施工作中争先进位。三是建立审计评价。我省从2008年起开始逐步铺开推进对各地“初中工程”项目实施效果的审计评价，对各项督查和审计发现问题的高度重视、整改纠正，将其作为提升“初中工程”项目的有效措施狠抓落实。一期“初中工程”实施期间，我们根据中央和省扩大内需促进经济增长政策落实检查组、国家发展改革委专项稽查组和审计署专项审计调查组发现并指出的问题，多次发文要求各地区分具体情况，突出重点环节，逐项逐条对照存在的问题，开展自查自纠，分析问题原因，研究整改措施，全面加强整改，并要求规定时限内100%整改到位。

（三）方法上开拓了“三个创新”

以敢为人先的精神创新工作，努力改善教育办学条件。一是实施汇报测评。每年召开全省“初中工程”调度会，安排有关市和各项目县牵头部门的主要负责同志进行教育类建设项目含“初中工程”的工作述职，对各县区、部门测评打分，对分数靠后的项目县区实行重点管理、跟踪问效，确保工程按时开工、序时推进、限时竣工并投入使用。二是实施现场调度。领导小组及下设办公室，组织教育、发展改革的相关部门人员深入芜湖县、淮南市实地查看项目，召开现场调度会12次，现场办公、现场调度、现场解决问题，明确了项目管理责任、配套资金落实和工程建设时间节点，提出整改意见近50条，制订了推进方案，促进了工程实施。三是实施示范引导。在农村学生数较多、建设任务重的皖北阜阳市和自然地形复杂、经济落后的大别山区金寨县建立项目示范点，设立标识，知晓监督，跟踪问效，以示范点的模范带头作用引领其他各地“初中工程”强力开展。

中西部农村初中校舍改造工程是一项惠民工程，我们将总结一期工程中的不足和经验，务实进取、勤勉工作，持续推进工程二期顺利开展、深入实施，为农村义务教育阶段的孩子们打造如家一样温暖的校园！

（安徽省教育厅供稿）

让梦想在同一片蓝天下翱翔
——江西省农村初中校舍改造工程报告

2007—2010年，在中央大力支持下，我省按照“初中工程”总体规划，认真落实政策，精心组织实施，全面完成了建设任务，取得了明显的阶段性成效。

一、投资情况

为进一步加强农村义务教育，改善农村初中办学条件，中央组织实施“初中工程”，集中改善农村初中学校的生活类设施条件。在教育部、国家发展改革委的大力支持下，2007—2010年中央累计安排我省初中工程资金7.07亿元（2007—2009年安排6.27亿元，2010年新增安排0.8亿元），建设540所农村初中学校。截至2011年年底，我省540所农村初中学校全部完工并交付使用。通过初中工程的实施，我省540所项目学校共新建学生宿舍、食堂等生活类校舍108.62万平方米，购置学生用床7.34万张，购置炊具和其他学生生活设施等1 200多万元。在实施“初中工程”的同时，在中央支持下，并通过自身努力，全省同步实施了校舍安全工程、新农村卫生新校园建设工程、薄弱学校改造计划、农村中小学基础设施改造工程等重大工程项目，发挥了与初中工程紧密结合、相互补充、统筹协调的效益，改善了农村初中学校的办学条件。

二、主要做法

在工程实施过程中，我省主要采取了八项政策措施，有力促进了“初中工程”的建设和管理。

（一）提高思想认识，加强组织领导

实施“初中工程”，是党中央、国务院对我省农村义务教育工作的重大支持，是巩固提高我省农村义务教育整体水平的重大举措，是我省发展农村义务教育的重大机遇。省委、省政府高度重视，2007年省政府成立了江西省农村初中校舍改造工程领导小组，孙刚副省长担任领导小组组长，并代表江西省政府与国家发改委、教育部签订责任书，承诺将按时按质按量完成初中工程建设任务。2008年、2009年、2010年连续三年省政府将初中工程实施工作列入当年《政府工作报告》“加快推进社会事业发展”重点项目工程之一，积极推进工程建设。2008年年底国家启动扩大内需建设后，“初中工程”列入扩大内需重点教育项目。我省各级党委、政府认真贯彻国家重大决策部署，将工程作为当地扩大内需重点建设项目之一，切实加强督促检查，采取有力措施加以推动，促进了工程的建设和管理。各级教育行政部门还建立了领导分片包干责任制，省教育厅5位厅领导包干11个设区市，设区市教育局领导包干所属县，县教育局领导包干每一所项目学校，积极推动了工程进展。

（二）建立八项制度，规范工程管理

为规范初中工程管理，确保工程顺利实施，根据教育部、国家发改委的要求，建立了“宣传制度、倒排工期制度、进度双月报表制度、问责制度、监督检查制度、项目公示制度、监督举报制度、分片包干制度”八项制度，并对照八项制度要求，层层建立监督机制。四年来，围绕工程实施工作，还集中制定了一批政策文件，规范了工程的管理工作，制定下发了《工程实施方案》、《中央投资建设规划》、《工程实施意见、专项资金管理办法、建设项目管理办法》，并围绕“初中工程”的建设、管理、督查等工作下发了30多个文件。省教育厅、省发改委召开了四次专题会议，精心部署工程实施，各项目市、县结合当地实际也制定了一些加强工程建设和管理的政策，召开了专题工作会议，推动了工程的顺利实施。

（三）加强质量监管，确保工程质量

在工程实施过程中，始终把工程质量作为项目建设和管理重中之重，强化了责任意识，严把工程质量关。新建学校普遍选址在学生聚集、地势安全、空气清新、阳光充足、排水通畅、环境适宜的地段，避开了地震断裂带、低洼地、滑坡地段、泥石流地区等自然灾害频发地段。工程建设实行了项目法人责任制、招投标制、工程监理制和合同管理制。在工程实施的各个环节，各地都确定了具有资质的单位承担勘察、设计、施工、监理任务，加强了对项目建设人员的培训，监督检查项目建设工程质量。项目学校竣工后，严格按照基本建设程序进行验收，验收合格后方可交付使用。同时，各项目学校选派了懂技术、责任心强的负责人担任土建现场监理员，配合专业监理公司监督检查入场材料质量和施工工序、工艺、进度、质量，从而保障了工程建设的质量。

（四）加强资金管理，提高使用效益

严格执行专项资金及财务管理制度，及时将工程专项资金，科学合理、公正公平地分配下达给项目县。工程专项资金统一集中在县级管理，实行专账核算，集中支付，封闭运行。资金拨付由项目县按工程进度和质量直接拨付给建设单位，坚决防止挤占和挪用。同时，我省将降低工程建设成本作为一项重要工作抓紧抓实，制定各种优惠政策，尽量减免各项建设规费，省发改委在全省初中工程工作会议中，专门就各级发改部门减免工程建设规费提出了明确要求。一些项目县针对工程建设过程中涉及的行政事业性收费均予以了免收，涉及的经营服务性收费均按最低标准收取或免收，提高了工程资金使用效益。

（五）健全监督机制，加强工程检查

建立并完善了“县级经常自查、市级定期巡查、省级重点抽查”的工程监督检查机制。尤其是国家启动扩大内需建设以来，省政府、省教育厅、省发改委分别多次下发关于开展新增中央新增投资项目专项检查的通知，部署做好初中工程的专项检查工作，明确了检查内容、检查时间、检查方法和检查要求。省教育厅、省发改委分别组织开展了多次专项检查和设区市之间交叉检查。为确保工程进度和质量，我省还建立了省级督办制度，对进度较慢、没有达到国家建设要求的项目县，省初中工程领导小组除了派出督查组进行督查外，还向涉及相关项目县政府下发《督办函》，要求各项目县政府的主要领导亲自过问工程的进度和质量，按期完成建设任务，从而推进了工程的进展。由于各级政府监督检查到位，促进了工程的建设和管理。四年多来，初中工程没有发生一起违纪违法案件，没有一名干部受到党纪政纪处分，成为了廉洁工程、放心工程。

（六）加强稽查审计，认真开展整改

国家发改委、教育部《关于全面检查农村初中校舍改造工程实施情况切实整改存在问题的通知》下发后，我省在全省范围内迅速部署开展全面稽查工作，省稽查办利用10天时间，对4个项目县16所项目学校进行了全面稽核督查。2010年9月6—10日，国家发改委稽查办一行4人对我省初中工程进行了专项稽查。从稽查的情况看，我省“初中工程”总体进展顺利，实施效果明显，但同时也存在“项目建设程序不到位、少数学校项目用途发生变更、资金管理不够规范、个别项目工程进展偏慢”等问题。针对稽查中发现的问题，我省立即开展了认真整改工作。一是将工程稽查情况进行了全省通报，要求存在问题的项目县对照发现的问题，不折不扣地整改到位。没有接受稽查的项目市、县要举一反三，吸取教训，抓好本地区工程项目稽查和整改工作。二是召开了两次全省“初中工程”和教育项目工作专题会议，部署了督查和整改工作。三是省教育厅和省发改委联合召集了在稽查中发现问题县区的政府领导和教育局、发改委负责同志到省里进行面谈，逐一对照发现问题，认真开展整改工作。四是组织开展了设区市之间的交叉检查，由省教育厅、省发改委确定项目县和项目学校，各设区市之间相互监督检查，促进了教育项目的进展。五是省审计厅对上饶、宜春、吉安、九江四个设区市14个项目县的初中工程进行了专项审计，并将审计结果通报项目市、县，认真开展专项整改工作，有力促进了“初中工程”的建设和管理。

三、实施成效

实施“初中工程”，对缩小我省城乡、区域办学条件差距，提高农村义务教育水平，推进义务教育均衡发展发挥了重要作用。随着“初中工程”项目的陆续建成，全省农村初中学校的办学条件、农村初中寄宿学生的学习和生活条件得到了明显改善。

一是农村初中在校学生和寄宿学生明显增长。由于“两免一补”政策的不断完善和农村初中办学条件、寄宿条件的明显改善，农村初中学生和寄宿学生均实现了明显的增长。据统计，到2010年，全省农村初中在校生达到178.6万人，比2007年151.2万人增加了27.4万人，增长18%；农村初中寄宿学生达到

99.9万人，比2007年75.1万人增加了24.8万人，增长了25%。农村初中学生的寄宿率达到55.9%，比2007年的49.6%增长了8.3%。

二是农村初中的生活类校舍面积较快增长，校舍质量明显提高。据统计，2010年我省农村初中的生活类校舍达到687.4万平方米，比2007年增加了111.3万平方米；生活类校舍中框架结构、砖混结构达到584.1万平方米，占总面积的85%；比2007年提高了7个百分点，尤其是框架结构的安全校舍达到了99.4万平方米，比2007年增加了60.1万平方米，增长了1.5倍。生活类校舍中的两项主体——学生宿舍和学生食堂的面积大幅增长，质量明显提高。2010年农村初中学生宿舍面积达到298.5万平方米，比2007年增加了74.8万平方米；学生宿舍中框架结构、砖混结构达到277.1万平方米，占总面积的93%，比2007年提高了7个百分点。2010年农村初中学生食堂面积达到99.8万平方米，比2007年增加了30.7万平方米；学生食堂中框架结构、砖混结构达到82.3万平方米，占总面积的83%，比2007年提高了15个百分点。

江西省德兴市花桥中学新学生宿舍楼

三是农村初中的生均校舍指标明显提高。到2010年，全省农村初中生均校舍面积达到7.82平方米，生均生活用房建筑面积达到3.85平方米，寄宿生生均宿舍面积达到2.99平方米，生均食堂面积达到0.56平方米，生均厕所面积达到0.17平方米，以上指标与“初中工程”及其他教育专项工程实施以前相比均有明显增长和提高。数十万农村初中学生搬进了安全、整洁、卫生的教室和宿舍，安心学习和生活，全省农村初中的建设和发展步入了良性发展轨道。

我省“初中工程”的实施，从具体成效方面主要体现在以下几个方面。

一是明显改善了学校的寄宿环境。近年来，随着农村初中学生的不断增加和学校布局调整的不断深入，农村初中集中度进一步提高，同时由于大量农民进城务工，农村留守儿童急剧增加，农村初中的寄宿学生明显增多。2007年以前，用于改造学校生活类校舍的资金少、项目少、建设规模小，这“一多一少”现象直接导致全省农村初中学校的生活类校舍和设施建设明显滞后，不少农村初中学校因宿舍紧张而不得不“一床两生”或睡通铺，有的因学生宿舍紧张，只能长时间走读，有的不得不在校外租用民房住宿。已有的学生宿舍多由闲置教室改造而成，住宿及卫生条件较差。通过实施“初中工程”，一栋栋学生宿舍拔地而起，大量寄宿学生住进了宽畅、明亮、通风良好的学生宿舍，寄宿环境得到了明显改善，提高了学生的寄宿率和巩固率，产生了很好的社会效益。

江西省吉安县城北中学新学生食堂及宿舍楼

二是明显改善了学生的生活条件。2007年以前，除学生宿舍短缺且条件差以外，多数农村初中学校无食堂餐厅，无学生浴室等生活设施，农村学生吃饭都是端着碗这里一群那里一伙的站着吃或蹲着吃，如逢刮风下雨，灰尘雨水漫天飞舞，学生用餐苦不堪言。学生洗澡也成为寄宿学生的大难题。通过“初中工程”的实施，不仅解决了项目学校的学生宿舍问题，还同步建设了学生食堂、学生浴室，新添置了学生用床、餐桌和锅炉等其他生活设施，使农村学生可以在整洁卫生的宿舍里舒心睡觉，可以在宽敞明亮的食堂里坐着吃饭，可以在学生浴室里笑着洗澡。学生生活条件的改善为学生的健康成长和学校的健康发展创造了良好平台。

江西省赣县江口中学新学生宿舍楼

三是加强了校园文化建设，提高了教育教学水平。“初中工程”的实施，不仅拆除了项目学校威胁师生生命安全的D级危房，新建了学生宿舍和学生食堂，拓展了学生体育运动场所，而且还调整了学校功能布局，使项目学校教学区、生活区、运动区分区更加明显，功能布局更加科学合理。同时，各项目学校结合“一大四小”绿化工程，使校园环境得到进一步硬化、绿化、美化和净化，并加强校园文化建设，增加环境育人功效，为广大师生创造了一个良好的工作、学习和生活环境，教育教学水平得到进一步提高。“初中工程”已成为名副其实、效果显著的德政工程、民生工程。

四是稳定了农村初中生源，相对减轻了县城初中“大班额”压力。实施“初中工程”，为当地农民群众解决了子女在学校住宿难、吃饭难等困难，同步实施的“两免一补”政策减轻了农民群众的经济负担。农民群众送子女进县城初中就读的愿望相对减轻，从而一定程度稳定了当地农村初中生源，避免了越来越多的农村学生前往县城初中就读的现象，使县城初中“大班额”问题相对得到减轻，为农村义务教育的持续健康发展创造了有利条件。

五是拉动了内需，促进了经济增长。“初中工程”实施期间恰逢中央实施扩大内需促进经济增长的重大政策期间，中央在2008年年初至2009年年初近一年时间内，安排我省资金共计5.75亿元，占四年工程总资金的81%，不仅加快了我省“初中工程”的实施进程，也带动了本地钢材、水泥、木材、石料等建材的销售，促进了劳动力的就业，从而有力拉动了内需，促进了我省的经济增长。

四、经验部分

在“初中工程”实施过程中，全省各地各部门积极创新和探索，在实践中积累了一些好做法和好经验，为今后其他教育专项工程的实施提供了有益借鉴，同时也涌现了一批先进典型和先进事迹。

（一）省初中办建立督办函制度

针对进度较慢、没有达到国家和省建设要求的项目县，省“初中工程”领导小组办公室除了派出督查组进行督查外，还向项目县政府下发《督办函》，强调“初中工程”的重要意义，要求各项目县政府的主要领导亲自过问工程的进度和质量，按期完成建设任务。事实证明，凡督办函送达后，项目县政府主要领导或作重要批示，或亲自主持召开会议，协调解决工程实施中分管领导和有关部门难以解决的困难，从而有力地推进了工程的进展。

（二）赣州市实行绩效考评机制和工作问责制

赣州市建立绩效考评制，每年分期组织工作组，就各项目县“初中工程”的实施绩效进行评估，年终对各项目县实施情况进行综合考评，并将考评情况纳入市教育局对各项目县教育局的综合考评体系，将工程建设实绩作为考核各项目县教育工作水平、安排教育项目和资金的重要依据。同时启动了工作问责制，对没有按照中央和省要求完成项目建设任务或项目建设中因存在重大问题受到中央、省督查组批评的，由项目县教育局局长和项目学校校长亲自向市教育局说明情况并限期整改。

（三）永丰县奖优罚劣，奖惩分明

永丰县抢抓工程进度，狠抓工程质量。县初中办与项目学校和施工单位签订了工程进度和质量责任书，实行工期倒排，对每个项目每个阶段进度和竣工验收时间，列出具体的时间表。对未能按时竣工的施工单位，每延期一天，罚款500元至5 000元不等。对按时竣工且质量良好的施工企业，给予奖励，并记录在案，在今后的学校建设项目招投标时，同等条件下给予优先支持。

（四）修水县特事特办，特事快办

修水县为加快2008年年底中央扩大内需新增“初中工程”项目的报建手续，县政府主要领导亲自召开有关部门负责人会议，亲自协调把关。县有关部门特事特办、特事快办，县土管局半小时内办好了建设用地手续；县规划局不到一个小时就把规划许可证发到各项目学校手中；县设计院利用双修日加班加点至凌晨三点，将近一千份图纸晒好；县建设局减少环节，当天下午将报建和招投标手续办理完毕。在县政府主要领导的关心和协调下，修水县两天内完成了6所“初中工程”项目的报建手续，切实加快了工程建设进度。

（五）赣县落实工程优惠政策

赣县政府出台学校建设优惠政策，学校建设用地由政府行政划拨，并下发关于减免校建工程报建规费的专门文件，在行政事业性收费全免、服务性收费减半的基础上，对所有“初中工程”的建设规费再予以减收或免收，使减免后的各种规费总和均在合同造价的2.5%以内（含监理费），有效地降低了“初中工程”的实际建设成本，提高了资金使用效益。

（六）万载县控制工程造价、严格资金管理

万载县坚持“少花钱、多办事、办成事”的指导思想，严格控制造价，降低工程成本，在不向项目学校收取一分钱行政事业性费用和政府性基金的前提下，每个项目在招投标前，县政府分管副县长亲自安排县重点工程办对工程预算进行审核，审核后的预算作为招投标的最高投标控制价，在县政府的支持下，通过县重点工程办预审环节，控制了工程建设成本，节约了工程建设资金。

万载县严格资金管理，规范拨付程序，在做到“项目学校填好资金拨付表→教育局校建办主任签字→教育局分管校建的副局长签字→教育局局长签字→重点工程办副主任签字→县政府分管教育的副县长签字→财政局领导签字”等程序后，将工程款直接拨付给施工单位。

（七）瑞金市接受社会各界监督，争取社会各界支持

瑞金市为增进项目建设的公正透明度，建设项目一经下达，市教育局立即对项目建设规划、项目学校名称、项目建设规模与内容进行全市公示。施工单

位中标开始施工后，必须在施工现场设立施工责任牌，向社会公示各种信息。市教育局设立了社会监督电话，经常邀请人大代表、政协委员、学生家长及相关专业人员深入工地视察和指导，接受社会各界监督，争取社会支持，为工程的顺利实施创造了良好的社会监督环境。由于瑞金市工程项目公正透明度高，社会各界踊跃支持，近两年瑞金市累计接受捐赠建设长征小学和其他项目学校100多所，有力改善了全市中小学的办学条件。

（八）玉山县农村初中校舍建设重视校园总体规划

玉山县把校园总体规划作为初中工程实施的第一抓手，严把规划关，先有学校总体规划，才能设计单体建筑。校园总体规划要求教学、生活、运动三大功能区块既独立又有联系，并预留学校发展空间。同时，在原来的“坚固、实用、经济、美观且适度超前”的设计原则上，2007年“初中工程”实施以来，又补充提出了“以人为本，理念超前”的原则，所有新建校舍必须框架结构，走廊宽度不少于2.20米，外沿须建有独立柱，提高校舍防震能力。

（九）萍乡市立足经济、实用，融入现代元素，高品位设计和建设“初中工程”

萍乡市要求各项目学校的单体建筑物的设计必须与学校的整体品位相一致，严禁超大、追求奢华；要注重人文和艺术品位，依据学校的历史和地形走势、地形地貌设计，做到一校一品，体现各自的特色和文化。市初中办组织项目县到本省兄弟地市和外省市考察学习，吸取他人经验，邀请上海、浙江的设计公司参与项目学校的设计招标，中标后为该市项目县进行设计。全市“初中工程”项目综合考虑了安全、安静、便利、卫生等因素，根据萍乡的现状实际，融入沿海的现代理念，达到既实用又现代，既新颖又经济的目的。该市芦溪县的宣风镇中、银河中学、华云学校；上栗县的上栗镇中、湖塘中学、桐木镇中；莲花县的琴亭中学、南岭中学项目的建设，成为了当地最漂亮的建筑，成为当地一道亮丽的教育风景线，大大提升了学校品味和办学档次，浓厚了学校的校园文化气息。

（十）忘我工作的刘老师

上犹县五指峰学校的刘朝亮老师，已经将近60岁了，已届退休年龄。因为在长期的工作和教学中，一贯认真敬业，学校把他安排作为“初中工程”项目的甲方施工代表。刘老师不管天晴下雨、不论节日假期，以工地为家，每天坚持到施工现场检查工程质量。为保证学生宿舍楼的质量，所有的建设材料都要亲自把关，小到钢钉，大到钢筋水泥，事无巨细，一项一项进行验收把关，从不马虎。暑假是学生宿舍施工最佳时间，但也是最热的时候，他每天跟工人师傅一起在烈日下工作，亲自监督施工情况，不放过任何一个细节，严把质量关。在五指峰学校学生宿舍楼的建设中，因为地质情况异常，因此基础必须重新开挖，而施工单位因为多次更改想简单处理，但是刘老师坚持原则，严格要求，坚持按照标准施工，通过多方努力，最后施工单位愉快接受刘老师建议，重新开挖基础并且严格按照标准进行施工。整个2009年暑假，他每天坚持到施工场地进行检查督促，和施工单位一道顶烈日，冒酷暑，赶工期，为施工单位解决实际问题，整个暑假他没有休息一天，终于使学生宿舍楼于开学时按时投入使用，极大改善了学生的学习生活条件。学校师生和当地群众亲切地称他为“忘我工作的刘老师”。

（江西省教育厅供稿）

让优质教育惠及每一个农村学子
——河南省农村初中校舍改造工程报告

河南省地处中原，是中华民族灿烂文化的重要发祥地，是全国的人口大省、教育大省。2006年，全省各级各类学校5.93万所，其中有中小学校37 455所，在校生1 739.31万人。多年来，由于学生多，基础设施差，农村初中学校教学大班额，睡觉大通铺，吃饭大院子成为制约农村教育发展的突出困难。2006年全省独立设置的初中学生宿舍生均0.95平方米，学生食堂生均0.30平方米，厕所等其他生活用房生均0.24平方米，远远低于国家规定的办学标准。

2007年，为加强农村初中学校学生生活设施，改善学生食宿条件，解决消除“大通铺”和校外租房现象，有效满足路途较远和农村留守学生寄宿要求，推动农村学校合理布局和标准化建设，促进城乡和区域义务教育均衡发展，教育部、国家发展改革委决定实施“初中工程”。遇此良机，我省决心以实施“初中工程”为契机，全面改善农村初中生活设施，努力为广大学生创造良好的生活条件。

一、健全组织，加强领导

“初中工程”资金投入大，工作任务重，所需建设时间长，需要配合的部门多，为了保证工程的顺利进行，国家要求各级要建立领导小组加强对该项工作的领导。河南省认真按照国家的有关要求，成立了以分管副省长为组长，教育、发改、财政、建设等部门负责人为成员的“中西部农村初中校舍改造工程领导小组”。领导小组下设办公室，抽调业务精、能力强的人员，具体落实校舍改造工程的组织协调、指导工作，同时各省辖市、各县（市）结合工程建设所需，也成立了由相关部门组成的领导小组，认真按照职责抓好“初中工程”的全面落实。强有力的领导指挥机构为工程的建设打下了良好的基础。

二、统筹安排，科学规划

科学编制好规划是搞好建设的前提和基础。为了编制好规划，把有限的资金用在学生生活最需、社会效益最高、项目安排最科学的学校，根据国家的有关要求，我们紧抓“四个环节”搞好规划的制定。一是认真学习理解国家下发通知所提出的规划编制的有关要求，掌握好有关政策。二是认真进行调研，对全省18个省辖市部分农村初中现有生活设施情况进行调查，切实掌握需求情况，为编制规划提供依据。三是下发通知，认真按照有关要求进行项目学校遴选。要求有关省辖市、县（区）坚持从实际出发，科学规划，合理布局，统筹安排，把初改工程规划的制定与中小学布局调整、农村中小学危房改造工程、“两基”攻坚、寄宿制学校建设工程等专项建设计划相衔接，确保项目学校为布局调整规划中保留的农村初中学校，并且做到按照实际需求进行规划，不超规模安排，不搞平均分配，确保建一所，成一所，用一所。四是集中汇总，确保规划编制质量。为了提高效率保证规划的编制质量，在规划编制的后期，我们将项目县负责规划编制的同志进行集中，统一审核、统一把关，及时解决有关问题，高质量完成了规划编制任务。经教育部、国家发改委批准，我省72个县(市) 665所学校1 201个单体项目纳入了国家中西部农村初中校舍改造工程，申请中央专项资金108 808万元，省级配套资金8 800万元，地方资金配套265万元。

河南省淅川县荆紫关镇第一初级中学新学生宿舍楼

三、落实制度，严格管理

为搞好“初中工程”的建设，教育部和国家发改委制定了一系列严格的管理办法，河南省认真按照有关规定执行。在年度项目安排上，教育部门主动协调发改委对报送项目进行把关，优先选择用地、地勘、水电等前期准备工作已经完成，基本具备开工条件的项目学校。在项目管理上，认真落实项目法人责任制、招投标制、工程监理制、合同管理制和工程质量终身负责制等一系列规章制度。在优惠政策落实上，各省辖市参照寄宿制工程的有关政策，认真落实“初中工程”的优惠政策，减免各项建设收费，尽力降低工程建设成本，提高资金使用效益。在项目建设计划执行上，为保证国家下达建设计划得到认真落实，防止工程建设中出现的偏差，调动省辖市对工程管理的积极性，增加对工程管理的抓手，在不断总结“初中工程”实施经验的基础上，我们制定下发了《关于对农村初中校舍改造工程2009年新增中央预算内投资计划实行项目执行情况审核制度的通知》（豫初改办〔2009〕2号），要求省辖市初改办对各项目县（市）上报的设计图纸在建设性质、建设内容进行审查。审查通过的图纸，由省辖市初改办主任签署意见并加盖公章后方可使用，从源头上把住随意增减面积和改变建设性质问题的出现。在管理方法创新上，我省建立了工作信息联络群，实施了项目信息直报，实现了情况及时通报。为避免工程进度情况上报不准，我们要求项目单位在报进度时附工程照片，以直观形式掌握工程进展情况，有效地促进了项目建设的顺利进行。另外，我们认真落实了工程倒排工期制、进度周报月报制、领导问责制、监督检查制、项目公示制、监督举报制、简报宣传制度，项目学校建立并完善工程项目档案，做到一校一档，规范管理，工程在竣工验收、审计等完毕后，做到所有档案整理到位。

四、加强指导，确保质量

把学校建成家长放心、群众满意、质量可靠的工程是我们的责任。为确保“初中工程”的建设质量，省教育厅和发改委密切配合，加强检查督导，先后6次抽调人员230人次组成普查组深入全省72个县对项目建设情况进行检查。他们通过听汇报、搞座谈、实地看、查账目、看资料，认真掌握项目建设、管理和资金支出情况，切实督促工作进展。省教育厅和发改委负责“初中工程”

的同志紧随普查组之后，对存在问题突出的单位进行重点检查，现场研究解决办法，提出整改意见，确保工程建设的顺利进行。对完工的项目，我们及时督促各省辖市组织验收，对工程进行审计，对结余资金提出使用意见，确保国家资金合理使用和任务的圆满完成。

五、按时完工，效果显著

在各级的共同努力下，我省“初中工程”经过几年的实施较圆满地完成了建设任务，共建成学生宿舍1 014 743平方米，学生食堂492 908平方米。项目实施成效显著。一是加快了中小学布局调整。截至2010年年底，72个项目县（市）农村初中校数比2006年减少63所，有效地整合了教育资源，促进了教育教学水平的提高。二是提高了学生住宿率，缓解了学生的住宿困难。2010年项目县寄宿生人数达到137.74万人，比2006年增加4.33万人，寄宿率提高9.34个百分点。三是改善了学生的生活条件，缩小了城乡、区域办学条件差距。2010年项目县学生宿舍达到305万平方米，比2006年增加84.97万平方米，生均2.21平方米，提高0.56平方米；学生食堂100.74万平方米，比2006年增加18.37万平方米，生均0.73平方米，提高0.11平方米，达到了我省实施初改工程规划所设计的目标，解决了大通铺住宿、大院子吃饭问题，推进了学校标准化建设，促进了义务教育的均衡发展。

河南省栾川县栾川乡第一初级中学新旧学生餐厅对比

六、认真总结，不断提高

农村初中校舍改造工程是一个系统工程，从规划编制到工程的交付使用，需要多部门的配合和支持。几年来，在“初中工程”实施过程中，我省各级有关部门根据工程建设中遇到的问题，积极探索，大胆实践，摸索出了一系列的工作方法。一是先调研，后规划。科学合理的制订规划，是保证项目发挥最大作用的前提和基础。我们在编制农村初中校舍改造工程建设规划中，坚持先调研，后规划，避免了规划的盲目性和随意性，做到了既尊重基层意见，又站在全省教育资源科学分配的高度进行调整，使规划尽可能科学合理，保证了规划编制的质量。二是多沟通，勤交流。部门之间的密切配合是抓好项目建设的重要条件。“初中工程”建设中需要教育、发改、建设、财政、审计、消防等多个部门的配合。特别是在年度项目计划确定上，就当前投资管理的体制，迫切需要教育与发改部门加强联系，为了共同的教育事业，教育部门要做到主动向发改委反映情况，主动提出建设所需，同时，还要注意加强平常工作信息的交流，注意增进两部门之间的工作感情。三是重检查，严管理。严格的项目管理是项目顺利实施的有力保障。“初中工程”每个项目的资金不多、工程量不大，但由于分布广，且绝大多数在农村，项目单位缺少有经验的工程管理人员，实施起来困难较多。要抓好工程实施，就要按照要求严格管理，加大检查力度，及时解决工程建设中出现的问题，该奖励的在项目资金上进行奖励，该处罚的就要调减项目进行惩戒，同时，还要积极探索符合实际的管理办法，调动一切因素参与管理。我们在实践中摸索的项目执行情况审核制度就是加强“初中工程”管理的措施之一，取得了很好的效果。四是细分类，巧安排。中央和省级建设项目科学区分有利于项目的管理。我省在项目安排上将中央和省级资金只用于学生宿舍和食堂建设，并且互不交叉使用，各自用于不同项目学校。市、县（区）资金用于解决项目学校配套的厕所和必要的体育场地建设，取暖、供水设施，床具、炊具等设备购置，这样任务明确，责任分明，管理方便，审计简单，给项目管理提供了很好的条件，保证了我省“初中工程”项目建设的圆满完成。

（河南省教育厅供稿）

把农村初中建成学生的第二个“家”
——湖北省农村初中校舍改造工程报告

我省“初中工程”自2007年启动实施以来，省委、省政府高度重视，教育、发改等部门科学统筹、大力推进，各县市精心组织、扎实工作，一期项目建设任务圆满完成。通过实施“初中工程”，一大批农村初中校舍得到改造，学校办学条件和学生生活条件明显改善。一些家长感慨地说：“这样的食宿条件，比我家里还好，孩子在这里生活，我们十分放心。”以人为本，把农村初中学校建成学生的第二个“家”，让学生住得更舒心，吃得更安心，家长更放心，就是办人民满意教育的生动体现。

一、投资情况

2007—2010年，全省一期“初中工程”资金总投入82 249万元，其中，中央专项资金81 892万元，省级以下资金232万元，其他资金125万元。投入学生宿舍、食堂、厕所等生活设施资金80 089万元，建设面积103.51万平方米；投入运动场建设资金333万元，建设面积2.6万平方米。

中央共批复我省一期“初中工程”项目714个，建设面积103.48万平方米，涉及82个项目县，714所项目学校（其中初级中学678所、九年一贯制学校28所，其他类学校8所）。其中：2007—2008年批复项目275个，批复投资24 584万元，批复建设面积41.2万平方米；2008年新增计划批复项目175个，批复投资18 008万元，批复建设面积23.65万平方米；2009年批复项目230个，批复投资31 000万元，批复建设面积30.28万平方米；2010年批复项目34个，批复投资8 300万元，批复建设面积8.35万平方米。

二、工作开展情况

（一）强化政府领导，部门配合，形成齐抓共管工作格局

我省高度重视“初中工程”的实施，省委、省政府要求把这项工作作为落实教育优先发展战略的基础性工程来抓，同时也作为促进教育均衡发展，办好人民满意的教育，推进教育公平的重要手段。2007年11月，省政府成立了以分管教育的副省长为组长，省政府副秘书长、省教育厅、省发改委主要负责人为副组长，省财政厅、建设厅、水利厅、农业厅、卫生厅等相关厅局副厅长为成员的“湖北省农村初中校舍改造工程领导小组”和工作专班。各市（州）、相关县（市、区）也相应成立领导机构，层层签订目标责任书，形成由政府牵头，教育、发改部门组织实施，相关部门通力配合的良好局面。省发改委、省教育厅先后多次召开全省会议，专题就“初中工程”建设管理和项目推进工作进行安排和部署，及时传达国家精神，总结交流各地经验，明确各级发改、教育部门及项目单位的责任和义务，全省上下基本形成了责任明确、保障有力、监督到位的工作运行机制。特别是对加快推进扩大内需项目建设工作提出了“增强政治意识，加快工程进程，确保工程质量，加强资金监管”的总体要求，要求各地把思想和行动统一到中央关于扩大内需、加强教育基础设施建设的战略部署上来，紧急行动，确保工期和质量，切实把好事办好。

（二）坚持统筹兼顾，科学规划，保障项目安排科学合理

我省在制订“初中工程”项目总体规划时，坚持统筹兼顾、合理布局、立足长远、科学规划的工作思路。一是充分考虑农村城镇化建设、三峡库区和丹江口南水北调库区移民建镇、中小学布局调整、人口密度和学龄人口变化趋势等因素。二是坚持突出重点，先急后缓，分步实施，逐步到位的原则，把农村寄宿制学校学生宿舍、食堂、厕所、饮水安全作为建设重点，做到学生宿舍、食堂、厕所、浴室、饮水“五配套”。三是主要依托现有寄宿制条件相对薄弱学校进行改扩建，原则上不异地新建学校，尽可能少布新点，确保“建一所，成一所”。四是对项目学校的校园建设依据学生规模科学规划，坚持功能分区的原则，力争做到建筑与环境、建筑与人、建筑与建筑的和谐统一。例如，大悟县邀请专家成立工作专班，对全县农村寄宿制学校逐校编制总体规划，绘制学校建设平面图，保证了学校建设的规范性、科学性、长远性。在资金安排

上，我省也充分考虑地方经济发展状况、校舍缺口、前后工程衔接等因素，向贫困地区、校舍建设薄弱地区倾斜。

（三）加强资金监管，专款专用，确保工程资金运行安全

我省严格按照教育部、国家发展改革委有关规定，将“初中工程”专项资金全部纳入专户管理，实行国库集中支付，分账单独核算，封闭运行，确保工程资金专款专用，严格杜绝举债建设，挤占、挪用、截留、滞拨、套取中央专项资金和未经批准使用结余资金的情况。一是“初中工程”资金全部集中在县（市、区）级管理，不下拨至乡镇及项目学校，而是根据实施进度及时足额拨付，直达项目施工单位。二是“初中工程”土建项目实行单项工程建设预决算会计制度，严格控制工程建设成本，提高投资效益。非土建项目按国家两部委“初中工程”实施方案的规定，纳入当地政府采购范围。三是要求各级政府加大对“初中工程”专项资金使用的监督检查力度，每年要将“初中工程”资金的使用和管理列入专项检查和重点审计内容。例如，恩施市规定项目资金拨付方式为基础完工付20%，主体完工付30%，工程竣工验收后付20%，审计结束后，根据审计结论在扣除3%的保证金后全部付清；竹山县由项目学校根据工程进度向县教育局提出资金申请计划，并要求附带工程进度照片，工程监理单位出具质量证明，县教育局审核后提出资金调度意见后，通过县财政局从国库直接拨付，切实保证资金安全。

（四）出台优惠政策，开辟“绿色通道”，最大限度发挥资金使用效率

在“初中工程”实施中，我省参照寄寄宿制工程和校安工程减免办法，对“初中工程”严格执行减免政策，降低校舍建设成本。各地从支持教育发展大局出发，相继出台了一系列具体的配套政策，并开辟行政审批“绿色通道”，落实前期费用，保障了资金的有效利用和工程的顺利实施。例如，云梦县专门召开县政府专题会议研究支持“初中工程”建设，要求对“初中工程”行政性收费项目全免，服务性收费项目按收费标准底限的30%收取；蕲春县政府各部门集体向县政府作出“学校项目建设零规费”承诺；汉川市政府对“初中工程”实行“一站式”服务政策，即“规划优先研究，立项优先审批，经费优先划拨，规费优先减免”的四优先原则；郧县为中小学建设项目开辟“绿色通道”，按照从速、从快、从简、支持、服务的原则，对在校园内实施的建设项

目不再办理《项目选址意见书》和《建设用地许可证》，免收所有行政事业性收费和政府性基金。各相关部门简化手续，主动协调，优质服务，全力支持学校项目建设工作，大大降低了工程建设成本。此外，为抓紧筹备项目前期工作，确保项目一经批复即可开工建设，有的县（市、区）政府还积极配套解决项目前期工作经费。例如，建始县在2008年、2009年财政预算中专门安排项目前期费用100万元、工作经费20万元；安陆市每年增加教育附加费120万元，专项用于“初中工程”配套设施建设；武穴市本级财政拿出473万元配套资金，用于“初中工程”项目前期费用和相关配套设施建设，确保各个项目建设顺利实施；远安县筹措配套资金775万元，与中央资金捆绑用于6所初中学生生活用房新建和改扩建，兼顾校舍抗震加固和初中学校布局调整需要，使项目学校办学条件得到根本改善。

（五）推行项目管理，加强监督检查，确保工程建设进度和质量

我省始终把工程质量作为项目建设和管理的重中之重，不断强化项目过程管理，切实加强质量监管。省教育厅先后印发了《关于加强教育系统拉动内需建设项目管理的通知》,《关于加强全省基础教育建设项目和专项资金管理意见》等文件，对工程项目建设进度、质量、管理和督办提出了具体要求。《农村普通中小学校建设标准》颁布实施后，我们及时举办了全省建标贯彻培训会，请省内建筑专家为全省各县（市、区）具体负责项目建设的同志进行讲座，要求2009年及以后的新建项目全部按新标准要求执行，一律按框架结构设计建设，严禁使用预制空心板。省、市、县和项目学校都建立了监督检查机制，一级抓一级，将确保进度和质量的责任落实到工程的每一个环节。省“初中工程”办通过“相对固定、分片包干”的办法，不定期地对工程进度、质量和管理进行现场指导和检查督办，先后派出督查组20余个，深入项目学校进行巡回督查，督查范围覆盖全省80%以上的项目县市。为及时掌握各地工程进度，我省在国家实行双月报制度的基础上，还建立了工程进度月报制，部分市（州）根据施工季节不同，实行项目建设周报制。针对检查中发现的部分市县项目进展缓慢、少数县市擅自调整批复建设内容和建设规模、个别县市擅自改变资金用途、少数县市工程实施存在质量隐患等问题，我们通过发通报、下达限期整改通知书、约谈项目单位负责人、现场督办等方式，加强对各地存在问

题的整改督办工作，并建立整改台账，确保逐一整改到位。2012年10—11月，省教育厅、省发改委对全省“初中工程”项目进行了全面自查，从自查情况看，全省“初中工程”一期项目建设全面完成，成效明显，二期项目建设有序推进，进展顺利。

三、取得的成效

“初中工程”项目的顺利实施，极大地改善了我省农村寄宿制初中学生的生活条件，缓解了学生住“大通铺”、校外租房和学生就餐难的状况，提高了农村初中的寄宿率和巩固率，加快了中小学布局调整步伐，推进了中小学标准化建设，促进了义务教育的均衡发展，有效满足了人民群众对优质教育资源的需求。

据统计，我省2006年农村初中学生生活设施建设面积485.3万平方米，其中学生宿舍342万平方米，学生食堂106.5万平方米，学生厕所36.8万平方米，通过一期“初中工程”项目的实施，到2010年，学生生活设施建筑面积达到518.76万平方米，其中学生宿舍357.2万平方米，学生食堂125.7万平方米，学生厕所35.86万平方米。与2006年相比，学生寄宿率从63.9%提高到68.9%，生均学生宿舍、食堂和厕所的面积分别从2.06 平方米、0.64平方米、0.22平方米增加到2.93 平方米、1.03平方米、0.294平方米。

湖北省罗田县严家坳中学新学生宿舍楼

远安县一期“初中工程”6所初中改造项目实施后，全县初中寄宿率由64%提高到70%，生均学生宿舍面积由1.7平方米提高到2.6平方米，生均学生食堂面积由0.98平方米提高到1.5平方米，在宜昌市率先完成初中标准化建设任务；竹溪县一期“初中工程”12所初中改造项目实施后，住宿学生总数不断增加，但单间寝室平均住宿人数由24人减少到16人；郧县一期“初中工程”17所初中改造项目实施的同时，县政府自筹资金1 121万元配置学生生活设施，农村初中2万余名学生告别了过去用桌凳、吃咸菜、睡通铺、喝冷水、洗凉水澡、蹲地露餐的艰苦生活，坐上了新桌椅、吃上了新鲜菜、睡上了铁架床，用上了多媒体、洗衣机和太阳能热水器，农村学生的生活设施条件得到了极大改善。

湖北省蕲春县张榜镇中学新学生宿舍楼

社会、学校、家长、学生对“初中工程”项目的实施赞不绝口。随着学校生活条件的逐步改善和校容校貌的明显变化，不仅解决了农村孩子特别是留守儿童在生活和学习方面遇到的双重困难，为农村孩子提供了安全、卫生和文明的生活环境，也增加了学校的吸引力，尤其是农村初中巩固率和寄宿率得到明显提高。每当工程竣工，学生们搬进新宿舍、走进新食堂的时候，无不高兴得手舞足蹈，也吸引了不少家长前来参观，他们说，现在党的惠民政策好，娃娃们也享福，在过去，这样的食宿条件想都不敢想，把孩子送进这样的学校，咱们大人放心！建始县业州镇七里坪中学学生餐厅投入运行后，辖区内的近十个村的家长轮流参加“食堂生活一日体验”活动，每天有近十位家长与他们的孩子在学校食堂同吃一餐饭。崭新的餐具、明亮的餐厅、多样的菜谱，使家长们十分满意。该县七里坪村的黄冰家长参加了体验活动后，深情地说：“我的孩子能在这样的餐厅里就餐，比在家里都好啊！”还有的学校抓住机遇，以主题班会等形式对学生进行爱国主义教育活动，激励了广大学生安心乐学，积极进取的热情。过去低矮、潮湿、危旧的房子不见了，取而代之的是宽敞、明亮、整洁的新校舍。数以万计的农村孩子，也能和城里的孩子一样，分享着现代文明的阳光雨露。而今在新农村，最靓的风景在校园，最美的房子在学校。“初中工程”是一项实实在在的民生工程，惠及千家万户，恩泽子孙万代，对维护社会和谐稳定，促进教育公平，激励教育创新都将产生深远的影响。

湖北省潜江市渔洋镇渔洋初级中学新学生宿舍楼

四、经验和体会

（一）强化领导是前提

各地政府对“初中工程”高位推动，切实加强组织领导，完善工作机制，做到有专班、有专人、有安排、有落实、有督促、有检查，为全省“初中工程”全面启动、顺利实施提供了前提保障。孝感市委、市政府把中小学建设工程纳入为人民办的十件实事之一，市委书记亲自部署，要求各有关部门带着深厚感情，认真做好改善农村中小学办学条件工作，促进城乡教育均衡发展，办好人民满意的教育；荆州市、黄冈市制定了“一个项目（专项）、一名领导、一个专班、一套工作措施”的实施方案，形成了政府领导挂帅，部门相互配合，齐抓共管的工作格局;丹江口市委、市政府把“初中工程”列为全市的重点工程，力求建成“精品工程”、“放心工程”;利川市“一把手”市长亲自担任组长，建立了市、乡（镇）、学校三级管理体系；咸丰县政府召开现场会，协调相关部门和乡镇党委、政府，解决“初中工程”项目用地、用电、用水和交通等方面存在的困难和问题，为工程建设营造良好环境。

（二）确保质量是命脉

教育是百年大计，校舍是安全之本，各地通过完善项目管理制度和办法，严格执行国家校舍建设标准，落实“四制”、“七统一”和“八项制度”要求，有力保障了“初中工程”建设质量。仙桃市专门编印教育系统基本建设项目管理指南，发到相关单位和工程建设相关人员学习使用；恩施市严格执行《农村普通中小学校建设标准》、《建筑工程抗震设防分类标准》等相关标准，按照中小学提高一度设防的规定，所有“初中工程”项目达到7度抗震设防标准和综合防灾要求；夷陵区狠抓工程质量，实行“一把手”负责制、工程质量“终身制”、各环节验收“一把尺”制度；罗田县建立建设单位准入制、黑名单制度、保证金制度和工程诚信档案，质量、效率高的施工单位享有今后工程优先入选资格；沙洋县实行廉政承诺制，由工程建设甲乙双方签订廉政承诺书，由双方主管部门负责监督，确保工程质量。

（三）加强监督是关键

建立和完善监督检查机制，是“初中工程”顺利推进的关键。各县市采取多种形式，强化监督检查，保证工程进度、质量和安全。孝感市在进入暑期施工高峰后，通过项目建设周报制，及时掌握全市建设动态；钟祥市实行“四大家”市领导包片，各成员单位领导包项目学校制度；蕲春县分管副县长多次到项目学校进行督办，每月听取工程进展汇报，县初改办抽调相关人员，建立轮回督办制、重点督办制；松滋市每个项目都由市领导和成员单位挂牌督办，市教育局成立督办组开展明察暗访，对存在的问题一律要求返工整改；夷陵区以乡镇为单位聘请“项目督察员”，各项目学校选派3—5名有经验的教师代表参加督查，同时实行质量管理校长第一责任人制，建立校长负责的日常监管机制；襄阳区通过区政府网站、襄阳教育信息网等媒体对“初中工程”进行宣传，接受社会监督。

今后，我们将认真总结“十一五”期间“初中工程”建设的成绩和经验，扎实推进“初中工程”二期建设，切实加强农村初中学校建设，不断改善农村学校办学条件，使广大农村中小学生拥有一个安全、舒适的学习、生活环境，推进义务教育持续、健康、均衡发展，办好人民满意的教育，这将是我们不敢懈怠孜孜不倦的追求。

（湖北省教育厅供稿）

三湘四水沐春风
——湖南省农村初中校舍改造工程报告

按照中央统一部署，2007—2010年，我省实施了“初中工程”。近几年来，全省各级党委、政府高度重视，各有关部门和项目学校齐心协力，扎实开展各项工作，取得了阶段性成效。

一、基本情况

我省位于长江中下游地区，辖14个市州122个县市区，总人口6 251万，全省总面积21.18万平方公里，地形以山地、丘陵为主。全省有义务教育阶段学校16 003所，其中初中3 311所，小学12 692所；有义务教育阶段学生694.08万人，其中初中214.92万人，小学479.16万人。

2007—2010年，国家共安排我省初中工程专项资金67 211万元（含设备购置资金5 430.4万元），其中，2007年中央预算内投资5 635万元，2008年32 576万元（新增中央投资16 677万元），2009年20 000万元，2010年9 000万元。批复项目学校621所，计划新建校舍91.83万平方米（含部分运动场面积）。2008—2010年，我省安排省级配套资金15 000万元，实施项目学校204个，计划新建校舍20.28万平方米。

截至2011年7月，批复中央资金项目学校621个已全部开工，完工项目591个，占批复总数的95.2%。批复建设面积91.83万平方米已全部开工，占批复总数的100%；完工84.35万平方米，占批复总数的91.86%。批复设备采购资金5 430.4万元，已完成设备购置5 346.4万元，占批复总数的98.45%。省级配套资金开工项目197个，其中177个项目已全部完工，已新建校舍面积16.44万平方米。

二、所做的主要工作

（一）加强组织领导，合理编制项目规划

为确保我省“初中工程”的顺利实施，圆满完成建设任务，省人民政府召开了“初中工程”专题会议，成立了由分管教育的副省长郭开朗任组长，省政府副秘书长姜振儒、省教育厅副厅长陈元魁、省发改委副主任刘云柱等任副组长，财政厅、国土资源厅、建利厅、卫生厅、农办等部门主要负责人为成员的“初中工程”建设领导小组，领导小组下设专门工作办公室，办公室设在省教育厅。抽调了两名专职工作人员对项目学校的建设工作进行全程跟踪管理，做到了机构完善、责任明确、运转高效、措施有力。各项目市州、县市区也成立了相应的“初中工程”建设领导小组及办公室，部署、协调、组织实施各地“初中工程”。

根据国家发展改革委《关于印发中西部农村初中校舍改造工程总体方案的通知》（发改社会〔2007〕833号）及教育部《关于编报中西部农村初中校舍改造工程建设规划的通知》（教财函〔2007〕28号）精神，我省发改委与教育厅于2007年5月17日在长沙召开了“初中工程”实施规划编制工作布置会议，并对“初中工程”实施规划编制提出了具体要求。一是编制规划的总体原则。科学规划、合理布局，整合资源、统筹安排，分类指导、均衡推进，协调发展、节约资源。二是编制规划的相关要求，如实施范围和时间、“初中工程”建设内容、资金安排原则、项目学校遴选要求等。三是规划的主要内容，如现状分析、建设目标及主要任务、项目规划制定原则、建设规模及投资安排、工程建设预期效益、工程实施的保障措施和工程项目的风险分析及对策等。四是其他相关工作程序。各项目县市严格按照要求，组织专人对本地农村初中现状以及未来发展状况进行了充分调研和多方论证，并考虑各县“十一五”中小学校布局调整规划，编制了“初中工程”建设规划。我们根据各县市实际情况，汇总编制了《湖南省农村初中校舍改造工程建设规划（2007—2010年）》，完善相关制度体系，明确资金安排原则。并将建设规划同已经实施的农村中小学危房改造工程、“两基”攻坚寄宿制学校建设工程等专项建设规划相衔接，避免了重复安排。

（二）落实优惠政策，提高资金使用效益

为降低工程建设成本，充分发挥资金使用效益，省政府下发了《关于全省中小学校舍安全工程实行优惠政策的通知》(湘政办函〔2010〕55号),明确规定:一是对全省中小学校舍安全工程建设免征行政事业性收费和政府性基金,有财政拨款的执收单位经营服务性收费减半征收,各地自行出台的收费项目一律取消;二是鼓励企业以提供免费服务的形式,通过非营利的社会团体和国家机关向工程进行捐赠,这部分捐赠在年度利润总额12%以内的部分,准予在计算应纳税所得额扣除;三是各级各有关部门在办理项目审批、报建等各种手续时应尽量简化办事程序,提高工作效率。各地严格执行这一优惠政策,并延续"中小学危房改造工程"、"农村寄宿制学校建设工程"等义务教育工程的有关优惠政策措施,减免有关税费,简化项目审批手续,建立农村初中校舍改造工程建设工作"绿色通道",行政审批实行"一站式"办公。在实施"初中工程"时,项目立项、土地审批、规划设计、招标投标、质量监管、竣工验收等程序,由县"初中工程"领导小组办公室负责统一协调有关部门从快办理。将各地落实优惠政策、减免收费作为其获得初中工程奖励资金的重要依据。切实加大对初中工程收费的监督检查力度,严禁收取国家明令取消的行政事业性收费和政府性基金,对自立项目、超标准收费等乱收费行为,将依法予以查处。

部分县市参照省优惠政策,制定了更优惠、更具体的优惠办法。如临湘市人民政府市长办公会议纪要明确规定行政事业性收费政府性基金全免,经营服务性收费包含建设局(含规划局)工程交易服务费、工程质量检测费、勘测见证费、城建档案综合服务费、施工图纸审查费;规划定点放线费、规划竣工测量费、规划技术论证费,农村学校15元/平方米包干,城镇学校20元/平方米包干;设计院设计费5元/平方米包干;环保局环境影响编制、评估费及其他,200万元以下项目2 000元/个包干,200万元至500万元项目3 000元/个包干,500万元以上项目4 000元/个包干;监理公司监理费10元/平方米;消防大队消防检测费及其他500元/项目;招标公司招标代理费按工程总造价的0.5%计算,凡未列入以上收费标准的其他收费一律免收;石门县所有行政性收费全免,服务性收费统一按照最低收费标准的30%收取;邵阳县和韶山市实行"初中工程"项目建设行政性收费包干制,即各种行政性收费统一按15元/平方米进行包干。

（三）加强项目管理，规范建设程序

1. 健全和落实各项管理制度

为保证“初中工程”建设有序实施，我们按照国家要求进一步完善规章制度，认真落实《中西部农村初中校舍改造工程建筑项目管理办法》和《中西部农村初中校舍改造工程中央专项资金管理办法》，规范初中工程建设项目、采购项目的操作及资金使用与管理，并对“初中工程”管理实行八项制度，确保“初中工程”顺利实施。

一是进度月报制度。各项目县市每月向省教育厅和发改委报告一次项目进展数据。二是倒排工期制。对纳入“初中工程”规划的所有项目学校倒排开工日期、竣工日期。三是问责制。每两个月省教育厅和发改委对各项目县“初中工程”进度排队，对后进地方的项目主管领导问责。四是项目公示制。年度项目一经下达，地方“初中工程”管理机构要在相关媒体上公示项目内容、工期、负责人等信息。五是简报制度。地方各级“初中工程”管理机构编发“初中工程”简报，定期向上级报送情况。六是宣传制度。加强正面宣传，防止负面炒作。七是监督举报制。各级“初中工程”领导小组办公室都设立和公布监督举报电话，接受社会监督。八是监督检查制。建立省重点督查、项目县定期巡查、县级经常自查的监督检查机制。

2. 实行网络实时监查项目进度制度

为及时了解各地农村“初中工程”是否严格按规划和立项批复实施，省“初中工程”办开发了一套项目建设实时监查系统——“学校项目建设进度上报系统”。“上报系统”将全省2008年新增“初中工程”173个项目和2009年“初中工程”166个项目全部纳入监查范围，每月15日和月底，由各项目学校定时上报工程实施进展的数据和图片，省“初中工程”办对所有的“初中工程”项目实施情况在网上进行监督、检查，对实施情况较差的项目进行跟踪督促，杜绝了作假、虚报等现象，及时、有效地促进了工程实施。

3. 严格工程质量管理

在项目建设过程中，我省严格执行基本建设程序，落实了项目法人责任制、招标投标制、工程监理制、合同管理制等。各地工程项目的建筑设计严格按《农村普通中小学校建设标准》的规定执行，新建校舍符合工程建设强制性规定、抗震设防和消防的要求。严把工程质量关，把质量放在首位，重点加强各建设施工环节的督导，把学校建成最安全、最牢固、群众最放心的建筑，杜绝“豆腐渣工程”和安全事故。

4. 加强项目管理培训

我省召开了“初中工程”培训会议，全省所有项目县和14个市州负责项目管理的工作人员参加了培训。2009年7月，结合全省中小学校舍安全工程培训会议，组织各地工作人员学习新版《农村普通中小学校建设标准》、建筑抗震和消防等有关方面的知识，进一步提高管理人员的业务水平。同时，还将有关管理资料和文件编订成册随同刻录光盘一并下发到各地，便于各地管理人员学习、查阅。

5. 结合实际调整计划

根据各地上报的关于调整“初中工程”项目计划的请示，经省“初中工程”办调查、核实，对确因生源变化、学校布局调整、自然灾害等因素的影响，按原批复计划建设不符合实际需要的项目，省“初中工程”办按照“实事求是，充分发挥投资效益”的原则及有关程序，合理调整部分“初中工程”项目学校的建设计划，补办项目调整手续，并报国家“初中工程”办批准，有效避免了投资浪费和项目建成后闲置现象发生。

（四）加大配套资金投入，严格工程资金管理

严格按照《教育部办公厅国家发展改革委办公厅关于印发中西部农村初中校舍改造工程实施意见、专项资金管理办法，建设项目管理办法的通知》（教财厅〔2007〕7号）要求，落实建设资金，加强资金监管。

1. 明确配套资金落实办法

2007年12月，省政府印发了《关于农村初中校舍改造工程有关问题的会议纪要》（湘府阅〔2007〕113号），明确了省级配套资金落实办法。全省“初中工程”所需投资由中央专项资金和省级专项配套资金共同承担；中央和省级投资分别安排不同的项目学校；中央规划安排我省5亿元专项资金（实际安排6.721 1亿元），占总投入的2/3。省级配套资金安排方案：2008—2010年，省财政厅每年安排5 000万元（三年共计1.5亿元）省级“初中工程”专项配套资金。到2011年7月，省级专项资金全部落实到位。

2. 强化专项资金管理

中央专项资金纳入财政国库，集中在县级管理，严禁克扣、挤占、挪用“初中工程”专款。项目县必须设立“初中工程”资金专户，实行专账核算，集中支付，封闭运行，不得将专项资金下拨到乡镇或项目学校。

3. 确保资金及时到位

规定年度投资计划与项目预算下达后，一个月以内，专项资金必须拨付到下一级财政专户，国家发改委下达年度投资计划与项目预算后三个月内，中央专项资金必须拨付到县。项目县接上级下达的投资计划与项目预算文件后四十日内，将资金划转到“初中工程”专户，以保证项目资金及时支付。

4. 提高资金使用效益

严格执行《中西部农村初中校舍改造工程中央专项资金管理办法》，建筑项目按照基本建设程序进行管理，实行工程预决算制度，严格控制工程建设成本，提高投资效益。

5. 建立责任追究制度

“初中工程”资金专款专用，不能顶抵原有投入，更不得用于偿还过去拖欠的工程款和其他债务。对挤占、挪用、截留“初中工程”专项资金或减少本地政府投入、套取中央专项资金的行为以及其他违规违纪行为，追究相关人员的责任。同时，视情节轻重，缓拨、减拨、停拨直至追回“初中工程”资金。截至目前，我省没有发生一起资金安全责任事故。

6. 建立专项审计制度

将“初中工程”资金的使用和管理列入重点审计内容。项目学校土建工程完工后要组织专项审计，每个单体建筑工程项目在验收前都要提交专项审计报告。

（五）加大督查力度，加快工程进度

开展工作督查是促进各项工程顺利实施的有效手段，“初中工程”建立了全面督查和重点督查相结合的督查机制。

省教育厅、省发改委、省财政厅及“初中工程”办有关人员组成督查工作组，并聘请有关专业技术人员，由三部门领导带队开展了多次工作督查。2009年1月4日至19日，全省开展了“初中工程”第一次工作督查；2009年2月16

日到3月16日，工程巡查小组对各地项目建设情况逐个进行“地毯式”检查；2009年3月9日至27日，全省开展了“初中工程”第二次工作督查；2009年5月15日至17日，对工程进展缓慢的市、县进行了重点督查；2009年6月29日至7月3日，对工程建设进行了第三次工作督查。2011年3月29日至4月1日，“初中工程”项目建设督查组对全省“初中工程”实施工作进行了抽查。对督查中发现的问题，帮助查找原因，限期整改；对督查中发现的现场无法解决的重大问题，会聚专家“会诊”解决。

2010年3月3日至3月27日，审计署长沙特派办派出审计组对湖南省发展改革委2008年4季度至2009年度组织分配中等职业教育基础能力建设和中西部农村初中校舍改造项目进行了审计。在调查了解我省上述两类项目总体情况的基础上，重点审计了平江、宁远、祁东3个县36个项目的建设管理和实施情况。《审计署关于发展改革委2009年度组织分配中央财政投资情况审计的报告》和审计署对湖南省的审计意见送达后，省政府高度重视，郭开朗副省长作了重要批示。省发改委、省教育厅组织各有关部门、市州县和项目单位，针对《审计报告》中提出的有关问题，深入分析查找原因，及时研究有效整改措施，层层明确责任，督促落实整改到位。通过工作督查，有效地推进了项目的实施。

湖南省长沙市宁乡县坝塘中学新学生宿舍楼

三、工程实施效益

“初中工程”实施前，我省有学生宿舍面积401.35万平方米，食堂171.8万平方米，厕所61.59万平方米。“初中工程”实施后，全省新增生活用房建设面积达101.4平方米（含部分运动场面积），惠及农村学校825所，使50万名师生直接受益，为全面提升我省农村初中教育教学质量，促进义务教育均衡发展打下了坚实的基础。

（一）办学条件明显改善，后勤保障水平显著提升

项目学校食堂、宿舍、厕所等生活用房基本满足需要，引水设施和卫生条件得到极大改善，有效地缓解了我省农村初中学校寄宿条件简陋的现实问题，实现了部分农村初中学校办学条件的跨越式发展，吸引了众多离乡外出就读的学生返乡就学，同时，一定程度上缓解了城区学校的大班额问题。截至2010年年底，全省“初中工程”项目学校寄宿学生由2007年的18.82万人增加到28.06万人，净增9.24万人。

湖南省株洲市醴陵市板杉中学新综合楼

（二）危房校舍大幅消除，校园安全得到切实保障

“十一五”期间，我省共消除了农村初中学校生活用房危房面积近80万平方米，危房校舍大幅消除，各地新建和改扩建校舍达到当地地质条件要求的抗震设防和综合防灾标准，为校园安全提供了有力保障。

（三）校舍功能更趋完善，育人环境不断优化

通过兴建校舍、大量现代教育设备设施的配备完善和运动场、绿化、硬化、亮化工程的实施，项目学校校舍功能更趋完善，校园面貌焕然一新，育人环境进一步改善，办学品位进一步提升，办学质量不断提高。

（湖南省教育厅供稿）

把学校建成师生最舒心、家长最放心的地方
——河北省农村初中校舍改造工程报告

为大力改善农村学校学生食宿条件，巩固和提高义务教育普及成果，国家发展改革委、教育部组织实施了“初中工程”。河北省按照国家发展改革委、教育部总体部署和工作要求，认真组织、精心实施、扎实工作，全力推进“初中工程”的建设并取得了初步成效。

一、规划投资情况

根据教育部、国家发展改革委2007年批准的《2007—2010年河北省农村初中校舍改造工程建设规划》，河北省“初中工程”规划总投资5亿元，覆盖40个项目县的287所农村初中和九年一贯制学校。项目建成后，项目学校的寄宿条件将得到根本改善，基本消除“大通铺”和校外租房现象。河北省“十一五”期间“初中工程”分年度投资情况见下图。

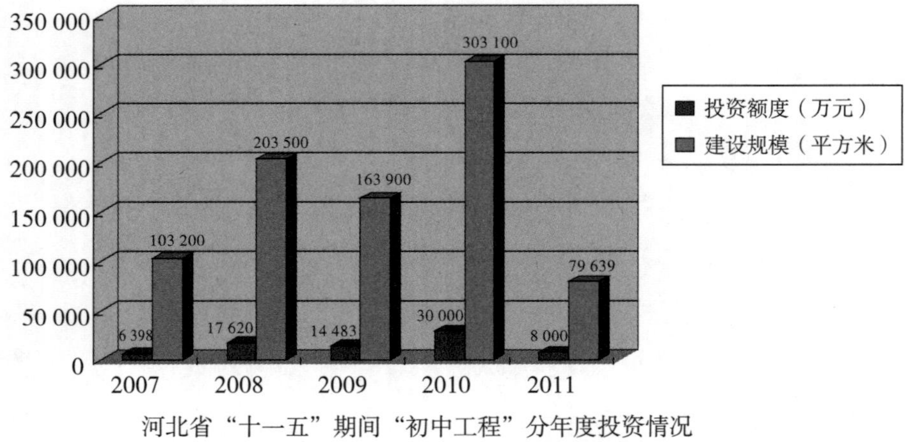

河北省“十一五”期间“初中工程”分年度投资情况

2007—2010年实际批复河北省“初中工程”中央专项投资7.65亿元，批复项目学校307个，批复土建面积85.33万平方米。

截至2011年10月，已开工项目学校307所，占批复总数的100%；已开工面积85.33万平方米，占批复面积的100%；已完工项目学校300所，占批复总数的97.7%；完工建筑面积85.3万平方米，占批复土建面积的100%。总体来看，河北省“初中工程”进展顺利。

二、主要措施和做法

河北省结合自身实际，重点采取六项措施，强力推进“初中工程”的实施。

（一）各级高度重视，切实把“初中工程”作为一项民生工程和政治任务来抓

“初中工程”既是一项教育工程，也是一项民生工程。加快实施“初中工程”，既是加强农村义务教育、改善农村教育基础设施、缩小城乡区域教育发展差距、推动教育事业协调发展、构建社会主义和谐社会的重要举措，也是深入贯彻落实科学发展观的客观要求。因此，河北省各级政府、各有关部门从“初中工程”实施开始就高度重视，从讲政治、保增长、扩内需、惠民生的高度，切切实实把加快实施“初中工程”作为一项重要工作来抓，摆到了重要的议事日程，采取了有效措施，加快推进工程实施，使新增中央预算内投资尽快形成实物工作量。

河北省及时召开“全省加快推进农村初中工程建设工作会议”等会议，果断采取“一根竿子插到底”的办法，把会议直接开到了县一级，确保在最短的时间内统一思想，明确任务，增强各级政府和部门切实加快实施“初中工程”的责任感和紧迫感。

（二）建立健全管理机构，加强对“初中工程”的组织领导

为加强对“初中工程”建设工作的领导，河北省成立了由龙庄伟副省长任组长，省政府副秘书长李靖、省教育厅厅长刘教民、省发展改革委副主任张少华为副组长,省财政、建设、水利、农业、卫生等部门领导为成员的河北省“初中工程”建设工作领导小组，负责“初中工程”实施的领导和重大事项的协调工作。领导小组下设办公室，负责“初中工程”的日常管理工作。2008年6月，省教育厅、省发展改革委与各设区市政府签订了“河北省农村初中校

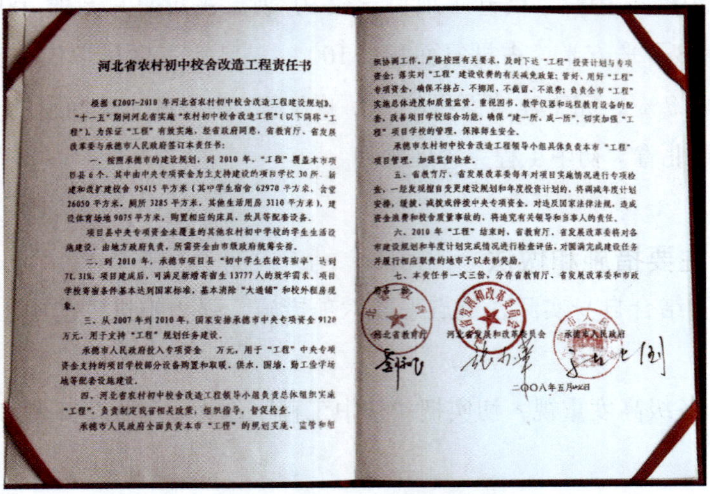

河北省农村初中校舍改造工程责任书

根据《2007-2010 年河北省农村初中校舍改造工程建设规划》，"十一五"期间河北省实施"农村初中校舍改造工程"（以下简称"工程"），为保证"工程"有效实施，经省政府同意，省教育厅、省发展改革委与承德市人民政府签订本责任书：

一、按照承德市的建设规划，到 2010 年，"工程"覆盖本市项目县 6 个，其中由中央专项资金为主支持建设的项目学校 30 所，新建和改扩建校舍 95415 平方米（其中学生宿舍 62970 平方米，食堂 26050 平方米，厕所 3285 平方米，其他生活用房 3110 平方米），建设体育场地 9075 平方米，购置相应的床具、炊具等配套设备。

项目县中央专项资金未覆盖的其他农村初中学校的学生生活设施建设，由地方政府负责，所需资金由市级政府统筹安排。

二、到 2010 年，承德市项目县"初中学生在校寄宿率"达到 71.31%，项目建成后，可满足新增寄宿生 13777 人的教学需求，项目学校寄宿条件基本达到国家标准，基本消除"大通铺"和校外租房现象。

三、从 2007 年到 2010 年，国家安排承德市中央专项资金 9120 万元，用于支持"工程"规划任务建设。

承德市人民政府投入专项资金 万元，用于"工程"中央专项资金支持的项目学校部分设备购置和取暖、供水、围墙、勤工俭学场地等配套设施建设。

四、河北省农村初中校舍改造工程领导小组负责总体组织实施"工程"，负责制定我省相关政策，组织指导，督促检查。

承德市人民政府全面负责本市"工程"的规划实施、监管和组织协调工作，严格按照有关要求，及时下达"工程"投资计划与专项资金；落实对"工程"建设收费的有关减免政策；管好、用好"工程"专项资金，确保不挤占、不挪用、不截留、不浪费；负责全市"工程"实施总体进度和质量监管，重视图书、教学仪器和远程教育设备的配套，改善项目学校综合功能，确保"建一所，成一所"，切实加强"工程"项目学校的管理，保障师生安全。

承德市农村初中校舍改造工程领导小组具体负责本市"工程"项目管理，加强监督检查。

五、省教育厅、省发展改革委每年对项目实施情况进行专项检查，一经发现擅自变更建设规划和年度投资计划的，将调减年度计划安排，缓拨、减拨或停拨中央专项资金。对违反国家法律法规，造成资金浪费和校舍质量事故的，将追究有关领导和当事人的责任。

六、2010 年"工程"结束时，省教育厅、省发展改革委将对各市建设规划和年度计划完成情况进行检查评估，对圆满完成建设任务并履行相应职责的地市予以表彰奖励。

七、本责任书一式三份，分存省教育厅、省发展改革委和市政府各一份。

河北省教育厅 河北省发展和改革委员会 承德市人民政府

二〇〇八年五月[illegible]日

河北省教育厅、河北省发展改革委与承德市政府
签订"初中工程"责任书

舍改造工程责任书"，明确了各市的建设任务、预期目标以及各市政府的责任，将工作任务细化、分解到各设区市，进一步强化各市政府的管理责任。地方各级党委、政府坚持把"初中工程"建设工作列入重要议事日程，层层落实责任制，明确了市、县两级政府的目标、责任、任务，并将具体任务落实到项目学校。通过加强组织领导，明确管理责任，有力地保证了"初中工程"顺利实施。

（三）相关部门协调联动，形成有效地工作机制

各级"初中工程"办公室积极履行工作职责，加强与部门之间的工作协调，努力提高工作质量和效率。一是协调当地财政部门，保证在最短的时间内，将"初中工程"资金落实到位；二是协调当地规划、建设、国土等相关部门，尽量为项目建设"开绿灯"，从快办理开工手续；三是切实做好各项日常性基础工作，及时、准确地为相关领导和部门提供工程建设信息，争取社会各界对"初中工程"的理解和支持。通过加强与各职能部门的协调联系，形成工作合力，努力为加快"初中工程"的实施创造良好的外部环境。

河北省召开“初中工程”工作调度会

（四）狠抓工程质量，建设安全、牢固和让家长、社会放心的工程

为了把“初中工程”建设成为安全、牢固和让家长、社会放心的工程，我们要求各项目县规范管理、严格施工，按照选址、勘探、设计、招标、施工、监理、验收、审计等八项程序进行具体组织和实施，所有勘察、设计、施工和监理单位的确定以及设备采购均要实行招标。河北省邯郸市结合实际，制定了具体的质量控制办法，从设计、施工、监理单位的资质审核关入手，严控建设工程质量。即由市“初中工程”领导小组先择优筛选出几家具备基本资质的设计、施工、监理单位，然后通过招投标的办法，最终确定中标单位，从源头上控制设计、施工、监理的质量。为加强工程质量管理，各项目县严格按照国家规定的程序和有关工程技术标准、规范和制

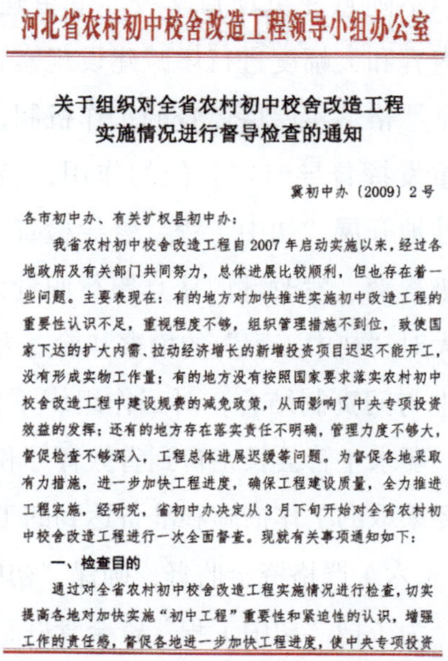

河北省农村初中校舍改造工程领导小组办公室

关于组织对全省农村初中校舍改造工程实施情况进行督导检查的通知

冀初中办〔2009〕2号

各市初中办、有关扩权县初中办：

我省农村初中校舍改造工程自2007年启动实施以来，经过各地政府及有关部门共同努力，总体进展比较顺利，但也存在着一些问题。主要表现在：有的地方对加快推进实施初中改造工程的重要性认识不足，重视程度不够，组织管理措施不到位，致使国家下达的扩大内需、拉动经济增长的新增投资项目迟迟不能开工，没有形成实物工作量；有的地方没有按照国家要求落实农村初中校舍改造工程中建设规费的减免政策，从而影响了中央专项投资效益的发挥；还有的地方存在落实责任不明确，管理力度不够大，督促检查不够深入，工程总体进展迟缓等问题。为督促各地采取有力措施，进一步加快工程进度，确保工程建设质量，全力推进工程实施，经研究，省初中办决定从3月下旬开始对全省农村初中校舍改造工程进行一次全面督查。现就有关事项通知如下：

一、检查目的

通过对全省农村初中校舍改造工程实施情况进行检查，切实提高各地对加快实施“初中工程”重要性和紧迫性的认识，增强工作的责任感，督促各地进一步加快工程进度，使中央专项投资

河北省下发对“初中工程”督导检查的通知

度，组织工程管理和质量监督，切实做到项目建设符合规定的程序和规范。同时，河北省还普遍建立了“1+1”质量监控体系，强化施工过程的监督，采取委托监理公司从业人员监理和由项目县选派或聘用专业技术人员进行现场监督的质量监控办法，切实加强对“初中工程”实施全过程的监督和全方位的监理，确保工程质量。

（五）强化项目管理，严格执行相关规章制度

严格项目管理，河北省主要做好以下三个方面工作。一是严格执行“八项制度”，即简报制度、倒排工期制、月报旬报制度、问责制、项目公示制、宣传制度、综合检查制、监督举报制。二是严格执行工程规划和年度投资计划，维护规划的严肃性，严格按照批准的初步设计内容和总概算进行施工图设计，不随意变更项目学校、变更建设内容和大幅度进行增减建设规模。三是严格落实层层监督的工作机制，注重发挥督导专家队伍的作用，经常性地开展“初中工程”督导检查；各级教育、发改部门认真履行职责，加大对“初中工程”的稽察和检查力度，做到工作到人，责任到人。实行监督检查与问责制结合，对工作组织不力、工程实施缓慢、进度排名靠后的项目县，要求主管县长亲自到省教育厅和省发改委说明具体原因，并且承诺下一步将要采取的工作措施和准备达到的工作目标。

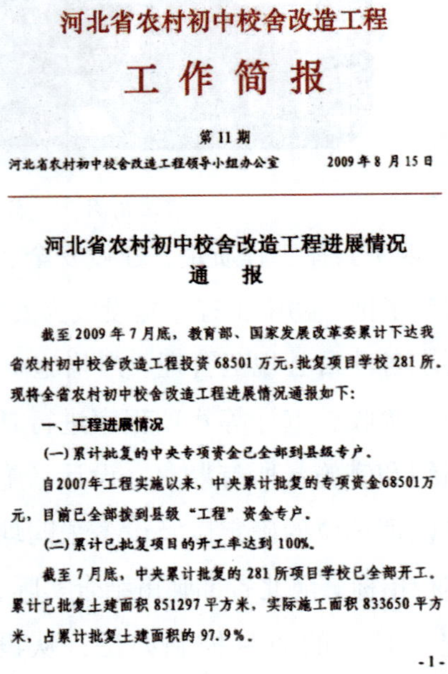
河北省农村初中校舍改造工程

工　作　简　报

第11期

河北省农村初中校舍改造工程领导小组办公室　　2009年8月15日

河北省农村初中校舍改造工程进展情况
通　报

截至2009年7月底，教育部、国家发展改革委累计下达我省农村初中校舍改造工程投资68501万元，批复项目学校281所。现将全省农村初中校舍改造工程进展情况通报如下：

一、工程进展情况

(一)累计批复的中央专项资金已全部到县级专户。

自2007年工程实施以来，中央累计批复的专项资金68501万元，目前已全部拨到县级“工程”资金专户。

(二)累计已批复项目的开工率达到100%。

截至7月底，中央累计批复的281所项目学校已全部开工。累计已批复土建面积851297平方米，实际施工面积833650平方米，占累计批复土建面积的97.9%。

-1-

河北省“初中工程”工作简报

（六）严格资金监督，确保“初中工程”资金专款专用

为了把“初中工程”资金管好、用好，确保发挥应有的投资效益，我们要求各级政府和有关部门按照国债资金管理的有关要求，层层落实监管责任，确保专款专用，防止出现挪用、挤占和截留现象。一是严格资金管理制度。按照

“专户存储、专账核算、集中支付、封闭运转”的管理要求，管理好工程专项资金，严禁克扣、截流、挤占、挪用“初中工程”专款，确保专款专用；严格执行国家有关基本建设财务管理制度和投资管理相关规定，按工程进度拨付“初中工程”款。二是加强工程资金审计。河北省要求审计部门每年都要将“初中工程”资金的管理和使用纳入审计工作的重点，有条件的地方可以开展建设项目的全过程审计。项目竣工验收后，县级工程管理机构要组织有资质的社会中介机构进行竣工结算审计，按审计结果办理工程价款结算、基建财务决算和固定资产移交手续。三是严格责任追究制度。对挤占、截留、挪用“初中工程”资金或减少本地政府投入、套取中央专项资金的行为以及疏于管理造成国有资产流失等其他违规违纪行为，要按照有关规定严厉惩处，追究相关负责人的责任。同时，省里将视情节轻重，缓拨、减拨、停拨直至追回“初中工程”资金。

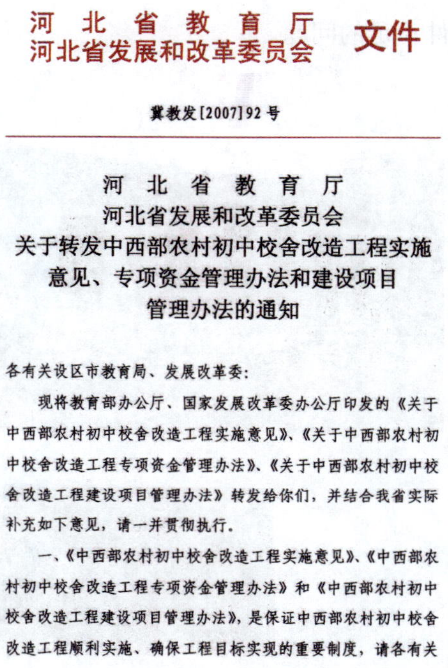
河北省教育厅
河北省发展和改革委员会 文件

冀教发[2007]92号

河北省教育厅
河北省发展和改革委员会
关于转发中西部农村初中校舍改造工程实施意见、专项资金管理办法和建设项目管理办法的通知

各有关设区市教育局、发展改革委：

现将教育部办公厅、国家发展改革委办公厅印发的《关于中西部农村初中校舍改造工程实施意见》、《关于中西部农村初中校舍改造工程专项资金管理办法》、《关于中西部农村初中校舍改造工程建设项目管理办法》转发给你们，并结合我省实际补充如下意见，请一并贯彻执行。

一、《中西部农村初中校舍改造工程实施意见》、《中西部农村初中校舍改造工程专项资金管理办法》和《中西部农村初中校舍改造工程建设项目管理办法》，是保证中西部农村初中校舍改造工程顺利实施、确保工程目标实现的重要制度，请各有关

河北省教育厅、河北省发展改革委转发国家“初中工程”有关文件

三、取得的成效

通过大力实施“初中工程”，“十一五”期间，河北省农村初中学校辐射半径及办学规模逐步扩大，寄宿学生人数明显增加，生均生活用房建筑面积显著提高，学校食宿条件得到极大改善，生活设施趋于完善，教育资源得到优化，进一步促进了城乡义务教育的均衡发展。初步取得了以下四个方面的成效：

一是改善了农村学校的办学条件。“初中工程”加强了农村初中学校特别是寄宿制学校学生生活设施建设，逐步消除了“大通铺”和校外租房等现象，

有效满足了路途较远学生和农村留守学生寄宿需求，解决了部分寄宿学生生活条件不足的问题。

“初中工程”实施前后河北省涞源县银坊中学的学生宿舍对比

二是推进了义务教育的均衡发展。“初中工程”极大改善了农村初中办学条件，提高了农村义务教育水平，缩小区域内城乡之间办学条件的差距，促进校际间办学条件的基本均衡，逐步化解城市学校的“大班额”问题，积极推进了义务教育均衡发展。

三是促进了社会和谐。“初中工程”的实施，改善了农村初中的办学条件，为农村学生尤其是寄宿学生创造了舒适的生活学习环境。“初中工程”对农村留守学生的关注，解除了农村外出务工人员的后顾之忧，不仅体现了党和国家“以人为本”的执政理念，更在一定程度上维护了社会稳定，促进了社会和谐。

四、几点经验

“初中工程”是否能够达到预期效果，关键在管理是否科学规范，为加强“初中工程”建设管理，河北省严格按照《中西部农村初中校舍改造工程实施意见、资金管理办法和建设项目管理办法的通知》要求，规范运作，科学实施，强化关键环节。

在“初中工程”实施过程中我们取得了几点经验。

一是做好前期准备工作。每年省教育厅、发改委对申报项目实行项目对接，对各市发改局、教育局申报的各建设项目的前期论证，可行性研究报告报批、年度建设方案编制等进行审核。计划下达后，有关市县抓紧时间开始着手做年度建设项目报批等准备工作，确保来年4月底前开工建设。

二是实行目标管理。河北省“初中工程”办公室与有关项目县（市）政府签订了《农村初中校舍改造工程目标责任书》。在“初中工程”实施过程中，按照“以县为主”的项目管理模式，实行目标管理，严格执行“八项制度”，项目管理严格规范。

三是严格履行基本建设程序。按照有关规定对项目建设的选址、征地、勘察、设计、预算编制、招标、监理、质检、竣工验收等环节分工负责，严格把关。做到选址适宜；坚持“先勘察，后设计，再施工”的基本原则，坚决杜绝“三边工程”；同时，严格实行工程招标制、监理制；坚持履行竣工验收程序，为了确保师生安全，做到验收不合格或未经验收的工程不交付使用。

四是加强资金管理。我们认真总结前些年教育专项资金管理上的成功经验，项目资金不直接支付给项目校，所有“初中工程”建设专项资金由县级教育集中支付分中心统一管理。具体流程是：资金由省下达到市后，按照规定时限，由市财政国库直接下拨到县，再由县财政划拨到教育集中支付分中心，由教育集中支付分中心对专项资金实行专户集中管理，专账核算，按照工程进度直接支付给施工企业，确保专项资金不被截留、挤占、挪用，确保专项资金安全封闭运行，保障工程使用与支出便捷。同时，实行工程预决算制度，严格控制建设成本，提高投资效益。项目完工交付使用前，由县审计部门组织有资质的审计机构进行专项审计，并做出审计报告。

五是积极协调，减免工程建设规费。在实施“初中工程”过程中，在全部免除行政事业性和政府性基金收费基础上，我们通过各级政府的协调，尽量减免经营服务性收费。承德市丰宁满族自治县在项目实施过程中，实现了零收费，其他县也有不同程度的减免。减免工程建设规费，体现了有关部门对实施“初中工程”的理解和大力支持。

六是进行分类指导。对已完工的项目，督促做好后期工作，及时按有关规定和要求办理竣工验收、审计和交付使用手续，确保项目及时发挥投资效益；对在建的项目，要实行倒排工期制，按照“确保质量、能快则快”的原则，加快进度，限期完工；对尚未开工的项目，要利用冬季不能施工的这段时间，做好前期工作，积极创造条件，确保按时开工。

七是做好投资项目“回头看”。在工作层面，主要进行“四看”：一看工作责任制建立情况，二看目标责任分解情况，三看项目实施进度情况，四看政府及有关部门履行职责情况；在项目实施层面，重点查“三个环节”：一查项目前期，二查资金管理使用，三查工程建设。特别是对建设手续不完善、建设内容和规模发生变化的项目，要逐一进行研究，抓紧完善相关手续。

八是加大督办和问责力度。对于工作拖后、进展缓慢的市、县，以省“初中工程”领导小组办公室名义下发“督办单”，对其提出明确的工作目标和完成时限；问题突出的，要求项目县的教育局局长到教育厅说明情况，承诺工作措施，督促加快项目实施进度。对项目执行不力、疏于管理、进度始终缓慢的，予以通报批评并限期整改。整改不力的，将视情况收回或调减中央投资或在今后安排中央和省其他补助投资时减少安排。

（河北省教育厅供稿）

琼州大地农村校园美景如歌
——海南省农村初中校舍改造工程报告

2007年春，琼州大地花团锦簇，阳光灿烂。同年4月18日，《国家发展改革委、教育部关于印发中西部农村初中校舍改造工程总体方案的通知》颁布实施。国家这一英明决策，犹如春风化雨,短短四年间，在教育部、国家发展改革委的大力支持下，在海南省委、省政府及省发展改革委、省教育厅的领导和精心部署下，全省17个市县152所（包括海南省改造的14所）“初中工程”项目学校旧貌换新颜：崭新的学生宿舍、食堂、厕所和体育场拔地而起。海南20多万农村学生成为该项工程受益者。昔日简陋的校园，如今成为当地乡村最美的风景。新建的宿舍和食堂免除了农村孩子为了求学跋山涉水奔波之苦，也免除了家长和教师每日为学生安全提心吊胆的担忧之苦。新建的体育场，不仅优化了学生健康成长的环境，还为当地农村百姓提供了一个非常好的活动场所。

美景如歌。如今这项深入人心的工程，已在海南农村初中校园开花结果，成为乡村百姓争相传颂的美谈。此举为促进海南义务教育，尤其是农村义务教育均衡发展，改善加强农村教育基础设施建设，实现教育公平，办好人民满意的教育，奠定了坚实基础。

一、投资情况

俗话说得好，“兵马未动，粮草先行”。为确保“初中工程”的顺利实施，在教育部、国家发展改革委的大力支持下，“十一五”期间海南共投入“初中工程”专项资金30 159万元，其中中央专项资金24 378万元，省财政投入3 883万元，市县配套资金1 898万元，在海口市、文昌市、琼海市、儋州市、万宁市、东方市、五指山市、定安县、屯昌县、澄迈县、临高县、昌江县、乐东县、保亭县、琼中县、陵水县、白沙县共17个市县改造中学152所，规划新建校舍面积23万平方米，体育场地12万平方米。

二、工作开展情况

海南作为中国最年轻的省份，经济基础相对比较薄弱，但省委、省政府始终将优先发展教育摆在重要的战略地位。“十一五”期间，是海南教育事业蓬勃发展的“黄金期”。教育投入大幅度提高，其重点向农村教育倾斜。为确保“初中工程”保质保量顺利实施，海南从规划编制、项目管理、资金管理、税费减免政策四个方面入手，确保科学有效地将“初中工程”各项工作落到实处。

（一）规划编制情况

依据教育部、国家发展和改革委员会《关于编报中西部农村初中校舍改造工程建设规划的通知》（教财函〔2007〕28号）精神，省教育厅、省发改委结合中小学布局调整，采取对各项目学校进行实地查看、调研等方式，审定了各市县上报的规划，编制了“初中工程”建设规划并报省政府、教育部、国家发改委审定后实施。

为确保“初中工程”项目建一所成一所，发挥应有的效益，规划编制做到科学、合理，项目建成后不出现闲置现象，我们在编制规划和确定项目时按以下原则进行编制。

1. 科学规划、合理布局

规划结合各市县经济社会发展总体规划，充分考虑城镇化进程、人口流动和密度、学龄人口变化趋势等因素，在充分利用现有学校的基础上，以确保生源和师资、方便学生入学为前提，做到布局合理、规模适度。项目学校必须是当地布局结构调整规划予以保留的学校。布局调整拟撤销的学校不纳入，调整方案尚不明确的学校不纳入。

2. 整合资源、统筹安排

项目市县必须整合县域内学校办学资源，对于校舍面积总量已经达到或者超过国家标准，但存在结构性短缺矛盾的市县，首先进行办学资源整合，通过调整、改造部分富余校舍，解决短缺校舍问题。

3. 分类指导，推进均衡

对于人口密度较低、生源过于分散的市县，优先遴选中心校，对于人口密度高、生源较为集中的市县，优先遴选薄弱学校，促进校际间办学条件基本均衡。不将工程资金用于打造“重点校”或“示范校”，不搞形象工程。

4. 严格标准、节约资源

规划严格按照《农村普通中小学建设标准》（建标109—2008）进行项目学校新建或改扩建的设计和投资需求测算，避免追求学校建设高标准、华而不实，确保经济、实用和适用。同时，项目学校建设与国家已经实施的农村中小学危房改造工程、“两基”攻坚寄宿制学校建设工程等专项建设计划相衔接，对已经在上述工程中安排了项目的学校，原则上不重复安排。

（二）项目管理情况

海南省严格按照教育部办公厅、国家发展改革委办公厅印发的《关于中西部农村初中校舍改造工程实施意见》及《关于中西部农村初中校舍改造工程建设项目管理办法》等规定对工程项目进行管理。

第一，建设项目严格执行基本建设程序，实行项目法人责任制、招投标制、工程监理制和合同管理制，做到公平、公正、公开、透明，工程勘察、设计、施工、监理均委托有相应资质的单位实施。

第二，严格项目设计，执行标准规范。项目设计始终坚持“安全牢固、功能齐备、方便实用、科学合理”的原则，按照《农村普通中小学校建设标准》、《中小学建筑设计规范（GBJ99—86）》以及其他相关建筑设计规范的规定和要求进行设计，确保校舍安全。

第三，工程实施过程中，始终把工程质量作为项目建设和管理的重中之重，坚持先勘察、后设计、再施工、竣工验收合格后使用的原则，不简化程序。教育、发改、建设、审计部门多次到项目市县就工程安全、质量、进度、监理人员到位情况、工程档案建设情况等进行监督检查，并对存在的问题及时向市县政府及教育局、发改局指出，并要求限时整改并上报整改材料，确保把“初中工程”建成阳光工程、放心工程。

第四，建设项目实行监理制。监理单位依照法律法规和有关技术标准、设计文件以及建设工程承包合同，代表建设单位对工程实施全过程监理，并对施工质量、施工安全承担监理责任。项目县“初中工程”办公室选派从事过建筑工程施工管理、责任心强的人员协同监理单位实施现场全过程监督。

（三）资金管理情况

项目资金管理严格按照教育部办公厅、国家发展改革委办公厅《关于中西部农村初中校舍改造工程专项资金管理办法》以及《海南省扩大内需财政投资资金管理办法》实施。

资金实行专项管理、专帐核算。各项目市县建立了严格的内控制度，执行基本建设财务制度。资金统一集中在市县级管理，对“初中工程”专项资金实行专账核算、集中支付和按进度拨款等。“初中工程”专项资金由市县财政集中统一管理，由施工单位依据工程进度申请，工程监理单位核定，报市县教育局核实并申请工程进度资金，经由市县财政局审核并下达资金，最后由市县教育局通过国库集中支付的方式直接将资金拨付到施工单位。项目配套的学生睡床、餐桌等设备由市县政府采购部门统一进行采购，设备购置专项资金同样也按照相关流程，通过国库集中支付方式拨付到供货商。

各市县财政、纪检、监察等部门对工程实施过程中专项资金的管理进行督查，工程竣工验收后委托市县审计局对工程结算进行审计，并依据审计结果拨付项目工程资金。2010年5月，省发改委、省教育厅联合组成稽查组对“初中工程”进行专项检查，各项目市县“初中工程”资金都实行专款专用，及时拨付工程款，没有发生挤占、挪用资金问题。

（四）税费减免政策情况

在“初中工程”实施过程中，为节约建设资金，降低工程造价，各项目市县积极采取措施，争取各项优惠政策，对城市配套费、监督费、防雷检测费、报建费等费用给予减免，部分市县对经营服务性收费如设计费、监理费给予减半收费。

三、取得的成效

碧海连天远，琼崖满园春。自2007年“初中工程”在海南实施以来，项目所在农村初中学校校园旧貌换新颜。百姓将之誉为功在千秋的伟业，真正把教育办到了百姓的心坎上。此举是进一步推进农村义务教育发展、改善农村教育基础设施的重要举措，对缩小城乡、区域教育发展差距，推动公共教育协调发展，促进构建社会主义和谐社会意义深远。

举目环望，遍布全省17个市县的152所项目学校，校园生机盎然，充满活力。因此项工程的实施，海南农村教育发展步伐快速向前迈进。义务教育的均衡发展，让更多农村学生也能享受到优质教育资源。

（一）改善项目学校办学条件，寄宿率大幅提高，促进教育均衡发展

"初中工程"的实施，使"两基"成果不断巩固与扩大，同时还较大地改善了农村初中阶段学校的办学条件，使学校面貌发生了根本转变，崭新的校舍成为当地亮丽的风景，生活设施建设不足的老大难问题得到缓解，全省农村初中学校基本消除了"大通铺"和校外租房现象，生均用房面积有较大幅度的提高。

坐落在万泉河畔的琼海市，"初中工程"实施得有声有色。项目学校15所，总投资2 170万元，总建筑面积为16 515平方米，具体情况见表1。

表1　海南省琼海市各项目校"初中工程"实施前后情况对比

学校	人口覆盖（人）		在校生数（人）		寄宿生数（人）		生均生活用房面积（平方米）	
	实施前	实施后	实施前	实施后	实施前	实施后	实施前	实施后
博鳌中学	18 900	19 100	407	337	231	252	1.6	6.2
大路中学	27 850	28 010	1 531	1 198	621	840	3.4	4.6
塔洋中学	25 570	25 680	1 118	888	505	576	3.04	5.2
烟塘中学	17 880	18 020	707	477	520	384	1.8	5.7
九曲江中学	16 700	17 020	884	767	698	696	3.49	4.82
万泉中学	28 800	29 010	1 139	924	584	720	3.3	4.9
善集中学	14 400	14 580	529	441	386	384	2.9	4.6
潭门中学	24 100	24 400	655	415	150	288	4.2	5.6
温泉中学	22 100	22 170	805	499	652	480	2.06	5.45
龙江中学	23 300	23 500	864	568	663	420	2.27	6.3
朝阳中学	14 500	14 690	481	411	312	360	2.9	4.8
王文明中学	26 900	26 980	744	617	589	528	2.79	4.2
石壁中学	14 500	14 600	474	419	296	312	4.1	5.3
会山中学	6 800	6 900	191	188	179	168	3.4	6
上埇中学	11 300	11 500	498	351	135	252	5.7	5.4
合计	293 600	296 160	11 027	8 500	6 521	6 660	2.92	5.12

表1中数据显示："初中工程"实施后，琼海市生均生活面积由过去的2.92平方米，提升至5.12平方米。较大的改善了学校的办学条件，促进了义务教育均衡发展。

据教育事业统计显示，2010年与2006年（工程实施前）相比，海南省农村初中在校生减少了4万人，寄宿生增加了4万人，在寄宿率和校舍条件等方面都有较大幅度提高，见表2。

表2　海南省农村初中寄宿率、生均校舍面积、生均生活用房面积变化情况

名称	实施前	实施后
寄宿率（%）	28	39
生均校舍面积（平方米）	6.9	7.5
生均生活用房面积（平方米）	1.78	2.2
其中：1. 寄宿生生均宿舍面积（平方米）	3.5	4.13
2. 在校生生均食堂面积（平方米）	0.3	0.44
3. 在校生生均厕所面积（平方米）	0.1	0.12

（二）提高办学质量，吸引外出务工人员子女回流，为留守儿童提供良好住校环境

通过实施"初中工程"，海南农村初中办学条件得到很大改善，城乡之间教育差距明显缩小，为促进义务教育均衡发展奠定了坚实基础。

"初中工程"不仅促进外出务工人员子女纷纷回乡就读，而且由于办学条件的改善，还为农村留守

海南省万宁市后安中学新学生宿舍楼

儿童和住宿生提供了较好的食宿环境，杜绝了安全隐患，排解了家长的后顾之忧。农村学生寄宿率大幅提高，有效地整合了农村教育资源，教育教学质量逐年攀升。

海南万宁市后安中学是一所有着50年办学历史的乡镇初中校。该校坐落于万宁市后安镇，全镇人口4.8万。2006年该校原有在校生1 430人，住宿生400人，留守儿童100人，校舍面积9 800平方米，其中学生宿舍880平方米，食堂600平方米，厕所98平方米。

据该校校长李赟介绍，“初中工程”共安排该校建设资金500多万元，如今校舍面积13 309平方米，其中学生宿舍2 511平方米，食堂2 100平方米，厕所155平方米。到2010年，该校在校生人数达到1 998人，其中寄宿生690人，留守儿童186人。

“初中工程”的实施，全面改善了该校校舍的安全状况，学校综合防灾能力得到提高，安全隐患得到消除。教学区、生活区、运动区，科学布局，让这所乡村学校尽展勃勃生机。

海南省万宁市后安中学新学生食堂

如今，师生住校难、吃饭难已成为历史。由于学生宿舍实行免费使用，农村家庭的经济负担轻了，农村广大百姓也尝到了国家优先发展教育和大力实施

"初中工程"的甜头。同时，相当一部分本地外出打工的农民工子女也纷纷回流，教育公平的曙光，正在海南农村冉冉升起。

校园美了，人心稳了，师生工作学习的热情也得到了充分发挥。近年来，学校教学质量稳居全市乡镇前茅，学校还先后被授予"海南省规范化学校"、"现代教育技术示范优质学校"等荣誉称号。

"初中工程"实施后的海南省万宁市后安中学校园

（三）拉动内需，促进当地社会经济又好又快发展效益显著增长

通过实施"初中工程"，不仅推进了农村城镇化建设，而且加大了市场对钢筋、水泥等施工建筑材料的需求，解决了农村富余劳动力的就业问题，拉动了内需，促进了地方经济又好又快发展。

此外，"初中工程"的实施，满足了路途较远学生的住宿需求，加大了学校布局调整的力度，学校规模适度扩大后，教育教学氛围浓厚，教学质量得到快速提升，优化了教育资源配置，教学设备利用率明显提高。同时，也为优化农村初中教师队伍结构提供了更大的发展空间。

四、主要经验

海南省"初中工程"总体进展顺利，成效显著，主要得益于教育部、国家发改委的大力支持，得益于海南省委、省政府的正确领导，得益于省教育厅、省发改委的精心谋划，认真落实，真抓实干。现将其经验与做法总结如下。

（一）领导重视

为加强对“初中工程”的领导，省政府成立了以原副省长姜斯宪为组长，省教育厅厅长、党组书记胡光辉及省发展与改革厅原副厅长冯鸣为副组长，省财政厅、建设厅、教育厅等部门分管领导为成员的工程领导小组，负责解决项目建设中的重大问题。领导小组在省教育厅下设办公室，负责日常工作，并定期召开会议，专题研究工程相关工作。各项目市县政府也都成立了以分管领导为组长，教育局、发改委主要领导为副组长，相关部门领导为成员的工程领导小组，并下设办公室，具体负责项目的实施工作。

（二）做到资金分配的公开、公平、公正

海南省在总结中西部地区农村寄宿制学校建设工程资金分配的基础上，结合本省的实际，在“初中工程”资金分配上继续实行“因素分配法”，即按人口数、在校生数、资金需求因素进行分配，并在“初中工程”工作布置会议上对资金分配原则进行了解读，做到资金分配的公开、公平、公正。

（三）做好项目的前期准备工作

海南在中央同意整体规划而年度计划尚未下达前，要求项目市县在本省下达的预分配资金计划方案的基础上，按照先急后缓的原则，优先遴选具备开工条件的项目学校，并主动提前做好地质勘查、初步设计和概算审查等各项前期工作，待计划下达后就能抓紧手续的办理，从而缩短了前期工作时间，保证了建设项目立即动工建设。

（四）建立旬报、简报制度

省政府高度重视“初中工程”项目的实施，为实时掌握工程进度，工程小组办公室建立了旬报、简报制度，及时通报进展情况，对进展缓慢的项目市县进行督办，并就每季度应完成的工作计划提出了具体要求。

（五）成立监督检查领导小组

省教育厅高度重视“初中工程”扩大内需中央投资教育项目的实施工作，成立了监督检查领导小组，由胡光辉厅长任组长，工作机构设在财务审计处，由该处负责具体实施。为确保工程按时保质完工，省教育厅孔令德副厅长等有关领导经常率领职能部门相关负责人多次到项目市县进行调研和指导工作，就如何确保工程质量、加快工程进度等问题进行研究部署，并提出具体指导意见。

（六）实行领导分片包干督查制度

为确保项目按时保质完工，省教育厅厅党组决定加大督促力度，实行领导分片包干制度，每位领导负责一个片区，对片区内项目实施情况、进度、质量进行督促检查。

（七）建立项目倒排工期制

海南省要求各项目工程由业主、施工、监理单位共同制定倒排工期表，各方相互监督，使得大部分项目在计划时间内按时完成相应的工程量，取得了较好的效果。

历时四年的农村“初中工程”建设，充分体现了党和国家对农村教育发展的高度重视和关怀。如今，在椰风海韵、绿色盎然的海南，农村初中校已成为了人们心中一道美丽的风景线。师生“乐业安居”，百姓笑逐颜开；放眼琼州大地，农村初中校园美景如歌。

众所周知，百年大计，教育为本。党的十八大指出：“办人民满意的教育”。为了这一目标的早日实现，让我们携手并肩，齐心协力，瞻望未来，任重而道远。

（海南省教育厅供稿）

普惠阳光洒满白山黑土
——吉林省农村初中校舍改造工程报告

2007年，国家为进一步改善农村教育基础设施，缩小城乡、区域教育发展的差距，推动公共教育协调发展，用四年的时间在中西部地区建设一批寄宿制学校，实施“初中工程”。按照国家相关要求，吉林省积极推进工程实施，极大地改善了农村义务教育办学条件，基本消除了项目县（市）“大通铺”，解决了校外租房等制约农村教育发展的问题，基本满足了路途较远学生和农村留守学生的寄宿需求，有效地巩固和提高了吉林省义务教育“普九”成果，为2012年实现区域内义务教育学校初步均衡奠定了坚实的基础。

一、项目执行情况

（一）项目规划情况

2007—2010年，吉林省“初中工程”项目规划总投资为3.44亿元，其中国家专项资金3.37亿元，省级资金700万元（见表1），共涉及25个县市140所项目学校，规划建设总面积为42.66万平方米，其中，学生宿舍19.34万平方米，食堂8.99万平方米，厕所1.04万平方米，锅炉房0.74万平方米，浴室0.35万平方米，卫生室0.2万平方米。截至2011年年底，规划建设的125所学校全部完工交付使用。

表1　吉林省“初中工程”项目资金落实情况

单位：万元

项目学校所数（个）	规划资金			实际落实资金			
	合计	中央专款	省级资金	合计	中央专款	省级资金	县（市）级资金
140	34 439	33 739	700	36 854	33 739	700	2 415

（二）分年度资金落实情况

“初中工程”实施进程中，爆发了全球性金融危机，吉林省经济受到强烈冲击，直接影响了学校基本建设成本，建筑原材料价格和人工费不断上涨，工程建设投资较规划有大幅度的提高。为确保“初中工程”的顺利实施，吉林省要求各项目县（市）积极筹措资金，不折不扣地落实工程建设规划，保质保量地完成“初中工程”的各项建设任务，分年度资金落实情况见表2。

表2 吉林省“初中工程”分年度资金落实情况

单位：万元

年度	项目学校所数（个）	合计	中央专款	省级资金	县（市）资金
2007	10	2 595	2 595		
2008	68	13 489	12 844	400	245
2009	47	13 752	12 000	300	1 452
2010	15	7 018	6 300		718
合计	140	36 854	33 739	700	2 415

二、项目建设成效

“初中工程”的实施，对改善吉林省农村初中办学条件，推进城乡、区域义务教育的均衡发展，提高农村初中巩固率和寄宿率，巩固“普九”成果，促进教育改革与发展等方面都发挥了重大作用，项目建设成效显著。

（一）巩固和扩大了“两基”成果

“初中工程”实施后，农村初级中学食宿条件明显改善，基本消除了项目学校“大通铺”、校外租房，基本满足了路途较远学生和农村留守学生的寄宿需求，项目县（市）农村初级中学毛入学率进一步提高（2006年97.9%，2010年99.5%）。同时，寄宿制学校管理制度逐步健全，项目学校对所有住宿生进行集中统一管理，有效消除了校外租房管理松散的局面。随着项目学校生活用房建成并投入使用，农村初级中学办学规模不断扩大，为巩固和提高义务教育“两基”成果发挥了重要作用。

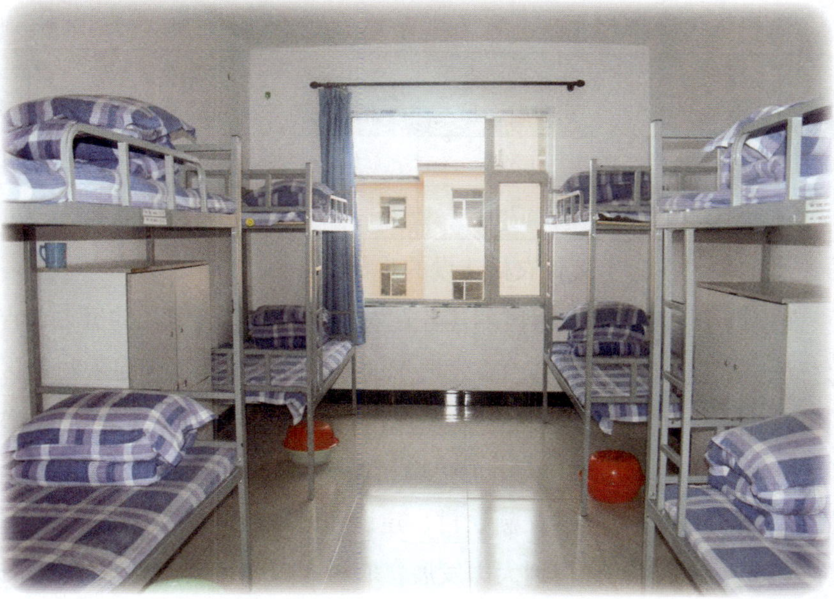

“初中工程”实施后的学生宿舍

（二）推动了义务教育均衡发展的步伐

吉林省是在20世纪90年代后期实现的“两基”，带有较强的工作突击性，这是当时的历史条件造成的，因种种原因，不少地方对义务教育的投入增幅不高，一些县市农村地区义务教育面临新的发展困难。一方面，城乡之间极不均衡，办学条件和水平存在一定差距；另一方面，随着城镇化进程的加快和人民群众物质文化生活水平的提高，农村学生不断向县城和人口规模较大的乡镇集中，大班额现象日益加重，校外租房和校车等都存在很大的安全隐患问题。实施“初中工程”，有力地解决这些地区寄宿比例低、办学条件不足等方面的问题，对推进义务教育均衡发展、实现标准化办学起到重要作用。“初中工程”实施后，农村初级中学办学条件明显改善，校舍面积不断增加，大班额比率明显下降。特别是边远贫困地区农村初级中学生活服务用房面积显著增加，生均校舍建筑面积、住宿生生均宿舍面积、生均食堂面积大幅提高，食堂、厕所达标率明显提高。有效地推动了农村学校科学合理布局和标准化建设，为2012年实现区域内义务教育学校初步均衡奠定了坚实的基础（见表3）。

表3　吉林省“初中工程”实施前后项目县效益情况表

单位：平方米

年度	生均校舍建筑面积	生均生活服务用房建筑面积	生均宿舍建筑面积	生均食堂建筑面积	寄宿率（%）
2006	6.85	1.39	0.82	0.21	16.70
2010	11.05	3.76	2.08	0.94	41.11

（三）加快了社会主义新农村建设的步伐

全面建设小康社会，最艰巨的任务在农村。虽然通过艰苦的努力，吉林省城乡之间经济社会发展（包括教育发展）的差距有所缩小，但是农村地区在全面建设小康社会中面临的困难依然存在。推进社会主义新农村建设，必须高度重视发展农村社会事业，大力加强农村教育等公共事业的全面发展。实施“初中工程”，是建设社会主义新农村、建设和谐社会的重要内容之一。“初中工程”实施后，农村教育得到大力发展，农村人口整体受教育水平不断提高。“初中工程”项目成为当地最结实、最安全、最美观的建筑；项目学校校园面貌焕然一新，成为当地的一道亮丽风景；学校教育教学水平得到进一步提升。在边远山区流传着这样一句话：“最漂亮安全的建筑是校舍，最整洁优雅的环境是校园，最有生机活力的地方是学校。”“初中工程”的实施也进一步带动了

吉林省镇赉县第四中学新学生食堂、宿舍楼

当地村容、村风的转变，加快了社会主义新农村建设的步伐。

三、主要工作做法和经验

（一）加强领导是切实抓好“初中工程”的重要保证

省政府高度重视此项工作，连续三年将“初中工程”列为省政府八件民生实事之一，作为政府的重点工作来抓。成立了以分管教育的副省长为组长，教育、发改、财政、建设、农业、规划、国土、卫生等部门负责人参加的领导小组，并在教育厅和发改委设立项目办公室，负责组织农村初中校舍改造工程的实施、管理、监督检查等各项工作。

1. 领导重视，亲自部署

为进一步抓好项目的实施，2008年6月12日，省教育厅、省发改委联合召开全省初中校舍改造工程项目建设工作专题会议，项目县（市）政府主管领导汇报工程进展情况，省教育厅厅长在会上做了重要讲话，亲自部署“初中工程”建设工作。

2. 强化手段，落实责任

为提高地方政府对“初中工程”的认识，强化地方政府的责任，省教育厅

吉林省教育厅领导与项目县政府领导签订责任书

主管领导代表省政府与各项目县市政府领导签订《吉林省农村初中校舍改造工程责任书》，进一步明确了各级政府责任。

3. 制定政策，营造氛围

工作领导小组指导各项目县（市）成立以分管县（市）长为组长的农村初中校舍改造工程领导小组，提出了凡是“初中工程”项目涉及的审批事项要做到“审批环节最少，办事程序最简，收费项目最少，减免力度最大，服务质量最好”的“五最”要求，同时加强宣传，动员和引导全社会关心和重视教育，营造尊师重教氛围，推动教育优先发展战略措施的落实。

4. 专人负责，加强培训

“初中工程”领导小组要求项目县（市）选用一批相对稳定，有一定校舍建设管理实践经验，思想素质高，业务能力和协调能力强的人员负责具体工作，把责任落实到有关部门和人员，蹲守在施工现场，监督工程质量。省工程领导小组聘请专家对各级“初中工程”办公室的管理人员进行了多次培训，使他们掌握了国家工程管理方面的规章制度和相关文件，熟悉了工作程序，提高了业务水平。县级“初中工程”办公室负责对本县工程项目管理人员和学校校长的业务培训工作。保证了项目学校校长清楚工程规划、设计、施工、监理、验收等建设环节的工作内容和工作程序，协助管理人员监督好工程的施工质量。

——汪清县政府指派建设部门多次对县教育局基建办工作人员、各项目学校负责人、施工管理人员共48人次进行了施工现场业务培训，提高了管理队伍的整体业务水平。

——通榆县项目办公室多次组织培训参与项目建设的人员，具体到项目校责任人。为保证工程质量，校长在工地边监督边学习，提出的意见多数得到施工单位的认可并采纳。

5. 密切配合，通力合作

“初中工程”领导小组各成员单位分工协作，教育部门负责牵头抓总体和工程管理等工作，发改部门负责项目申报和可行性研究等工作，财政部门负责资金管理等工作；建设、规划、国土资源等部门各司其职，协调配合，专人负责“初中工程”项目的行政审批工作，并采取了一站式审批、现场办公、代办手续等一系列服务措施，为项目的顺利实施奠定了基础。

（二）做好规划编制工作是抓好“初中工程”各项工作的基础

在改造工程规划上，领导小组要求项目县（市）教育局协同当地规划局，根据项目县（市）人口分布情况、城市发展趋势和就近入学的原则，科学制定工程规划。充分做好生源评估，在经济社会发展预测的基础上，各县（市）均编制完成了县级“初中工程”规划。

1. 深入实际调查研究，保证规划的科学性

“初中工程”领导小组召开专题会议，省发改委领导亲自布置规划编制工作，要求项目县（市）发改、教育部门的同志，在县（市）政府领导的带领下，共同深入基层学校调查研究，逐校调查走访，在掌握了第一手情况的基础上，有针对性地提出了工作思路和方案。省项目办组织人力、集中审核各项目县（市）的规划。规划编制充分考虑城镇化进程、人口流动和密度、学龄人口变化趋势等因素，在充分利用现有学校的基础上，以确保生源和师资、方便学生入学为前提，做到布局合理、规模适度。建筑设计坚持“结构安全、功能齐全、满足需要、就地取材、美观大方”的原则，符合建筑设计规范及《农村普通中小学建设标准（建标109—2008）》等相关规定。“初中工程”规划的制定与经济社会的发展和城乡建设的规划相适应，集中展现教育事业未来发展的设计蓝图。

2. 明确任务抓住重点，保证规划的目标性

吉林省“初中工程”在项目设计上有两个突出特点：一是目标指向明确，根据国家相关要求，专项资金全部用于学生生活设施建设，不考虑教学实验及办公条件改善等问题；二是范围指向明确，受益范围限定在部分国家级贫困县、民族自治县、边境县和贫困人口集中的县（市）。规划的编制本着“集中力量、重点突破、确保实效”的原则，围绕有限目标，抓住重点任务，集中资金投入，保证建设成效。

3. 科学规划合理布局，保证规划的前瞻性

为进一步加强项目遴选的科学性，防止出现改造后不久校舍又闲置的现象，省项目办召开会议，专项调度规划编制情况。发改委的领导率领项目办全体同志审核规划，并明确提出“整合资源，合理布局，分类指导，推进均衡”

的规划编制原则，对纳入规划的项目学校进行认真审核，统筹考虑，严格把关，禁止出现两种情况：一是片面追求合校办学效益，远距离撤校集中财力打造“重点校”或“示范校”，人为造成少数学校生满为患，部分偏远薄弱校办学困难，加剧教育资源分布的不均衡；二是布局规划和学校建设“两张皮”现象，造成新建的学校不久就调整撤并，使有限的教育资源出现巨大浪费。在规划制定的过程中，努力增强规划的预见性、科学性和针对性，力争做到“建一所达标一所”，不留资金预算缺口，真正做到让学生进得来，留得住，学得好。

4. 集中力量抓紧工作，保证规划的时效性

各县（市）工程建设规划编制完成后，省项目办随即根据工程项目总体情况制订了年度投资计划，同时做好年度投资计划与建设规划的衔接，并与省发改和财政等部门加强沟通密切合作，按时完成了全省“初中工程”建设规划的编制和申报工作。

（三）严格施工过程管理是确保“初中工程”质量的有效措施

百年大计，质量为本。省项目办把“初中工程”质量作为项目建设和管理的重中之重，要求项目县（市）强化项目过程管理，严格按照基本建设的有关程序办事，确保“初中工程”建筑项目能够保质保量地顺利实施，成为群众心中的“民心工程、放心工程”。2008年由省教育厅和发改委印发《关于进一步加强农村初中校舍改造工程质量管理的通知》（吉财教〔2008〕34号），要求在工程建设方面，须切实做到六个严格。一是严格执行规划。各项目县（市）严格执行规划，包括工程项目的总体规划，总体布局和年度计划，项目学校的宿舍、食堂、锅炉房、厕所和其他生活用房的建设。二是严格基建程序。按照“牢固、实用、够用、方便学生”的原则，由发改委部门进行工程的立项和审批，由教育部门按照国家有关法律法规统一组织招投标选择施工队伍组织施工，确定具有相应资质的勘察、设计、施工、监理承担单位，按省教育厅和发改委《关于“农村初中校舍改造工程”建设项目设置永久性标牌的通知》（吉教联字〔2008〕65号）的要求，在单体建筑物醒目位置设置永久性标牌，标示“国家中西部农村初中校舍改造工程项目”。三是严格资金管理。“初中工程”项目资金，要建立专款专用制度，专户管理，专账核算，集中支付，封闭

运行。严肃财经纪律，对挤占、挪用、截留工程专项资金或减少本地政府投入、套取中央专项资金的行为以及疏于管理造成国有资产流失等其他违规违纪行为，要按照有关规定严厉惩处并追究相关责任人的责任。四是严格工程质量。按《农村普通中小学校舍建设标准》和《中小学校建筑设计规范》，项目县（市）选择有资质的设计单位进行规划设计，选择有质量保证的材料用于施工，选择有经验的专业人员指导和监督工程的施工，选择资质高的单位对完工项目进行验收。五是严格项目责任。省教育厅和发改委与项目县（市）均签订“初中工程”建设责任书，各县（市）与各项目学校也签订责任书，项目县（市）落实工程项目负责人，负责实施全过程的责任，层层建立责任追究制。六是严格竣工验收手续。“初中工程”建筑项目竣工验收由县级工程管理机构组织质监、勘察、设计、施工、城建、消防等部门和项目学校联合进行。参加验收的部门在竣工验收单上签署意见并盖章签字，县级工程管理部门按相关规定进行竣工备案，未经验收或验收不合格的项目不得交付使用。

——靖宇县始终把工程质量作为项目建设和管理的重点工作来抓。在委托具有资质的监理公司对项目实施全程监理的同时，指派县教育局基建办协同监理单位实行全程监管，组织发改、审计、纪检、监察等部门定期对工程进展情况进行督察、指导，从源头保证“初中工程”项目的建设质量。

（四）强化监督是保证“初中工程”建设进度的有力手段

省“初中工程”办公室还专门成立了工程质量监督组，负责对全部“初中工程”项目关键工序的质量督查，发现问题，立即整改，同时下达《整改通知书》或《停建通知书》，直至符合要求。2008年4月、7月和10月，由教育厅领导带队，与省发改委有关人员组成专项督查组和专家组，分别赴项目县（市）对建设项目逐个进行实地检查、督促项目按期保质完成。8月20日，针对工程进展相对缓慢的8个县（市），省教育厅和发改委联合召开“初中工程”进展调度会。2009年7月，省教育厅和省发改委在靖宇县和汪清县召开专题调度会，听取各项目县市政府领导工程进展情况汇报，提高要求，进一步明确阶段性工作任务。

吉林省召开“初中工程”进展情况调度会

（五）加强管理是“初中工程”顺利实施的根本保障

省项目办组织各项目县认真学习国家相关资金管理的规定，并结合各地的实际，都建立了一套资金监管机制，将资金的使用和管理列入重点监管内容。“初中工程”专项资金严格按照规划，用于学校的学生宿舍、食堂、厕所等生活用房、配套设施、必要的体育场地建设和床具、炊具等生活设备购置。项目县（市）在财政设立工程资金专户，对工程资金实行专户管理、专账核算、集中支付、封闭运行，确保工程资金使用的安全。同时建立工程资金专项审计制和专项资金管理责任追究制。定期或不定期进行监督检查，发现问题，及时纠正。省项目办的专家组成督导检查组，在督查工程进度、工程质量的同时，重点督查资金的使用与管理情况。

——前郭县规定了资金拨付按比例拨款方式，即基础完成拨，主体完成拨，验收合格交付使用后拨，使拨款的进度慢于工程形象进度，进一步确保资金安全使用。前郭县在施工过程中注意把握工程造价，争取施工方对教育事业发展的大力支持，施工方在施工过程中采取了“高标准、微利润”的施工方式，使所有项目的合同价格低于预算价格，价格下浮幅度为10%左右，按照该县“初中工程”投资总额计算，三年来共计节约支出200万元。

（六）减免税费，制定优惠政策，发挥专项资金效益

省项目办按国家“初中工程”的文件精神，对项目县（市）明确要求，制定“初中工程”要遵守的规章政策，对涉及的行政事业性收费和政府性基金，一律予以免收，涉及经营服务性收费，在服务双方协商的基础上，适当予以减收。据统计，“初中工程”项目实施过程中，共计减免税费2 160万元。

——靖宇县召开专题会议，对“初中工程”涉及行政事业性收费的城市基础设施配套费、城市占道费、用地管理费等14项全部免收，属经营性和中介性的规划设计费、工程监理费、集中供热管网建设费等一律按50%收取。

——前郭县采取“一事一议”的方式，免收防洪基金、地震评价费、社会统筹保险费、散装水泥增收费等四项收费，减半收取工程监理费、质检费和设计费。

四、二期展望

“初中工程”一期项目完成后，项目学校的生活设施和住宿生的食宿条件得到极大的改善，有效地提高了农村初中的巩固率和寄宿率，使项目学校寄宿学生生活设施达到或接近《农村普通中小学校建设标准》，但由于吉林省是中部欠发达省份，尤其部分县（市、区）还是扶贫开发工作重点县，财政十分困难，教育投入依然不足，再加上历史欠账较多，教育基础设施建设还十分薄弱，城乡教育仍然存在一定差距。仍有部分农村初级中学校舍面积不足，特别是学生生活服务用房面积严重短缺，住宿生在校外租房、学校供餐不足等问题仍然十分突出。吉林省将利用“初中工程”二期的契机，继续加大对扶贫开发工作重点县、陆地边境县、革命老区县、劳务输出大县（农村留守儿童少年较多的县）学校生活服务用房的建设力度，严格按照国家相关规定，规范资金管理、施工过程管理等各项工作，加大监督检查力度，确保“初中工程”二期的顺利实施，促进吉林省义务教育事业再上一个新的台阶。

（吉林省教育厅供稿）

让优质教育的阳光尽洒农村初中
——黑龙江省农村初中校舍改造工程报告

在国家的大力支持下，黑龙江省按照《中西部农村初中校舍改造工程总体方案》部署和《中西部农村初中校舍改造工程实施意见》要求，在省委、省政府的统一领导下，省发改委、省教育厅与相关部门密切配合，在“十一五”期间，顺利组织实施了黑龙江省“初中工程”，取得了明显成效。

一、工程概况

黑龙江省地处东北边陲，幅员45.4万平方公里，地域辽阔，南北相距1 120公里，东西930公里。全省共有13个市（地），68个市辖区、64个县（市），898个乡；还有森工、农垦两大行业系统。全省总人口3 825万，其中市镇2 119万，乡村1 706万。2010年底全省义务教育阶段学校8 248所，在校生317万人，其中普通初中1 758所，在校生129万人。

自2007年开始实施“初中工程”以来，经过认真调查研究，科学规划，合理布局，努力筹集资金。至2010年全省共在71个县区165个项目学校实施初中工程建设项目，工程建设总面积达到39.9万平方米，总投入资金5.26亿元。其中，中央项目106个，建筑面积27万平方米，投入资金3.67亿元（见下表）。

黑龙江省分年投资情况表

项目 年份	项目数（个）			面积（平方米）			资金（万元）		
	合计	其中：中央	其中：省级	合计	其中：中央	其中：省级	合计	其中：中央	其中：省级
2007	6	6		22 361	22 361		3 143	3 143	
2008	53	36	17	134 625	101 875	32 750	16 466	12 586	3 880

续表

项目 年份	项目数（个）			面积（平方米）			资金（万元）		
	合计	其中：中央	其中：省级	合计	其中：中央	其中：省级	合计	其中：中央	其中：省级
2009	79	37	42	187 349	90 949	96 400	24 000	12 000	12 000
2010	27	27		55 100	55 100		9 000	9 000	
合计	165	106	59	399 435	270 285	129 150	52 609	36 729	15 880

"十一五"期间"初中工程"的顺利实施，极大地改善了黑龙江省农村地区中学校舍办学条件和教育教学环境，为各县区农村地区义务教育的发展、网点布局调整、缩小城乡教育教学差距奠定了基础，加快了农村学生享受优质教育资源的步伐。

二、工程实施主要措施

（一）科学制定项目规划

按照各地教育发展规划，结合布局规划调整，认真准确地制定各项目县"初中工程"实施规划。在规划中明确要求，综合考虑城镇化建设、地理环境、人口增长和密度、学龄人口变化趋势、中小学教育布局、寄宿学生的实际需求等基础因素，遴选确定项目学校。对规模过小、学生人数负增长、学校所在地村屯未来迁移撤并的项目不允许上报。防止出现工程完工后校舍使用率过低，甚至空弃，导致国家资金浪费现象出现。在工程规划制定过程中，一是要求各市县除严格审核工程项目初步设计方案，还对工程项目规划的科学性认真进行审查，主要审查工程的选址是否科学、合理，工程地点及周边是否有安全隐患及地质灾害。例如，肇源县二站镇中学宿舍楼项目选址过程中，坚持科学慎重的原则，认真考虑位置适中、地形开阔、地势较高、排水通畅、阳光充足、环境适宜、远离污染源等条件，远离集贸市场、娱乐场所、贮藏易燃易爆物品的场所，确定建设项目。二是对规划项目，严格进行论证，在得到充分证明校舍建设合理的情况下，项目所在地政府还要承诺保证工程能够顺利实施，取得承诺后才下拨计划指标。三是保证新建寄宿制学校与"农村中小学长效机制"、

“新农村卫生新校园建设工程”等专项建设计划相衔接。

（二）抓住有效施工期确保实施进度

黑龙江省地处祖国边陲最北端，冬季漫长寒冷，无法施工，为此我们一是及时下达工程建设资金，不延迟不拖后，做到不能因资金问题影响工程开工和建设进度。二是抢前抓早办理工程手续和准备工程前期。利用冬季时期办理各种建设手续，抓紧时机在春季到来后，抢先进行“三通一平”等准备工作，尽最大努力保证有效建设期的利用。

（三）严把项目建设程序和质量关

在工程项目建设管理工作中，严格按照国家和省市有关规定，规范管理，保证工程质量。学校选址、建筑单体地质勘察、图纸设计和审图、工程施工过程等方面严格执行《中华人民共和国建筑法》、《中华人民共和国招投标法》、《建设工程质量管理条例》、《农村普通中小学建设标准》和《城市中小学建设标准》等一系列法规政策。实行先勘察、后设计、再施工。项目设计严格符合“牢固、实用、够用、方便学生”原则。勘察、设计、施工、监理、施工图审查和检测等单位具备相应的资质与等级；工程项目发包实行公开招标，做到公开、公正、公平，杜绝“暗箱”操作和转包；项目施工实行工程监理制，项目管理方与有资质的建设监理公司签订监理合同。要求监理人员保证监理到位；严格按照规划方案及分年度实施计划，进行检查和监督。实行项目建设进度与资金拨付管理月报制度，按要求及时上报；项目建设从规划到竣工验收等环节的文件资料，严格按照规定进行收集、整理、归档；项目竣工后，严格履行项目验收程序和工程备案制，进行验收备案，及时办理国有资产移交手续，确保把“初中工程”建成“优质工程”、“安全工程”。

（四）建立督查机制

黑龙江省始终坚持制度是基础，资金是关键，督查是手段，目标是效益的理念。做到县、乡政府领导与逐级督查相结合、专项督查与全面督查相结合、部门督查与联合督查相结合，把握“初中工程”实施和进展情况。在督导检查中一是督查政策和制度的落实情况；二是督查施工单位资质，严禁工程项目非法转包；三是督查工程监理和项目学校专人对施工过程的记录情况；四是督查工程质量是否符合标准和要求；五是督查进度，能否按期完成；六是督查专项资金落实到位情况，杜绝不合理开支和可能出现的不正之风；七是督查项目实施资料是否真实、齐全。项目县为加强对工程质量的监督管理工作，聘请专业人员作为甲方代表，负责施工合同的签订、分部验收，建设工程进行全程跟踪监督和检查。项目学校并选派一名思想素质好，责任心强、认真负责的学校领导作为学校现场负责人员，每天深入施工现场配合监理，严格把好质量关，加强各项目工程管理。

（五）加强资金管理，提高资金使用效益

严格按照国家各种项目资金管理办法，教育、发改、财政、审计等部门密切配合，加强资金使用、管理和监督，严格财经纪律，确保专款专用，严肃查处违纪违法行为，确保资金安全。延续“义务教育工程”的有关优惠政策措施，对“初中工程”项目立项、办理土地使用手续、规划设计、施工组织等建设过程中涉及的各项收费予以减免。如汤原县积极落实“初中工程”项目减免政策，减免了5个建设项目共67.8万元的行政性收费和服务性收费，将工程费用降到最低。确保了工程项目资金高效使用，使资金最大程度投入到设计、人工、材料等支出上。

三、工程实施主要成效

“初中工程”是各级政府十分关心，投入巨资着力推进的重点工程，也是事关黑龙江省中小学教育长远发展的大事，在各级政府高度重视、部门间的通力合作下，“初中工程”已取得了阶段性成果。

一是初中校舍面积增加。2007年黑龙江省初级中学校舍面积883万平方米，其中生活用房152万平方米，至2010年初级中学校舍面积937万平方米，其中生活用房206万平方米，校舍面积和生活用房面积分别增长6.1%和35.5%。

二是生均宿舍、食堂面积提高。在工程实施前，黑龙江省项目县区生均宿舍面积0.80平方米，生均食堂面积0.27平方米。到2011年生均宿舍面积达到3.0平方米，生均食堂面积达到1.1平方米，生均食堂、宿舍面积分别提高2.2平方米和0.83平方米。同时做到每生一张床、一节柜。

三是农村初中学生在校寄宿率达到45%以上，农村初中三年保留率达到

黑龙江省桦南县大八浪中学新学生宿舍楼

90%以上。“初中工程”的顺利实施使农村初中教学条件得到改善，进一步改善农村初中的校园面貌，缩小了城乡教育发展的差距。如友谊县友谊镇中学原是一所能覆盖县城边缘地区及周边乡镇、村屯的初级中学，覆盖人口为5 000人，在校生600人，“初中工程”实施前只能提供100名学生的住宿条件，生均生活用房面积低于国家农村中小学生均面积标准。工程建设投入使用后，该校可覆盖人口11 000人，在校生1 200人，能保障800名学生的食宿，生均生活用房面积达到7.5平方米。随着学校规模的扩大，不仅原来走读的学生可以选择到学校内食宿，同时，县城周边三个乡镇中的12个村屯的农村初中学生也来该校寄宿就读。随着校舍条件的进一步改善，当地政府再投入近360万元为该校重新配备了网络教学设备和师生的桌椅，完善了体育运动设施，使该校从友谊县一所薄弱学校转变成为该县规模较大，办学条件较好，更多学生能够受益的一所标准化初级中学。对当地提高教育教学质量，促进教育均衡发展起到了积极的作用，受到人民群众热烈的欢迎。

四、主要经验和体会

（一）得益于国家的大力支持

黑龙江省“初中工程”实施以来，国家有关领导多次到黑龙江省检查指导工作，了解“初中工程”进度、项目管理、资金使用等情况，询问工程面临的困难和问题，并在工作上给予指导和帮助。国家的大力支持，为黑龙江省保质保量完成工程规划项目提供了有力保障。

（二）得益于各级政府领导高度重视

近年来，各项目县区进一步强化政府行为，加大领导力度，多次召开会议，研究部署此项工作。积极成立“初中工程”领导小组，组长多数由县区政府主管副县长、副区长担任，财政局、发展和改革局、教育局、建设局、审计局主要领导为成员，建设办主任由教育局局长担任，副主任由教育局常务副局长担任。县区领导小组在“初中工程”实施和管理上做到了明确分工，工程立项由发展和改革委员会负责；工程估算由审计局负责；工作招投标由招投标委员会负责；监测评估、竣工验收由建设局负责。办公室协调有关部门共同抓好工程规划、设计、质量、资金管理等方面的工作。

（三）得益于完善的运行机制

黑龙江省为确保“初中工程”依法实施，保证工程质量和进度，达到预期的目的和效果，采取了如下一些措施：建立健全“初中工程”各项管理制度，明确单位工程建设项目法人负责制，项目法人严格按照有关法律法规及建设程序做好项目建设工作，建设管理部门对项目建设持续监督；明确严格遵循财务管理制度，由工程领导小组审批，财政局按照制定的资金管理办法对工程进行形象进度拨款。各级部门层层落实工作责任，真正做到责任到位，层层签订目标责任书，把“初中工程”纳入相关部门的工作重点，抓住不落实的事，追究不落实的人，工作目标完不成追究相关领导的责任。

（四）得益于资金有效管理和使用

各县区对“初中工程”资金进行专户管理、封闭运行、专款专用，建立了严格资金拨付审批制度，严禁调整工程资金数额和改变专项资金用途。按工期完成进行进度定期拨款。拨款要求票据正规、手续齐全，不存在截留、平调、挪用和挤占专项资金现象，资金拨付及时。如孙吴县设立“初中工程”资金专户，实行专户管理、封闭运行。县财政安排资金及时划拨到“初中工程”资金专户，按工程进度拨付工程款。资金管理与招投标、政府采购、工程验收、监督审计等工作结合起来。建立“初中工程”资金专项审计制度。县审计部门将工程资金的使用和管理列为监督检查的重点，加大对工程专项资金使用的监督检查力度，开展建设项目全过程跟踪审计。项目学校负责竣工决算初审，县财政局委托市级审计事务所负责工程造价终审。终审金额为项目工程总造价，工程总造价一经确定，项目不得再发生任何费用。

（五）得益于严把工程质量

黑龙江省切实树立“百年大计，质量为本”的思想，工程管理严格执行《中华人民共和国建筑法》等一系列法规政策，严格坚持“牢固、实用、够用、方便学生”的原则，在工程管理上严格把好审核关、设计关、发包关、监理监督关、验收关、档案资料关，做到五个严格。一是严格执行规划。项目一经批复后，不可随意改动。二是严格基建程序。由发改委进行工程的立项和审批，统一组织招投标选择施工队伍。坚持四项基本建设制度，即项目法人责任制、招投标制、工程监理制和合同管理制。三是严格资金管理。建立专款专用制度，严肃财经纪律，确保资金安全，绝对禁止截留、挤占、挪用、滞拨的现象发生。四是严格工程质量。严格选择有资质的设计单位进行规划、设计。选择有质量保证的材料用于施工，选择有经验的专业人员指导和监督工程的施工。五是严格项目责任。每个项目都有专门的负责人，负责项目实施全过程，进一步严把质量关，坚决杜绝“豆腐渣工程”和重大安全事故，确保新建校舍达到规定使用年限。在“初中工程”实施中，各项目县区为更好地完成“初中工程”建设项目，不断完善工程管理的经验与办法。如塔河县在工程质量上重点把好“八关”。一是勘察设计关。工程建设项目严格执行先勘察，后设计，再施工的程序。二是建材质量关。对建设使用的主材、地方建材和安装工程用材进行严格复检，以保证建材质量。三是施工质量关。按图纸、按规范合理组织施工。四是工程监理关。工程监理实行以监理公司为主、职能部门和学校督查验收相结合的监理机制。五是竣工验收关。对隐蔽工程、主体工程、安装工程、装修工程实行分段验收，项目竣工实行竣工验收，从已完成的项目来看，工程质量合格。六是工程结算审计关。项目竣工后，能及时按程序进行工程结算和审计。七是工程质量责任关。确定项目学校校长为工程质量的第一责任人，设计、施工和监理等机构负相关责任。八是工程技术资料档案关。建设项目能按要求及时收集整理技术资料，并分类归档。

在国家高度重视和指导下，黑龙江省将严格按照国家指示部署，在农村“初中工程”工作基础上，总结经验和办法，继续改善农村初中办学条件，改造农村初中校舍，满足教育发展的需要，解除学生家长的后顾之忧，促进义务教育均衡发展，为黑龙江省教育事业的健康协调持续发展作出新的积极贡献。

（黑龙江省农村初中校舍改造工程领导小组办公室供稿）

“初中工程”让校园更美好
——黑龙江省农垦总局农村初中校舍改造工程报告

黑龙江省农垦总局现有土地总面积5.62万平方公里，辖9个管理局，112个农牧场分布在黑龙江省12个地市和74个县（区）。有54个农场处在边境地区，其中38个农场地处中俄边境。截至2010年年底，垦区总人口168万，拥有耕地面积4 200万亩，实现生产总值688.1亿元，粮食总产达到364亿斤，为国家提供商品粮338亿斤。黑龙江垦区是我国耕地规模最大、现代化程度最高、综合生产能力最强的国家重要商品粮基地和粮食战略后备基地，为保障国家粮食安全作出了重要贡献。垦区现有义务教育阶段学校175所，其中九年一贯制学校71所，在校生21万人，住宿生近10万人，教职工总数2.3万人。

实施“初中工程”是党中央、国务院贯彻落实科学发展、以人为本和推动教育事业科学发展的一项重大决策，是一项惠及全社会的民生工程，关系到广大师生生命安全，关系到人民群众的切实利益，关系到社会的和谐与稳定。黑龙江省农垦总局党委、总局高度重视“初中工程”，严格按照“初中工程”总体规划的部署和要求，认真落实各项措施，迅速成立“初中工程”领导小组，小组成员单位密切协调，通力配合，取得了阶段性成果。

一、投资情况

黑龙江省农垦总局“初中工程”（一期）共竣工交付使用31个项目学校。2007年有4个项目农场（梧桐河农场、前哨农场、引龙河农场、岔林河农场），2008年有4个项目农场（前锋农场、锦河农场、五九七农场、襄河农场），2009年有13个项目农场（双鸭山农场、鸭绿河农场、海伦农场、长水河农场、建设农场、红五月农场、和平牧场、八五一〇农场、红色边疆农场、龙镇农场、逊克农场、鹤山农场、嫩江农场），2010年有10个项目农场（延军农场、红旗农场、泰来农场、富裕牧场、建边农场、饶河农场、曙光农场、宁安农场、赵光农场、巨浪牧场）。共落实中央资金5 910万元，其中，校舍投资5 507.1万元，建筑总面积56 646平方米（其中，学生宿舍31 059平方米，食堂19 739平方米，厕所1 546平方米，锅炉房或开水房560平方米，浴室3 742平方米）；购置生活设施232.9万元；购置其他配套设备170万元。新增学生人数3 432人，新增寄宿学生人数4 774人。

二、工作开展情况

在“初中工程”的实施中，黑龙江省农垦总局（以下简称总局）主要采取了七项政策措施，有力促进了“初中工程”的建设和管理。

（一）提高思想认识，加强组织领导

实施“初中工程”，是党中央、国务院对农村义务教育工作的重大支持，是巩固提高农村义务教育整体水平的重大举措，是发展农村义务教育的重大机遇。总局党委高度重视，成立了“初中工程”领导小组，总局各级党委、政府认真贯彻国家重大决策部署，将“初中工程”作为当地扩大内需重点建设项目之一，切实加强督促检查，采取有力措施加以推动，促进了工程的建设和管理。总局教育局还建立了领导分片包干责任制，总局教育局3位局长包干31所项目学校，积极推动了工程进展。

（二）建立八项制度，规范工程管理

为规范“初中工程”管理，确保工程顺利实施，根据教育部、国家发展改革委的要求，总局建立了“宣传制度、倒排工期制度、进度双月报表制度、问责制度、监督检查制度、项目公示制度、监督举报制度、分片包干制度”等八项制度，并对照八项制度要求，层层建立监督机制。各农场结合当地实际也制定了一些加强“初中工程”建设和管理的政策，召开了专题工作会议，推动了工程的顺利实施。

（三）加强质量监管，确保工程质量

在“初中工程”实施过程中，总局始终把工程质量作为项目建设和管理重中之重，强化了责任意识，严把工程质量关。工程建设实行了项目法人责任制、招投标制、工程监理制和合同管理制。在工程实施的各个环节，各农场都确定了具有资质的单位承担勘察、设计、施工、监理任务，加强了对项目建设人员的培训，监督检查项目建设工程质量。项目学校竣工后，严格按照基本建设程序进行验收，验收合格后方可交付使用。同时，各建设学校选派了懂技术、责任心强的负责人担任土建现场监理员，配合专业监理公司监督检查入场材料质量和施工工序、工艺、进度、质量，从而保障了工程建设的质量。

（四）加强资金管理，提高使用效益

严格执行专项资金及财务管理制度，公正、公平、公开地将“初中工程”专项资金，科学、合理、透明地分配下达给项目农场。项目农场实行专账核算，集中支付，封闭运行。工程专项资金集中在场级管理，由项目农场按工程进度和质量直接拨付给建设单位，坚决防止挤占和挪用。同时，总局将降低“初中工程”建设成本作为一项重要工作抓紧抓实，制定各种优惠政策，尽量减免各项建设费用，总局发改委在全局“初中工程”工作会议中，专门就各场减免“初中工程”建设费用提出了明确要求。一些项目农场针对“初中工程”建设过程中涉及的行政事业性收费均予以了免收，涉及的经营服务性收费均按最低标准收取或免收，提高了工程资金使用效益。

（五）健全监督机制，加强工程检查

总局建立并完善了“场级经常自查、管理局级定期巡查、总局级重点抽查”的“初中工程”监督检查机制。尤其是国家启动扩大内需建设以来，总局党委、教育局、发改委分别多次下发关于开展新增中央新增投资项目专项检查的通知，部署做好“初中工程”的专项检查工作，明确了检查内容、检查时间、检查方法和检查要求。总局教育局、发改委分别组织开展了多次专项检查。为确保工程进度和质量，总局还建立了局级督办制度，对进度较慢、没有达到国家建设要求的项目农场，总局“初中工程”领导小组除了派出督查组进行督查外，还向涉及相关项目农场党委下发督办函，要求各项目农场的主要领导亲自过问工程的进度和质量，按期完成建设任务，从而推进了工程的进展。由于各农场监督检查到位，促进了“初中工程”的建设和管理。

（六）加强稽查审计，认真开展整改

2010年1月26日，国家发展改革委、教育部下发《关于全面检查农村初中校舍改造工程实施情况切实整改存在问题的通知》后，总局迅速部署开展全面稽查工作，总局教育局、发改委组织相关专家利用15天时间，对31个项目农场项目学校进行了全面稽核督察。从稽查的情况看，总局“初中工程”总体进展顺利，实施效果明显。

三、实施成效

实施“初中工程”，对缩小总局城乡、区域办学条件差距，提高农村义务教育水平，推进义务教育均衡发展发挥了重要作用。随着“初中工程”以及同步实施的中小学校舍安全工程、农村义务教育薄弱学校改造计划、农村中小学基础设施改造工程和农村初中实验室建设工程等项目的陆续建成，全局农村初中学校的办学条件、农村初中寄宿学生的学习和生活条件得到了明显改善。

黑龙江省农垦总局梧桐河农场学校新教学楼

一是农村初中在校学生和寄宿学生明显增长。由于“两免一补”政策的不断完善和农村初中办学条件、寄宿条件的明显改善，农村初中学生和寄宿学生均实现了明显的增长。据统计，到2010年，总局初中新增学生人数3 432人，新增寄宿学生人数4 774人。

二是农村初中的生活类校舍面积较快增长，校舍质量明显提高。据统计，

2010年总局农村初中的生活类校舍达到34.7万平方米，比2007年26.5万平方米增加了8.2万平方米；生活类校舍中框架结构、砖混结构达到31.8万平方米，占总面积的85%，比2007年提高了7个百分点。

三是农村初中的生均校舍指标均有明显的增长和提高。到2010年，总局农村初中生均校舍面积达到7.8平方米，生均生活用房建筑面积达到3.8平方米，寄宿生生均宿舍面积达到2.99平方米，生均食堂面积达到0.56平方米，生均厕所面积达到0.17平方米，以上指标与“初中工程”及其他教育专项工程实施以前相比均有明显增长和提高。农村初中学生搬进了安全、整洁、卫生的教室和宿舍，安心学习和生活，全局农村初中的建设和发展步入了良性发展轨道。

黑龙江省农垦总局梧桐河农场学校新学生食堂楼

总局“初中工程”具体成效体现在以下几个方面。

一是明显改善了学校的寄宿环境。近年来，随着农村初中学生的不断增加和学校布局调整的不断深入，农村初中集中度进一步提高，同时由于大量农民进城务工，农村留守儿童急剧增加，农村初中的寄宿学生明显增多，不少农村初中学校因宿舍紧张而不得不“一床两生”或睡通铺，有的因学生宿舍紧张，只能长时间走读，有的不得不在校外租用民房住宿。通过实施“初中工程”，一栋栋学生宿舍拔地而起，大量寄宿学生住进了宽敞、明亮、通风良好的学生宿舍，寄宿环境得到了明显改善，提高了学生的寄宿率和巩固率，产生了很好的社会效益。

二是明显改善了学生的生活条件。2007年以前，除学生宿舍短缺且条件差以外，总局部分农村初中学校无食堂餐厅，无学生浴室等生活设施，学生洗澡也成为寄宿学生的大难题。通过“初中工程”的实施，不仅解决了项目学校的学生宿舍问题，还同步建设了学生食堂、学生浴室，新添置了学生用床、餐桌和锅炉等其他生活设施，使农村学生可以在整洁卫生的宿舍里舒心睡觉，可以在宽敞明亮的食堂里坐着吃饭，可以在学生浴室里笑着洗澡。学生生活条件的改善为学生的健康成长和学校的健康发展创造了良好平台。

三是加强了校园文化建设，提高了教育教学水平。“初中工程”的实施，不仅拆除了项目学校威胁师生生命安全的D级危房，新建了学生宿舍和学生食堂，拓展了学生体育运动场所，而且还调整了学校功能布局，使项目学校教学区、生活区、运动区分区更加明显，功能布局更加科学合理。同时，各项目学校结合“一大四小”绿化工程，使校园环境得到进一步硬化、绿化、美化和净化，并加强校园文化建设，增加环境育人功效，为广大师生创造了一个良好的工作、学习和生活环境，教育教学水平得到进一步提高。

黑龙江省农垦总局梧桐河农场学校新校园

四是拉动了内需，促进了经济增长。“初中工程”实施期间恰逢中央实施扩大内需促进经济增长的重大政策期间，中央安排总局“初中工程”资金共计5 910万元，不仅加快了总局“初中工程”的实施进程，也带动了本地钢材、水泥、木材、石料等建材的销售，促进了劳动力的就业，从而有力拉动了内需，促进了总局的经济增长。

四、经验和体会

（一）强化领导是前提

由于总局、管理局、农场各级政府对“初中工程”实行高位推动，切实加强了对实施“初中工程”的领导，做到了有专班、有专人、有安排、有落实、有督促、有检查，为总局“初中工程”全面启动、顺利实施提供了前提保障。

（二）狠抓管理是关键

总局各项目农场分年度对每个工程项目制订了具体实施计划和详细的可操作工作方案，将工作目标和责任层层分解落实，实行项目建设精细化管理，科学化管理。做到每一项工作有人抓，每一个细节有人管，每一项责任有人担。同时建立健全了监督制约机制，对工程项目实施进行全程监督，为总局“初中工程”顺利实施提供了关键保障。

（三）确保质量是命脉

“初中工程”质量的优劣，直接关系广大师生的人身安全，关系到党和人民政府在人民群众中的形象。要将中小学校建成最安全、家长最放心的场所，工程质量是命脉。工程实施中我们严格执行“四制”、“七统一”和“八项制度”的管理办法，认真把好每一道工序质量关，确保了中小学校舍建设的工程质量。

（四）多方协作是保证

“初中工程”涉及多个部门，技术要求高，时间要求紧，任务繁重，仅靠一个部门力量是不够的，必须在各级政府的统一指导下形成齐抓共管的工作合力，上下沟通、部门配合、多方支持，才能确保工程顺利有序推进。

五、展望

通过“初中工程”（一期）的组织实施，极大改善了总局农村初中学校的办学条件，为办人民满意教育发挥了重要作用。但当前总局农村初中仍然面临一些亟待解决的困难和问题，其中一个突出的困难和问题，就是全局农村初中的生活类校舍和设施建设总体仍然比较滞后。总局“初中工程”（一期）以外的农村初中学校还有65所，这些学校由于缺乏专项资金投入，学校生活类校舍明显不足，现有的生活类校舍破旧老化，生活类设施不配套，功能不完善。学生宿舍和食堂是农村寄宿学生课外学习和生活的主要场所，对于农村寄宿学生的学习生活和身心健康具有重要影响。尤其是部分边远贫困农场的初中学生宿舍短缺严重，一间宿舍或用教室改造的宿舍住十几甚至几十个学生的现象仍然存在；还有一些学校因无法安排寄宿，学生只能寄住亲戚家中或在校外租房居住，存在很大的安全隐患，这些农村初中学校生活类校舍和设施的欠缺，影响了广大农村初中学生的学习生活和身心健康，影响了农村初中教育教学质量的提高，影响了农村义务教育事业的持续健康发展。进一步改善农村初中学校的生活类校舍和设施条件，已成为总局当前和今后一段时期加强农村义务教育工作的重中之重和当务之急。

为此，总局将在中央支持下，继续组织实施“初中工程”（二期），按照教育部、国家发展改革委的要求，总局编制了“初中工程”（二期）的建设规划，确定项目农场62个，共有项目学校62所。规划在“十二五”期间，总局将争取中央支持2.46亿元，建设学生生活用房138 538平方米，预计投资16 984.1万元。其中学生宿舍102 519平方米，预计投资12 103.7万元，学生食堂27 913平方米，预计投资3 741.0万元；厕所4 939平方米，预计投资668.8万元；学生浴室1 885平方米，预计投资239.9万元；锅炉房180平方米，预计投资23.7万元。修建体育场529 298平方米，预计投资5 432.6万元。修建围墙、护坎(坡)等其他配套设施建设预计投资943.0万元。购置学生用床、炊具等生活设施1 175.8万元。其中学生用床14 901张，预计投资277.6万元。

总局“初中工程”（二期）的目标展望如下。

一是推动全局范围内的农村初中学校进行生活类校舍改造，重点加强一期工程没有覆盖的农村薄弱初中学校的学生生活设施建设，改善食宿条件，提高农村初中巩固率和寄宿率。农村初中学生在校寄宿率将达到75％，生均生活服务用房面积将达到5.1平方米，其中寄宿生生均宿舍面积将达到3.7平方米，生均食堂面积将达到0.8平方米，生均厕所面积将达到0.25平方米，达到国家规定标准要求。

二是大力加强边远农村初中学校特别是寄宿制学校的学生生活设施建设，逐步消除“大通铺”和寄住亲戚、校外租房等现象，改善学生的营养状况，有效满足路途较远学生和农村留守学生寄宿需求，推动农村学校科学合理布局和标准化建设，促进城乡、区域义务教育均衡发展。

为实现以上目标，总局将在教育部、国家发展改革委的正确指导下，坚持“着眼长远、科学规划；突出重点、解决急需；坚持标准、确保安全；统筹兼顾、提高效益”等四大原则，高度重视，精心部署，科学规划，狠抓落实，确保实现“初中工程”（二期）规划目标，为办人民满意教育作出新的贡献。

（黑龙江省农垦总局教育局供稿）

“初中工程”为老区赢得未来
——福建省农村初中校舍改造工程报告

为进一步加强农村义务教育，改善福建省农村初中校办学条件，2008年以来，在中央专项资金支持下，福建省积极抓住机遇，认真实施“初中工程”，集中精力改善农村初中校生活设施条件。福建省结合中小学校安工程、农村寄宿制学校食宿建设工程等扶持建设，使福建省农村初中校舍条件得到极大改善，农村寄宿生的学习、生活环境得以极大提高，基本消除农村初中寄宿生“大通铺”现象，受到广大农村群众的普遍欢迎。

一、投资情况

2008—2010年，中央累计安排福建省原中央苏区和革命老区农村初中校舍改造工程投资项目78个，投资总额12 727万元，其中中央补助资金11 400万元，规划新建学生宿舍、食堂等生活设施面积124 696平方米，其中2008年共安排投资项目15个，总投资2 234万元，其中中央补助资金2 000万元，地方配套234万，规划新建学生宿舍、食堂 2.1万平方米；2009年共安排投资项目42个，投资总额6 958万元，其中中央补助资金6 000万元，地方配套958万，规划新建学生宿舍、食堂6.43万平方米；2010年安排投资项目21个，投资总额4 602万元，其中中央补助资金3 400万元，地方配套1 202万，规划新建学生宿舍、食堂3.89万平方米。目前，全部新建项目均按基建程序办理了竣工验收和报备手续，并已投入使用。

二、工作开展

福建省十分重视农村初中校建设，按照有关要求，认真做好项目编制、项目审核、项目上报等前期工作，积极落实配套资金，出台优惠政策，加强项目管理，加快项目建设进度，全面推进农村初中校建设。

（一）科学编制项目规划

2008年，省发展改革委、省教育厅在充分考虑城镇化建设规划、人口增长和密度、学龄人口变化趋势、寄宿生实际需求、教育资源布局等基础上，编制了《福建省原中央苏区县农村初中校舍改造工程建设项目规划》。2010年，根据布局结构调整和革命老区的迫切要求，省发展改革委、省教育厅又编制了《福建省原中央苏区和革命老区初中校舍改造工程建设规划》。科学合理编制项目建设规划，并不断修订完善，为初中校顺利实施打下坚实的基础。

（二）认真筛选建设项目

在完善编制规划的基础上，以县为单位统筹考虑农村初中校舍建设情况，按照轻重缓急原则，充分考虑前期准备工作较为充分的项目，尤其对用地、立项、配套资金等条件较为成熟的项目优先安排。确保建设项目能够“建一校、成一校”，发挥资金投入应有效益。

（三）积极落实省级资金

福建省委、省政府高度重视农村寄宿制学校建设，2008年省委、省政府将其列为为民办实事项目，用三年时间，在中央专项资金支持下全省共建设900所103.8万平方米的农村寄宿制学校学生宿舍、食堂等设施，省级资金投入5.9亿元，全省农村中小学校办学条件得到极大改善，推进了城乡义务教育均衡发展。

（四）出台项目实施优惠政策

将福建省“初中工程”纳入校安建设统一管理，制定出台相关费用减免优惠政策。2009年，福建省政府办公厅印发了《关于中小学校舍安全工程有关优惠政策的通知》（闽政办〔2009〕161号），明确了有关校安工程行政事业性收费和政府性基金的减免政策，国土资源厅下发文件对校安工程实施建设项目，免收耕地开垦费、征地管理等费用等。2010年，福建省物价局、福建省教育厅下发了《关于认真贯彻落实免收中小学校舍安全工程建设有关收费的通知》（闽价费〔2010〕342号），进一步要求各地认真落实有关政策，对校安工程涉及的行政事业性收费和政府性基金应予以免收，对经营服务性收费应尽量大限度予以减收或免收，保障工程建设顺畅进行。

（五）加强项目监督管理

省教育厅、省发展改革委十分重视项目建设管理。几年来，结合福建省寄宿制学校工程建设，下发了《关于进一步做好农村义务教育阶段寄宿生宿舍建设工程有关事项的通知》、《关于进一步加强农村义务教育阶段寄宿生宿舍建设工程管理的通知》，进一步加项目管理，积极推进项目进度，建立每月建设进度通报制度，并结合近几年全省开展的教育强农惠农资金结查，每年定期将寄宿制学校建设列入重点检查项目，督促各地加快项目建设进度，规范项目建设程序，加强项目管理，及时做好项目验收及决算工作。

三、实施成效

福建省“初中工程”实施后实际竣工面积130 346平方米，占规划面积104.5%，实际完成投资14 260万元，占规划总投资112.05%，78所项目学校的学生生活用房面积由实施前的181 013 平方米增加至304 660平方米，生均生活用房面积从2.86平方米提高到4.87平方米，生均增加2.01平方米，生均宿舍用房面积从2.57平方米提高到4.95平方米，生均增加2.38平方米。学校校舍设施条件得以提升，寄宿生生活环境得以改善，促进了当地义务教育的均衡发展。

福建省三明市清流县嵩口中学新学生食堂

特别是原中央苏区县较集中的三明市和龙岩市，通过实施一期“初中工程”，农村初中校的办学条件得到显著改善。如三明市在完成一期“初中工程”项目建设后，项目学校的服务半径和寄宿容量进一步扩大，项目校人口覆盖数从2007年的52.9万人增加到现有64.9万人，增加12万人，寄宿生人数从2007年的10 679人增加到现有13 680人，寄宿生人数增加了3 001人，生均生活用房面积从3.47平方米提高到5.58平方米，生均增加2.11平方米；生均宿舍用房面积从2.71平方米提高到5.06平方米，生均增加2.35平方米(见表1)。龙岩长汀县“十一五”期间共完成4所项目校学生宿舍食堂建设任务，项目总投资866万元，其中中央资金投入780万元，县级资金投入86万元，新建学生宿舍面积8 138平方米。在完成项目建设任务后，项目学校的在校学生数由2008年的3 699人增加到3 998人，增加了近300人；寄宿生数由2008年的1 966人增加到2 603人，增加了637人；学生生活用房面积由2008年的2 047平方米增加到11 553平方米，增加了9 506平方米，其中学生宿舍面积由2008年1 346平方米增加到8 396平方米，增加了7 050平方米。龙岩武平县通过实施“初中工程”，使全县中小学校办学条件和校容校貌变化显现，5所项目校在完成“初中工程”建设任务后，学生生活用房面积由原来的10 127平方米增加到19 256平方米，学生宿舍面积由原来的3 990平方米增加到9 512平方米，生均生活用房面积由2.5平方米上升到5.7平方米，生均宿舍面积由2.1平方米上升到5.25平方米。“初中工程”的顺利实施，对促进福建省革命老区县中小学从根本上改变原有不重视校园规划和校舍安全排查观念起到积极作用。同时，严格中小学基建项目管理，为规范中小学基建项目施工图设计、办理施工手续和施工管理等方面积累了一定的经验和教训，为福建省革命老区县校舍安全工程及第二期“初中工程”建设奠定了基础。

表1　2008—2010年三明市原中央苏区县及老区县“初中工程”项目实施成效情况

市县（区）名单	2007年基本数据情况						2011年基本数据情况					
	人口覆盖数（人）	寄宿生数（人）	生活用房面积（平方米）	其中：学生宿舍面积（平方米）	生均生活用房面积（平方米）	生均宿舍用房面积（平方米）	人口覆盖数（人）	寄宿生数（人）	生活用房面积（平方米）	其中：学生宿舍面积（平方米）	生均生活用房面积（平方米）	生均宿舍用房面积（平方米）
明溪县	87 703	1 205	8 725	6 116	7.73	5.37	106 831	1 759	19 154	9 952	11.7	5.97

续表

市县（区）名单	2007年基本数据情况						2011年基本数据情况					
	人口覆盖数（人）	寄宿生数（人）	生活用房面积（平方米）	其中：学生宿舍面积（平方米）	生均生活用房面积（平方米）	生均宿舍用房面积（平方米）	人口覆盖数（人）	寄宿生数（人）	生活用房面积（平方米）	其中：学生宿舍面积（平方米）	生均生活用房面积（平方米）	生均宿舍用房面积（平方米）
清流县	70 100	1 860	2 200	2 000	1.18	1.15	117 700	2 810	12 600	9 200	4.48	3.27
宁化县	109 101	3 498	22 169	7 008	4.79	2.22	120 778	3 321	33 258	16 507	7.41	4.97
沙　县	58 342	793	13 562	4 044	7.35	5.09	60 644	835	19 016	7 861	10.9	9.41
将乐县	59 487	751	8 304	3 020	4.73	4.02	60 100	978	11 143	5 316	5.46	5.44
泰宁县	92 500	1 459	3 675	2 784	2.52	1.91	129 100	2 498	17 262	13 497	6.91	5.40
建宁县	52 001	1 113	6 782	4 022	6.09	3.61	53 637	1 479	9 466	6 996	6.4	4.73
总计	469 747	10 679	65 417	28 994	3.47	2.72	648 790	13 680	121 899	69 329	5.59	5.07

四、主要经验

(一)确保中小学布局和校舍建设与当地经济社会发展相结合

在实施“初中工程”过程中，福建省要求各项目县应做到“三个结合”，即与农村初中校布局调整相结合，与小城镇建设进程和人口流动趋势相结合，与教育资源整合相结合。近年来，随着城镇化建设步伐的加快，福建省革命老区县进城务工人员增多，进城购置房产家庭增多，随之进城就学的学生数也相应增多。针对这一情况，各项目县都积极采取有效措施，解决进城务工随迁子女就学问题。如三明市泰宁县经过多方论证，经县政府同意，在城郊无偿划拨土地55亩，新建一所初级中学，并在学校隔壁规划新建县体育场。2008年8月新建学校启动一期工程建设，新建了一幢可容纳1 080人住宿和1 080名寄宿生同时就餐的学生宿舍食堂综合楼，一幢建筑面积为4 900平方米的教学楼和5 300平方米的实验楼，新建学校一期工程已于2009年9月投入使用并开始招生，同时撤并了4所办学规模小、学生数少、办学条件差的农村初中校，撤并的学校学生全部并入新建学校就学，促进有限教育资源的科学整合。

福建省三明市将乐县第二中学新学生宿舍楼

(二)进一步规范基建项目和专项资金管理

在“初中工程”实施过程中，项目县从以下几个方面进一步加强了工程项目管理。一是严格基建设程序。各项目县严格按基建程序和工程建设标准组织项目实施。如三明市清流县杜绝“人情项目”、“照顾项目”，对从事勘察、设计、施工和工程监理的单位，严格要求其具有规定资质，所有工程项目一律按基建程序，认真办理立项、报批等手续，工程做到“六个有”，即有立项报建、有证设计、有证施工、有质量监督、有招投标、有竣工验收。二是严格工程资金管理。对工程项目专项资金实行专户管理、专账核算，确保专款专用，在资金使用上，财政、教育共同管理，认真把关，严格工程款拨付制度，及时按工程进度拨款，进出资金封闭运行，切实保证资金安全。三是严格工程质量管理。各项目县通过促设计、施工、监理等各方责任主体执行基建程序，严把建筑材料、施工工艺、施工进度、施工质量等关键环节，以确保工程质量，同时，要求监理员都有详细记录和监理日志，并及时向项目办反映施工中出现的问题，以便及时整改。同时项目校还选派熟悉业务、责任心强的人员对工程质量同步监督。四是抓好工程施工安全管理。要求各项目学校加强安全教育，施工企业严格隔离教学区和施工区，安监、消防等部门深入学校和施工现场，对施工每一环节进行细致检查。五是建立公示制度。要求各项目校应将工程的技术标准、实施方案等及时向社会公布，接受社会监督。六是把好竣工验收关。严格要求每个项目竣工后，按程序通过计划、财政、建设、质监等相关职能部门验收，并在项目完成审计验收和办理验收合格证后，及时进行固定资产移交，确保所有竣工项目都能达到“安全、优质”的标准。

福建省三明市将乐县白莲中学新学生宿舍楼

（三）建立健全中小学基建项目的检查监督机制

各项目县充分发挥纪检监察、审计部门的作用，加强对资金使用全过程监管，既确保资金使用效率，又防止资金使用违法违纪违规行为发生，同时，为确保工程质量，省、市结合中小学校舍安全工程建立工程质量巡查机制，定期开展工程建设质量安全大检查，并对检查结果给予通报，对存在的问题要求限期整改，确保“初中工程”项目质量。

（福建省教育厅供稿）

学生欢语奏响新沂蒙小调
——山东省农村初中校舍改造工程报告

实施“初中工程”是新时期党中央、国务院进一步加强农村义务教育的重要举措，是进一步巩固“两基”成果的民心工程。国家发展改革委、教育部于2007—2010年组织实施了“初中工程”，以推动未纳入“两基”攻坚计划实施范围的中西部地区农村初中进行校舍改造，重点加强农村薄弱初中学生生活设施建设，改善食宿条件，提高农村初中巩固率和寄宿率。

“初中工程”是我国“十一五”期间教育发展的一项重点工程，不仅是整体提升初中办学水平和教育质量、促进初中学校均衡发展的重大举措，而且是实践“三个代表”重要思想、落实科学发展观、构建社会主义和谐社会的重要举措。做好“初中工程”，是功在当代、利在千秋的大好事，其意义十分深远和重大。实施“初中工程”是解决农村基础教育区域发展不平衡、不协调的内在需求，是推动农村义务教育发展的大好机遇，也是农村义务教育发展的良好契机，对于改善山东省沂蒙革命老区农村薄弱初中的学生生活设施和食宿条件，提高农村初中巩固率和寄宿率，促进区域、城乡义务教育协调发展有着不同寻常的意义。山东省高度重视“初中工程”，明确推进“初中工程”建设的基本思路，建立有效机制，采取切实措施，做了大量工作，取得了理想成绩。

一、项目投资及建设情况

2007—2010年，山东省“初中工程”共有44个建设项目，总建筑面积133 728平方米，项目总投资13 514万元(其中中央专项资金7 700万元，省资金300万元)。截至2010年年底，44个项目已全部竣工验收并投入使用，工程资金全部足额到位（见下页表和图）。

山东省"初中工程"基本情况表

单 位	项目个数	建筑面积（平方米）	总投资（万元）	中央资金（万元）	省级资金（万元）	生活设施及配套设备资金（万元）	项目进展
淄博市	4	11 042	1 073	610	45		竣工投用
潍坊市	3	6 110	726	350			竣工投用
济宁市	2	4 750	463	350			竣工投用
泰安市	3	9 273	875	570	45		竣工投用
日照市	6	16 600	1 813	960	45		竣工投用
临沂市	26	85 953	8 564	4 860	165	164	竣工投用
合 计	44	133 728	13 514	7 700	300	164	

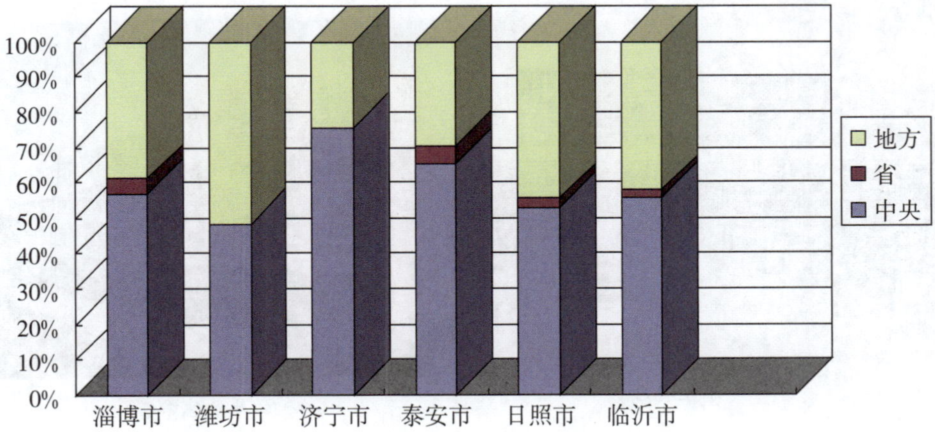

山东省"初中工程"资金投入情况图

二、工作开展情况

（一）高度重视，组织保障有力

"初中工程"是一项基础性工程，是事关广大师生生命安全的民生工程。按照省政府的要求，山东省"初中工程"实行了"第一责任人负责制"，县区长作为此项工程的第一责任人，对工程的整体实施负总责。为把中小学校舍建设得更加坚固、更安全，全省上下进一步提高认识，加强领导，切实做到思想认识、工作措施、领导力量"三到位"，任务、目标、责任"三落实"。各级各有关部门将“初中工程”作为推动经济社会发展的一项重要任务，纳入了重要议事日程。各级政府充分发挥组织协调作用，统筹部署，齐抓共管，引导全社会共同推动“初中工程”顺利实施。

（二）科学规划、精心编制

山东省按照《山东省普通初级中学基本办学条件标准》和山东省教育厅关于编报“初中工程”一期建设规划通知精神，严格把握设计原则，合理确定项目方案。项目选址综合考虑安全、安静、便利、卫生等因素，建筑设计坚持“结构安全、功能齐全、满足需要、就地取材、美观大方”的原则，符合建筑设计规范及《农村普通中小学校建设标准》的相关规定。本着“建一所成一所”和“牢固、实用、够用、方便学生”的原则，科学规划，合理布局，认真细致地规划、编制“初中工程”建设规划。

学生餐厅

学生公寓

（三）严格建设程序，确保项目工程质量

百年大计，质量为本。山东省始终把工程质量作为项目建设和管理的重中之重，强化项目过程管理，严格按照基本建设的有关程序办事，确保“初中工程”建筑项目保质保量、顺利实施。项目建设严格实行项目法人责任制、招投标制、工程监理制和合同管理制。在项目实施过程中，学校始终把工程质量放在首位，提出了“高标准、严要求、创精品、争一流”的目标，严格按照规划设计规范施工，着力打造精品工程。突出抓好工程“质量、进度、监理、安全”四个环节，规范招投标程序，选用资质高、信誉好的施工队伍，落实严格的包靠责任制，实行责任倒查追究制度。聘请专业工程监理人员，对施工过程进行全程监督，保证了工程质量。确保了山东省中央财政重大公共投资项目的顺利实施。

（四）进一步加大资金管理，保障经费及时足额到位

根据上级要求，凡是国家、省、市下拨的改造资金和其他教育项目资金，各县区都不折不扣地用于“初中工程”，县区政府承诺承担配套资金都能及时落实到位。工程资金设立专门账户管理，并将地方配套资金列入财政预算，切实加强工程资金管理，严格按照有关规定支付和使用，实行专户管理、专账核算、封闭运行、专款专用。同时，在建设过程中我们还本着科学适度、严格标准、勤俭节约的原则，积极采用新技术、使用新材料，有效降低工程成本。为搞好资金管理，我们积极发挥审计部门的职能作用，对工程资金实行全过程跟踪审计，坚决杜绝挤占、挪用、克扣、截留、套取工程专项资金等违法违规行为。

（五）利用审计机构力量，确保资金使用效益

为了加强“初中工程”项目专项资金的监督和管理，全面掌握工程项目资金使用执行情况，确保专项资金的使用效益。项目竣工后，委托信誉高、业绩好的社会中介审计机构，对初中校舍改造项目进行了审计。通过审计，规范了中央投资项目建设和专项资金管理工作，规范了基本建设程序，确保了工程建设质量、工程建设计划如期完工交付使用。

（六）多方协调，积极争取减免政策

在工程实施过程中，积极协调有关部门，对“初中工程”项目立项、办理土地使用手续、规划设计、施工组织等建设过程中涉及的行政事业性收费和政府性基金，予以免收；涉及的经营服务性收费，在服务双方协商的基础上，适当予以减收或免收。各县区根据省校安办的要求，积极执行省政府减免文件，有的县还专门出台了新的规费减免文件。临沂市沂南县政府在出台的减免建设规费文件中，对涉及的30

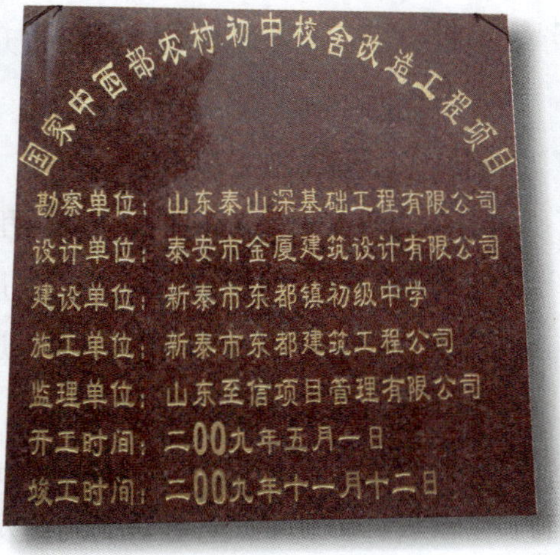

工程标牌

余项收费项目进行了明细，详细注明了收费标准、收费依据及执行标准，该免的免，该减的减，标准清晰、操作性强。规费减免政策的出台，为减少政府投入、便捷开工手续提供了可靠保障。

（七）建立了督察机制和简报通报机制

各级校舍安全工程办公室成员经常到施工现场督促指导，调度各建设项目进展情况，帮助协调处理各项目出现的疑难问题，确保各项目顺利开展；省校安办还定期编发校安工程简报，通报各项目学校进展情况，表扬先进，激励后进，对工程起到了较好的推动作用。

（八）加强质量管理，提高工程质量

为加强工程质量管理，我们主要采取了以下措施：一是发改、教育、国土、建设、环保、规划等部门各司其职、密切协作，加快落实项目开工的前期手续和条件；二是落实项目法人责任制，相关责任单位和第一责任人对项目实施的全过程负责；三是落实招投标管理制，所有项目在工程建设、材料采购等方面进行公开招投标；四是落实合同管理制，每个环节必须依法订立合同，明确质量要求、履约担保和违约处罚条款；五是落实监理制，依法对工程建设的质量和材料质量实行全方位监督。在实施以上措施的同时，我们还实行了三个结合：一是积极推行行政管理与行政监督相结合，大力推进项目建设；二是省市县三级检查与项目单位自查相结合，确保问题整改到位；三是行政指导与专业指导相结合，加强项目建设细节管理。通过采取一系列的措施和结合，山东省“初中工程”建设质量有了大的提升。

三、工程成效

改造危旧校舍，让农村孩子同城里孩子一样，贫困地区孩子同富裕地区孩子一样享受均等的教育条件，从根本上帮助农民群众摆脱贫困和落后，走向富裕和文明，成为全省上下的共识和自觉行动。

这项“民心工程”已经深入人心，改造和消除大批老旧校舍，改善农村中学的办学条件，缩小了城乡之间和校际之间办学条件差距，优化了农村地区教育资源配置，推动了义务教育的均衡发展。更重要的是促进了政府行政理念的转变，引起了各级和社会各界对农村教育的普遍关注，激发了广大人民群众和

学生在宽敞、明亮的教室内学习

社会各界关心支持农村教育的积极性。“初中工程”推动农村教育步入了新一轮发展，为推进农村现代化建设、构建和谐社会作出了重要贡献。

第一，“初中工程”的实施，采取的管理方式和措施是山东省校舍建设史上最规范、最严格的一次，工程建设标准和质量也是历史上最好的一次，这不仅得到了社会的广泛认同，提高了政府的信誉度，用质量保护、鼓舞了人民群众支持教育的热情和积极性，而且在工程建设中的许多做法和经验，传播到民居建设和其他领域，带动了农村地区的建筑文明和进步。

第二，工程的实施解决了农村初中学生在阴暗潮湿拥挤不堪的平房里住宿的局面，新建成的公寓，宽敞明亮、干净舒适；结束了学生住大通铺，实现了单间化的目标。

第三，餐厅、厕所的建成缓解了学生没地方吃饭、上厕所难的问题，极大地改善了师生的学习工作环境，有效地改善了学生的生活质量。

山东省临沂市蒙阴县蒙阴镇中学新学生餐厅楼

第四，学校设施的改善，提升了学校的声誉，扩大了办学规模，进一步激发了教师干事创业的积极性，为山东省推动教学改革、提高教学质量提供了强大的精神动力。目前老区教师精神振奋，干劲十足，学校教学质量连年稳步提高，学校踏上了快速发展、良性循环的轨道。

四、工程经验分析

地方各级政府积极贯彻上级有关文件和精神，克服重重困难，认真履行职责，把工作不断推向深入，利用“初中工程”的实施，全省掀起了改善农村学校办学条件的热潮。不少市、县政府的主要负责人多次深入学校项目建设工地进行检查、决策、协调、调度、指导，并现场办公，解决校舍建设中存在的困难和问题，表现出了一种对人民的切身利益高度尊重和负责的态度。通过广播、电视、报纸、新闻通气会等舆论宣传工具，使党的好政策家喻户晓。充分利用媒体的作用，认真做好“初中工程”的宣传工作，及时宣传推广各项目县（市、区）的好做法、好经验，使党和政府的惠民政策暖民心、顺民意，家喻户晓，深入人心。2012年10月15日晚，中央电视台新闻联播栏目，以“国家三千亿投入保障亿万学生安全”为题，报道全国校舍改造情况。其中在沂源县大张庄中学、沂源县燕崖中学师生采集实景，重点报道了淄博市大力推进“初中工程”改造情况。

山东省淄博市沂源县徐家庄中心学校新学生公寓楼

2012年10月17日晚，山东广播电视台卫视频道山东新闻联播“科学发展山东行”栏目以“新校园、新期待”为题，报道了沂源县大力实施“初中工程”。

加强组织领导，切实把“初中工程”落到实处。各相关部门之间加强沟通协调，将“初中工程”建成大家合作共事的平台、争创辉煌业绩的舞台。

（一）资金管理措施

山东省沂蒙革命老区“初中工程”项目实施以来，严格按照中央项目资金管理的有关规定，做到专户专账管理，专款专用。各地严格按照项目学校工程建设进度分期拨付建设资金，提高资金的使用效益，随时接受上级教育、发改、财政、审计等部门的检查监督，坚决杜绝挪用、截留等违法违纪现象的发生。

（二）土建管理措施

山东省“初中工程”项目，严格按照基本建设程序，充分论证评估，坚持先规划，后勘察、设计，再施工。分级负责，落实责任，确保工程质量和进度。本着“牢固、实用、够用、方便学生”的原则进行建设，保证新建的校舍使用寿命在50年以上。

山东省日照市莒县夏庄镇中心初级中学新学生公寓楼

“初中工程”项目管理以县为主，教育部门负责对初中学生生活用房及体育场（馆）进行核实，同发展改革部门制订学生生活用房及体育场（馆）改造工程实施规划，牵头组织项目设计、招投标、土建施工、委托监理、质量检查，督促、检查工程进度及资金拨付使用情况；对工程质量进行监管，竣工验收等；发展改革部门负责同教育部门制定初中学生生活用房及体育场（馆）改造建设规划，商教育部门安排年度项目建设计划；各项目学校所在地政府负责项目学校工程实施、建设环境和安全等相关协调工作。

（三）监督检查机制

狠抓监督检查，保证“初中工程”目标任务顺利完成。工程实行“第一责任人负责制”，县长为工程实施的第一责任人，教育局长为工程实施的具体责任人，项目学校校长为工程实施的直接责任人，负责“初中工程”的实施。各职能部门按照工程实施方案认真履行职责，按照工程土建项目管理办法和资金管理办法严格管理。建立八项制度，即宣传制度，加强党和国家实施“初中工程”惠民政策的宣传；简报制度，对工程实施编发简报；进度月报制度，按要求定期向省市报告工程进展情况；倒排工期制度，对纳入工程规划的项目学校按实施周期倒排开工日期、竣工日期；问责制度，对工程实施不力，管理不严或违规操作等原因造成工程质量安全隐患或事故的，人为因素影响项目进度和延误工期的，疏于管理造成国有资产流失以及出现其他重要责任事故的行为，要按照有关规定进行问责；监督检查制度，工程随时接受上级政府、部门和社会各界的监督检查，确保项目规范顺利实施；项目公示制度，对工程的立项、招标、建设等程序进行公示；监督举报制度，向社会公布监督电话，主动接受社会各界的监督。充分发挥监察、审计、安监等部门的作用，建立公正、合理、高效的监管机制，加强对规划设计、建设施工、竣工验收、资金运行等全过程的监管，努力打造“阳光工程”、“民心工程”。

学校校舍改造工作，事关教育工作的全局，既是办好人民满意教育的重点和难点，也是人民群众普遍关注的热点和焦点。沂蒙革命老区“初中工程”项目的实施，为改善革命老区的办学条件提供了契机，随着革命老区初中布局调整工作的开展和校舍改造工程项目的实施，老区农村初中办学条件将明显改善，教育资源进一步优化，办学效益显著提高。我们决心以对党对人民群众高度负责的态度，增强责任感、紧迫感，克服困难，扎实工作，推动全省农村教育持续、健康、均衡发展，为全面建设小康社会作出贡献。

（山东省教育厅供稿）

铺就义务教育均衡发展之路
——辽宁省农村初中校舍改造工程报告

“初中工程”是“十一五”期间中央为巩固中西部“两基”成果、改善农村学校办学条件、解决留守儿童学习和生活问题而实施的又一重大民生工程。这一举措对农村初中学校基础设施的完善，起到了至关重要的作用。不但改善了办学条件，优化了教育资源，扩大了办学规模，而且促进了城乡教育的全面均衡发展，切实提高了农村初中的教育教学质量。

在中央有关部门的大力支持下，2009—2010年，辽宁省共开工建设“初中工程”项目58所，中央总投资11 600万元，工程主要以学生宿舍、食堂和厕所等生活设施为主。

一、工程投资情况

2009年，辽宁省共有50所项目学校动工，共投资12 000万元，其中中央资金10 000万元，地方配套资金2 000万元。

2010年，辽宁省共有8所项目学校动工，共投资14 537.5万元，其中中央投资1 600万元，地方配套资金12 937.5万元。

2009—2010年，中央安排辽宁省的58个工程项目，均已竣工并且交付使用，完成全部投资。

二、工作开展情况

根据教育部办公厅、国家发展改革委办公厅《中西部农村初中校舍改造工程建设项目管理办法》文件精神，在“初中工程”项目建设过程中，辽宁省严格执行基本建设程序，落实项目管理责任，加强项目全程管理，确保工程质量，加快进度，力争早日建成发挥效益。

（一）严格规范项目勘查、设计、施工等环节

“初中工程”项目下达后，辽宁省根据有关文件精神，积极准备各项目的规划，严格按照基本建设项目管理程序，加强项目四项制度建设。为确保工程质量，对项目的勘察设计、图纸审查、施工、监理等，依照有关规定，切实执行准入制度。项目实施，实行概（预）算审计和竣工决算审计制度。项目建设从规划到竣工验收等环节的文件资料，严格按照规定进行收集、整理、归档。项目建成后，严格把关验收，抗震设计建设标准符合辽宁省中小学校舍抗震设防标准，确保把“初中工程”建成优质工程。

（二）加强项目资金监督和管理

为了使“初中工程”规划结合实际并切实可行,辽宁省按照教育部、国家发展改革委的要求，本着“科学规划、合理布局，整合资源、统筹安排，分类指导、推进均衡，协调发展、节约资源”的总体原则，对上报的每所学校逐一进行论证分析，尽可能充分利用布局结构调整合并学校的原有校舍，以提高投资效益，并尽量将辐射面广、规模效益高、社会影响大的学校纳入到项目建设中。

项目资金到位后，对资金实行“规划控制、因素分配、项目管理、专项监督”的管理办法，资金实行专户管理，确保专款专用。上级财政资金拨付到专户后，封闭运行，集中支付。监察和审计部门随时介入，对项目申报、工程进展和专项资金使用情况出现的疑问进行检查监督。

（三）制定优惠政策，减免配套资金，降低工程成本

各地在工程实施过程中，为了加快工程进度，节省办理审批手续时间，争取早日完工，在办理工程前期手续过程中根据中央、省有关文件精神，对一些财政性收费给予了减免，降低了工程造价，节约了建设资金，如消防配套费、水源建设费、城市基础设施配套费、新型墙体材料基金、散装水泥发展基金、人防配套费等。乡镇政府对工程用地也大力支持，给予了优惠政策。

三、实施“初中工程”取得的成效

（一）取得显著的社会效益

“初中工程”的实施，改善了农村中学的办学条件，缩小了城乡之间教育

的差距，为教育的均衡发展奠定了一个坚实的基础，同时也是一件民生工程，是树立党和政府良好形象的德政工程，是关系教育事业健康发展的基础工程，是关系社会和谐稳定的民心工程，是落实科学发展观的具体体现。这项工程的实施得到了人民群众的认可和拥护。这项工作的完成，不仅解决了农村留守儿童和住宿生的食、宿条件，学生寄宿率不断提高，而且有效地整合了农村教育资源，同时，又加速了农村初中布局调整步伐。既解决了学区农村孩子在生活和学习方面遇到的双重困难，使更多的尤其是偏远村屯的学生能够更好地接受九年制义务教育，又解决了外出务工学生家长的后顾之忧，促进了社会的和谐稳定。以绥中县葛家乡九年一贯制学校为例。

辽宁省绥中县原葛家乡初级中学平房教室

葛家乡九年一贯制学校是2006年启动兴建的，校址为原葛家乡初级中学，地处葛家满族乡广裕村。全乡共有1.5万人，在校生1 106人。2006年6月新建教学楼，建筑面积4 260平方米，2009年又利用“初中工程”专项资金新建了学生宿舍楼和食堂，不仅彻底解决了师生住校难、吃饭难的实际问题，也极大地促进了师生工作学习的热情，今昔对比，反差极大。

辽宁省绥中县葛家乡九年一贯制学校新教学楼

辽宁省绥中县葛家乡
九年一贯制学校新学生宿舍楼

辽宁省绥中县葛家乡
九年一贯制学校新学生宿舍

辽宁省绥中县葛家乡
九年一贯制学校新学生食堂

工程实施以来，深得当地政府和社会赞誉，更得到学生和家长的认可。学校有了快速的发展，仅用两年时间，先后合并葛家乡10所村小学，这些均得到家长和社会支持，甚至主动提出并校。通过强化管理，一贯制学校四大优势得以充分运用，使学校教育教学质量逐年提高。领导比干、教师比教、学生比学的氛围越来越浓，优越的办学条件让家长认识到读书的重要，良好的校园环境使学生懂得了感恩和进步。良好的教学、生活环境，保证了教职员工心情愉快，安心从教。葛家乡九年一贯制学校的教学楼、食堂、宿舍楼不仅是葛家乡标志性建筑，学校也由过去的农村薄弱学校发展为市县先进示范学校。

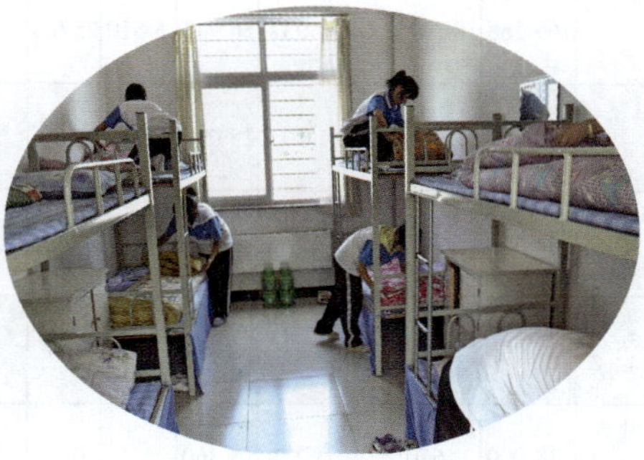

辽宁省绥中县葛家乡
九年一贯制学校学生在整理内务

（二）取得显著的经济效益

“初中工程”不仅推进了农村城镇化建设，而且促进了地方经济发展，拉动了内需。通过实施“初中工程”，有效地加强了保留学校的建设，减少了被撤并学校的校舍维护投资，节省了所需配套设施建设的经费支出，尤其是学校行政管理及富余人员的财政开支。同时，项目的实施也扩大了有效投资，促进了地方经济又好又快发展。在加速农村初中布局调整步伐方面，“初中工程”效益也非常显著。学校适度扩大后，教学设备利用率明显提高，也给优化初中教师队伍结构提供了空间。以阜新市为例：“十一五”期间，“初中工程”取得了一定成果，使6 867名学生能够集中住宿就读。一是教育教学质量得到了快速提升，初中升学率达到77.7%。二是优化了教育资源配置，节约了教育资金，改善了办学条件，提高了办学水平。三是实现了资源共享。“初中工程”扩大了办学规模，使硬件资源得以共享，减少了资源闲置造成的浪费。具体数据见表1。

表1　辽宁省阜新市“初中工程”效果统计

项目学校	改造前								改造后							
	覆盖人口（人）	在校生（人）	住宿生（人）	校外租房（人）	校舍面积（平方米）	宿舍面积（平方米）	寄宿率	住宿生生均宿舍面积（平方米）	覆盖人口（人）	在校生（人）	住宿生（人）	校外租房（人）	校舍面积（平方米）	宿舍面积（平方米）	寄宿率	住宿生生均宿舍面积（平方米）
阜新市合计	169 268	10 301	2 640	1 937	56 943	5 510	25.6%	2.4	169 268	10 301	6 867	0	74 334	22 901	66.7%	3.33
阜蒙县小计	74 600	3 337	1 230	1 107	25 096	3 010	36.8%	2.4	74 600	3 337	3 337		32 877	10 791	100%	3.2
大固本学校	24 600	767		267	6 136		0		24 600	767	767		8 356	2 220	100%	2.9
于寺学校	17 000	1 010	730	280	8 080	1 610	72%	2.2	17 000	1 010	1 010		10 001	3 531	100%	3.5
佛寺学校	14 000	670		270	5 360		0		14 000	670	670		7 189	1 829	100%	2.7
大五家子学校	19 000	890	500	290	5 520	1 400	56%	2.8	19 000	890	890		7 331	3 211	100%	3.6
彰武县小计	94 668	6 964	1 410	830	31 847	2 500			94 668	6 964	3 530		41 457	12 110	51%	3.43
五峰九年制学校	21 000	2 120	400	120	8 720	1 000	19%	2.5	21 000	2 120	830		10 620	2 900	39%	3.5
双庙九年制学校	13 800	998	240	240	6 185		0		13 800	998	590		8 085	1 900	59%	3.2
两家子九年制学校	17 828	1 305	180	180	5 714		0		17 828	1 305	600		7 614	1 900	46%	3.2
四堡子九年制学校	23 150	1 224	300		5 870	1 500	25%	5	23 150	1 224	880		8 070	3 700	72%	4.2
满堂红九年制学校	18 890	1 317	290	290	5 358		0	0	1 889	1 317	630		7 068	1 710	48%	2.7

（三）取得显著的办学效益

“初中工程”的实施，对教育改革与发展起到了积极的促进作用，整合了教育资源，办学条件得到了明显的改善，生均用房面积、寄宿生数、在校生数均有所提高，发挥了教育资源的最大使用效益。现以葫芦岛市为例作一说明，见表2。

表2　辽宁省葫芦岛市“初中工程”取得的办学效益

学校	人口覆盖（人）		在校生数（人）		寄宿生数（人）		生均生活用房面积（平方米）	
	实施前	实施后	实施前	实施后	实施前	实施后	实施前	实施后
药王庙学校	14 000	20 000	720	1 166	200	416	3.45	4.28
玲珑塔学校	18 000	35 000	800	1 500	200	500	2.45	3.36
汤神庙学校	17 000	32 000	630	1 079	0	320	2.65	3.85
望海乡学校	23 000	30 000	800	1 000	0	800	0	2.75
红崖子学校	30 000	40 000	1 000	1 200	0	900	0	2.44
大兴乡学校	24 000	24 000	575	600	180	300	2.8	3.3
山神庙学校	15 000	15 000	900	920	0	200	0	4.5
缸窑岭学校	23 000	23 000	660	978		300	0	3.4

通过对照表可以看出，“初中工程”实施前后发生的显著变化，实施后人口覆盖增加了34%，在校生数增加了39%，寄宿生人数增加了3 156人，生均生活面积达到了3.5平方米，达到了国家规定标准。

从全省来看，“初中工程”的实施，对改善辽宁省贫困地区农村初中办学条件提供了巨大支持，提高了农村初中的巩固率和寄宿率，推动了农村学校的科学布局和标准化建设，推进了城乡义务教育的均衡发展。截至2010年底，全省初中学龄人口毛入学率为115.2%，比2008年提高2.9%，在校生年度保留率97.9，比2008年提高0.3%，义务教育巩固率93.5%，比2008年提高2%。全省普通初中各类校舍建筑面积697万平方米，生均校舍建筑面积7.7平方米，比2008年增加1.1平方米；九年一贯制学校校舍建筑面积526万平方米，生均校舍建筑面积7.8平方米，比2008年增加1平方米。全省共有农村初中1 173所，比2008年减少28所，在校生总量达到76万人。

四、实施“初中工程”取得的经验

辽宁省“初中工程”总体进展顺利，取得了较好成效，主要采取了以下做法。

一是严格按照《中西部农村初中校舍改造工程总体方案》和《中西部农村初中校舍改造工程实施意见》的规定，组织项目的申报和实施。

二是按照《中西部农村初中校舍改造工程建设项目管理办法》、《建设工程抗震设防分类标准》和《农村普通中小学建设标准》等相关规定，进行项目勘察、设计、施工，并按照《招标投标法》以及《中西部农村初中校舍改造工程建设项目管理办法》等有关法规履行招投标程序，确保工程质量。

三是按照《中西部农村初中校舍改造工程专项资金管理办法》和有关财务管理规范要求，加强项目资金管理，对项目收费按《中西部农村初中校舍改造工程实施意见》的规定进行减免。

四是为保障“建一校、成一校”，将辽宁省2010年项目改为全部由中央投资安排，以避免出现地方配套资金不到位影响工程进展的情况发生。

五是在建设过程中，省发展改革委会同教育厅组织有关市开展了“初中工程”专项检查工作，对全省“初中工程”项目进行排查，对检查出的问题及时进行整改。

六是相关项目市的具体工作落实有力。以阜新市为例，主要采取了以下四项措施积极推动“初中工程”的进展。

组织保障方面。阜新市政府高度重视国家“初中工程”项目，相关部门召开专题会议，县区成立“初中工程”工作领导小组，由主管副县长任组长，发改、教育、城建、财政、土地、消防、监察为成员单位，明确职责和分工，下设领导小组办公室，具体负责组织、实施“初中工程”。

资金配套方面。阜新市的阜蒙县和彰武县属省级贫困县，经济困难，教育基础薄弱，办学条件相对落后，而且中小学校舍安全工程项目任务异常艰巨，尽管如此，两县政府郑重承诺：“按照国家发改委的要求，确保配套资金足额到位，保证农村初中校舍改造工程按期完成。”并下大力气，多渠道筹措“初中工程”配套资金，确保配套资金足额到位。

政策保障方面。根据《中共辽宁省委辽宁省人民政府关于加快教育改革和发展的若干意见》（辽委发〔2010〕18号）和《辽宁省人民政府办公厅关于实施全省中小学校舍安全工程优惠政策的通知》（辽政办发〔2009〕114号）等文件精神，将“初中工程”纳入校安工程项目管理，享受相关建设项目规费减免政策。

项目管理方面。“初中工程”实施项目责任制和责任追究制，各成员单位各司其职、各负其责。各相关单位和部门都有专人负责此项工作，层层落实责任制，责任落实到人。由市教育局指导，两县教育局牵头，协调发改、教育、财政、城建、土地、监察等相关成员单位，共同负责项目的组织实施。发改部门负责项目立项、可行性研究报告批复、项目招投标审核、施工过程监督和竣工验收；教育局参与项目实施全过程，负责项目申报、前期工程手续办理、工程质量管理与监督、工程竣工验收；财政局管好用好项目资金，严格按照专项资金管理规定，按照工程进度拨付资金，参与工程管理与项目验收；城建部门负责土建工程技术指导与工程质量监督，负责办理相关前期工程手续；监察部门负责监督项目实施过程中违法违纪行为。各相关单位都指派专人定期或不定期检查和监督项目工程实施过程。

（辽宁省教育厅供稿）

把温暖留在每个孩子的心中
——江苏省农村初中校舍改造工程报告

初冬的苏中平原，阳光明媚，温暖人心。

正是午饭时间，南通市如东县新光初级中学的食堂里，人声鼎沸，饭香四溢。三年级的小学生杨紫正和她的几个好朋友乐呵呵地围坐在一起，吃得欢畅。“今天我们吃的是肉圆、鸡蛋、青菜……自从学校建了新食堂，我们就天天能吃到热腾腾的饭菜了！”

新光初中是南通市如东县一所普通农村中学，现有学生465名，其中75%是寄宿生，午餐问题曾一直是让校长烦神的事情。“原有的食堂房屋破旧，卫生状况差，就餐环境无法保证，安全、卫生问题想想都不太放心。”2010年4月新食堂动工，8月竣工验收，新学期新食堂交付使用。清洁卫生的加工操作间，宽敞明亮的就餐环境，让全校师生赞不绝口。而这正是得益于2007年国家启动实施的“初中工程”。

2009年，教育部和国家发展改革委下达江苏省农村初中改造资金4 000万元，涉及工程项目40个，重点建设和改造农村初中学生宿舍、食堂等生活用房。截至2010年年底，全省40个项目全部完工，累计完成总投资13 464.7万元，建设总面积10.13万平方米，近3万名农村师生从中受益。

教育公平是社会公平的起点，寄托着每一位学子、每一个家庭和全社会的殷切希望，而农村教育长期是教育事业发展链条中最薄弱的环节。让教育公平的温暖阳光洒在每个孩子的脸上，让他们能够享受优质的教育资源，能够在学校里吃得放心、住得安心、玩得开心，这是全省上下从省委、省政府到有关部门和学校无数人的共同心愿和努力目标。

对事业负责，对群众负责，对未来负责

在国家实施“初中工程”之前，江苏省于2008年初就开始实施农村留守少年儿童食宿条件改善工程，省财政投入3.2亿元，重点支持经济薄弱地区农村初中建设学生宿舍和食堂，为寄宿学生尤其是留守少年儿童提供良好的食宿条件。该项工程被列入当年省委、省政府学习实践科学发展观活动中要着力抓好的10件实事之一。为保证工程实施，省教育厅成立了领导小组及办公室（简称合格办），厅主要负责同志担任组长，分管负责同志担任副组长兼办公室主任，抽调精干人员组建工作班子。

国家“初中工程”项目投资下达后，江苏省将该项目与农村留守少年儿童食宿条件改善工程实施结合起来，明确由“合格办”负责具体实施，各市、县也成立了领导小组和工作机构负责此项工作，从组织上保证了“初中工程”的顺利实施。

实施“初中工程”，为农村孩子提供良好的学习和生活条件，这不仅直接关系农村教育的健康发展，更直接关系千家万户的幸福，关系着社会的和谐发展。“这是关系广大农民切身利益，得民心、顺民意的德政工程，我们要以对事业负责、对群众负责、对未来负责的态度，切实增强责任感使命感，努力把这一工程抓紧抓实抓好！”省领导的话掷地有声，是郑重的承诺，更是严肃的工作要求，容不得半点懈怠。

一切为了“按时、按期、保质、保量”

4 000万元的项目资金如何分配？如何用在最需要的地方并发挥最大作用？如何把这项民心工程办好、办实？——这需要的是勇于担当的责任感、使命感以及完备的制度保障。

根据国家关于“初中工程”项目的实施要求，江苏省教育厅在深入调研基础上，会同有关部门制定实施方案，对工程项目的建设标准、招标程序、开工时间、工程质量等提出了明确的要求，保证了工程有序推进。江苏省制定了明确的申报审批制度，要求各地指导和督促项目学校根据需要寄宿、就餐的人数，确定新建学生宿舍和食堂的建筑结构、建筑面积、工程造价以及经费来源和筹措办法。省发改委、教育厅、财政厅对申报项目进行审核，对与事实不

符、情况不清楚的项目，督促相关地区重新核实上报。最终，包括苏北连云港市灌南汤沟中学、宿迁市宿豫顺河初中在内的40个项目入围。

“1月21日星期一，烩三鲜、包菜炒粉丝、雪菜毛豆炒肉丝；1月22日星期二，盐酥鸡、黄豆芽烧油果、白菜炒肉片；1月23日星期三，红烧麻鸭、白菜油果、西红柿炒鸡蛋……”，这是张贴在南京市江宁区龙都中学学校食堂门口的一周午餐菜单，从菜名上看起来荤素搭配，营养又诱人。学校老毕业生周宗贵至今还记得当时自己天天带着饭盒上学，到了中午吃着早已冷冰冰的饭菜的情景。看到现在他的学弟学妹们每天中午就能在学校食堂里吃着卫生、可口的饭菜，他是既羡慕又欣慰。龙都中学位于江宁区龙都镇，2008年通过申报审批，食堂被列入“初中工程”项目，获得中央专项资金100万元。之后，地方财政再投入700万元，共计800万建成了面积达4 360平方米、达到省A级标准的餐厅。餐厅的投入使用，不但解决了本校500名师生就餐问题，连一墙之隔的中心小学也沾了光，餐厅一楼供小学1 000多名师生中午就餐。

江苏省南京市江宁区龙都中学新学生食堂

为保证工程的顺利实施，从2009年3月份起，全省建立了省、市、县三级分片包干督查制度。按照分片包干督查任务分工，先后多次组织开展督查活动，加快了建设进度。省教育厅会同省财政厅、省发改委等抽调相关人员共同组成联合督查组，对全省16个县（市、区）开展重点督查，要求“所有工程设计应符合当地抗震设防要求，所有工程都坚持先勘察、后设计、再施工，所有材料都坚持先验收再进场，所有施工环节都遵守基本建设程序，执行工程建设标准，切实推进了工程进度，确保了工程质量。

一切的“所有”都是为了“按时、按期、保质、保量”地完成工程任务，都是为了让这些农村的孩子们早一天能够吃上热汤热菜，不用在寒冷的冬日里起早贪黑地奔走在上学的路上。

江苏省宿迁市宿豫县顺河初级中学新学生宿舍楼

任重道远，必须坚持不懈！

中央资金在每个项目上投入的100万元，对于整个项目的完成只是一个“引子”，足额安排建设经费是确保工程顺利实施的关键。江苏省要求各市、县（市、区）教育行政部门要积极争取地方政府和其他部门在经费投入、土地征用、规费减免等重大问题上的支持，尽早将地方建设资金拨入项目学校。与此同时，加强对项目建设资金的监管，实行专账核算、专款专用，充分发挥项目资金的使用效益。

省委、省政府强调：各地在筹措工程建设项目资金时，不得要求学校自筹资金，不得向教师和群众集资，不得将建设经费缺口留给学校，不得因工程建设让学校产生新的债务。

“农村‘初中工程’直接关系政府在人民群众心目的形象，决不容许质量或者违纪违法问题的出现！”

从2009年开工到2010年底全部完成，根据工程建设标准，江苏省按照县级自查、市级验收、省级抽查的验收程序，对所有县市建设项目进行检查，确保所有工程项目不折不扣地达到省定建设目标。

几年前，南通市八一中学的土质操场是“晴天尘土飞扬，雨天泥泞不堪”，“煤屑跑道坑坑洼洼”。借着“初中工程”的东风，学校新建了食堂、厕所，并对操场进行了改造。老师同学满意地说：“现在的校园，绿化优美，教室窗明几净，食堂整洁卫生，厕所明亮通风，总体面貌焕然一新！”2012年3月，国家审计署驻南京办事处一行工作人员来到学校，对项目进行审计。审计之后认为：“八一中学校园改造工程手续完备、资金到位、建设规范。”

工程竣工之后如何形成一套行之有效的长效管理机制，让工程长久地发挥出最大的社会效益和影响力？

为加强农村寄宿制学校的管理，淮安市建立了一套行之有效的长效管理机制，如建立设施设备维护保养责任制度、食堂卫生监督管理制度、学生宿舍安全管理制度，校长、教师和后勤管理人员的培训制度，切实提高广大教职员工的育人本领和服务质量，提高了寄宿制学校的管理水平。

省教育厅厅长沈健在接受记者采访时表示，工程的完成是一个新的起点，江苏省各地要认真研究农村学校发展过程中出现的新情况、新问题，制定相关政策，健全各项制度，切实提高管理水平。要研究、制定、配齐、配强寄宿制学校生活教师、食堂管理人员的措施，保证农村学校正常运转。教育行政部门将进一步深化教育人事制度改革，安排中小学校富余人员转岗从事学校宿舍和食堂管理工作，加强对校长、教师和后勤管理人员的培训，严格农村学校安全、卫生、后勤管理，努力形成规范、有序、科学的长效工作机制。“发展农村教育，改善农村学校办学条件任重道远，是一项必须长期坚持不懈的工作！”

一切为了孩子，为了让阳光洒在每个孩子的脸上，把温暖留在每个孩子的心中！

（江苏省教育厅供稿）

农村学校一道亮丽的风景线
——浙江省农村初中校舍改造工程报告

“初中工程”不仅是整体提升初中办学水平、促进初中学校均衡发展的重大措施，而且是落实科学发展观、构建社会主义和谐社会的重要举措。“十一五”期间，浙江省根据教育部的统一部署，认真组织实施“初中工程”，着力改善办学条件，完善教育体系，提高办学质量，推进教育均衡，教育发展整体水平明显提升。

一、基本情况

2009年，浙江省实施“初中工程”40个项目，国家下达计划总投资37 808万元，其中中央投资4 000万元，地方投资33 808万元。截至2011年年底，40个项目已全部竣工验收并投入使用，累计完成投资37 808万元，其中中央投资4 000万元，地方投资33 808万元，“初中工程”建设任务全面完成（见下表）。

浙江省“初中工程”项目分布情况表

所在市	项目个数	总投资(万元)	完工项目个数	投入使用项目个数
杭州	2	1 000	2	2
温州	3	1 242	3	3
湖州	5	6 071	3	3
嘉兴	5	1 730	5	5
绍兴	3	2 913	3	3
金华	6	3 210	6	6
衢州	4	9 605	4	4
舟山	2	1 370	2	2
台州	5	3 623	5	5
丽水	5	7 044	5	5
合计	40	37 808	40	40

二、做法和经验

浙江省“初中工程”总体进展较顺利，各级领导和相关部门都十分重视项目的申报和实施，多数项目前期工作比较充分，基本建设程序较为规范，工程管理基本到位。具体经验和做法主要如下。

（一）领导重视、认识到位

浙江省各级领导、相关部门及项目学校对“初中工程”高度重视。省发改委和省教育厅负责全省“初中工程”项目的安排、指导、管理和检查；各相关市、县政府积极落实地方配套资金；各有关地方均成立了由当地政府领导、部门领导和学校负责人参加的项目领导小组，负责协调解决项目建设过程中的困难和问题，项目单位建立和完善相应的财务和工程建设管理制度，确保项目按期顺利实施。

（二）确定原则、妥善安排

浙江省在“初中工程”项目规划编制过程中，重点是选择农村薄弱学校，以加强学生生活设施建设、改善食宿条件为目标。在项目审核中坚持四项原则：一是坚持科学规划、合理布局，结合浙江教育发展的实际需要，科学布局农村中小学教育资源；二是坚持整合资源、统筹安排，严格以县（市、区）为单位统筹考虑中小学校舍建设问题；三是加强薄弱学校、促进均衡发展，通过“初中工程”进一步促进校际间教学资源的均衡；四是注重协调发展、鼓励资源集约、节约。

（三）严格执行基建管理制度

浙江省“初中工程”严格执行工程“四制”，狠抓项目建设“四控”。每个项目均依规实行项目法人责任制、招投标制，项目建设实行监理制，项目管理实行合同制。在建设过程中各建设单位狠抓质量控制、进度控制、安全控制和概算控制，坚持抓质量、促进度、保安全、控造价的思路，以工程质量为核心，强化工程建设的管理控制；同时强调加强项目资金财务管理，使项目建设得以顺利实施。

（四）强化监督、指导、服务

浙江省各级发改、教育、财政、审计等部门在“初中工程”实施过程中加强监督检查，监督专项资金的拨付，检查、督促项目质量和进度；同时各级相关部门主动加强指导和服务，以召开工程协调会等方式，切实解决项目实施过程中的各类困难；通过各类检查、稽查以及审计等方式指导项目建设单位进一步加强项目工程管理、资金财务管理以及项目资料档案管理等工作，促进工程项目的规范实施。

（五）尽早投用、尽早见效

项目学校在关注项目质量和进度的同时，也非常关注项目的竣工验收和投入使用。对已完工项目能抓紧开展工程的各单项验收、竣工决算以及综合性竣工验收，以便能使完工项目早日投入使用，尽早发挥项目效益，及时解决农村初中基础设施不足的困难，使广大农村初中学生尽快享受到党和政府的关怀和温暖。同时检查发现绝大部分建设工程施工质量较好，部分项目建设还获得了一定的荣誉，如嘉兴市秀洲区洪合镇中心小学风雨操场被评为秀洲区“长虹杯”优质工程。

新建学生公寓楼

三、主要成效

通过“初中工程”，浙江省共新（扩）建（含改造）校舍面积17万平方米，为进一步提高浙江省农村教育水平，改善农村教育基础设施，缩小城乡和区域教育发展差距起到了积极的推动作用。具体体现在以下几个方面。

（一）消除了校舍安全隐患，改善了办学条件

经过改造，学校搬迁出20世纪七八十年代建造的砖木、砖混结构危房，学校师生住进新（扩）建和改造过后的校舍，消除了安全隐患，也极大地改善了农村初中学生的学习条件。校舍采光更加充足，学生住宿空间更加宽敞，食堂就餐环境进一步改善，极大地方便了师生的学习与生活。

（二）农村初中学生入学巩固率提高

农村学生就近入学比例明显提高，学校的学生住宿率大大提高，减少了区

域内教育教学资源的浪费。教师队伍更加稳定，教师能专注于教学。而且项目学校的教育教学条件显著改善，学校的办学质量和社会美誉度得到了提升。

（三）整合了教育资源

通过“初中工程”的实施，撤并了部分规模小、条件差、环境差的初中学校，整合了教育资源，使农村的初中学生能在更好的校舍中学习。同时也解决了区域内学校布局点多面广、规模小、成本高、效益低的问题。优化了教育资源，推进了城乡教育均衡发展，实现了教育公平，进一步推动了浙江省教育事业和谐发展。

校园新貌

“初中工程”涉及全省40个县（市、区）的农村中学，惠及5万多名农村孩子。为做好这项工作，各地精心组织、广泛动员，按时、保质、保量地完成了预定的工作目标，使农村初中的学习、生活环境得到明显改善。人民群众普遍反映良好，尤其是广大农村地区的师生和学生家长对这一工程赞誉有加，称赞“初中工程”是一项真正的民生工程、民心工程。

（浙江省教育厅供稿）

粤韵南风鼓新帆
——广东省农村初中校舍改造工程报告

2009年，中央实施扩大内需政策，国家发展改革委、教育部大力支持，安排广东省“初中工程”新增中央预算内投资4 000万元，用于32个农村初中项目建设。广东省高度重视，省发展改革委、省教育厅、省监察厅将项目列入扩大内需检查项目，部门通力配合，加大工作力度，全力做好工程建设，顺利按照国家和省有关要求，全面完成工程实施。

一、项目执行情况

广东省项目共32个，涉及23个县（市、区），总投资13 098万元，其中中央专项投资4 000万元，地方配套7 408万元，学校自筹及其他资金1 690万元。截至2010年年底，32个项目已全部竣工投入使用。

二、主要做法

（一）提高思想认识，加强组织领导

实施“初中工程”，是党中央、国务院对广东省农村义务教育工作的重大支持，是巩固提高广东省农村义务教育整体水平的重大举措。广东省各级党委、政府认真贯彻国家重大决策部署，将“初中工程”作为当地扩大内需重点建设项目之一，切实加强督促检查，采取有力措施加以推动，促进了工程的建设和管理。

（二）建立制度，规范工程管理

为规范“初中工程”管理，确保工程顺利实施，根据教育部、国家发展改革委的要求，建立了“宣传制度、倒排工期制度、进度双月报表制度、问责制度、监督检查制度、项目公示制度、监督举报制度、分片包干制度”等制度，各项目市、县结合当地实际也制定了一些加强“初中工程”建设和管理的政策，召开了专题工作会议，推动了工程的顺利实施。

（三）加强质量监管，确保工程质量

在“初中工程”实施过程中，始终把工程质量作为项目建设和管理的重中之重，强化了责任意识，严把工程质量关。工程建设实行了项目法人责任制、招投标制、工程监理制和合同管理制。在工程实施的各个环节，各地都确定了具有资质的单位承担勘察、设计、施工、监理任务，加强了对项目建设人员的培训，监督检查项目建设工程质量。项目学校竣工后，严格按照基本建设程序进行验收，验收合格后方可交付使用。

广东省翁源县龙仙第二中学新建师生饭堂

广东省将按照国家的统一部署，进一步增强责任感和使命感，加强组织协调，创新工作机制，严格建设管理，强化监督检查，努力将学校打造成食宿最舒适、建筑最安全、家长最放心的地方，促进基础教育优质均衡发展，为“加快转型升级，建设幸福广东”作出新的更大的贡献。

广东省阳春市第五中学新建学生宿舍楼

（广东省教育厅供稿）

附　录

附录一：文件汇编

国务院办公厅关于成立国家中西部农村初中校舍改造工程领导小组的通知

国办发〔2007〕15号

各省、自治区、直辖市人民政府，国务院各部委、各直属机构：

为加强对中西部农村初中校舍改造工程的领导，国务院决定成立国家中西部农村初中校舍改造工程领导小组（以下简称领导小组）。领导小组组成人员如下：

组　长：陈至立　　国务委员

副组长：周　济　　教育部部长

项兆伦　　国务院副秘书长

张　茅　　发展改革委副主任

成　员：陈小娅　　教育部副部长

张少春　　财政部副部长

黄　卫　　建设部副部长

矫　勇　　水利部副部长

危朝安　　农业部副部长

陈啸宏　　卫生部副部长

领导小组办公室设在教育部，办公室主任由陈小娅兼任。领导小组成员因工作变动需要调整的，由所在单位提出意见，经领导小组办公室报请领导小组组长审定。

中华人民共和国国务院办公厅

二〇〇七年三月十七日

国家发展改革委　教育部关于印发中西部农村初中校舍改造工程总体方案的通知

发改社会〔2007〕833号

有关省（区、市）发展改革委（厅）、教育厅（教委），新疆生产建设兵团发展改革委、教育局，黑龙江省农垦总局发展改革委、教委：

《国家发展改革委、教育部关于中西部农村初中校舍改造工程总体方案（送审稿）的请示》（发改社会〔2006〕2895号）已报经国务院批准同意。现将《中西部农村初中校舍改造工程总体方案》印发你们，请遵照执行。并请结合实际认真研究，做好“工程”启动实施的相关准备工作。

附：中西部农村初中校舍改造工程总体方案

国家发展改革委　教育部

二〇〇七年四月十八日

附：

中西部农村初中校舍改造工程总体方案

实施“中西部农村初中校舍改造工程”(以下简称“工程”)，是进一步加强农村义务教育的重要举措。改善农村教育基础设施，对于缩小城乡、区域教育发展差距，推动公共教育协调发展，促进构建社会主义和谐社会具有重要意义。为了保证“工程”顺利实施，根据“十一五”规划《纲要》要求，提出如下意见：

一、总体目标和任务

(一)推动未纳入“两基”攻坚计划实施范围的中西部地区农村初中进行校舍改造，重点加强农村薄弱初中学生生活设施建设，改善食宿条件，提高农村初中巩固率和寄宿率。

(二)重点支持大约7 000所独立设置的农村初中学校新建或改造学生宿舍、食堂和厕所等生活设施，使项目学校寄宿学生生活设施达到或接近《农村普通中小学校建设标准》，基本消除“大通铺”和校外租房现象。

二、覆盖范围、资金安排和用向

(三)“工程”覆盖范围包括西部12个省(市、区)和新疆兵团、中部6省以及河北、海南、吉林、黑龙江等省的部分贫困地区。主要支持非“两基”攻坚县中的国家扶贫工作重点县、少数民族自治县、革命老区县和部分贫困人口集中分布县(以下简称四类县)，适当兼顾少数其他困难地区。

(四)据统计，上述四类县在中西部地区大约有500个，现有独立设置的农村初中学校1.1万所，在校生1 009万人。按照国家《农村普通中小学校建设标准》核算，到2010年学生宿舍、食堂和厕所共缺额约2 700万平方米，匡算需要投资154亿元。上述建设任务由中央专项资金和地方政府投入共同建设完成，中央专项资金拟选择其中部分学校相对集中给予支持。

（五）“十一五”期间国家发展改革委计划安排100亿元，占匡算“工程”土建总投资需求的大约2/3，其余部分由地方政府负责落实。地方政府承担的配套投入，由省级政府专项安排。

（六）中央专项资金分配原则是：国家发展改革委和教育部依据国务院有关部门明确的相关政策及数据，确定四类县范围；根据各省的四类县数、现有农村初中学校数、2010年预计在校生数、现有学生宿舍、食堂和厕所面积缺额数、农村中小学建设标准、地区经济发展水平等情况，采取因素法测算分配中央专项资金分省控制额度。

国家发展改革委和教育部从100亿元中央专项资金中预留部分额度，在“工程”执行中后期，依据项目省政府配套资金落实情况和工程实施管理实效，对切实重视教育、努力增加投入的省考虑给予奖励性支持。

（七）“工程”建设资金由中央专项资金和省级政府配套投入共同组成。中央专项资金主要用于项目学校学生宿舍、食堂和厕所主体建筑的土建。省级配套资金主要用于项目学校部分土建、床具、炊具等设备购置及取暖、供水、围墙、勤工俭学场地等配套设施建设。

三、主要指导原则

为保证实现“工程”总体目标和任务，国家发展改革委和教育部在组织编制“工程”建设规划和推进项目实施过程中，将把握以下原则：

（八）坚持科学规划、合理布局。各省要指导项目县结合当地经济社会发展实际，充分考虑城镇化建设规划、人口增长和密度、学龄人口变化趋势、寄宿学生实际需求、教育资源布局、地理环境及水电等基础条件是否满足寄宿学校长远发展需要等因素，遴选确定项目学校。列入“工程”建设规划的项目学校必须符合当地中小学布局结构调整规划，布局规划中准备整合撤销或水电等条件不能满足寄宿制学校生活要求的农村初中不得列入项目规划。

（九）坚持整合资源、统筹安排。要以县为单位统筹考虑农村初中校舍建设问题，项目县必须整合县域内农村初中办学资源，对于校舍面积总量已达到或超过国家标准、但存在结构性短缺矛盾的县，鼓励进行办学资源整合，通过调整改造部分富余校舍，解决寄宿学生生活条件不足的问题。校舍面积总量能够满足实际需要的地区，中央专项资金原则上不支持新增校舍建设。

（十）加强薄弱学校，促进均衡发展。优先遴选支持设在乡镇的农村薄弱初中学校，通过专项建设推进其办学条件达到国家或省级规定要求，促进校际间办学条件基本均衡。反对集中财力打造“重点校”或“示范校”的倾向，不搞形象工程。

（十一）注重协调发展，鼓励资源节约。要与国家已经组织实施的农村中小学危房改造工程、“两基”攻坚寄宿制学校建设工程等专项建设计划相衔接，对已经在上述工程建设规划中布点建设了生活用房的农村初中学校，原则上不得重复安排；鼓励和支持有条件的地区，因地制宜推广沼气改厕、太阳能利用等资源综合利用方案，建设农村生态校园。

四、组织实施和管理

（十二）“工程”在国务院领导下，由国家发展改革委、教育部和中西部有关省（市、自治区）人民政府共同组织实施。

国家发展改革委会同教育部研究制订“工程”建设总体方案报国务院审批；教育部和国家发展改革委根据国务院审定的原则意见，制订编制“工程”建设规划的具体要求和指导意见，部署地方政府编制“工程”建设规划和分年度实施计划，并审定各省报送的建设规划。

省级政府根据国务院审定的总体建设方案和两部委关于编制工程规划的具体意见，进一步明确建设任务、落实配套资金、遴选项目学校、确定建设标准、编制建设规划，并按照两部委审定的建设规划，具体负责规划实施、监管和组织协调工作。

国家发展改革委按照基本建设程序和项目管理要求，分年度审批下达建设计划和投资。

项目县政府负责“工程”项目学校的建设和管理，具体承担工程建设、资金使用、施工质量、运行使用等方面责任。

（十三）为加强对“工程”的领导和管理，国家成立中西部农村初中校舍改造工程领导小组，负责研究决策工程实施中的重大问题；领导小组下设办公室，具体负责“工程”的实施、管理和监督检查，建立项目数据库进行统一管理。各项目省也要成立相应的组织机构，具体负责“工程”实施的日常管理工作。

（十四）教育部和国家发展改革委将研究制订“工程”管理的配套文件，进一步明确对规划执行、工程设计、资金使用、项目管理及代建制、监督检查和评估验收的相关制度要求。

“十一五”期间，加强农村义务教育是教育发展的重中之重任务，也是推进社会主义新农村建设的必然要求，地方各级政府、发展改革和教育部门要按照国务院的要求，精心组织，认真实施，确保实现“工程”规划目标。

教育部　国家发展改革委关于编报中西部农村初中校舍改造工程建设规划的通知

教财函〔2007〕28号

河北、山西、内蒙古、吉林、黑龙江、安徽、江西、河南、湖北、湖南、广西、海南、重庆、四川、贵州、云南、西藏、陕西、青海、甘肃、宁夏、新疆等省、自治区、直辖市教育厅（教委）、发展改革委，新疆生产建设兵团教育局、发展改革委，黑龙江省农垦总局教育局、发展改革委：

《中西部农村初中校舍改造工程总体方案》已经国务院批准。为保证工程建设顺利实施，取得实效，根据国务院批准的总体方案，现将编制中西部农村初中校舍改造工程（以下简称工程）建设规划有关事项通知如下：

一、编制规划的总体原则

（一）科学规划，合理布局。要结合各地经济社会发展总体规划，充分考虑城镇化进程、人口流动和密度、学龄人口变化趋势等因素，在充分利用现有学校的基础上，以确保生源和师资、方便学生入学为前提，科学合理地制订建设规划，做到布局合理、规模适度。原则上不新设学校，要从严把握改扩建面积较大的学校，切实做到建一所成一所。

（二）整合资源，统筹安排。要以县为单位统筹考虑农村初中学生生活校舍建设问题。项目县必须整合县域内农村初中办学资源，对于校舍面积总量已经达到或者超过国家标准、但存在结构性短缺矛盾的县，首先应进行办学资源整合，鼓励通过调整、改造部分富余校舍，解决寄宿学生生活条件不足的问题，中央专项资金原则上不支持新增校舍。

（三）分类指导，推进均衡。对于人口密度较低、生源过于分散的县，优先遴选支持设在县城周边、中心乡镇或邻近乡镇联合举办的初中学校，提高办学效益。对于人口密度较高、生源较为集中的县，优先遴选支持设在乡镇的农村薄弱初中学校，通过专项建设推进其办学条件达到国家或省级规定要求，促进校际间办学条件基本均衡。不得将工程资金用于打造“重点校”或“示范校”，不搞形象工程。

（四）协调发展，节约资源。要注意与国家已经实施的农村中小学危房改造工程、“两基”攻坚寄宿制学校建设工程等专项建设计划相衔接，对已经在上述工程建设规划中布点建设了生活用房的农村初中，原则上不得重复安排；鼓励和支持有条件的县，在实施本工程的过程中，因地制宜地实施沼气改厕、太阳能利用等资源综合利用方案，建设农村生态校园。

二、编制规划的相关要求

（一）实施范围和时间

实施范围是中西部地区“两基”攻坚县以外的536个国家扶贫工作重点县、少数民族自治县、革命老区县和部分贫困人口集中分布县，以及西部地区部分省级贫困县、边境县（各地项目县名单见附件一），经教育部、国家发展改革委与各省（区、市、兵团、总局，下同）核对确认后，工程实施范围不再扩大。

实施时间为2007年至2010年。

（二）工程建设内容

工程主要建设内容为各项目学校的学生宿舍、食堂和厕所等学生生活设施建设，必要的体育场地建设和床具、炊具等设备购置及取暖、供水等配套设施建设。

（三）资金安排原则

工程所需投资由中央专项投资和省级专项配套资金共同承担。为明确责任，更好地组织实施，中央和省级投资分别安排不同的项目学校。中央专项投资集中用于部分项目学校学生生活设施建设和床具、炊具等配套设备的购置，其余学校由省级专项配套资金负责建设。

2007—2010年，国家发展改革委计划安排中央专项投资100亿元，中央专项投资分地区额度安排的原则是：西部地区县（含中部六省比照实施西部大开发政策的项目县），中央专项投资额按土建总投资的70%安排，其余项目县按60%安排，并依据国务院相关政策及统计数据，采取“因素法”确定中央专项资金分地区控制额度。

地方配套资金由省级政府专项安排。

在工程执行中后期，教育部和国家发展改革委将依据各地省级专项配套资金落实情况和工程建设、管理实效，对切实重视农村教育、努力加大投入的省份，从预留的中央专项资金中，给予奖励性支持。

（四）项目学校遴选要求

1. 项目学校主要是独立设置的农村普通初级中学，适当兼顾少数初中生较多的农村九年一贯制学校。完全中学、职业初中和特殊教育学校原则上不纳入工程项目范围。

2. 项目学校必须是当地中小学布局结构调整规划予以保留的学校。布局调整拟撤销的学校不得纳入，调整方案尚不明确的学校不得纳入。未制订中小学布局结构调整规划的县，必须先行完成中小学布局结构调整规划，再根据调整后的实际情况研究提出工程建设规划。

3. 根据推测的2010年在校生人数和《农村普通中小学建设标准》核算，学生生活设施存在较大缺口，且难以通过调整房舍用途解决学生生活用房的学校，要优先考虑纳入工程建设规划。校舍总面积已经达到或超过现行标准的学校，以及学生生活类校舍缺口面积不超过20%的学校，原则上不纳入中央专项投资支持范围，由地方通过富余校舍改造等措施解决。

4. 优先支持农村薄弱学校特别是学生生活设施严重短缺的薄弱初中，中央专项投资不得用于打造“重点校”、“示范校”。位于山区、湖（库）区、高寒或荒漠地区的县，可在具备交通、水、电条件的基础上，优先考虑支持县镇周边或人口集中乡镇的农村初中，以提高办学效益和投资效益。位于平原地区、人口密度较高的县，应优先支持乡镇农村初中特别是薄弱初中，以促进校际间办学条件的基本均衡。

5. 原属农场、林场、矿山等企事业单位、现已归属教育行政部门管理的农村普通初中或九年一贯制学校，符合条件的应一视同仁予以考虑。

6. 建设用地、水源、电力无法解决或不具备地质、饮水、交通、用电等方面安全条件的学校，在相关问题解决之前暂不考虑。特别是位于地震断裂带、低洼地、滑坡地、沟口等自然灾害频发地段，或物理、化学污染源地段，或高压架空输电线路附近的学校，在采取相应措施之前不得列入。

7. 项目学校建设内容，严格限定为学生生活用房，包括学生宿舍、食堂、厕所、锅炉房（水房）、浴室、卫生室等房舍建设，教学和教学辅助用房、办公行政用房、教工宿舍等不予安排。各校建设规模主要依据2010年预计在校生人数、现有学生生活用房面积和《农村普通中小学校建设标准》规划确定。

三、规划应包括的主要内容

（一）现状分析

在充分调研本地区现有农村初中校数、布局、学生数、寄宿生数、学生生活类校舍情况等重要指标的基础上，结合当地经济、地理、人口等因素，就2010年农村初中发展前景、学生生活类校舍缺口及建设需求等进行全面、深入的分析。

（二）建设目标及主要任务

1. 建设目标。提出本地区工程总体目标，明确至2010年本地区按项目县平均的“农村初中三年保留率”、“农村初中学生在校寄宿率”、“生均生活服务用房面积”、“生均食堂面积”、“生均厕所面积”，“寄宿生生均宿舍面积”等指标值。

2. 主要任务。明确由中央投资和地方投资分别安排的项目学校数。

3. 进度安排。列出2007—2010年每年建设计划及项目县、校安排。在基本具备前期条件的前提下，优先安排急需投入的县、校。

（三）建设规模及投资安排

1. 建设规模。明确本地项目学校改造和建设的总规模，并分别列出学生宿舍、食堂、厕所、其他生活用房的规模，以及配套设施购置量。

2. 资金来源及安排

（1）中央专项资金及地方配套资金安排情况。

（2）分县、分项目学校安排情况。

请各省使用“中西部农村初中校舍改造工程建设规划系统软件”（另行寄

送）编报规划。

各地建设规划文本、建设规划汇总表（见附件二，即软件汇总表）、随附的基层报表（详按软件）及项目县、校规划图（见附件三），于6月30日前报送。

四、相关工作程序

（一）各省工程建设规划由教育和发展改革部门共同研究制订。经省政府同意后，由省级教育、发展改革部门联衔报送教育部、国家发展改革委。

（二）教育部、国家发展改革委按照国务院审定的原则意见，审核确定各省报送的建设规划。

（三）国家发展改革委将按基本建设程序和项目管理要求，分年度审批下达建设计划和投资。

中西部农村初中校舍改造工程是加强中西部农村义务教育的一项重大举措。请各地发展改革和教育部门高度重视，扎扎实实做好规划编制工作，按时上报。

附件：

1.“中西部农村初中校舍改造工程”项目县名单

2. 2007—2010年“中西部农村初中校舍改造工程”建设规划（草案）汇总表（略）

3.“中西部农村初中校舍改造工程”项目县、校规划图（示例，备案材料）（略）

教育部　国家发展改革委

二〇〇七年六月四日

附件一：

“中西部农村初中校舍改造工程”项目县名单

经商有关省（区、市、兵团、总局），以下各县（市、区、旗、团场、农场）作为项目县，纳入“中西部农村初中校舍改造工程”。西藏自治区项目县另文确定。

河北省（40个县）

灵寿县　赞皇县　平山县　青龙满族自治县　大名县　涉县　广平县　魏县
临城县　巨鹿县　广宗县　阜平县　唐县　涞源县　顺平县　张北县　康保县
沽源县　尚义县　蔚县　阳原县　怀安县　万全县　赤城县　崇礼县　平泉县
滦平县　隆化县　丰宁满族自治县　宽城满族自治县　围场满族蒙古族自治县
东光县　海兴县　盐山县　南皮县　献县　孟村回族自治县　大厂回族自治县
武邑县　武强县

山西省（47个县、市、区）

阳曲县　娄烦县　广灵县　浑源县　大同县　平顺县　壶关县　武乡县　沁县
沁源县　陵川县　平鲁区　榆社县　左权县　和顺县　昔阳县　万荣县
闻喜县　新绛县　垣曲县　夏县　平陆县　忻府区　五台县　代县　繁峙县
宁武县　神池县　五寨县　岢岚县　河曲县　保德县　偏关县　原平市　古县
浮山县　吉县　乡宁县　隰县　汾西县　离石区　文水县　交城县
柳林县　岚县　中阳县　交口县

内蒙古自治区（25个县、旗）

托克托县　和林格尔县　清水河县　武川县　固阳县　达尔罕茂明安联合旗
巴林左旗　巴林右旗　林西县　宁城县　奈曼旗　准格尔旗　鄂托克前旗
乌审旗　伊金霍洛旗　莫力达瓦达斡尔族自治旗　鄂伦春自治旗
鄂温克族自治旗　化德县　商都县　察哈尔右翼前旗　科尔沁右翼前旗
苏尼特右旗　乌拉特中旗　阿拉善左旗

吉林省（11个县、市）

伊通满族自治县　靖宇县　长白朝鲜族自治县　镇赉县
前郭尔罗斯蒙古族自治县　通榆县　大安市　龙井市　和龙市　汪清县
安图县

黑龙江省（10个县、市）

延寿县　泰来县　甘南县　饶河县　桦南县　桦川县　汤原县　抚远县
同江市　兰西县

安徽省（27个县、市、区）

长丰县　怀远县　枞阳县　潜山县　太湖县　宿松县　望江县　定远县
临泉县　太和县　颍上县　界首市　砀山县　萧县　灵璧县　泗县
无为县　裕安区　寿县　霍邱县　舒城县　金寨县　霍山县　涡阳县
石台县　郎溪县　泾县

江西省（50个县、市）

浮梁县　乐平市　莲花县　上栗县　芦溪县　武宁县　修水县　德安县
瑞昌市　贵溪市　赣县　信丰县　大余县　上犹县　崇义县　安远县
宁都县　于都县　兴国县　会昌县　石城县　瑞金市　南康市　吉安县
吉水县　峡江县　新干县　永丰县　泰和县　遂川县　万安县　安福县
永新县　井冈山市　万载县　宜丰县　铜鼓县　黎川县　南丰县　乐安县
宜黄县　资溪县　广昌县　上饶县　玉山县　铅山县　弋阳县　万年县
婺源县　德兴市

河南省（51个县、市）

通许县　栾川县　嵩县　汝阳县　宜阳县　洛宁县　叶县　郏县　滑县
内黄县　林州市　原阳县　封丘县　南乐县　范县　台前县　濮阳县
舞阳县　卢氏县　南召县　淅川县　社旗县　桐柏县　民权县　睢县
宁陵县　柘城县　虞城县　夏邑县　永城市　罗山县　光山县　新县

商城县　固始县　潢川县　淮滨县　息县　扶沟县　商水县　沈丘县
郸城县　淮阳县　太康县　鹿邑县　上蔡县　正阳县　确山县　泌阳县
汝南县　新蔡县

湖北省（47个县、市、区）

阳新县　郧县　竹溪县　房县　丹江口市　远安县　当阳市　襄阳区
南漳县　谷城县　枣阳市　宜城市　京山县　沙洋县　钟祥市　孝昌县
大悟县　云梦县　应城市　安陆市　汉川市　公安县　监利县　江陵县
石首市　洪湖市　松滋市　团风县　红安县　罗田县　英山县　浠水县
蕲春县　麻城市　武穴市　嘉鱼县　通城县　崇阳县　赤壁市　广水市
恩施市　建始县　来凤县　仙桃市　潜江市　天门市　大冶市

湖南省（46个县、市）

浏阳市　攸县　茶陵县　炎陵县　醴陵市　湘潭县　湘乡市　韶山市　衡山县
祁东县　耒阳市　新邵县　邵阳县　隆回县　绥宁县　新宁县
城步苗族自治县　岳阳县　华容县　平江县　汨罗市　临湘市　澧县　石门县
津市市　慈利县　南县　沅江市　宜章县　永兴县　汝城县　桂东县　安仁县
资兴市　祁阳县　江永县　宁远县　蓝山县　新田县　江华瑶族自治县
会同县　靖州苗族侗族自治县　双峰县　新化县　冷水江市　龙山县

广西壮族自治区（25个县）

龙胜各族自治县　右江区　田东县　横县　武鸣县　柳城县　资源县　灵川县
苍梧县　合浦县　防城区　浦北县　灵山县　平南县　桂平市　博白县
陆川县　扶绥县　凭祥市　象州县　武宣县　钟山县　昭平县　金城江区
宜州市

海南省（14个市、县）

五指山市　文昌市　万宁市　澄迈县　白沙黎族自治县
昌江黎族自治县　乐东黎族自治县　陵水黎族自治县

保亭黎族苗族自治县　琼中黎族苗族自治县　东方市　琼海市　定安县
临高县

重庆市（13个县）

万州区　黔江区　丰都县　武隆县　开县　奉节县　巫山县
石柱土家族自治县　彭水苗族土家族自治县　涪陵区　南川区　忠县　潼南县

四川省（37个县、市、区）

叙永县　古蔺县　梓潼县　北川羌族自治县　平武县　江油市　朝天区
旺苍县　青川县　剑阁县　苍溪县　峨边彝族自治县　嘉陵区　南部县
营山县　蓬安县　仪陇县　阆中市　屏山县　广安区　达县　宣汉县
渠县　万源市　通江县　南江县　平昌县　富顺县　中江县　蓬溪县
资中县　仁寿县　汉源县　安岳县　汶川县　泸定县　宁南县

贵州省（26个县）

普定县　玉屏侗族自治县　思南县　印江土家族苗族自治县　安龙县
大方县　三穗县　岑巩县　天柱县　锦屏县　荔波县　开阳县　汇川区
绥阳县　湄潭县　余庆县　赤水市　平坝县　钟山区　铜仁市　金沙县
都匀市　贵定县　瓮安县　凯里市　龙里县

云南省（50个县、区）

东川区　石林彝族自治县　禄劝彝族苗族自治县　寻甸回族彝族自治县
富源县　会泽县　峨山彝族自治县　新平彝族傣族自治县
元江哈尼族彝族傣族自治县　施甸县　龙陵县　昌宁县　昭阳区　绥江县
威信县　永胜县　玉龙纳西族自治县　宁洱哈尼族彝族自治县
景东彝族自治县　景谷傣族彝族自治县　镇沅彝族哈尼族拉祜族自治县
凤庆县　江城哈尼族彝族自治县　双柏县　南华县　姚安县　大姚县
永仁县　武定县　泸西县　河口瑶族自治县　文山县　砚山县　西畴县
马关县　丘北县　漾濞彝族自治县　弥渡县　南涧彝族自治县　永平县

巍山彝族回族自治县　云龙县　洱源县　剑川县　鹤庆县　梁河县
宣威市　盈江县　牟定县　临翔区

陕西省（37个县、区）

印台区　耀州区　宜君县　陇县　麟游县　太白县　永寿县　彬县
长武县　旬邑县　淳化县　合阳县　蒲城县　白水县　安塞县　志丹县
吴起县　甘泉县　洛川县　洋县　西乡县　略阳县　神木县　府谷县
靖边县　汉滨区　宁陕县　岚皋县　镇坪县　旬阳县　商州区　洛南县
丹凤县　商南县　蓝田县　城固县　富平县

甘肃省（28个县、区）

榆中县　麦积区　秦安县　甘谷县　武山县　古浪县　肃南裕固族自治县
静宁县　肃北蒙古族自治县　西峰区　阿克塞哈萨克族自治县　庆城县
华池县　合水县　正宁县　宁县　镇原县　安定区　通渭县　陇西县
渭源县　临洮县　文县　两当县　皋兰县　靖远县　民勤县　临夏市

青海省（12个县、市）

大通回族土族自治县　湟中县　平安县　民和回族土族自治县　乐都县
互助土族自治县　门源回族自治县　湟源县　贵德县　乌兰县　格尔木市
德令哈市（含海西州大柴旦行委、茫崖行委所属学校）

宁夏回族自治区（14个县、市、区）

兴庆区　西夏区　金凤区　永宁县　贺兰县　灵武市　大武口区　惠农区
平罗县　吴忠市利通区　青铜峡市　中卫市市辖区　中宁县
吴忠市红寺堡开发区

新疆维吾尔自治区（30个县、市）

巴里坤哈萨克自治县　木垒哈萨克自治县　焉耆回族自治县　乌什县
柯坪县　阿图什市　疏附县　疏勒县　英吉沙县　叶城县　岳普湖县

民丰县 察布查尔锡伯自治县 吉木乃县 温宿县 额敏县 麦盖提县
泽普县 乌苏市新源县 特克斯县 托克逊县 霍城县 哈巴河县 奇台县
精河县 布尔津县 呼图壁县 温泉县 和硕县

新疆生产建设兵团（85个团场）

1团 2团 3团 4团 7团 8团 10团 12团 14团 16团 21团 23团
28团 30团 31团 33团 34团 42团 43团 44团 53团 61团 62团
63团 66团 68团 69团 72团 73团 74团 75团 81团 86团 87团
88团 89团 90团 91团 101团 102团 103团 105团 106团 芳草湖
新湖 军户 共青团 125团 126团 127团 128团 130团 131团
137团 121团 133团 134团 136团 141团 142团 143团 144团
石总场 147团 148团 149团 150团 161团 164团 163团 168团
182团 183团 184团 187团 五一农场 三坪农场 头屯河农场
西山农场 221团 黄田农场 红星二场 柳树泉农场 红星一场 224团

黑龙江省农垦总局（25个农场）

延军农场 梧桐河农场 双鸭山农场 前哨农场 前锋农场 鸭绿河农场
海伦农场 红旗农场 引龙河农场 长水河农场 建设农场 锦河农场
跃进农场 泰来农场 富裕牧场 五九七农场 红五月农场 建边农场
和平牧场 岔林河农场 八五一〇农场 红色边疆农场 龙镇农场
襄河农场 逊克农场

教育部办公厅　国家发展改革委办公厅关于印发中西部农村初中校舍改造工程实施意见、专项资金管理办法、建设项目管理办法的通知

教财厅〔2007〕7号

河北、山西、内蒙古、吉林、黑龙江、安徽、江西、河南、湖北、湖南、广西、海南、重庆、四川、贵州、云南、西藏、陕西、甘肃、青海、宁夏、新疆等省、自治区、直辖市教育厅(教委)、发展改革委（厅），新疆生产建设兵团教育局、发展改革委，黑龙江省农垦总局教育局、发展改革委：

现将《关于中西部农村初中校舍改造工程实施意见》、《关于中西部农村初中校舍改造工程专项资金管理办法》、《关于中西部农村初中校舍改造工程建设项目管理办法》印发给你们，请认真贯彻执行。

附件：

1. 教育部办公厅　国家发展改革委办公厅关于中西部农村初中校舍改造工程实施意见
2. 教育部办公厅　国家发展改革委办公厅关于中西部农村初中校舍改造工程专项资金管理办法
3. 教育部办公厅　国家发展改革委办公厅关于中西部农村初中校舍改造工程建设项目管理办法

教育部办公厅　国家发展改革委办公厅

二〇〇七年九月十二日

附件1：

教育部办公厅 国家发展改革委办公厅 关于中西部农村初中校舍改造工程实施意见

为保证中西部农村初中校舍改造工程(以下简称“工程”)顺利实施，根据经国务院批准的《中西部农村初中校舍改造工程总体方案》有关要求，特制定如下实施意见。

一、加强领导，落实责任

1. 实施“工程”是大力加强中西部地区非“两基”攻坚县义务教育巩固提高工作，落实《义务教育法》和《国家教育事业发展“十一五”规划纲要》，提高我国义务教育整体水平的重大举措。

2.“工程”在国务院领导下，由教育部、国家发展改革委和中西部有关省、自治区、直辖市人民政府和新疆生产建设兵团、黑龙江省农垦总局（以下统称省）共同组织实施。

3. 国家成立中西部农村初中校舍改造工程领导小组，负责研究、决策“工程”实施的重大问题。领导小组办公室（以下简称“初中工程办”）设在教育部，负责“工程”实施的日常管理工作。

各地要成立相应的机构，配备精干人员，建立相应制度，加强对“工程”的组织领导，确保“工程”顺利实施。

4. 根据“义务教育实行国务院领导，省、自治区、直辖市人民政府统筹规划实施，县级人民政府为主管理的体制”，各地要切实履行实施“工程”的职责：

——各省要结合本省教育事业发展规划，统筹配置省内教育资源，根据《中西部农村初中校舍改造工程总体方案》和本实施意见的相关要求，制订本省“工程”建设规划；确定项目县专项资金额度；组织编制和审定各市（地区、州、盟，下同）“工程”建设规划；确定建设标准；落实对“工程”建设收费的有关减免政策；按时下达“工程”投资计划；制定招标采购工作方案；指导、检查和督促“工程”进度和“工程”质量；全面报告本省“工程”实施情况。

——各市要结合本市实际，指导、审核各县（区、旗、场，下同）上报的“工程”建设规划和项目文本，汇总审核本市“工程”建设规划；监督“工程”专项资金拨付；检查、督促“工程”进度和工程质量；定期向上级报告“工程”实施情况。

——各县全面负责“工程”项目学校建设任务的实施和管理，内容包括：论证、修订本地中小学布局调整规划；在统筹“农村寄宿制学校建设工程”、“新农村卫生新校园建设工程”等专项工程项目的基础上，制定本地工程建设规划；按基本建设管理程序，组织项目学校前期论证、勘察设计、招(投)标、建筑项目施工、质量监督检查、竣工验收、办理基建财务决算等；按有关规定减免“工程”建设收费；按审核确定的建设规划管理专项资金，保证专款专用，按照工程进度及时拨付；检查督促工程进度；负责解决项目学校配套设施建设；对工程质量负主要责任；定期向上级报告工程进展情况；保证项目学校正常运转所需经费，加强对项目学校的管理。

5. 实行项目管理目标责任制。教育部、国家发展改革委与中西部有关省级人民政府签订《中西部农村初中校舍改造工程项目责任书》，并在“工程”实施过程中和结束时，根据责任书进行检查、验收。项目省、市、县都要加强项目管理，层层签订责任书，任务到校，责任到人。

二、实行项目管理，加强检查监督

6.“工程”实行项目管理。

（1）“工程”建设规划由省级教育和发展改革部门共同研究制订，经省级人民政府同意后联衔报送教育部、国家发展改革委审核确定。

（2）“工程”建设年度计划由省级发展改革部门会同省级教育部门，从“工程”建设规划中筛选上报，经国家发展改革委、教育部审定后，分年下达。

（3）加强和完善项目管理。教育部和国家发展改革委制订《中西部农村初中校舍改造工程专项资金管理办法》和《中西部农村初中校舍改造工程建设项目管理办法》，规范“工程”建设项目、采购项目的操作及资金使用与管理。

实行八项制度，确保“工程”顺利实施。

——简报制度。中央和地方各级“初中工程办”都要编发“工程”简报，定期通报情况。

——倒排工期制。对纳入“工程”规划的所有项目学校倒排开工日期、竣工日期。

——进度双月报制度。各省每两月向国家“初中工程办”报告一次项目进展情况及数据。

——问责制。每两月国家“初中工程办”对各省“工程”进度进行排队，对排名靠后的项目地区主管领导问责。

——监督检查制。实行国家重点督察、省市定期巡查、县级经常自查的监督检查机制。

——项目公示制。年度项目一经下达，项目地区管理机构要在相关媒体上公示项目建设规划、项目学校名单、项目建设规模与内容、建筑施工单位等相关情况和主要信息。

——监督举报制。各级“初中工程办”都要设立和公布监督举报电话，接受社会监督。

——宣传制度。要加强正面报道，积极宣传“工程”实施情况，争取社会支持与帮助。

7. 严格执行“工程”建设规划和年度计划。经项目省级人民政府同意，由教育部和国家发展改革委审核确定的各地2007—2010年“工程”建设规划，是“工程”实施的基本依据。项目地区各级人民政府及有关部门必须认真维护规划的严肃性，将“工程”项目学校建设列入本地基本建设计划管理。严格按照批准的初步设计内容及总概算进行施工图设计，坚决防止随意变更项目学校、变更建设内容和大幅度增减建设规模的现象发生。对不依据审核确定的规划和批准下达的年度计划实施“工程”，影响当地“工程”目标实现以及造成国家投资浪费等问题的，将追究有关领导和当事人的责任。

因移民搬迁、村镇规划调整、自然灾害等重大不可预见因素，导致确需调整“工程”建设规划或年度计划的，必须由县级教育和发展改革部门提出调整申请，经省级教育和发展改革部门同意，报教育部、国家发展改革委审核确定后方可调整。

8. 层层建立监督机制。一级抓一级，一直落实到“工程”的每个具体项目。

国家“初中工程办”根据国务院要求和工作进展情况，对各地“工程”实施进行专项检查。

项目省每年都要对“工程”实施组织工作检查，并按照“相对固定、分片包干”的办法，从2007年至2010年，对每个项目县指定一定数量的工作人员或专家，对该项目县的“工程”实施工作进行全过程指导和监督。要充分利用发展改革部门“项目稽察办”的力量，加大省一级的监督检查力度。

各项目县要确定专人负责监督检查工作，在将“工程”项目管理责任落实到人的同时，将监督责任也落实到人。

9. 加强对“工程”实施情况的宣传报道，积极争取社会支持。充分利用各种媒体，宣传报道“工程”实施情况；要落实项目公示制，主动接受社会监督，努力把“工程”建成“阳光工程”。

三、做好前期工作，保证工程进度

10. 各地要在确保工程质量的前提下，采取切实有效措施，加快“工程”进度。尤其是受气候条件限制，施工期较短的地区，更应抓紧时间，确保在有效施工期内完成建设任务。

11. 加强项目前期工作，保证工程建设进度。各地要督促和帮助项目学校提前做好规划项目的地质勘查、初步设计和概算审查等前期工作。建设规模较大的项目，应编制可行性研究报告，按规定程序报批。建设规模较小的项目，也要有明确的建设方案。

12. 各级“初中工程办”要协调督促有关部门，及时将“工程”资金落实到县，防止出现因资金不到位而影响工程进度，或拖欠工程款的情况。要主动协调当地规划、建设、国土、环保等相关部门，积极支持项目学校建设，及时审批“工程”建设项目。对竣工项目，要尽快进行专项审计，并及时办理交付使用手续。要扎实做好各项日常性基础工作，及时、准确地为上级领导和相关部门提供工程建设信息。

四、减免建设收费，降低“工程”成本

13. 地方各级政府及有关部门要延续对“农村寄宿制学校建设工程”等农村义务教育工程的有关优惠政策措施，继续减免“工程”建设的相关收费。凡涉及的行政事业性收费和政府性基金，均应予以免收；涉及的经营服务性收费，在服务双方协商的基础上，提倡各有关单位从支持农村义务教育事业发展的角度适当予以减收或免收。

14. 要切实加大对“工程”建设收费的监督检查力度，严禁收取国家明令取消的行政事业性收费和政府性基金，对自立项目、超标准收费等乱收费行为，要依法予以查处。

五、完善相关政策，提高综合效益

15. 项目省、市、县在完成“工程”建设任务的同时，要充分估计“工程”实施后寄宿学生增加、免费发放教科书和补助贫困寄宿生生活费的需求随之增加等情况，适时研究和调整当地完善农村义务教育经费保障新机制的相关政策措施。

16. 项目省、市、县要按照农村义务教育经费保障新机制的有关要求，切实负起责任，结合当地实际，合理确定“一补”政策覆盖范围及标准，落实补助贫困寄宿生资金，做到“应补尽补”，确保家庭经济困难寄宿生不因生活费问题辍学。

17. 项目省、市、县要加强“工程”项目学校收费管理，严格按照教育部、国务院纠风办、监察部、国家发展改革委、财政部五部门《关于在农村义务教育经费保障机制改革中坚决制止学校乱收费的通知》（教财〔2006〕6号）要求，进一步规范农村义务教育阶段学校收费行为。项目学校除按“一费制”标准收取教科书费(不含按规定享受免费教科书的学生)、作业本费和寄宿生住宿费外，严禁再向学生收取其他任何费用。“工程”项目学校不能因为学校住宿条件的改善，而借机提高收费标准，增加学生家长负担。

18. 各地要充分利用好“农村义务教育阶段学校教师特设岗位计划”等措

施，通过公开招募高校毕业生到中西部“工程”项目学校任教，引导和鼓励高校毕业生从事农村教育工作，逐步解决农村师资总量不足和结构不合理等问题，提高“工程”项目学校教师队伍的整体素质。

19. 项目学校要有计划地改善学校综合功能，重视图书、教学仪器和远程教育设备的配备，使学校的校舍、仪器设备、文体设施、图书资料、教师和管理队伍相互配套，充分发挥“工程”投入的综合效益。要积极推进课程改革和教学改革，因地制宜地实施素质教育，努力提高教育质量。

20. 各有关部门要参照《国家西部地区农村寄宿制学校建设工程项目学校管理暂行办法》(攻坚办〔2006〕6号)有关精神，切实加强“工程”项目学校的管理。要牢固树立学生安全第一的观念，建立健全学校安全管理制度，保障师生安全和正常学习生活秩序。

“工程”实施后期，教育部、国家发展改革委将对各地“工程”实施效果，包括建设规划和年度计划执行情况、省级配套资金的落实情况、中央专项资金管理使用情况、建设收费减免情况、工程质量与进度以及日常工作开展情况等，进行全面检查评估。评估结果将作为预留中央专项资金分配的主要依据。

实施“工程”责任重大，各地各有关部门要高度重视，精心部署，狠抓落实，确保实现“工程”目标。

附件2：

教育部办公厅　国家发展改革委办公厅
关于中西部农村初中校舍改造工程专项资金管理办法

第一条　为保证中西部农村初中校舍改造工程（以下简称“工程”）顺利实施，加强专项资金管理，提高资金使用效益，依据国家有关法律法规和《中西部农村初中校舍改造工程总体方案》、《中西部农村初中校舍改造工程实施意见》，特制定本办法。

第二条　本办法所称专项资金系指用于本工程的中央专项资金。

省级人民政府用于“工程”的资金，以及其他渠道用于“工程”的资金，可参照本办法进行管理。

第三条　“工程”专项资金的使用原则：根据“工程”总体规划和年度投资计划，实行项目管理，统筹安排，突出重点，集中投入，专款专用，保证效益，确保建一所成一所。

第四条　“工程”专项资金的投向是中西部地区“两基”攻坚县以外的国家扶贫工作重点县、少数民族自治县、革命老区县和部分贫困人口集中分布县以及西部地区部分省级贫困县、边境县。

第五条　“工程”专项资金必须用于由政府部门举办的、在中小学布局结构调整中要保留的、单独设置的农村(含县镇)普通初级中学，适当兼顾少数初中生较多的农村九年一贯制学校。完全中学、职业初中和特殊教育学校原则上不纳入“工程”项目范围。

第六条　专项资金用于各项目学校的学生宿舍、食堂、厕所等生活用房，配套设施，必要的体育场地建设，以及床具、炊具等生活设备购置。

第七条　专项资金主要用于土建工程支出，学校土建资金支出应不低于总投资的80%。

第八条　“工程”专项资金要与“国家贫困地区义务教育工程”、“农村中小学危房改造工程”、“农村寄宿制学校建设工程”以及“新农村卫生新校园建设工程”等资金相互衔接，统筹安排，避免重复投资。已有上述项目的学校确需安排“工程”资金的，要从严把握建设内容，确保单体建筑项目不重复。

第九条　用于土建工程支出的资金集中在县级管理，不得将其下拨到乡镇或项目学校；用于非土建部分的资金可以集中在省级管理。

第十条　项目县必须设立“工程”资金专户，对专项资金实行专账核算、集中支付、封闭运行，严禁克扣、截留、挤占、挪用“工程”专款。

各地要严格执行《关于加强国债专项资金财政财务管理与监督的通知》（财基字〔1998〕619号）、《关于加强国债专项资金拨款管理的通知》（财基字〔1999〕457号）、《中央预算内投资补助和贴息项目管理暂行办法》（国家发展改革委第31号令）等文件的有关规定。

第十一条　实行按进度拨款制度，加快拨款速度。年度投资计划与项目预算下达后，一个月以内，专项资金必须拨付到下一级财政。项目县接到上级下达的投资计划与项目预算文件后，十五日内将资金划转至“工程”资金专户，以保证按进度支付“工程”款。

第十二条　“工程”建设项目应按照基本建设程序进行管理，实行工程预决算制度，严格控制工程建设成本，提高投资效益；设备配置由省级“工程”领导小组制定政策，省（或市、县）级农村初中校舍改造工程领导小组办公室（以下简称“初中工程办”）统一组织招标采购。

第十三条　建立“工程”资金专项审计制度。各级审计部门要加大对“工程”专项资金使用的监督检查力度，每年都要将“工程”资金的使用和管理列为监督检查的重点。项目学校单体建筑完工后要组织有资质的审计机构进行专项审计，在交付使用前必须提交审计报告。

第十四条　建立“工程”专项资金管理责任追究制度。“工程”资金要专款专用，不能顶替地方各级人民政府对当地教育应有的投入，更不得用于偿还过去拖欠的工程款和其他债务。对挤占、挪用、截留“工程”专项资金或减少本地政府投入、套取中央专项资金的行为以及疏于管理造成国有资产流失等其他违规违纪行为，要按照有关规定严厉惩处，追究相关负责人的责任。同时视情节轻重，缓拨、减拨、停拨直至追回“工程”资金。

第十五条　“工程”实施完毕后，若有净结余资金，不得跨县调剂使用，可在严格遵守现行基建财务管理法规有关规定的前提下，由项目县集中管理和使用。

各项目学校结余资金要继续在项目县“工程”资金专户内统一管理，优先用于“工程”项目学校建设，包括校舍建设、维修或教学设备、仪器购置及其相关事宜。具体使用方案由项目县报省级教育和发展改革部门审批并送教育部、国家发展改革委备案。

第十六条　本办法由教育部和国家发展改革委负责解释。

第十七条　各省（自治区、直辖市）教育、发展改革部门可依据本办法，制定具体管理办法。

第十八条　本办法自发布之日起施行。

附件3：

教育部办公厅　国家发展改革委办公厅
关于中西部农村初中校舍改造工程建设项目管理办法

一、总则

第一条　为加强中西部农村初中校舍改造工程（以下简称“工程”）建设项目的管理，确保工程质量、进度和效益，规范建设过程中各环节的工作，依照国家有关法律法规、规范、文件和《中西部农村初中校舍改造工程总体方案》、《中西部农村初中校舍改造工程实施意见》，特制定本办法。

第二条　本办法适用于教育部、国家发展改革委批准的“工程”规划内中央专项资金投资建设的项目学校建设项目的管理。由省级人民政府“工程”配套资金及其他渠道资金投资建设的项目学校，可参照本办法进行管理。

第三条　本办法所称“项目”，指各项目学校的学生宿舍、食堂、厕所等生活用房及配套设施建设项目。

二、管理机构与职责

第四条　“工程”项目建设由国家和省（自治区、直辖市、生产建设兵团，农垦总局，下同）、市（地区、州、盟，下同）、县（区、旗、场，下同）教育和发展改革部门共同负责，分级管理，以县为主。

国家设立中西部农村初中校舍改造工程领导小组办公室（以下简称“初中工程办”），负责“工程”项目建设的宏观管理，指导并组织检查各地项目实施情况。

各省、市、县成立的“初中工程办”，具体负责“工程”项目建设管理工作。

第五条　省级“初中工程办”负责全面组织、协调、指导本省“工程”建设项目的管理，组织实施本地区“工程”建设规划，监督、检查项目进展情况并及时协调解决重大问题。

第六条　市级“初中工程办”负责组织、协调、指导本地所辖各县“工程”建设项目管理工作，监督、检查所辖各县“工程”建设项目的实施情况。

第七条　县级“初中工程办”在县“农村初中校舍改造工程领导小组”直接领导下，负责组织实施本县“工程”建设规划。并履行以下职责：

——组织实施本县“工程”建设规划。督促、协调本县“初中工程办”成员单位履行职能，及时完成建设项目前期论证、可行性研究报告报批、年度建设方案编制、年度建设项目报批、专项资金管理、项目中期检查、项目竣工验收等工作。

——编制本县“工程”建设项目实施规划。监督、指导本县“工程”建设项目的选址、征地、勘察、设计、招标、监理、竣工验收、基建财务决算等工作。

——督促、检查本县“工程”建设项目的实施进展情况，监督项目学校和施工单位按教育部、国家发展改革委审定的项目建设内容组织施工。

——协调本县有关部门，落实各级政府对教育类建设项目收费的减免规定。

——严格按《建设工程文件归档整理规范》规定，建立和管理本县“工程”项目技术档案。

——以月报形式及时向上级“初中工程办”报告建设项目进展情况。

三、立项和可行性研究

第八条　建设项目要严格按照基本建设程序管理，及时完成立项和可行性研究等项目前期工作，不得简化程序。

各地“初中工程办”依据两部委备案的“工程”建设规划，委托具有相应资质的规划、设计、咨询机构编制项目可行性研究报告，并按规定审批。

第九条　各省发展改革和教育部门要在已列入“工程”建设规划的项目中，根据国家两部委确定的年度“工程”投资额，选择开工条件成熟的项目，编报本省的“工程”中央专项资金年度投资计划建议。经两部委审核后，逐级下达年度投资计划和资金预算，各地“初中工程办”按下达的计划和预算启动实施项目。

四、选址、勘探和设计

第十条　建设项目的选址，应选在交通方便、位置适中、地形开阔、空气新鲜、阳光充足、环境适宜、地势较高、排水通畅、场地干燥、地质条件较好、远离污染源的平坦地段。同时，应避开地震断裂带、低洼地、滑坡地、沟口等自然灾害频发地段。且不宜与市场、公共娱乐场所、生产贮藏易燃易爆物品的车间库房、物理、化学污染源地段以及高压架空输电线路附近等不利于学生学习、身心健康和危及学生安全的场所毗邻。

因选址不当造成安全事故的，要追究相关人员责任。

第十一条　提倡各省“初中工程办”委托具有乙级以上（含乙级）资质的设计单位，或组织调动本省有关设计机构的力量，为本省“工程”建筑项目设计符合农村学校使用要求的一整套校舍建筑方案设计图（含推荐的标准图纸），免费提供给各项目县作为具体建筑项目设计的示范和参照。

第十二条　建筑设计应坚持“建筑安全、功能齐全、满足需要、就地取材、美观大方”的原则，按照《农村普通中小学校建设标准》、《中小学校建筑设计规范（GBJ99—86）》以及其他相关建筑设计规范的规定和要求进行设计，确保校舍安全。

建筑设计应结合当地地理条件、经济发展水平、气候特点、各民族人民生活习惯及传统等因素，因地制宜综合考虑。

具备条件的地区，要积极应用沼气、太阳能等成熟技术，推进资源的综合利用。

第十三条　建设项目必须坚持先勘察、后设计、再施工的原则，严禁边勘察、边设计、边施工。建筑项目设计方案的审核由县级“初中工程办”组织，初步设计和施工图未经审查不能开工。

五、施工质量和监理

第十四条　始终把工程质量作为项目建设和管理的重中之重，确保建设项目达到设计的合理使用年限。

建设项目要严格按照施工图施工，执行国家有关施工规范、施工操作规程、质量标准和安全规则，确保工程质量达到合格标准。

加强安全防范，将建设项目安全切实纳入工作范围。项目开工前，由施工方制订施工安全规定和措施，报监理方审定，经项目法人及建设行政主管部门批准后严格执行，坚决杜绝“工程”项目出现重大安全事故或工程质量问题。

第十五条　建设项目实行监理制，要按照国家有关规定选择相应资质的监理单位，对建设项目实施全过程监理。项目县可选派从事过建筑施工管理、责任心强的人员或聘用专业工程技术人员，经县级“初中工程办”确认并培训后，协同监理单位实施现场全过程监督。

自建设项目开工之日起，工程监理人员应保证每天在工地，按照国家有关施工现场监理的规定，严格检查入场建筑材料质量和施工工序、工艺、方法、进度、质量等各个环节，详细记录监理日志，并向县“初中工程办”如实反映施工过程中出现的问题，杜绝不符合设计要求或不符合质量标准的材料进入工地。

第十六条　施工单位对工程质量终身负责。工程项目竣工后，按照建设管理规定由施工单位出具项目保修单，县“初中工程办”按相关规定预留一定比例保修金。保修期内出现质量问题，由施工单位负责返修；因施工质量导致项目重建，所需费用由施工单位全部承担。

第十七条　建设项目施工中每道工序，均应由施工单位在做好自检及隐蔽工程记录的同时提出验收申请，由工程监理人员进行现场验收。上道工序验收合格方可转入下道工序施工。建筑物基础及结构主体验收应由县级“初中工程办”组织工程勘察、设计、施工监理单位、工程质检部门及项目学校法人代表联合进行现场验收并签署验收意见。

第十八条　凡使用中央专项资金建设的项目，均应在单体建筑完工时，在单体建筑物醒目位置设置永久性标牌，标示“国家中西部农村初中校舍改造工程项目，二〇〇×年×月”。

六、竣工验收和移交

第十九条　建设项目竣工后，施工单位应整理出完整的工程技术资料和竣工工程决算资料，签署建设项目质量保证书，并向县级“初中工程办”报送竣工申请验收报告；竣工验收由县级“初中工程办”组织质监、勘察、设计、施工、城建、消防等部门和单位及项目学校联合进行。参加验收的部门和单位要在竣工验收单上签署意见并盖章签字，县“初中工程办”按相关规定进行竣工备案；未经验收或验收不合格的项目不得交付使用。

第二十条 竣工验收后，由县级“初中工程办”组织竣工结算审计，按审计结果办理工程结算、基建财务决算和固定资产移交手续。省“初中工程办”对资金量较大的建设项目，要组织抽查审计。有条件的地方应该开展建设项目全过程审计。

七、项目管理

第二十一条 建设项目实行项目法人责任制、招投标制、工程监理制和合同管理制，做到公平、公正、公开、透明。工程实施的各个环节，都要把责任落实到有关机构和人员。

工程项目必须采取招标的方式确定勘察、设计、施工、监理单位。招标工作由县级“初中工程办”组织实施的，省或市级“初中工程办”应派员参与监督。县级“初中工程办”要结合本地情况，指导项目学校和参与建设的有关单位，全面落实各项制度。

第二十二条 承担建设项目勘察、设计、施工、监理等任务的单位，须具有相应的资质。其中，设计单位、施工单位必须选择丙级（含丙级）和三级以上（含三级）资质。严禁施工单位转包或分包工程项目。

第二十三条 建设项目实施期间，各方要按《建设工程文件归档整理规范》，及时积累、保管好建设工程文件档案资料及建设前后的图片和文字材料。建设项目竣工后，施工单位和项目学校要将竣工图、建筑技术资料、施工日志、项目前期文件等有关材料进行系统整理，交县级“初中工程办”分类立卷归档。“工程”完成后，县级“初中工程办”依照有关规定将档案移交县级以上人民政府建设行政主管部门或其他有关部门备案，同时交县教育局或项目学校一份存档。

八、附则

第二十四条 在建设项目实施过程中涉及的有关问题，如本办法未作明确规定的，由各级“初中工程办”协调有关部门和单位，按照建设项目管理的相关法律法规解决。本级“初中工程办”无法解决的重大问题，须逐级上报，可报请国家“初中工程办”提出指导意见或协商有关部门解决。

第二十五条 各省（自治区、直辖市）教育、发展改革部门可依据本办法，制订具体管理办法。

具备条件的地区，可对本“工程”建设项目实行“代建制”，通过招标等方式选择专业化的项目管理单位，严格控制项目投资、质量和工期，竣工验收后移交给项目学校。

第二十六条 本办法由教育部和国家发展改革委负责解释。

第二十七条 本办法自发布之日起施行。

关于进一步做好农村初中校舍改造工程实施工作的通知

初改办〔2008〕1号

中西部各省、自治区、直辖市和新疆生产建设兵团、黑龙江省农垦总局初中工程办：

2008年是中西部农村初中校舍改造工程（以下简称“初中工程”）实施的第二年，也是各地能否严格按照教育部、国家发展改革委审核确定的“初中工程”规划和2007年、2008年投资计划实施好工程的关键之年。为督促各地进一步做好工程实施工作，确保按计划完成建设任务，特就有关问题通知如下：

一、认真做好各项前期工作

“初中工程”的实施涉及许多前期工作，如地质勘探、图纸设计、施工队伍招投标、办理施工许可等，有的新建学校可能还涉及土地征用、房屋拆迁。但西部地区因自然、地理条件特殊（北方霜冻、南方雨季），土建工程有效建设时间较短，西北的大部分地区，一年中只有5月至10月间可以施工。如不提前着手前期准备工作，就有可能贻误最佳施工时间，造成一些项目不能如期开工、完成。目前，“初中工程”2007年、2008年投资计划均已经批复，各地“初中工程办”要根据总体规划和年度计划，积极主动，不等不靠，进一步加强各项准备工作，确保一旦施工条件成熟即在第一时间开工建设，为工程建设项目赢得有效时间。

二、进一步加强组织协调

由于2007年是项目启动年，投资计划批复较晚，多数省份要在今年一年内完成2007年、2008年两年的工程量，任务十分艰巨。为确保不把这两年的建设项目再延误到下一年度（个别正常跨年度项目除外），各地“初中工程办”要切实负起责任来，进一步加强组织协调，努力提高工作质量和效率。一是要协调当地发展改革、财政部门，在最短的时间内，将“初中工程”资金落实到位。不能因为资金不到位影响工程开工和建设，更不能因为资金不到位导致拖欠工程款。二是要协调当地规划、建设、国土等相关部门，充分考虑农村义务教育阶段学校建设的重要性和紧迫性，结合当地实际，尽量为项目建设提供方便，从快从速审批“初中工程”建设项目。同时，认真落实相关优惠政策，尽量减免工程建设收费。三是要切实做好各项日常性基础工作，及时、准确地为相关领导和部门提供工程建设信息，争取各方面对“初中工程”建设的理解和支持。

三、进一步落实各相关部门和领导的责任

各地“初中工程办”要与当地教育、发展改革等部门一起，采取分片包干的办法，将“初中工程”进展责任落实到具体单位和个人，要逐级签订责任状。对完成任务好的单位和个人，要给予表彰；对工作马虎、拖沓的，要提出批评、警告；对造成重大不良影响的，要追究相关责任人的责任。各级“初中工程办”主任要亲自挂帅，一抓到底。

四、进一步加强指导和监督

各地“初中工程办”要结合当地实际，建立行之有效的指导和监督检查机制。省要加强对各项目市、县的指导和监督，县要加强对各项目学校的指导和监督。2008年的督查重点：一是要严格按照批复规划进行建设，严禁擅自调整项目；二是严格按照国家标准保证质量，严禁出现“豆腐渣工程”。各级“初中工程办”都要深入基层，了解和掌握第一手情况，帮助项目学校及时发现和解决实际问题。对影响较大以及本级解决不了的问题，要及时向上一级报告。

从2008年起，国家“初中工程办”将对各省工程进程实行问责制，凡工程项目进度缓慢的省份，需由本省“初中工程办”主任当面向我办逐一说明具体原因并承诺下一步将采取的措施和工作目标。

2008年是“初中工程”实施承前启后的一年。今年的工作如果出现延误，

将影响总规划任务的顺利完成。各地一定要充分认识到时间的紧迫性和任务的艰巨性，高度重视，精心组织，克服困难，不折不扣地完成2007年和2008年的批复任务。

国家中西部农村初中校舍改造工程
领导小组办公室
二〇〇八年三月十日

教育部办公厅　国家发展改革委办公厅
关于进一步加强中西部农村初中
校舍改造工程质量管理的通知

教财厅〔2008〕2号

河北、山西、内蒙古、吉林、黑龙江、安徽、江西、河南、湖北、湖南、广西、海南、重庆、四川、贵州、云南、西藏、陕西、甘肃、青海、宁夏、新疆等省、自治区、直辖市教育厅(教委)、发展改革委，新疆生产建设兵团教育局、发展改革委，黑龙江省农垦总局教育局、发展改革委：

四川汶川发生的特大地震灾害，造成极大的人员伤亡和财产损失，震区学校损失惨重。中小学生的安全涉及亿万家庭的幸福，党和政府高度重视，社会广泛关注。为保证工程建设质量，确保广大师生的生命安全，避免因校舍倒塌造成师生伤亡问题出现，现就扎实推进中西部农村初中校舍改造工程（以下简称“初中工程”）有关事宜通知如下：

一、进一步提高责任意识，加强统筹领导

学校校舍质量是一件关系到广大师生生命安全的大事。各级教育行政部门、发展改革部门和项目学校领导要以对党和人民高度负责的态度，进一步提高对校舍安全重要性的认识，以健全制度、落实责任为核心，切实加强对“初中工程”项目建设和管理工作的领导。要进一步强化地方政府在工程项目实施过程中的主导作用，切实贯彻落实“初中工程”相关管理办法和规定。要进一步强化部门合作，特别强调与建筑行业主管部门之间的沟通协作与紧密配合，把工程质量摆在突出位置，确保“初中工程”的施工质量，努力将“初中工程”项目建设成为“精品工程”、“放心工程”。

二、进一步严格执行基本建设程序

要严格按照国家规定的基本建设程序履行报批手续。从事“初中工程”勘察、设计、施工和工程监理的单位，必须具有相应资质。必须坚持先勘察、后设计、再施工的原则，严禁搞边勘察、边设计、边施工的“三边工程”。要严格实行项目法人负责制、招标投标制、工程监理制和合同管理制，严格执行建设工程强制性标准。工程进度必须以保证工程质量为前提，严禁以追求进度为由降低工程质量标准。

三、科学选址，合理设计

各级教育行政部门应组织专家对项目建设场址周边地质、交通、环境等主要条件进行科学评测。必须避开地震断裂带、低洼地、滑坡地段、泥石流地区、洪水沟口或泄洪区等自然灾害频发地段；且不宜与市场、公共娱乐场所、生产贮藏易燃易爆物品的车间库房、物理化学污染源地段以及高压架空输电线路附近等不利于学生学习、身心健康和危及学生安全的场所毗邻。因选址不当造成安全事故的，要追究相关人员责任。

建筑设计应坚持“建筑安全、功能齐全、满足需要、就地取材、美观大方”的原则，严格执行《农村普通中小学校建设标准》、《中小学校建筑设计规范》和国家有关建设规范的各项规定和要求。设计方案要充分考虑安全、安静、便利、卫生等因素，有利于防灾和安全疏散，重点做好建筑项目的走道、楼梯、安全出口等关键部位的设计工作。考虑到学校人员密集、社会高度关注师生生命安全等因素，各地校舍的建设和抗灾标准应适当高于当地一般建筑的标准，在特殊时期可作为公众避难场所。

四、切实履行监管职责

工程项目要实施全过程监理。自开工之日起，工程监理人员应保证每天在工地，按照国家有关施工现场监理的规定，严格检查入场建筑材料质量和施工工序、工艺、方法、进度、质量等各个环节，详细记录监理日志，并向县级工程管理机构如实反映施工过程中出现的问题。县级监理力量不足的，省、市级相关部门应予以统筹协调。

各级工程管理机构要严格执行有关规定，切实履行职责。省、市级工程管理机构要定期、不定期检查和督促工程质量；县级工程管理机构对工程质量负主要责任，要组织专业工程技术人员，对本县建筑项目进行巡查，在各项目实施的关键环节应亲临施工现场督察；各项目学校应聘用专业建筑工程技术人员，或选派1—2名责任心较强的人员，经培训后，在施工现场协助进行全过程监督。坚决防止在施工过程中发生偷工减料、压低造价造成工程质量问题。

五、严格竣工验收手续

建筑项目竣工后，施工单位应整理出完整的工程技术资料和竣工工程决算资料，签署建筑项目质量保证书，并向县级工程管理机构报送竣工申请验收报告；竣工验收由县级工程管理机构组织质监、勘察、设计、施工、城建、消防等部门和单位及项目学校联合进行。参加验收的部门和单位要在竣工验收单上签署意见并盖章签字，县级工程管理机构按相关规定进行竣工备案；未经验收或验收不合格的项目不得交付使用。

六、认真做好排查工作

当前，各地要按上述要求，对纳入“初中工程”建设规划的所有项目进行全面排查，及时消除隐患。对已经开工建设的项目，发现问题的应坚决予以纠正；对未开工项目，必须按照有关规定要求，慎重做好原选址评估、设计等前期工作，特别是处于地震等自然灾害易发、频发区域的项目，在规划、设计、施工等诸方面，要尽早、着重考虑抵御各种灾害与风险的各项保证措施。

凡在地勘、设计、施工、监理等方面缺乏技术力量的县（市），均应及时反映问题，省级教育行政部门要会同相关部门，给予指导和帮助。要千方百计确保校舍安全，坚决杜绝出现“豆腐渣工程”。

对确因建筑材料价格上涨和人工成本提高等因素造成已批复项目投资不足的，在报经相关部门批准后进行调整，不得因造价不足而影响工程质量。

部分地区因受灾情影响，造成一些项目原选址或设计方案无法继续实施或不能充分保证安全的，须即刻停止实施，其建设规划应按程序调整报批。

教育部、国家发展改革委将适时采取多种形式，检查本通知落实情况；对违反国家法律法规，造成校舍质量事故的，将依法追究有关领导和当事人的责任。

教育部办公厅　国家发展改革委办公厅

二〇〇八年五月二十八日

关于中西部农村初中校舍改造工程建设项目设置永久性标牌的通知

初改办〔2008〕4号

中西部各省、自治区、直辖市和新疆生产建设兵团、黑龙江省农垦总局初中工程办：

为加强对中西部农村初中校舍改造工程（以下简称“初中工程”）建设项目的管理，强化责任意识，经研究，决定对“初中工程”建设项目设置永久性标牌（以下简称“标牌”），现将有关事项通知如下：

一、凡使用“初中工程”中央专项资金建设的土建项目，均应对单体建筑物分别设置永久性标牌。建筑面积不足200平方米的单体建筑物除外。

二、“标牌”应牢固镶嵌（或镌刻、雕刻）在建筑物正面墙体醒目位置，“标牌”材质要本着“节约、美观、耐用”的原则，用与建筑物墙体相同的材料。砖木结构校舍，可采用水泥雕刻方式设置。

三、“标牌”统一注明“国家农村初中校舍改造工程项目”字样及竣工（或完工）时间、设计单位名称、施工单位名称、监理单位名称、建筑面积、中央专款数额等内容。统一尺寸、字体（华文中宋）、字号（详见式样图式）。

四、“标牌”应在单体建筑完工的同时完成设置，已完工但未设置标牌或已自行设置标牌的，要按本规定重新设置。

五、“初中工程”土建项目设置永久性标牌是加强质量管理的一项措施，也是今后国家检查验收的内容之一。请各地高度重视、精心制作，严格按要求设置。

附：“标牌”式样（见下图）

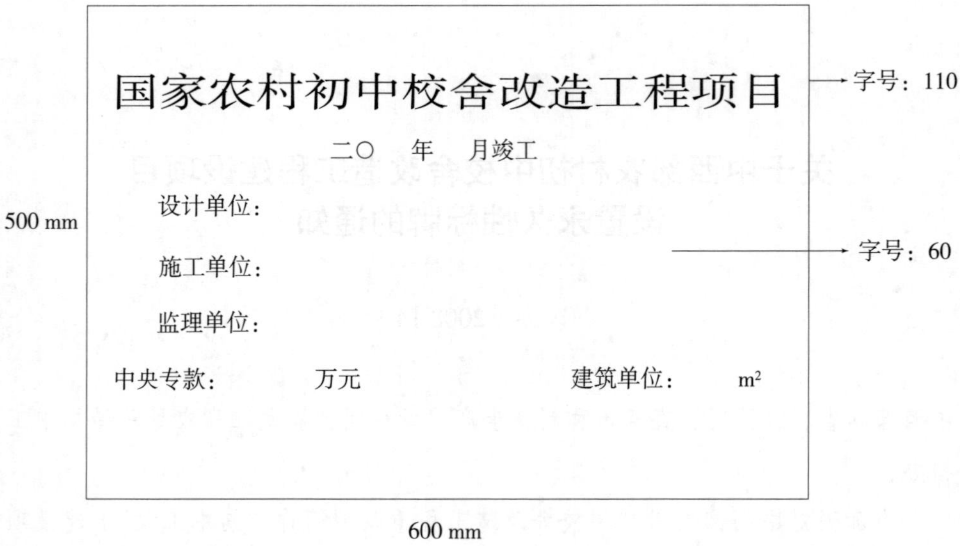

国家中西部农村初中校舍改造工程领导小组办公室

二〇〇八年九月十二日

教育部关于成立教育部农村义务教育工程领导小组的通知

教人函〔2008〕44号

各省、自治区、直辖市教育厅（教委），新疆生产建设兵团教育局：

为深入贯彻党的十七届三中全会精神，进一步加强对农村义务教育的统筹管理，推动农村教育事业的全面协调可持续发展，更好地为社会主义新农村建设服务，经研究，我部决定成立教育部农村义务教育工程领导小组，组成人员如下：

组　长：周　济　　教育部部长、党组书记

副组长：袁贵仁　　教育部副部长、党组副书记

陈　希　　教育部副部长、党组副书记

陈小娅　　教育部副部长、党组成员

田淑兰　　驻教育部纪检组组长、党组成员

杨周复　　教育部部长助理、党组成员

办公室主任：陈小娅　　教育部副部长、党组成员

办公室常务副主任：田祖荫　　教育部财务司副司长

办公室成员：葛　华　　教育部发展规划司副巡视员

杜柯伟　　教育部基础一司副巡视员

李天顺　　教育部基础二司副司长

周　坚　　教育部教育督导团办公室副主任

曲吉山　　驻教育部监察局副局长

根据国务院关于调整议事协调机构的文件精神，设在我部的国家西部地区“两基”攻坚领导小组办公室、全国农村义务教育经费保障机制改革领导小组办公室、中西部农村初中校舍改造工程领导小组办公室自然撤销。

特此通知。

教育部

二〇〇八年十一月十五日

附录二：新闻报道

教育部国家发展改革委联合召开视频会议
部署中西部农村初中校舍改造工程

教育部、国家发展改革委今天联合召开了中西部农村初中校舍改造工程（以下简称“初中工程”）视频会议。会议的主要内容是进一步明确“初中工程”的主要任务，研究部署下一阶段重点工作。教育部部长周济、国家发展改革委副主任张茅出席会议并分别讲话。会议由教育部副部长陈小娅主持。

周济在讲话中全面阐述了实施“初中工程”的重大意义。他指出，实施“初中工程”是贯彻落实科学发展观、巩固“两基”成果的重大举措；是贯彻落实新的义务教育法，促进义务教育均衡发展，推进教育公平的重要手段；是建设社会主义新农村的重要内容，意义非常重大。各地在“初中工程”实施过程中，要整合资源，统筹推进农村义务教育的各项工作：一是要与农村义务教育已经实施的几项重点工程相统筹；二是要与正在实施的农村义务教育经费保障机制改革相统筹；三是要与中小学布局结构调整和农村义务教育长远发展相统筹。周济同志同时要求各级教育行政部门，明确责任，加强对工程实施的领导；主动协调配合，建立有效工作机制；落实优惠政策，发挥资金使用效益；强化监督机制，建设“阳光工程”。

张茅详细介绍了“初中工程”实施的背景，着重强调了工程规划编制与实施工作的重要性与严肃性，并提出了明确要求。一是提高认识，增强责任，高度重视农村初中校舍改造工程实施工作。二是明确任务，抓住重点，高质量高效率做好规划编制工作。要深入实际调查研究，保证规划的科学性；明确任务抓住重点，保证规划的目标性；科学规划合理布局，保证规划的前瞻性；集中力量抓紧工作，保证规划的时效性。三是强化监管，狠抓落实。

陈小娅在会议小结时，对贯彻落实好会议精神提出了四点要求：一是建立“初中工程”实施机构，落实工作责任；二是完善管理制度，加强工程规范管理；三是严格管理程序，确保项目工程质量；四是做好前期工作，加快工程实施进度。她强调，对“初中工程”项目管理要像“两基”攻坚一样，严格实行简报制、倒排工期制、工程进度双月报制、问责制、综合检查制、项目公示制、监督举报制和宣传引导制等八项制度，确保规范操作。

中西部各省份和新疆生产建设兵团、黑龙江省农垦总局教育、发展改革部门的负责同志、相关处室负责人及有关人员，教育部、国家发展改革委相关司局负责同志参加了会议。(记者　苏婷　王友文)

——摘自《中国教育报》2007年7月31日

"初中工程"今年投入10亿元 资金将于8月底前下达各地

在今天召开的中西部农村初中校舍改造工程视频会议上，国家发改委副主任张茅透露，今年作为工程实施的第一年，发改委将安排资金10亿元，所有资金按计划将于8月底前下达各地。

去年发改委和教育部共同对中西部4.5万所初中学校办学条件的专题调研显示，目前学生宿舍和食堂短缺大约7 300万平方米，有80%的农村学校生活设施不足并且条件十分简陋，特别是住宿条件远远不能满足学生的要求。

为尽快解决中西部农村初中面临的问题，国家今年启动了中西部农村初中校舍改造工程。按照计划，国家将分4年安排专项资金100亿元，推动未纳入"两基"攻坚计划实施范围的中西部农村初中进行校舍改造，改善食宿条件，提高巩固率和寄宿率。投入100亿元用于农村学校的生活服务类设施建设，这在新中国历史上还是第一次。

据悉，目前国家发改委、教育部正在对各省份的2007年度投资计划方案进行审核。同时，发改委强调，各地在进行建设规划编制时，要做好年度投资计划与建设规划的衔接工作，确保工程实施的连续性。（记者　王友文　苏婷）

——摘自《中国教育报》2007年7月31日

加强中西部农村教育的重大举措

投入100亿元专门用于中西部地区非“两基”攻坚县的农村初中建设，是党中央、国务院站在义务教育发展新的起点，为进一步贯彻落实科学发展观，加强农村义务教育作出的又一项重大决定，是贯彻落实新的义务教育法，促进义务教育均衡发展的重要手段，也是建设社会主义新农村的重要内容。

近年来，党中央、国务院高度重视义务教育事业，尤其是本届政府成立以来，坚持以科学发展观为指导，把农村义务教育作为整个教育工作的“重中之重”，采取了一系列强有力的措施，取得了巨大的成就。但我们也看到，中西部2000年以前实现“两基”的地区，近年来存在后续投入乏力、学校班额过大、办学条件亟待改善等现实而迫切的问题。农村学校学生生活设施数量不足、条件较差的问题仍然比较突出。推动未纳入“两基”攻坚计划实施范围的中西部地区农村初中校舍改造，改善农村初中办学条件，已成为人民群众最关心、最直接和最现实的问题。大力加强这些地区的义务教育巩固提高工作，是整体提高我国义务教育水平的关键性环节，将和“两基”攻坚一样，成为一个硬指标、硬任务。“初中工程”的实施，将有利于改变农村初中的校园面貌，完善农村初中的教学设备，提高农村初中入学率和巩固率，不断提高农村人口整体文化素质，缩小城乡经济和社会发展的差距。

实施“初中工程”，既是难得的机遇，更是沉甸甸的责任。实施好这项工程，需要强化省级责任，加强对工程的领导，需要各地各有关部门相互协作、密切配合，要本着高度负责的态度，制定并落实相关政策，管好用好中央专项资金，使之发挥最大效益，把“初中工程”这件好事办好、办实。

——摘自《中国教育报》2007年7月31日

全国部分省份加快推进农村初中和特教工程建设部署会议召开

“保质保量地完成中央新增44亿元教育投资项目是一项重大的政治任务。”11月25日，教育部副部长陈小娅在昆明举行的全国部分省份加快推进农村“初中工程”和特教工程建设工作部署会议上这样着重强调。她要求参会的各地教育部门的代表要立即向“一把手”汇报会议精神，要将这项工作以天以时地加快推进。

这次会议是由教育部和发展改革委联合召开的。地处南方的中西部12个省（区、市）教育和发改部门的代表参加了会议。与会代表根据各地实际，交流了工作情况，同时也都谈到自实施农村初中校舍改造工程以来面临的困难和存在的问题。目前，普遍存在的问题是工程开工率高，但完工率低，工程进程缓慢，加快工程进度的任务还很重。

陈小娅说，党中央、国务院为扩大内需，在第四季度新增1 000亿元工程项目资金中，教育占44个亿，其中用于农村初中校舍改造工程的资金就达30亿元。因此，在完成44亿元教育投资项目中，工作的重点是农村初中校舍改造工程。这些工程项目都安排在中西部的国家扶贫开发工作重点县、少数民族聚居县、革命老区县和边境县，这对当地教育的发展是一个极好的机遇，同时也要求我们将工作做得更细更实，很好地完成党中央、国务院对这项工作的战略部署。

自国家去年开始实施农村初中校舍改造工程以来，已先后投入40亿元资金，今冬明春又将分两次共投入60亿元，投入资金将达到100亿元。为很好地完成项目投资任务，陈小娅强调，有些事要特事特办但又要按照程序进行，各地在这方面要创造经验。还要加强督促检查的力度，尤其对工作不力的地方，各省级政府要高度重视。下一步的工作，首先要将认识统一到党中央、国务院的高度上来，打好今冬明春这一仗，用一年的时间完成3年、4年的任务。在实施项目中，要加强组织管理和领导，要把抓责任意识、抓工作制度和机制建设、抓工程质量、抓进度贯穿始终。同时，所有的工程都要在阳光下实施、阳光下运作。

——摘自《中国教育报》2008年11月26日

中央为中西部两项教育工程增加资金

记者从日前在北京召开的中西部农村初中校舍改造工程和特教工程工作部署会上获悉，中央为正在实施的这两项工程新增资金84亿元，其中，农村“初中工程”80亿元，特教工程4亿元。

从2007年开始实施的中西部农村初中校舍改造工程，规划资金100亿元。目前，工程进展顺利，项目学校正在紧锣密鼓的施工中。去年年底，为了应对金融危机，拉动内需，促进经济增长，中央新增84亿元资金，用于中西部农村“初中工程”和特教工程建设。据悉，这笔资金现已拨付至项目省区。

教育部副部长陈小娅出席会议并讲话。陈小娅说，这“两大工程”是中央新增投资的重要组成部分，各地要把实施这“两大工程”作为一项重大的政治任务来落实。要统筹考虑，统一要求，全面实施，尽快启动。要进一步强化地方政府在工程项目实施中的主导作用，加大省级统筹力度，加强对市县的领导、指导、督促和检查；对工作基础薄弱的地方，要派员蹲点，靠前指挥，一抓到底；要落实责任制，将任务分解到具体单位和个人，认真考评，奖罚分明。北部省区要抓紧时间，尽快开工。

陈小娅强调，要严把质量关，把工程质量作为项目建设和管理的重中之重，严格执行国家相关标准，不折不扣地履行基本建设程序，确保建设项目达到设计的合理使用年限。要加大对工程资金的督查力度，坚决避免“腐败工程”和“浪费工程”；新开工项目必须按新的农村学校建设标准达到当地抗震设防要求。要组织有关部门进行彻底排查，对存在安全隐患项目及时整改，坚决杜绝出现“豆腐渣工程”和重大安全、责任事故；要加强对工程管理人员的培训，建立一支责任心强、技术过硬的工程管理队伍。要结合实际，协调当地有关职能部门，争取优惠减免政策。

陈小娅说，今年，教育部、国家发展和改革委员会将定期与不定期对这“两大工程”进行检查。各省应结合省内实际，组织教育、发展改革、财政、监察、审计、国土资源、建设等部门，对“两大工程”的实施情况进行经常性自查。

中西部和东部部分省区的教育厅、发改委负责人参加了会议。（记者 李曜明）

——摘自《中国教育报》2009年3月19日

告别“大通铺”　住进暖心房
——陕西实施“中西部农村初中校舍改造工程”纪实

■编者按

“中西部农村初中校舍改造工程”是国家为巩固中西部“两基”成果、改善农村学校办学条件、解决留守儿童学习和生活问题而实施的重大项目，重点支持中西部农村初中学校新建或改造学生宿舍、食堂、厕所等生活设施。这项工程的实施，基本消除了农村学校“大通铺”和校外租房现象，提高了学校的办学标准。本报从今天起开设专栏，陆续报道项目地区实施工程的经验。

以往一到汛期，陕西省教育厅副厅长张雄强心里总是不踏实，总要安排人员落实商洛、安康、汉中等地的校舍安全情况。他怕听到坏消息，但坏消息总是接踵而至。“过去，陕西汛期受灾最严重的主要是陕南，特别容易发生泥石流。2011年的雨量比往年的两倍还多，这要是在几年前，说陕南1/3校舍面临垮塌，一点都不过分！”张雄强说，但去年汛期，他却不担心，实施了4年多的“中西部农村初中校舍改造工程”（简称“初中工程”）显现出的实实在在的效益，让他心里有了底。

按照教育部、国家发改委的统一部署，2007年7月，陕西省开始实施“初中工程”，并纳入省级重点项目和省政府实施的“民生八大工程”统筹实施。当年成立了由主管省长任组长，教育、发展改革、财政、建设等部门负责人为成员的工程领导小组。2007年年底，陕西省教育厅、省发改委与各市人民政府签订了“初中工程”责任书，要求“初中工程”年度项目必须当年年底前完工投入使用。到2010年，共建设项目学校340所，项目覆盖革命老区县、国贫县以及劳务输出大县68个，下达中央预算内投资计划62 925万元，总建筑面积达63.59万平方米，并为173所学校配备了生活设施，促进了城乡教育均衡发展。

算好效益账，科学规划打“地基”

寒冬时节，渭南市蒲城县苏坊镇初级中学的学生宿舍里暖意浓浓，10人一间的屋子里，储物柜、杂物架一应俱全，还统一安装了防护栏。学校1995年筹建时，最初的校舍就在街道的民房里；2009年，在“初中工程”的支持下，投入390万元为学校建成两幢宿舍楼。如今，占地60亩的校园，井然有序地划分出教学区、运动区和生活区，也吸引了不少来自周边荆姚镇、兴镇和富平县的生源。

中央、陕西省对学校建设投入这么大，建设过程中又这么“上心”，着实让校长徐增林没想到。他没想到，回填等每个建设环节，设计方、监理方、校方、教育局和施工方，五方都要一起验收；他没想到，验收标准如此细致，一根水泥柱，钢筋插进去，粗细度、根数都要细细查验；他更没想到，他们这所农村中学，工程的设计都是省里的设计师负责，由招标办统一招标。

“给咱学校建房，咱能不操心吗？如果没有国家支持，咱学校根本没那个能力！现在开家长会，家长反映好得很！”徐增林欣喜地说，现在学校的800名学生中有500多名寄宿生，学校还能容纳200名学生寄宿。

蒲城县从2008年开始安排实施“初中工程”，成立了由副县长李全友任组长的领导小组。领导小组下设办公室，县教育局局长雷林瑞兼任办公室主任，一提到“初中工程”，他就有说不完的话。

让他印象深刻的是，当初按照工程要求开始规划时，他们专门聘请了西安教育规划设计部门的专家，利用两个月时间，跑遍全县24个镇，进行了深入、细致的摸底、排查和分析，制定了全县中小学布局调整规划；同时，聘请了景观设计机构，详细规划25所学校，使工程建设体现出大布局合理、小建筑科学，全县有特色、校校有亮点的格局。

“每个村的人口、经济收入、教育投入、义务教育情况，都要进行调研，进行小结，同时对每所留建学校进行现状分析，功能分区，工程分期，设计校园规划，提出两套方案供选择。”在蒲城县中小学校安办，记者见到了雷林瑞提到的那份厚厚的《蒲城县基础设施布点可行性调查报告》。

“根据布局调整、校园规划，将项目资金整合使用，根据学校需求选择规划方案。这样出来的规划是科学的，资金使用是高效的。”雷林瑞介绍说，实施“初中工程”两年以来，相关部门按照县政府文件精神，落实了优惠政策，免收费用363万元，大大降低了工程建设成本。

“我来教育局干的第一件大事就是‘初中工程’，借助‘初中工程’的实施，切实做到了科学规划。”雷林瑞坦言，以前有的工程属于忙乱建设，缺乏规划，盲目浪费。而“初中工程”光协调会就开了好多次，报规划，一次不行就两次。“地震后，设计标准、质量都大幅提高，门房地基都要下挖十几米！”雷林瑞说。根据蒲城县教育局2008年10月制定的《蒲城县初中校舍改造工程管理办法》，仅“工程材料进场验收登记表”就分为土建、门窗、水、电、暖等5大项18个小项，每一项都要经过教育局、学校和监理三方共同验收合格，方可“放行”。

走好发展路，布局调整有依傍

“现在的房子好，有暖气，还不收费！”苏坊镇初级中学三年级（5）班学生李欢的家在4公里以外的姚吉村，宿舍没建起来的时候，她和同班的4个同学一起租住在离学校不远的民房里。每学期200元的房租虽不很贵，但对以务农为生的父母来说也不轻松。民房条件很差，孩子们挤在大通铺上，冬天还没暖气。

蒲城县虽位于关中平原，但丘陵、高塬、平川三分天下的地貌，使得村与村的距离很分散。一个不大的村子，从东到西，从南到北，就有十来里路的距离。苏坊镇中学三年级学生李旭娇的家就在这样一个村子里，一、二年级时，学校不能寄宿，她每天都要花半个小时步行回家。路上稍有耽搁，家里人不是打电话给学校，就是在村口等。“现在住校了，家里人再也不用担心我路上的安全了！”李旭娇笑着说。

“‘初中工程’推动了学校布局架构的优化，提升了办学的规模效益。”张雄强坦言，如果没有“初中工程”，撤校并点很难推进。统计数据显示，“初中工程”的实施，加速了陕西省农村初中布局调整进程。截至2010年年底，全省共有农村初中1 867所，共撤并学校185所，校均规模达到880人；寄宿生57.82万人，项目校寄宿率达到54.4%；全省初中学龄人口毛入学率达到99.7%，义务教育巩固率达到99%。

2007年，雷林瑞刚来县教育局就任时，县里的城区中学最多的达到每班103人，平均下来每班也有94人，大班额现象严重。近年来，城区中学的班额基本保持在60人以下，雷林瑞觉得这些都得益于农村学校基础设施条件的改善。

"'初中工程'改变了长期以来校舍建设质量不高、不够规范的问题，适应了布局调整的需求。"一组数据印证了渭南市教育督导室主任雷树恩的说法。"初中工程"实施后，项目学校生均校舍面积由2007年的4.8平方米提高到7.4平方米，生均生活用房面积由0.8平方米提高到2.6平方米，生均学生住宿面积由0.5平方米提高到1.2平方米，生均食堂面积由0.17平方米提高到0.4平方米，生均厕所面积由0.12平方米提高到0.2平方米。

在"初中工程"等项目的支持下，陕西农村初中建起了宿舍，盖起了餐厅，不仅解决了布局调整给寄宿生带来的实际困难，还给学校管理打开了新局面。"以前学生在外面租房子，就是不放心啊！"徐增林感触颇深，以前租住民房都是家长自己联系的，然后把租房情况上报给学校，虽然不是学校的主动行为，但管理责任一点不能含糊。当时全校有300多名学生在外租住民房，分散在周边村子的农户家，每周学校都要派出十几人次的安全老师，骑上摩托车挨家挨户去检查。"遇到孩子不在的，安全老师到时候回不来的，真是放心不下。现在学生在校内寄宿，管理员9点半熄灯前集中检查，放心多了。"徐增林说，现在学校比家里住得好，水电暖气免费，家长特别满意，对学校的事都很支持。

打好资源牌，地方投入带动强

地处蒲城县北部山区的桥山中学，是一所投资2.4亿元高标准建设的城镇寄宿制中学，可为全县提供6 000个学位，体量庞大。这2.4亿元中，除了国家投入的1 490万元，还有省里投入的500万元。"这部分投入是为了解决留守儿童受教育问题，是'初中工程'向城镇寄宿制学校的延伸。"校长杨延军告诉记者。

在蒲城县，"初中工程"延伸的视角，不仅有横向的由乡村到城镇，还有纵向的由初中到小学。苏坊镇中心小学是一所农村寄宿制小学，原来的学生宿舍2007年被列入中小学危改项目。2009年的学校又被纳入生活设施改造项目，一次性投入53万元，为学校建起了锅炉房和170平方米的浴室。校长黄孝俊告诉记者，这一项目正是"初中工程"的延伸。

“我经常下农村，凡是这几年盖得好的建筑，基本上都是‘初中工程’建起来的。”张雄强认为，“初中工程”对地方的带动作用相当显著。“实施国家项目时，管好了，问题彻底解决了。后面的工程，自觉不自觉地就有了这个概念，把中央的钱管好，把省上的钱花好。”张雄强坦言，中央任何一笔钱投下来，对地方都有带动效益。

雷林瑞将这种牵引效应形象地归纳为“带着地方干，做给地方看”，国家的投入直接带动了地方对教育的投入，仅蒲城县“初中工程”，国家投入的450万元直接带动县级财政投入2 000万元。为了优化资源配置，蒲城县把“初中工程”与近年来实施的危漏校舍改造工程、灾后重建工程、校安工程、生活设施工程等重大教育项目相结合，整合资源，统筹安排，最大限度地提高资金和资源的利用率，确保不造成新的资金浪费。

与当地实际相结合统筹实施，提高了项目投资效益。陕西省教育厅财务处副处长洪恩亲身经历了“初中工程”给陕西教育带来的变化。“中央带动省里，省里带动下面，最重要的是机制要有保障。”洪恩告诉记者，西安市级财政一次拿了4亿元，把山区的农村寄宿制学校的问题基本解决了。“初中工程”二期，陕西省预计争取省级投入12亿元，虽然没有明确规定地方配套比例，但相信地方的积极性会有很大提高。（记者　柴葳　柯昌万）

——摘自《中国教育报》2012年2月21日

亚克西！寄宿校吃住安全又舒适
——新疆实施“初中工程”采访纪行

新疆喀什地区疏附县塔什米里克乡政府，不久前把一个重要会议放在乡初级中学召开。因为这所中学有当地最好的建筑，不光有高标准的教学楼，连食堂也是最好的配置。每当乡上有大活动时，乡领导会借学校“宝地”一用。

“学校原来只有几间平房，根本不够住，是国家中西部农村初中校舍改造工程投入了400万元，让我们有了新宿舍和新食堂，娃娃们的生活问题解决了。”说这话时，校长麦热尼情不自禁笑出声来。

路太远，娃娃不上学也是不得已

记者走进塔什米里克乡初级中学，绕过一个小花园，三栋粉白相间的四层宿舍楼就在眼前。楼里共有108间宿舍，8人一间，洗漱间、洗澡间和卫生间等设施一应俱全，高低床、书桌等生活设备也都由政府配齐。

新食堂的硬件与城里学校无异。在食堂内墙上张贴的每周食谱中，记者看到，食堂每天供应三四个菜和两种主食。

按照这样的宿舍、食堂标准，“初中工程”在全疆改扩建了217所初中学校。“2006年以前，全疆有住宿条件的农村学校并不多。就算有宿舍，也是几十年前的干打垒、土房子，依照现在安全校舍必须为砖混结构的标准，会被确定为危房。”新疆维吾尔自治区教育厅财务处的周伟介绍说。

在疏勒县洋大曼乡，学生原来就住在土房子里，20多个人睡一张大通铺。因为没有暖气，冬天，学生会生冻疮；夏天，学生会生痱子。即便这样艰苦，但寄宿生还是比走读生幸福。北疆木垒县的雀仁乡，离县城近60公里。学生读初中，只能到县城，路上一个单趟就要两三个小时。很多学生不得不三四个人一起租住在校外老乡家的平房里。“十来岁的孩子，自己在外面住，我们成天担心。”木垒县第一中学校长侯志楷说。

新疆地广人稀、居住分散、自然条件恶劣，80%的县市地处山区和边远地区，加之经济不发达，像洋大曼乡、雀仁乡这样的情况并非个案。到2006年年底，全疆农村初中寄宿率只有25.24%。

“路远得很，娃娃冬天到学校都冻透了，一两个小时缓不过来。很多人家干脆不让孩子上学了，这也是不得已的事。”周伟说，因为不能住宿，这些年全疆农村“控辍保学”难度特别大。

6.59亿元，中央给边疆送来及时雨

多年来，自治区政府想尽各种办法，解决农村孩子住宿问题，但自治区财政收入有限，各个县困难也多，想彻底解决这个问题，实在很难。

为了让学生有地方住，侯志楷2001年曾向全校教师借钱，“大家有多少出多少，咱们自己把房子先盖起来”。简易宿舍盖起来了，可学校还款谈何容易，直到2008年，国家清偿教育债务，侯校长欠教师们的钱才还清。

正在一筹莫展之际，2007年至2010年，中央决定在中西部省份实施“初中工程”。新疆有30个县纳入此工程中，项目初中达193所，改扩建面积为54.6万平方米，得到中央专项资金6.59亿元。

这样的大项目，对新疆教育来说，真是一场及时雨。

“一定要把这笔钱用好。”除了中央资金，自治区又从区财政批出2亿元资金，将项目实施县扩大至40个，并为项目学校配套床、桌、凳等寄宿设备。

喀什市是南疆最大的城市，下辖6个县的50多所学校争取到了“初中工程”项目。麦尔旦，喀什地区教育局干部，毕业于新疆大学建筑系的他是当地的建筑专家。自从“初中工程”开始后，麦尔旦就没有了周末。

拿着一把小锤子，开着车，麦尔旦在南疆各地学校奔走检查。为了多检查一所学校，麦尔旦经常吃不上饭，夏天，买两个桃子充饥，冬天，带两个馕就是一天的伙食。“不跑不行，房子不用锤子敲一敲不放心。”麦尔旦说。

“区、市领导每周下来检查，县教育局、监督局、审计局和学校从没放松过。一周一汇报，一月一检查，公开项目进度，接受各级监督，打造阳光工程，这次我们都做到了。”木垒县教育局郭有发的话，再次印证了“初中工程”

的严格。

寄宿好，村民们抢着送孩子到学校

如今，你再走进边疆农村，一栋栋新建的宿舍楼掩映在绿树之中，一个个标准化食堂正升起袅袅炊烟，校园成了娃娃们最向往的地方。

木垒县第一中学建起了3 000平方米的宿舍，洋大曼乡初级中学盖起了800平方米的食堂。所有项目学校的条件基本都能解决1/3学生的住宿问题，上学远的难题基本解决了。

“宿舍能洗澡，食堂饭菜好。这比家里舒服多了，我周末都不想回去了。”说起学校的变化，洋大曼乡初级中学学生买买提非常兴奋。

一组数据最能说明问题：“初中工程”使全疆农村初中学校生均生活服务用房面积从1平方米提高到了2.21平方米，农村寄宿率提高到了41.21%，直接解决了6.4万名初中生的住宿及5.2万名初中生的吃饭问题。

学生的生活条件改善了，农村初中规模办学的优势也渐渐显现。实施寄宿制后，全疆农村学校的教育质量大幅度提升，辍学率明显下降。以疏附县塔什米里克中学为例，原来没有寄宿条件时，学校没有一个学生能考上“内高班”；2009年，学生寄宿后，当年就有14个学生考入了“内高班”。近几年，该校的成绩还在不断提升，得到了乡亲们的信任和赞誉。

“学校好得很，宿舍有暖气，孩子冬天冻不着。过两年，小儿子长大了，我也把他送到学校去。”塔什米里克乡初级中学学生家长古丽大妈，用不标准的汉话表达着自己的欣喜。村民们从不愿送孩子上学，到抢着送孩子到寄宿学校，是“初中工程”带来的真实变化。(记者　张婷)

——摘自《中国教育报》2012年3月9日

以前要盖96个章，现在重庆市长寿区学校盖房一路“绿灯”——项目代建制省了成本快了工期

学校盖楼到底有多难？有人统计，项目从立项到竣工，需通过70多个审批环节，盖96个章，最快也要3年时间。现在，这样的现象在重庆市长寿区已经没有了。2009年，该区出台了《政府投资项目代建制管理办法》，把学校从繁琐的项目审批程序中解放了出来。

重庆市长寿区长寿湖中学校长韩成永告诉记者，学校2009年启动国家“初中工程”项目，两栋共3 000平方米的学生宿舍，从立项到开工再到使用，只用了一年半，96个章他一个都没操心。

长寿区规定，辖区内公益性、公共性、基础性等政府投资项目的建设使用单位不具备项目建设管理资质时，由区政府指定的政府投融资平台（以下简称代建单位）代理建设，并严格控制项目投资、质量和工期，竣工验收后移交给使用单位。对代建单位在项目实施阶段发生的管理费用，由项目使用单位按照代理合同的约定，经区财政局和区发改委审定后计入项目总投资，在项目竣工验收后，由区财政局拨付代建单位。

在当地，人们把代建工程形象地称为“交钥匙工程”。这个好办法受到学校和区教委的欢迎。据长寿区教委计财科副科长孙卫东介绍，2009年，国家农村“初中工程”、校安工程纷纷立项上马，学校的建设项目多了起来，手续难办的问题越发突出。“除了学校缺乏建设所需的工程管理、技术人员，不具备相关的专业技术、经验外，更重要的问题是，在这种项目管理体制下，政府对投资项目的监管实际上处于失控状态，而项目使用单位、施工承包单位和监理单位等项目参与方都成了超投资、超标准的受益者，极易造成人、财、物等社会资源的严重浪费，并滋生腐败现象。”

而长寿区代建制将投资、建设、管理、使用四个环节相互分离，这些老难题迎刃而解。校长们再也不用为学校盖房的手续“闹心”了。学校从项目实施者，变成了服务购买者。只需和代建单位签署一个代建合同，工程上的事就由专业人士代劳。

张清明工程师所在的长寿区公益工程建设管理有限公司是政府独资组建的国有企业，也是区政府指定的代建单位之一。项目一旦由他接手，诸如工程的勘察、设计、招标及施工等全部专业工作就全由他承担，同时对工程进度、质量、投资、安全、廉政建设等全程负责，对工程质量终身负责。

除此之外，代建制还理顺了相关部门的关系，大大节省了行政成本。代建单位将政府投资少于200万元的项目进行分类打捆，统一向区发改委申请立项。区发改委在3个工作日内即会办结立项批复手续。市、区相关部门热情协办督办代建项目，真正发挥了各部门的合力优势。

现在，长寿区学校盖房可谓一路“绿灯”。项目建设的成本变小了，工期加快了，质量有保障了，最终是学校受益、学生受益。（记者　张婷）

——摘自《中国教育报》2012年8月8日

相关新闻

重庆市教委总会计师邓睿：传统的学校基建模式该改改了

“项目开了搭班子，工程完了散摊子”。长期以来，我国学校基建投资项目一直采取由学校组建临时基建班子的方式进行建设与管理。这些班子成员大多缺乏相应的建筑技术和工程经济等专业知识，不熟悉投资规律和基本建设程序，因此难免出现各种管理不善的问题。

代建制是学校基建项目管理模式的一种新尝试，是管理制度与时俱进的一种体现。学校建设，特别是义务教育阶段学校的建设，政府不能仅解决资金投入，而把建设的具体事务扔给学校，还应负责学校的规划、基建，这也是政府应尽的责任。长寿区政府下决心、花大力气推行代建制，就是在认真履行政府职责，减轻学校负担。现在，校长们再也不用为修屋造房操心了，可以将工作重心放在教育、教学管理上。

——摘自《中国教育报》2012年8月8日

附录三：附表

附表1　国家扶贫开发工作重点县“初中工程”中央投资情况

项目县名称	项目县数（个）	项目学校数（所）	资金来源(万元)		预计效益（人）			
					新增学生		新增寄宿生	
			中央、地方合计	其中：中央投资	计	其中：农村留守儿童	计	其中：农村留守儿童
全国合计	421	3 053	596 816	594 658	611 937	21 312	867 730	21 936
河北省	39	232	56 760	56 760	79 500	45	101 399	43
灵寿县		9	1 660	1 660	2 624	2	3 728	
赞皇县		6	1 318	1 318	1 464		1 704	
平山县		6	1 261	1 261	1 456		2 188	
青龙满族自治县		9	2 217	2 217	1 987		2 450	
大名县		12	2 994	2 994	5 945		7 245	
涉县		4	926	926	1 218		1 300	
广平县		4	1 232	1 232	847		3 056	
魏县		11	3 229	3 229	5 765		7 090	
临城县		8	1 021	1 021	1 073		1 521	
巨鹿县		5	823	823	2 323		3 216	
广宗县		8	1 518	1 518	1 476		5 470	
阜平县		7	1 133	1 133	2 585		2 020	
唐县		14	2 365	2 365	1 443		5 001	
涞源县		7	1 352	1 352	575		1 456	
顺平县		4	1 246	1 246	495		775	
张北县		5	991	991	1 483		2 482	
康保县		4	831	831	2 025		2 020	
沽源县		5	1 117	1 117	976		1 321	

续表

项目县名称	项目县数（个）	项目学校数（所）	资金来源（万元）		预计效益（人）			
			中央、地方合计	其中：中央投资	新增学生		新增寄宿生	
					计	其中：农村留守儿童	计	其中：农村留守儿童
尚义县		3	784	784	1 493		1 148	
蔚县		5	1 662	1 662	3 323		2 998	
阳原县		5	1 289	1 289	1 437		1 028	
怀安县		4	817	817	1 417		1 286	
万全县		4	1 121	1 121	1 089		573	
赤城县		6	1 071	1 071	2 606		2 160	
崇礼县		1	776	776	911		710	
平泉县		8	2 287	2 287	5 637		5 751	
滦平县		6	2 135	2 135	4 021		3 933	
隆化县		4	1 700	1 700	1 316		1 353	
丰宁满族自治县		7	2 385	2 385	4 090	43	2 461	43
宽城满族自治县		4	719	719	1 371		1 739	
围场满族蒙古族自治县		7	2 192	2 192	2 124		1 240	
东光县		4	744	744	818		2 585	
海兴县		5	1 569	1 569	1 758		2 740	
盐山县		5	1 926	1 926	3 072		3 900	
南皮县		4	1 317	1 317	1 283		1 707	
献县		4	1 320	1 320	1 106		1 920	
孟村回族自治县		6	1 516	1 516	3 041		3 490	
武邑县		5	1 103	1 103	1 520		2 198	
武强县		7	1 093	1 093	307		2 436	
山西省	30	164	21 783	21 743	37 007	317	35 496	197
娄烦县		5	518	518	1 203		1 101	
阳高县		1	160	160	100		100	

续表

项目县名称	项目县数（个）	项目学校数（所）	资金来源（万元）		预计效益（人）			
			中央、地方合计	其中：中央投资	新增学生		新增寄宿生	
					计	其中：农村留守儿童	计	其中：农村留守儿童
天镇县		2	320	320	105		140	50
广灵县		8	1 116	1 116	2 122	80	2 280	70
浑源县		9	1 188	1 188	1 494	9	2 290	9
平顺县		6	889	889	1 083		780	
壶关县		10	1 019	1 019	1 494		1 210	
武乡县		4	652	652	1 451		1 700	
左权县		5	574	574	1 025		770	
和顺县		4	528	528	1 028		1 045	
平陆县		11	1 080	1 080	1 268		1 322	
五台县		13	1 321	1 321	2 962	40	2 335	
代县		6	1 135	1 135	2 361	18	2 133	18
繁峙县		6	1 041	1 041	955		1 616	
宁武县		4	770	770	1 758		1 492	
神池县		10	1 196	1 196	2 525	10	2 066	
五寨县		5	631	631	1 415		1 349	
岢岚县		6	780	780	2 415		1 901	
河曲县		7	958	958	2 094		1 632	
保德县		4	770	770	1 700		1 850	
偏关县		5	622	622	640		470	
吉县		4	726	726	594		1 354	
隰县		4	640	640	2 118		1 289	
汾西县		7	798	798	659		1 108	
兴县		1	120	120	150	68	110	
临县		5	490	490	466	52	238	20
石楼县		1	130	90	80	40	78	30
岚县		5	817	817	793		783	

续表

项目县名称	项目县数（个）	项目学校数（所）	资金来源(万元)		预计效益（人）			
			中央、地方合计	其中：中央投资	新增学生		新增寄宿生	
					计	其中：农村留守儿童	计	其中：农村留守儿童
方山县		1	85	85				
中阳县		5	709	709	949		954	
内蒙古自治区	17	40	23 023	23 023	18 755		27 659	
和林格尔县		1	588	588	488		550	
清水河县		1	500	500	150		50	
武川县		2	1 279	1 279	1 715		2 800	
固阳县		2	1 018	1 018	1 880		2 100	
达尔罕茂明安联合旗		1	448	448	339		1 000	
巴林左旗		4	2 132	2 132	1 811		1 166	
巴林右旗		1	1 130	1 130	100		494	
林西县		3	1 739	1 739	500		2 530	
宁城县		6	2 685	2 685	2 660		2 580	
奈曼旗		3	2 713	2 713	2 541		3 961	
准格尔旗		1	440	440	196		1 275	
鄂托克前旗		3	1 262	1 262	1 054		1 678	
乌审旗		2	920	920	482		857	
伊金霍洛旗		1	440	440	717		845	
化德县		2	1 360	1 360	1 314		1 199	
商都县		3	2 227	2 227	1 634		3 424	
察哈尔右翼前旗		4	2 142	2 142	1 174		1 150	
吉林省	8	79	17 414	17 414	12 547	20	21 155	
靖宇县		8	2 380	2 380	2 228		3 088	
镇赉县		9	2 015	2 015	1 574		1 730	
通榆县		15	3 507	3 507	3 194	20	4 096	

续表

项目县名称	项目县数（个）	项目学校数（所）	资金来源（万元）		预计效益（人）			
			中央、地方合计	其中：中央投资	新增学生		新增寄宿生	
					计	其中：农村留守儿童	计	其中：农村留守儿童
大安市		16	2 115	2 115	2 794		3 665	
龙井市		6	1 315	1 315	510		1 361	
和龙市		5	1 177	1 177	375		1 570	
汪清县		8	1 830	1 830	547		2 162	
安图县		12	3 075	3 075	1 325		3 483	
黑龙江省	11	68	24 252	24 252	13 908	85	24 111	76
延寿县		7	2 080	2 080	1 973		2 788	
泰来县		9	2 259	2 259	423		423	
甘南县		8	2 734	2 734	1 336	48	4 394	48
绥滨县		1	300	300	19	11	337	
饶河县		7	2 011	2 011	143	26	1 025	28
桦南县		8	2 656	2 656	2 170		2 855	
桦川县		5	1 796	1 796	804		2 266	
汤原县		5	2 170	2 170	1 027		2 320	
抚远县		5	2 339	2 339	1 408		1 044	
同江市		4	3 163	3 163	3 667		3 195	
兰西县		9	2 744	2 744	938		3 464	
安徽省	16	241	35 315	35 301	50 347	230	88 629	30
长丰县		8	1 710	1 710	1 258		5 620	
枞阳县		17	2 411	2 411	9 827		13 691	
潜山县		17	2 397	2 397	3 913		3 953	
太湖县		13	2 407	2 407	7 621		6 247	
宿松县		17	2 661	2 661	3 075		3 846	
临泉县		15	4 171	4 171	2 246		1 328	
颍上县		26	3 177	3 177	3 098		10 150	
无为县		23	2 431	2 431	5 329		11 708	

续表

项目县名称	项目县数（个）	项目学校数（所）	资金来源(万元)		预计效益（人）			
			中央、地方合计	其中：中央投资	新增学生		新增寄宿生	
					计	其中：农村留守儿童	计	其中：农村留守儿童
裕安区		16	1 686	1 686	3 394		4 038	
寿县		16	2 567	2 567	1 653	200	5 655	
霍邱县		23	3 220	3 220	715		10 270	
舒城县		21	1 854	1 854	323		4 537	
金寨县		11	1 994	1 994	3 767	30	2 967	30
霍山县		8	958	958	1 771		1 439	
石台县		5	883	869	1 907		1 720	
泾县		5	788	788	450		1 460	
江西省	18	204	28 221	28 221	45 421	1 202	41 593	857
莲花县		6	659	659	826		1 446	
修水县		22	2 610	2 610	3 598	108	1 372	65
赣县		12	1 881	1 881	1 216	8	903	12
上犹县		7	929	929	1 100	79	1 370	96
安远县		13	1 386	1 386	3 873	15	3 693	15
宁都县		16	1 726	1 726	2 504	33	2 541	
于都县		24	2 945	2 945	8 434	410	6 255	190
兴国县		15	2 765	2 765	1 613	46	717	46
会昌县		10	1 209	1 209	8 531		6 190	
吉安县		8	1 301	1 301	2 288		1 693	
遂川县		15	1 659	1 659	1 054	12	2 930	30
万安县		9	1 104	1 104	886	5	644	5
永新县		12	1 368	1 368	1 852	130	3 140	120
井冈山市		6	1 665	1 665	3 303	46	3 068	48
乐安县		8	1 238	1 238	1 599	130	1 050	50
广昌县		8	925	925	530		931	
上饶县		12	2 351	2 351	2 014		3 470	

续表

项目县名称	项目县数(个)	项目学校数(所)	资金来源(万元)		预计效益(人)			
					新增学生		新增寄宿生	
			中央、地方合计	其中:中央投资	计	其中:农村留守儿童	计	其中:农村留守儿童
横峰县		1	500	500	200	180	180	180
河南省	30	340	53 950	53 815	66 260	2 005	85 087	2 815
栾川县		5	962	962	278		722	
嵩县		8	1 656	1 545	1 481		1 496	
汝阳县		12	1 529	1 529	2 607		3 525	
宜阳县		13	2 262	2 262	5 785		4 909	
洛宁县		9	1 315	1 315	2 740		2 432	
鲁山县		3	461	461	1 054	700	854	680
滑县		12	1 799	1 799	2 205		1 280	
封丘县		10	1 193	1 193	2 214	50	3 225	50
范县		8	1 775	1 775	536		2 331	
台前县		6	1 119	1 119	1 459		2 079	
卢氏县		11	1 637	1 637	4 594	271	4 215	246
南召县		13	1 817	1 817	3 704		3 254	
淅川县		11	1 875	1 875	1 328		2 279	
社旗县		7	999	999	838		534	
桐柏县		6	805	805	1 736		1 356	
民权县		17	2 428	2 428	2 988	500	1 479	140
睢县		16	2 115	2 115	1 690	100	8 500	60
宁陵县		15	2 385	2 385	1 415		4 737	
虞城县		24	3 122	3 122	3 407		3 720	
光山县		21	2 562	2 562	2 145		1 076	
新县		6	728	728	449		1 384	
商城县		21	2 740	2 740	9 096	150	4 748	160
固始县		14	2 772	2 772	1 658		5 425	
淮滨县		11	1 851	1 851	159	111	2 074	611

续表

项目县名称	项目县数（个）	项目学校数（所）	资金来源（万元）		预计效益（人）			
			中央、地方合计	其中：中央投资	新增学生		新增寄宿生	
					计	其中：农村留守儿童	计	其中：农村留守儿童
沈丘县		12	2 279	2 255	881		3 088	
淮阳县		13	2 876	2 876	2 646		2 230	
上蔡县		12	2 654	2 654	2 916		2 997	
平舆县		4	648	648	260	123	1 736	868
确山县		7	1 344	1 344	2 519		2 233	
新蔡县		13	2 242	2 242	1 472		5 169	
湖北省	25	228	26 425	26 425	27 570	3 087	38 593	2 649
阳新县		19	1 790	1 790	1 932	147	1 781	147
郧县		17	2 204	2 204	573	91	746	116
郧西县		2	602	602	618	360	718	260
竹山县		1	104	104	185	6	41	6
竹溪县		12	1 335	1 335	558	38	650	38
房县		15	1 808	1 808	267	90	1 070	60
丹江口市		13	1 478	1 478	1 245		1 334	
秭归县		1	105	105	30	30	30	30
长阳土家族自治县		1	105	105	350	120	350	120
孝昌县		14	1 740	1 740	3 280	430	7 300	250
大悟县		18	1 620	1 620	57	7	548	30
红安县		12	1 735	1 735	3 179	490	4 602	490
罗田县		14	1 529	1 529	348	25	254	25
英山县		12	1 377	1 377	1 510		1 205	
蕲春县		15	1 468	1 468	1 760	210	5 050	210
麻城市		19	1 700	1 700	3 940	46	4 058	46
恩施市		10	1 019	1 019	1 100		1 100	
利川市		3	506	506	112	111	100	100
建始县		10	1 054	1 054	2 285		1 881	

续表

项目县名称	项目县数（个）	项目学校数（所）	资金来源(万元)		预计效益（人）			
					新增学生		新增寄宿生	
			中央、地方合计	其中：中央投资	计	其中：农村留守儿童	计	其中：农村留守儿童
巴东县		1	102	102	150	30	150	30
宣恩县		3	502	502	1 397	418	1 260	413
咸丰县		2	505	505	478	200	452	
来凤县		9	1 169	1 169	1 699	53	2 715	53
鹤峰县		3	502	502	197	119	297	111
神农架林区		2	366	366	320	66	901	114
湖南省	20	135	14 812	14 812	28 178	1 492	29 304	1 033
邵阳县		15	1 288	1 288	3 529		4 201	
隆回县		14	1 428	1 428	3 266		2 074	
城步苗族自治县		6	573	573	1 493		1 390	
平江县		14	1 535	1 535	5 288		5 181	
桑植县		1	280	280	475	450	412	412
安化县		2	320	320	135	30	394	80
汝城县		9	883	883	3 107		3 124	
桂东县		5	525	525	79		819	
新田县		10	1 015	1 015	2 191		1 657	
江华瑶族自治县		8	939	939	535		1 185	
沅陵县		4	360	360	178	39	147	25
通道侗族自治县		1	180	180	100	86	95	82
新化县		22	2 289	2 289	4 350		3 974	
泸溪县		2	300	300	253	102	1 138	24
凤凰县		1	400	400	200	150	200	150
花垣县		1	240	240				
保靖县		3	280	280	527		1 025	
古丈县		1	200	200	90	60	106	50
永顺县		4	400	400	865	575	773	210

续表

项目县名称	项目县数（个）	项目学校数（所）	资金来源（万元）		预计效益（人）			
			中央、地方合计	其中：中央投资	新增学生		新增寄宿生	
					计	其中：农村留守儿童	计	其中：农村留守儿童
龙山县		12	1 377	1 377	1 517		1 409	
广西壮族自治区	7	18	3 908	3 878	12 860	771	12 622	791
龙胜各族自治县		3	1 000	1 000	4 600	150	4 167	150
田东县		7	1 278	1 278	2 019	70	2 442	70
靖西县		3	400	400	5	2	107	41
那坡县		1	200	200	300	78	300	78
环江毛南族自治县		1	330	300	20	15	20	15
忻城县		1	500	500	3 500	200	3 000	200
龙州县		2	200	200	2 416	256	2 586	237
海南省	4	35	4 370	4 370	6 107		10 962	
五指山市		7	600	600	176		1 868	
白沙黎族自治县		7	1 546	1 546	1 540		3 354	
陵水黎族自治县		9	1 330	1 330	2 384		3 820	
琼中黎族苗族自治县		12	894	894	2 007		1 920	
重庆市	14	144	32 325	31 591	48 100	5 898	34 662	6 200
万州区		19	4 402	4 402	1 470	772	2 927	772
黔江区		6	1 825	1 825	1 749	20	784	100
城口县		2	683	653	1 763	250	1 344	250
丰都县		20	2 899	2 899	5 932	660	3 442	508
武隆县		6	2 056	2 056	4 410	172	3 022	175
开县		24	5 004	5 004	4 673	231	3 216	530
云阳县		10	1 280	1 280	2 970	1 953	4 392	2 121
奉节县		17	3 491	3 491	5 188	115	893	95
巫山县		10	2 655	2 655	4 013	30	2 205	20

续表

项目县名称	项目县数（个）	项目学校数（所）	资金来源（万元）		预计效益（人）			
			中央、地方合计	其中：中央投资	新增学生		新增寄宿生	
					计	其中：农村留守儿童	计	其中：农村留守儿童
巫溪县		4	1 010	760	1 671	1 257	583	470
石柱土家族自治县		10	2 371	2 371	6 249	171	4 030	161
秀山土家族苗族自治县		2	710	710	320	70	1 130	450
酉阳土家族苗族自治县		3	1 206	840	277	59	1 786	410
彭水苗族土家族自治县		11	2 733	2 645	7415	138	4 908	138
四川省	18	127	28 366	28 366	16 744	359	17 872	324
叙永县		6	1 339	1 339	601		1 113	
古蔺县		6	2 173	2 73	738		1 034	
朝天区		1	214	214	303		396	
旺苍县		5	800	800	700		590	
苍溪县		3	730	730	930		883	
嘉陵区		4	1 433	1 433	783		157	
南部县		22	2 296	2 296	3 246	2	2 143	50
仪陇县		9	2 068	2 068	926		432	
阆中市		7	978	978	986		768	
屏山县		7	1 323	1 323	993		1 636	
广安区		14	3 031	3 031	582		4 157	
宣汉县		11	2 650	2 650	3 760		2 385	
万源市		7	2 120	2 120	490		933	
通江县		6	2 193	2 193	348	4	173	4
南江县		5	750	750	494		290	
平昌县		11	3 168	3 168	401	120	372	90
普格县		1	500	500	410	180	410	180
雷波县		2	600	600	53	53		

续表

项目县名称	项目县数（个）	项目学校数（所）	资金来源(万元)		预计效益（人）			
					新增学生		新增寄宿生	
			中央、地方合计	其中：中央投资	计	其中：农村留守儿童	计	其中：农村留守儿童
贵州省	29	128	24 360	24 360	15 705	2 750	30 921	3 305
六枝特区		1	200	200	12		258	20
水城县		2	440	440	260	170	640	170
正安县		1	200	200	48	30	400	350
习水县		2	290	290	388	138	450	100
普定县		9	1 390	1 390	2 157	102	2 976	98
关岭布依族苗族自治县		1	350	350				
石阡县		1	340	340				
思南县		11	3 212	3 212	1 012	127	907	127
印江土家族苗族自治县		10	1 392	1 392	732	15	324	10
沿河土家族自治县		1	300	300	419	130	692	80
松桃苗族自治县		1	390	390	55	50	454	300
兴仁县		1	290	290				
晴隆县		1	300	300				
安龙县		7	1 489	1 489	199		3 532	
大方县		9	1 739	1 739	450	30	3 705	
织金县		2	400	400			12	12
赫章县		3	400	400	854	77	1 730	77
黄平县		2	240	240				
三穗县		9	1 665	1 665	2 712	1 600	4 082	1 600
岑巩县		9	1 563	1 563	1 004	11	1 599	11
天柱县		16	2 615	2 615	1 902	150	2 291	230
锦屏县		11	2 457	2 457	1 448		4 860	
雷山县		2	240	240	138	90	138	90

续表

项目县名称	项目县数（个）	项目学校数（所）	资金来源(万元)		预计效益（人）			
			中央、地方合计	其中：中央投资	新增学生		新增寄宿生	
					计	其中：农村留守儿童	计	其中：农村留守儿童
麻江县		1	200	200				
丹寨县		1	200	200				
荔波县		10	1 308	1 308	1 314		1 324	
独山县		2	250	250				
长顺县		1	250	250	554	30	500	30
三都水族自治县		1	250	250	47		47	
云南省	53	192	58 415	58 415	40 710	936	55 228	1 037
东川区		1	400	400	660		726	
禄劝彝族苗族自治县		5	1 200	1200	230		716	
寻甸回族彝族自治县		2	1 370	1 370	643		470	
富源县		9	2 820	2 820	5 668		8 108	
会泽县		5	1 873	1 873	853		833	
施甸县		3	1 162	1 162	16		761	
龙陵县		5	2 461	2 461	575	10	727	8
昌宁县		3	1 367	1 367	2 149		1 924	
昭阳区		6	2 540	2 540	1 036	150	1 833	150
绥江县		2	890	890	703		1 090	
威信县		5	1 802	1 802	303		2 729	
永胜县		4	1 714	1 714	970		1 004	
宁蒗彝族自治县		1	484	484	84		24	
宁洱哈尼族彝族自治县		3	750	750	40		10	
墨江哈尼族自治县		1	445	445				
景东彝族自治县		3	665	665	969		990	
镇沅彝族哈尼族拉祜族自治县		3	658	658	378		537	

续表

项目县名称	项目县数（个）	项目学校数（所）	资金来源(万元)		预计效益（人）			
					新增学生		新增寄宿生	
			中央、地方合计	其中：中央投资	计	其中：农村留守儿童	计	其中：农村留守儿童
江城哈尼族彝族自治县		3	735	735	273	82	819	82
孟连傣族拉祜族佤族自治县		1	285	285	21		148	
澜沧拉祜族自治县		2	368	368	277		506	
凤庆县		5	1 977	1 977	490		908	
云县		1	375	375	66		124	
永德县		1	462	462	1 798		1 578	
镇康县		3	1 325	1 325	615		905	
双江拉祜族佤族布朗族傣族自治县		1	452	452	77		231	
双柏县		5	780	780	1 445		1 386	
南华县		2	675	675	821		795	
姚安县		6	1 010	1 010	490	43	1 089	32
大姚县		8	2 011	2 011	223	20	366	20
永仁县		3	634	634	320		283	
武定县		4	1 097	1 097	777	20	900	20
泸西县		2	1 306	1 306	647		743	
文山县		3	1 874	1 874	602	50	1 466	50
砚山县		7	2 129	2 129	1 063	76	2 993	68
西畴县		7	1 168	1 168	1 123	97	1 263	97
麻栗坡县		1	330	330	217	22	350	22
马关县		4	946	946	1 098	26	923	26
丘北县		4	1 610	1 610	1 111		1 857	
富宁县		3	1 489	1 489	1 608	300	1 251	300

续表

项目县名称	项目县数（个）	项目学校数（所）	资金来源(万元)		预计效益（人）			
					新增学生		新增寄宿生	
			中央、地方合计	其中：中央投资	计	其中：农村留守儿童	计	其中：农村留守儿童
勐腊县		1	250	250	130		205	
漾濞彝族自治县		1	412	412	490		679	
弥渡县		8	1 242	1 242	2 540		2 378	
南涧彝族自治县		8	966	966	885		823	122
巍山彝族回族自治县		4	1 174	1 174	508		801	
永平县		6	646	646	1 859		1 145	
云龙县		3	1 178	1 178	492		380	
洱源县		12	1 033	1 033	677		2 226	
剑川县		2	660	660	206		466	
鹤庆县		2	688	688	225		404	
梁河县		4	2 553	2 553	948	40	989	40
福贡县		1	675	675	171		171	
贡山独龙族怒族自治县		2	788	788	1 002		961	
兰坪白族普米族自治县		1	511	511	138		234	
陕西省	33	244	41 265	41 265	22 661	406	56 531	1 141
印台区		6	958	958	351		537	
耀州区		9	1 588	1 588	349		3 202	
宜君县		6	1 009	1 009	338	60	524	60
陇县		9	1 212	1 212	742		1 966	
麟游县		7	800	800	839		14	
太白县		1	590	590	1 775		1 000	
永寿县		6	1 343	1 343	391		1 415	
彬县		8	1 617	1 617	393		3 460	
长武县		8	1 303	1 303	407		2 164	

续表

项目县名称	项目县数（个）	项目学校数（所）	资金来源（万元）		预计效益（人）			
					新增学生		新增寄宿生	
			中央、地方合计	其中：中央投资	计	其中：农村留守儿童	计	其中：农村留守儿童
旬邑县		8	1 807	1 807	349		4 856	800
淳化县		8	1 594	1 594	431		1 069	
合阳县		6	1 428	1 428	540	12	1 054	10
蒲城县		6	1 454	1 454	162		2 184	
白水县		6	1 390	1 390	11		1 764	
安塞县		7	1 275	1 275	1 811		1 342	
吴起县		1	150	150	260		182	
洋县		14	1 977	1 977	1 477		1 632	
西乡县		8	1 442	1 442	919		573	
略阳县		8	1 058	1 058	1 028		474	
府谷县		2	460	460	564		394	
靖边县		4	635	635	1 025		856	
佳县		1	192	192				
清涧县		1	144	144	33	12	140	20
子洲县		1	240	240	1 200		900	
汉滨区		23	3 466	3 466	1 441		9 242	
宁陕县		5	671	671	321	55	330	45
岚皋县		4	1 182	1 182	1 193		1 252	
镇坪县		4	732	732	532		401	
旬阳县		14	1 712	1 712	872	70	517	59
商州区		18	2 096	2 096	1 474	67	3 661	67
洛南县		16	2 621	2 621	1 071	100	4 824	80
丹凤县		11	1 868	1 868	224	30	4 166	
商南县		8	1 251	1 251	138		436	
甘肃省	20	227	43 474	43 474	24 283	1 523	85 973	984
榆中县		10	2 579	2 579	1 742	45	4 018	128

续表

项目县名称	项目县数（个）	项目学校数（所）	资金来源(万元)		预计效益（人）			
			中央、地方合计	其中：中央投资	新增学生		新增寄宿生	
					计	其中：农村留守儿童	计	其中：农村留守儿童
麦积区		15	2 945	2 945	2 393	139	7 015	
秦安县		15	3 418	3 418	1 365	110	8 034	83
甘谷县		15	3 313	3 313	1 629	23	7 551	
武山县		10	1 794	1 794	772		5 800	
古浪县		11	2 833	2 833	1 956	148	4 708	148
静宁县		20	2 742	2 742	1 338	420	6 600	420
华池县		8	1 216	1 216	2 987		2 185	
合水县		7	1 304	1 304	2 112	400	3 025	
宁县		14	2 659	2 659	1 114		7 131	7
镇原县		13	3 322	3 322	994		4 236	
安定区		18	2 523	2 523	976	11	3 144	8
通渭县		14	2 148	2 148	873	16	5 103	2
陇西县		19	2 227	2 227	1 131	133	5 429	90
渭源县		9	1 807	1 807	171		4 308	
临洮县		13	2 173	2 173	990		3 728	
岷县		1	480	480	77	73	363	95
文县		10	2 769	2 769	1 247		2 959	
两当县		4	822	822	415	4	628	2
积石山保安族东乡族撒拉族自治县		1	400	400	1	1	8	1
青海省	10	123	28 540	28 140	19 227	30	27 532	310
大通回族土族自治县		23	5 407	5 407	3 131		6 574	
湟中县		22	5 340	5 340	3 256		4 914	280
平安县		7	1 698	1 698	1 119		2 010	
民和回族土族自治县		22	4 401	4 401	6 042		7 685	

续表

项目县名称	项目县数（个）	项目学校数（所）	资金来源（万元）		预计效益（人）			
			中央、地方合计	其中：中央投资	新增学生		新增寄宿生	
					计	其中：农村留守儿童	计	其中：农村留守儿童
乐都县		19	5 692	5 292	4 926	30	5 596	30
循化撒拉族自治县		1	1 002	1 002	753		753	
尖扎县		1	630	630				
甘德县		7	877	877				
达日县		10	1 332	1 332				
囊谦县		11	2 161	2 161				
宁夏回族自治区	5	7	2 125	2 125	286	33	2 158	21
盐池县		1	95	95	5		7	
原州区		2	735	735			1 100	
隆德县		2	555	555	87		842	
彭阳县		1	440	440	150	25	120	15
海原县		1	300	300	44	8	89	6
新疆维吾尔自治区	14	77	27 713	26 908	25 761	123	40 243	123
巴里坤哈萨克自治县		4	1 169	1 169	1 953		1 278	
乌什县		6	1 972	1 902	525		295	
柯坪县		2	810	670	1 473		1 116	
阿图什市		5	1 939	1 897	3 668		5 082	
阿克陶县		2	850	850	117		790	
疏附县		8	3 592	3 592	2 115		2 739	
疏勒县		10	3 411	3 373	746		3 096	
英吉沙县		9	3 122	3 066	4 451		6 984	
叶城县		13	4 518	4 518	2 419		9 175	
岳普湖县		6	1 802	1 750	185		2 039	
民丰县		2	1 149	1 149	3 908	3	3 723	3

续表

项目县名称	项目县数（个）	项目学校数（所）	资金来源(万元)		预计效益（人）			
					新增学生		新增寄宿生	
			中央、地方合计	其中：中央投资	计	其中：农村留守儿童	计	其中：农村留守儿童
察布查尔锡伯自治县		8	2 105	1 830	2 801		2 816	
青河县		1	452	452	200	120	160	120
吉木乃县		1	822	690	1 200		950	

附表2　陆地边境县“初中工程”中央投资情况

项目县名称	项目县数（个）	项目学校数（所）	资金来源(万元)		预计效益（人）			
			中央、地方合计	其中：中央投资	新增学生		新增寄宿生	
					计	其中：农村留守儿童	计	其中：农村留守儿童
全国合计	98	269	96 450	95 440	77 967	4 916	96 646	4 184
内蒙古自治区	9	26	9 330	9 220	6 694	153	10 713	113
达尔罕茂明安联合旗		1	448	448	339	0	1 000	0
额尔古纳市		1	430	320	375	30	300	30
乌拉特中旗		4	1 122	1 122	141	0	61	0
阿尔山市		1	1 140	1 140	300	0	500	0
科尔沁右翼前旗		7	2 173	2 173	1 148	0	2 797	0
阿巴嘎旗		1	390	390	75	3	327	3
苏尼特右旗		3	1 200	1 200	1 141	0	2 400	0
东乌珠穆沁旗		1	390	390	250	0	400	0
阿拉善左旗		7	2 037	2 037	2 925	120	2 928	80
吉林省	10	46	13 128	13 128	8 543	1 245	12 901	912
集安市		4	1 188	1 188	1 390	360	1 197	170
八道江区		2	478	478	95	17	40	7
抚松县		1	532	532	100	100	100	100
长白朝鲜族自治县		4	1 016	1 016	1 412	0	846	0
临江市		4	1 447	1 447	1 255	110	1 644	80
图们市		4	1 590	1 590	150	58	70	45
珲春市		4	1 310	1 310	1 931	600	2 590	510
龙井市		6	1 315	1 315	510	0	1 361	0
和龙市		5	1 177	1 177	375	0	1 570	0
安图县		12	3 075	3 075	1 325	0	3 483	0
黑龙江省	17	41	15 523	15 523	8 877	752	11 007	640
鸡东县		2	600	600	317	40	928	35

续表

项目县名称	项目县数（个）	项目学校数（所）	资金来源(万元)		预计效益（人）			
					新增学生		新增寄宿生	
			中央、地方合计	其中：中央投资	计	其中：农村留守儿童	计	其中：农村留守儿童
虎林市		2	610	610	85	0	56	0
密山市		2	690	690	210	55	465	31
萝北县		1	400	400	350	80	960	80
绥滨县		1	300	300	19	11	337	0
饶河县		7	2 011	2 011	143	26	1 025	28
嘉荫县		2	675	675	327	18	718	14
抚远县		5	2 339	2 339	1 408	0	1 044	0
同江市		4	3 163	3 163	3 667	0	3 195	0
东宁县		2	675	675	200	50	413	50
绥芬河市		1	390	390	30	15	32	20
穆棱市		2	590	590	470	85	595	135
逊克县		2	600	600	332	123	200	21
孙吴县		2	660	660	250	50	210	50
呼玛县		2	540	540	373	66	348	68
塔河县		2	630	630	286	90	256	70
漠河县		2	650	650	410	43	225	38
广西壮族自治区	8	17	3 390	3 390	7 700	681	8 915	639
防城区		5	1 240	1 240	2 157	62	2 444	0
东兴市		1	250	250	150	5	150	5
靖西县		3	400	400	5	2	107	41
那坡县		1	200	200	300	78	300	78
宁明县		1	250	250	100	100	100	100
龙州县		2	200	200	2 416	256	2 586	237
大新县		1	200	200	200	108	200	108
凭祥市		3	650	650	2 372	70	3 028	70
云南省	19	40	16 606	16 606	7 440	440	9 818	438

续表

项目县名称	项目县数（个）	项目学校数（所）	资金来源（万元）		预计效益（人）			
			中央、地方合计	其中：中央投资	新增学生		新增寄宿生	
					计	其中：农村留守儿童	计	其中：农村留守儿童
腾冲县		2	1 292	1 292	427	0	427	0
龙陵县		5	2 461	2 461	575	10	727	8
江城哈尼族彝族自治县		3	735	735	273	82	819	82
孟连傣族拉祜族佤族自治县		1	285	285	21	0	148	0
澜沧拉祜族自治县		2	368	368	277	0	506	0
镇康县		3	1 325	1 325	615	0	905	0
耿马傣族佤族自治县		2	918	918	212	0	210	0
河口瑶族自治县		1	250	250	485	0	496	0
麻栗坡县		1	330	330	217	22	350	22
马关县		4	946	946	1 098	26	923	26
富宁县		3	1 489	1 489	1 608	300	1 251	300
景洪市		1	554	554	31	0	141	0
勐海县		1	985	985	28	0	1	0
勐腊县		1	250	250	130	0	205	0
瑞丽市		2	1 337	1 337	146	0	1 335	0
潞西市		2	452	452	124	0	82	0
盈江县		3	1 166	1 166	0	0	160	0
福贡县		1	675	675	171	0	171	0
贡山独龙族怒族自治县		2	788	788	1 002	0	961	0
西藏自治区	14	14	7 809	7 809	3 970	0	3 640	0
洛扎县		1	1 328	1 328	50	0	50	0
错那县		1	303	303	100	0	200	0

续表

项目县名称	项目县数（个）	项目学校数（所）	资金来源（万元）		预计效益（人）			
			中央、地方合计	其中：中央投资	新增学生		新增寄宿生	
					计	其中：农村留守儿童	计	其中：农村留守儿童
浪卡子县		1	669	669	300	0	300	0
定日县		1	948	948	1 200	0	1 000	0
康马县		1	1 095	1 095	200	0	200	0
定结县		1	645	645	250	0	250	0
仲巴县		1	150	150	400	0	200	0
亚东县		1	224	224	80	0	140	0
吉隆县		1	483	483	150	0	100	0
聂拉木县		1	150	150	50	0	100	0
萨嘎县		1	490	490	400	0	300	0
岗巴县		1	365	365	200	0	100	0
日土县		1	636	636	540	0	500	0
察隅县		1	323	323	50	0	200	0
甘肃省	1	1	350	350	250	0	254	0
肃北蒙古族自治县		1	350	350	250	0	254	0
新疆维吾尔自治区	20	84	30 314	29 414	34 493	1 645	39 398	1 442
巴里坤哈萨克自治县		4	1 169	1 169	1 953	0	1 278	0
奇台县		4	1 659	1 659	1 312	21	1 123	0
木垒哈萨克自治县		3	1 310	1 310	2 732	0	1 673	0
博乐市		1	300	300	131	0	500	0
温泉县		4	2 043	1 894	3 053	41	2 074	26
温宿县		7	2 020	1 960	2 749	0	2 653	0
乌什县		6	1 972	1 902	525	0	295	0
阿图什市		5	1 939	1 897	3 668	0	5 082	0
阿克陶县		2	850	850	117	0	790	0

续表

项目县名称	项目县数（个）	项目学校数（所）	资金来源(万元)		预计效益（人）			
			中央、地方合计	其中：中央投资	新增学生		新增寄宿生	
					计	其中：农村留守儿童	计	其中：农村留守儿童
叶城县		13	4 518	4 518	2 419	0	9 175	0
察布查尔锡伯自治县		8	2 105	1 830	2 801	0	2 816	0
霍城县		7	2 716	2 544	2 722	0	2 645	0
塔城市		1	846	846	400	0	400	0
额敏县		4	1 382	1 382	965	0	1 230	0
阿勒泰市		2	710	710	475	60	1 127	0
布尔津县		4	1 435	1 435	2 135	0	1 060	0
福海县		1	495	495	1 458	1 296	1 458	1 296
哈巴河县		6	1 571	1 571	3 478	107	2 909	0
青河县		1	452	452	200	120	160	120
吉木乃县		1	822	690	1 200	0	950	0

附表3　少数民族自治县“初中工程”中央投资情况

项目县名称	项目县数（个）	项目学校数（所）	资金来源(万元)		预计效益（人）			
					新增学生		新增寄宿生	
			中央、地方合计	其中：中央投资	计	其中：农村留守儿童	计	其中：农村留守儿童
全国合计	378	1 609	421 081	410 958	386 508	18 541	487 314	19 281
河北省	6	35	9 628	9 628	14 672	43	12 980	43
青龙满族自治县		9	2 217	2 217	1 987	0	2 450	0
丰宁满族自治县		7	2 385	2 385	4 090	43	2 461	43
宽城满族自治县		4	719	719	1 371	0	1 739	0
围场满族蒙古族自治县		7	2 192	2 192	2 124	0	1 240	0
孟村回族自治县		6	1 516	1 516	3 041	0	3 490	0
大厂回族自治县		2	599	599	2 059	0	1 600	0
内蒙古自治区	39	88	43 900	43 788	29 575	443	51 659	1 573
和林格尔县		1	588	588	488	0	550	0
清水河县		1	500	500	150	0	50	0
武川县		2	1 279	1 279	1 715	0	2 800	0
固阳县		2	1 018	1 018	1 880	0	2 100	0
达尔罕茂明安联合旗		1	448	448	339	0	1 000	0
乌达区		1	450	450	120	50	300	220
元宝山区		1	750	750	262	0	1 237	0
巴林左旗		4	2 132	2 132	1 811	0	1 166	0
巴林右旗		1	1 130	1 130	100	0	494	0
林西县		3	1 739	1 739	500	0	2 530	0
宁城县		6	2 685	2 685	2 660	0	2 580	0
科尔沁区		1	400	400	1	0	1 750	0
开鲁县		1	1 333	1 333	150	0	150	0
奈曼旗		3	2 713	2 713	2 541	0	3 961	0
准格尔旗		1	440	440	196	0	1 275	0

续表

项目县名称	项目县数（个）	项目学校数（所）	资金来源（万元）		预计效益（人）			
			中央、地方合计	其中：中央投资	新增学生		新增寄宿生	
					计	其中：农村留守儿童	计	其中：农村留守儿童
鄂托克前旗		3	1 262	1 262	1 054	0	1 678	0
乌审旗		2	920	920	482	0	857	0
伊金霍洛旗		1	440	440	717	0	845	0
莫力达瓦达斡尔族自治旗		5	2 173	2 173	540	0	3 492	0
鄂伦春自治旗		5	2 140	2 140	1 380	0	3 070	0
鄂温克族自治旗		2	420	420	267	0	324	0
额尔古纳市		1	430	320	375	30	300	30
根河市		1	1 147	1 147	460	0	1 300	1 000
临河区		1	600	600	260	0	500	0
磴口县		1	400	400	300	240	260	240
乌拉特中旗		4	1 122	1 122	141	0	61	0
化德县		2	1 360	1 360	1 314	0	1 199	0
商都县		3	2 227	2 227	1 634	0	3 424	0
察哈尔右翼前旗		4	2 142	2 142	1 174	0	1 150	0
乌兰浩特市		1	842	840	61	0	374	0
阿尔山市		1	1 140	1 140	300	0	500	0
科尔沁右翼前旗		7	2 173	2 173	1 148	0	2 797	0
锡林浩特市		1	750	750	54	0	1 000	0
阿巴嘎旗		1	390	390	75	3	327	3
苏尼特右旗		3	1 200	1 200	1 141	0	2 400	0
东乌珠穆沁旗		1	390	390	250	0	400	0
镶黄旗		1	390	390	260	0	180	0
正蓝旗		1	200	200	350	0	350	0
阿拉善左旗		7	2 037	2 037	2 925	120	2 928	80

续表

项目县名称	项目县数（个）	项目学校数（所）	资金来源（万元）		预计效益（人）			
			中央、地方合计	其中：中央投资	新增学生		新增寄宿生	
					计	其中：农村留守儿童	计	其中：农村留守儿童
辽宁省	2	7	1 750	1 515	1 870	595	2 520	495
阜新蒙古族自治县		4	840	695	1 420	465	2 000	435
喀喇沁左翼蒙古族自治县		3	910	820	450	130	520	60
吉林省	11	74	17 509	17 509	12 316	870	21 436	687
伊通满族自治县		10	2 151	2 151	4 202	0	3 202	0
长白朝鲜族自治县		4	1 016	1 016	1 412	0	846	0
前郭尔罗斯蒙古族自治县		15	2 920	2 920	1 179	0	5 312	0
延吉市		3	395	395	367	192	257	132
图们市		4	1 590	1 590	150	58	70	45
敦化市		3	730	730	318	20	583	0
珲春市		4	1 310	1 310	1 931	600	2 590	510
龙井市		6	1 315	1 315	510	0	1 361	0
和龙市		5	1 177	1 177	375	0	1 570	0
汪清县		8	1 830	1 830	547	0	2 162	0
安图县		12	3 075	3 075	1 325	0	3 483	0
浙江省	1	1	5 948	100	214	64	162	51
景宁畲族自治县		1	5 948	100	214	64	162	51
湖北省	10	43	5 566	5 566	7 768	1 051	8 305	827
长阳土家族自治县		1	105	105	350	120	350	120
五峰土家族自治县		1	102	102	0	0	0	0
恩施市		10	1 019	1 019	1 100	0	1 100	0
利川市		3	506	506	112	111	100	100
建始县		10	1 054	1 054	2 285	0	1 881	0
巴东县		1	102	102	150	30	150	30

续表

项目县名称	项目县数（个）	项目学校数（所）	资金来源（万元）		预计效益（人）			
			中央、地方合计	其中：中央投资	新增学生		新增寄宿生	
					计	其中：农村留守儿童	计	其中：农村留守儿童
宣恩县		3	502	502	1 397	418	1 260	413
咸丰县		2	505	505	478	200	452	0
来凤县		9	1 169	1 169	1 699	53	2 715	53
鹤峰县		3	502	502	197	119	297	111
湖南省	15	49	6 504	6 404	7 574	1 185	9 163	748
城步苗族自治县		6	573	573	1 493	0	1 390	0
江华瑶族自治县		8	939	939	535	0	1 185	0
麻阳苗族自治县		1	250	250	132	20	40	30
新晃侗族自治县		2	180	180	202	142	202	122
芷江侗族自治县		1	280	280	200	50	100	80
靖州苗族侗族自治县		5	505	505	1 460	0	1 500	0
通道侗族自治县		1	180	180	100	86	95	82
吉首市		1	400	300	0	0	0	0
泸溪县		2	300	300	253	102	1 138	24
凤凰县		1	400	400	200	150	200	150
花垣县		1	240	240	0	0	0	0
保靖县		3	280	280	527	0	1 025	0
古丈县		1	200	200	90	60	106	50
永顺县		4	400	400	865	575	773	210
龙山县		12	1 377	1 377	1 517	0	1 409	0
广东省	1	1	230	100	80	0	80	0
乳源瑶族自治县		1	230	100	80	0	80	0
广西壮族自治区	43	361	52 637	52 447	71 478	7 388	88 579	6 859
武鸣县		7	1 612	1 612	1 480	30	1 580	30

续表

项目县名称	项目县数（个）	项目学校数（所）	资金来源（万元）		预计效益（人）			
			中央、地方合计	其中：中央投资	新增学生		新增寄宿生	
					计	其中：农村留守儿童	计	其中：农村留守儿童
宾阳县		7	800	800	890	440	1 265	345
横县		23	2 984	2 984	5 432	518	14 091	518
柳江县		2	500	500	1 569	4	1 406	4
柳城县		11	1 220	1 160	1 839	659	2 414	659
鹿寨县		1	600	500	3 500	710	3 100	710
灵川县		8	850	850	3 546	0	1 504	0
全州县		5	600	600	1 812	834	1 793	804
兴安县		7	500	500	562	174	662	174
龙胜各族自治县		3	1 000	1 000	4 600	150	4 167	150
资源县		7	900	900	2 655	400	3 111	0
平乐县		4	500	500	295	205	555	255
苍梧县		15	1 459	1 459	967	30	6 113	30
岑溪市		5	900	900	711	301	711	251
合浦县		20	2 934	2 934	4 177	20	3 228	5
防城区		5	1 240	1 240	2 157	62	2 444	0
东兴市		1	250	250	150	5	150	5
灵山县		24	2 969	2 969	6 480	475	6 677	475
浦北县		17	1 940	1 940	3 256	175	2 203	225
平南县		25	2 996	2 996	800	3	763	3
桂平市		17	3 907	3 907	2 967	260	2 139	170
容县		4	700	700	219	146	56	26
陆川县		25	2 574	2 574	1 109	156	490	156
博白县		28	4 001	4 001	783	30	1 452	50
右江区		6	910	910	1 509	0	1 203	0
田东县		7	1 278	1 278	2 019	70	2 442	70
靖西县		3	400	400	5	2	107	41

续表

项目县名称	项目县数（个）	项目学校数（所）	资金来源（万元）		预计效益（人）			
					新增学生		新增寄宿生	
			中央、地方合计	其中：中央投资	计	其中：农村留守儿童	计	其中：农村留守儿童
那坡县		1	200	200	300	78	300	78
八步区		3	900	900	443	254	443	254
昭平县		10	1 338	1 338	50	1	1 079	1
钟山县		11	1 613	1 613	1 114	30	1 741	10
金城江区		4	700	700	816	40	655	40
环江毛南族自治县		1	330	300	20	15	20	15
宜州市		8	1 337	1 337	1 983	100	1 774	100
兴宾区		3	800	800	655	255	1 005	470
忻城县		1	500	500	3 500	200	3 000	200
象州县		8	893	893	704	0	1 535	0
武宣县		9	1 187	1 187	468	7	4 657	5
扶绥县		8	1 015	1 015	848	15	630	15
宁明县		1	250	250	100	100	100	100
龙州县		2	200	200	2 416	256	2 586	237
大新县		1	200	200	200	108	200	108
凭祥市		3	650	650	2 372	70	3 028	70
海南省	4	43	5 821	5 821	7 166	0	11 947	0
白沙黎族自治县		7	1 546	1 546	1 540	0	3 354	0
乐东黎族自治县		15	2 051	2 051	1 235	0	2 853	0
陵水黎族自治县		9	1 330	1 330	2 384	0	3 820	0
琼中黎族苗族自治县		12	894	894	2 007	0	1 920	0
重庆市	4	26	7 020	6 566	14 261	438	11 854	1 159
石柱土家族自治县		10	2 371	2 371	6 249	171	4 030	161
秀山土家族苗族自治县		2	710	710	320	70	1 130	450

续表

项目县名称	项目县数（个）	项目学校数（所）	资金来源（万元）		预计效益（人）			
					新增学生		新增寄宿生	
			中央、地方合计	其中：中央投资	计	其中：农村留守儿童	计	其中：农村留守儿童
酉阳土家族苗族自治县		3	1 206	840	277	59	1 786	410
彭水苗族土家族自治县		11	2 733	2 645	7 415	138	4 908	138
四川省	18	31	10 500	10 500	5 932	310	7 013	385
北川羌族自治县		1	90	90	99	0	29	0
峨边彝族自治县		4	700	700	817	0	1 053	0
汶川县		1	196	196	79	0	167	0
若尔盖县		1	300	300	106	1	28	1
康定县		1	427	427	67	0	39	0
泸定县		2	500	500	744	0	337	0
丹巴县		1	250	250	50	30	35	28
九龙县		3	1 773	1 773	124	0	109	0
道孚县		1	520	520	410	0	350	0
德格县		1	351	351	94	15	144	15
白玉县		1	400	400	650	0	1 000	150
巴塘县		1	252	252	315	11	337	11
西昌市		4	2 089	2 089	687	0	592	0
德昌县		1	400	400	728	20	0	0
会东县		1	200	200	0	0	0	0
宁南县		4	952	952	499	0	2 383	0
普格县		1	500	500	410	180	410	180
雷波县		2	600	600	53	53	0	0
贵州省	29	171	33 229	33 229	27 752	2 850	41 806	3 531
关岭布依族苗族自治县		1	350	350	0	0	0	0
玉屏侗族自治县		6	2 641	2 641	616	20	4 659	300

续表

项目县名称	项目县数（个）	项目学校数（所）	资金来源（万元）		预计效益（人）			
			中央、地方合计	其中：中央投资	新增学生		新增寄宿生	
					计	其中：农村留守儿童	计	其中：农村留守儿童
印江土家族苗族自治县		10	1 392	1 392	732	15	324	10
沿河土家族自治县		1	300	300	419	130	692	80
松桃苗族自治县		1	390	390	55	50	454	300
兴义市		6	1 390	1 390	955	134	963	91
兴仁县		1	290	290	0	0	0	0
晴隆县		1	300	300	0	0	0	0
安龙县		7	1 489	1 489	199	0	3 532	0
凯里市		11	2 327	2 327	2 732	0	2 891	0
黄平县		2	240	240	0	0	0	0
三穗县		9	1 665	1 665	2 712	1 600	4 082	1 600
镇远县		2	700	700	159	57	628	148
岑巩县		9	1 563	1 563	1 004	11	1 599	11
天柱县		16	2 615	2 615	1 902	150	2 291	230
锦屏县		11	2 457	2 457	1 448	0	4 860	0
雷山县		2	240	240	138	90	138	90
麻江县		1	200	200	0	0	0	0
丹寨县		1	200	200	0	0	0	0
都匀市		12	2 513	2 513	2 251	240	2 492	310
福泉市		4	718	718	491	70	1 282	100
荔波县		10	1 308	1 308	1 314	0	1 324	0
贵定县		12	2 463	2 463	3 606	200	4 035	200
瓮安县		16	2 214	2 214	2 336	10	1 825	10
独山县		2	250	250	0	0	0	0
长顺县		1	250	250	554	30	500	30

续表

项目县名称	项目县数（个）	项目学校数（所）	资金来源（万元）		预计效益（人）			
					新增学生		新增寄宿生	
			中央、地方合计	其中：中央投资	计	其中：农村留守儿童	计	其中：农村留守儿童
龙里县		13	2 274	2 274	4 011	20	2 644	0
惠水县		2	240	240	71	23	544	21
三都水族自治县		1	250	250	47	0	47	0
云南省	54	170	47 868	47 868	32 256	776	40 656	879
石林彝族自治县		1	460	460	864	0	864	0
禄劝彝族苗族自治县		5	1 200	1 200	230	0	716	0
寻甸回族彝族自治县		2	1 370	1 370	643	0	470	0
峨山彝族自治县		2	380	380	569	0	449	0
新平彝族傣族自治县		3	460	460	968	0	1 144	0
元江哈尼族彝族傣族自治县		3	570	570	704	0	954	0
玉龙纳西族自治县		4	942	942	740	0	819	0
宁蒗彝族自治县		1	484	484	84	0	24	0
宁洱哈尼族彝族自治县		3	750	750	40	0	10	0
墨江哈尼族自治县		1	445	445	0	0	0	0
景东彝族自治县		3	665	665	969	0	990	0
景谷傣族彝族自治县		4	1 254	1 254	1 323	0	748	0
镇沅彝族哈尼族拉祜族自治县		3	658	658	378	0	537	0
江城哈尼族彝族自治县		3	735	735	273	82	819	82

续表

项目县名称	项目县数（个）	项目学校数（所）	资金来源（万元）		预计效益（人）			
			中央、地方合计	其中：中央投资	新增学生		新增寄宿生	
					计	其中：农村留守儿童	计	其中：农村留守儿童
孟连傣族拉祜族佤族自治县		1	285	285	21	0	148	0
澜沧拉祜族自治县		2	368	368	277	0	506	0
双江拉祜族佤族布朗族傣族自治县		1	452	452	77	0	231	0
耿马傣族佤族自治县		2	918	918	212	0	210	0
双柏县		5	780	780	1 445	0	1 386	0
牟定县		1	570	570	491	0	491	0
南华县		2	675	675	821	0	795	0
姚安县		6	1 010	1 010	490	43	1 089	32
大姚县		8	2 011	2 011	223	20	366	20
永仁县		3	634	634	320	0	283	0
武定县		4	1 097	1 097	777	20	900	20
弥勒县		1	323	323	763	0	784	0
泸西县		2	1 306	1 306	647	0	743	0
河口瑶族自治县		1	250	250	485	0	496	0
文山县		3	1 874	1 874	602	50	1 466	50
砚山县		7	2 129	2 129	1 063	76	2 993	68
西畴县		7	1 168	1 168	1 123	97	1 263	97
麻栗坡县		1	330	330	217	22	350	22
马关县		4	946	946	1 098	26	923	26
丘北县		4	1 610	1 610	1 111	0	1 857	0
富宁县		3	1 489	1 489	1 608	300	1 251	300
景洪市		1	554	554	31	0	141	0

续表

项目县名称	项目县数（个）	项目学校数（所）	资金来源（万元）		预计效益（人）			
			中央、地方合计	其中：中央投资	新增学生		新增寄宿生	
					计	其中：农村留守儿童	计	其中：农村留守儿童
勐海县		1	985	985	28	0	1	0
勐腊县		1	250	250	130	0	205	0
漾濞彝族自治县		1	412	412	490	0	679	0
弥渡县		8	1 242	1 242	2 540	0	2 378	0
南涧彝族自治县		8	966	966	885	0	823	122
巍山彝族回族自治县		4	1 174	1 174	508	0	801	0
永平县		6	646	646	1 859	0	1 145	0
云龙县		3	1 178	1 178	492	0	380	0
洱源县		12	1 033	1 033	677	0	2 226	0
剑川县		2	660	660	206	0	466	0
鹤庆县		2	688	688	225	0	404	0
瑞丽市		2	1 337	1 337	146	0	1 335	0
潞西市		2	452	452	124	0	82	0
梁河县		4	2 553	2 553	948	40	989	40
盈江县		3	1 166	1 166	0	0	160	0
福贡县		1	675	675	171	0	171	0
贡山独龙族怒族自治县		2	788	788	1 002	0	961	0
兰坪白族普米族自治县		1	511	511	138	0	234	0
西藏自治区	55	62	38 000	38 000	13 410	0	17 690	0
当雄县		1	650	650	200	0	350	0
堆龙德庆县		1	715	715	100	0	200	0
昌都县		1	285	285	100	0	200	0

续表

项目县名称	项目县数（个）	项目学校数（所）	资金来源（万元）		预计效益（人）			
			中央、地方合计	其中：中央投资	新增学生		新增寄宿生	
					计	其中：农村留守儿童	计	其中：农村留守儿童
江达县		2	700	700	450	0	500	0
贡觉县		1	803	803	100	0	200	0
类乌齐县		1	958	958	100	0	150	0
丁青县		1	1 050	1 050	100	0	200	0
察雅县		1	720	720	200	0	300	0
八宿县		1	150	150	100	0	400	0
左贡县		1	965	965	500	0	600	0
芒康县		2	1 567	1 567	400	0	900	0
洛隆县		1	650	650	400	0	500	0
边坝县		1	430	430	50	0	50	0
扎囊县		1	234	234	200	0	100	0
贡嘎县		2	300	300	150	0	300	0
桑日县		1	150	150	50	0	100	0
琼结县		1	351	351	100	0	100	0
曲松县		1	150	150	100	0	100	0
洛扎县		1	1 328	1 328	50	0	50	0
加查县		1	1 242	1 242	140	0	500	0
隆子县		1	230	230	50	0	50	0
错那县		1	303	303	100	0	200	0
浪卡子县		1	669	669	300	0	300	0
日喀则市		2	877	877	150	0	500	0
南木林县		1	420	420	300	0	290	0
江孜县		2	1 050	1 050	250	0	400	0
定日县		1	948	948	1 200	0	1 000	0
萨迦县		1	820	820	200	0	250	0
拉孜县		1	860	860	300	0	300	0

续表

项目县名称	项目县数（个）	项目学校数（所）	资金来源（万元）		预计效益（人）			
			中央、地方合计	其中：中央投资	新增学生		新增寄宿生	
					计	其中：农村留守儿童	计	其中：农村留守儿童
昂仁县		1	1 033	1 033	200	0	200	0
谢通门县		1	985	985	100	0	200	0
白朗县		1	675	675	150	0	200	0
仁布县		1	450	450	200	0	200	0
康马县		1	1 095	1 095	200	0	200	0
定结县		1	645	645	250	0	250	0
仲巴县		1	150	150	400	0	200	0
亚东县		1	224	224	80	0	140	0
吉隆县		1	483	483	150	0	100	0
聂拉木县		1	150	150	50	0	100	0
萨嘎县		1	490	490	400	0	300	0
岗巴县		1	365	365	200	0	100	0
那曲县		2	910	910	900	0	1 200	0
嘉黎县		1	905	905	300	0	300	0
比如县		1	1 759	1 759	600	0	800	0
聂荣县		1	1 220	1 220	400	0	800	0
安多县		1	330	330	300	0	500	0
申扎县		1	710	710	100	0	300	0
索县		1	1 728	1 728	600	0	800	0
班戈县		1	160	160	100	0	100	0
巴青县		1	1 800	1 800	400	0	400	0
尼玛县		2	645	645	200	0	400	0
日土县		1	636	636	540	0	500	0
措勤县		1	222	222	50	0	50	0
工布江达县		1	332	332	50	0	60	0
察隅县		1	323	323	50	0	200	0

续表

项目县名称	项目县数（个）	项目学校数（所）	资金来源(万元)		预计效益（人）			
			中央、地方合计	其中：中央投资	新增学生		新增寄宿生	
					计	其中：农村留守儿童	计	其中：农村留守儿童
甘肃省	5	14	3 575	3 575	3 232	131	4 038	267
肃南裕固族自治县		6	1 155	1 155	1 030	34	1 251	34
肃北蒙古族自治县		1	350	350	250	0	254	0
阿克塞哈萨克族自治县		2	520	520	240	90	225	32
临夏市		4	1 150	1 150	1 711	6	2 300	200
积石山保安族东乡族撒拉族自治县		1	400	400	1	1	8	1
青海省	19	154	36 526	36 426	25 548	0	31 051	0
大通回族土族自治县		23	5 407	5 407	3 131	0	6 574	0
民和回族土族自治县		22	4 401	4 401	6 042	0	7 685	0
互助土族自治县		20	4 615	4 515	1 663	0	2 314	0
循化撒拉族自治县		1	1 002	1 002	753	0	753	0
门源回族自治县		6	1 987	1 987	2 351	0	2 640	0
刚察县		1	535	535	0	0	0	0
尖扎县		1	630	630	0	0	0	0
河南蒙古族自治县		7	1 403	1 403	211	0	211	0
同德县		7	3 720	3 720	0	0	0	0
贵德县		7	1 584	1 584	2 345	0	2 178	0
兴海县		1	236	236	411	0	411	0
甘德县		7	877	877	0	0	0	0
达日县		10	1 332	1 332	0	0	0	0
久治县		8	887	887	0	0	0	0
囊谦县		11	2 161	2 161	0	0	0	0

续表

项目县名称	项目县数（个）	项目学校数（所）	资金来源(万元)		预计效益（人）			
			中央、地方合计	其中：中央投资	新增学生		新增寄宿生	
					计	其中：农村留守儿童	计	其中：农村留守儿童
曲麻莱县		3	208	208	0	0	0	0
格尔木市		9	3 347	3 347	6 305	0	5 313	0
德令哈市		5	1 194	1194	1 929	0	1 956	0
乌兰县		5	1 000	1 000	407	0	1 016	0
宁夏回族自治区	18	91	26 007	26 007	38 288	513	36 995	201
兴庆区		7	3 024	3 024	3 614	0	2 392	0
西夏区		7	1 720	1 720	1 288	0	3 202	0
金凤区		5	1 420	1 420	2 744	0	1 400	0
永宁县		7	1 582	1 582	3 053	117	3 497	0
贺兰县		3	1 132	1 132	1 373	0	1 040	0
灵武市		6	1 696	1 696	3 488	0	3 529	0
大武口区		4	1 916	1 916	3 449	0	2 700	0
惠农区		5	1 349	1 349	2 227	0	3 310	0
平罗县		11	2 845	2 845	3 314	163	3 289	0
利通区		11	2 658	2 658	7 495	200	5 256	180
盐池县		1	95	95	5	0	7	0
青铜峡市		11	1 810	1 810	2 165	0	1 405	0
原州区		2	735	735	0	0	1 100	0
隆德县		2	555	555	87	0	842	0
彭阳县		1	440	440	150	25	120	15
沙坡头区		1	340	340	200	0	160	0
中宁县		6	2 390	2 390	3 592	0	3 657	0
海原县		1	300	300	44	8	89	6
新疆维吾尔自治区	44	188	68 863	65 909	73 116	1 884	89 380	1 576
吐鲁番市		5	1 508	1 508	1 117	0	1 870	0
托克逊县		5	1 227	980	2 344	0	1 526	0

续表

项目县名称	项目县数（个）	项目学校数（所）	资金来源(万元)		预计效益（人）			
					新增学生		新增寄宿生	
			中央、地方合计	其中：中央投资	计	其中：农村留守儿童	计	其中：农村留守儿童
巴里坤哈萨克自治县		4	1 169	1 169	1 953	0	1 278	0
呼图壁县		2	1 086	1 086	1 991	0	2 051	0
奇台县		4	1 659	1 659	1 312	21	1 123	0
吉木萨尔县		1	845	845	51	0	1 136	0
木垒哈萨克自治县		3	1 310	1 310	2 732	0	1 673	0
博乐市		1	300	300	131	0	500	0
精河县		5	2 027	2 027	978	1	2 791	1
温泉县		4	2 043	1 894	3 053	41	2 074	26
库尔勒市		2	1 373	1 373	3 628	0	3 275	0
轮台县		1	480	480	150	0	400	0
焉耆回族自治县		5	2 322	2 272	2 935	0	2 702	0
和静县		2	1 010	1 010	1 454	0	1 202	0
和硕县		1	1 308	968	1 704	0	1 078	0
阿克苏市		1	240	240	0	0	400	0
温宿县		7	2 020	1 960	2 749	0	2 653	0
乌什县		6	1 972	1 902	525	0	295	0
柯坪县		2	810	670	1 473	0	1 116	0
阿图什市		5	1 939	1 897	3 668	0	5 082	0
阿克陶县		2	850	850	117	0	790	0
疏附县		8	3 592	3 592	2 115	0	2 739	0
疏勒县		10	3 411	3 373	746	0	3 096	0
英吉沙县		9	3 122	3 066	4 451	0	6 984	0
泽普县		8	1 853	1 641	1 431	65	1 540	0
叶城县		13	4 518	4 518	2 419	0	9 175	0

续表

项目县名称	项目县数（个）	项目学校数（所）	资金来源（万元）		预计效益（人）			
					新增学生		新增寄宿生	
			中央、地方合计	其中：中央投资	计	其中：农村留守儿童	计	其中：农村留守儿童
麦盖提县		6	1 924	1 717	0	0	2 387	0
岳普湖县		6	1 802	1 750	185	0	2 039	0
民丰县		2	1 149	1 149	3 908	3	3 723	3
伊宁市		1	240	240	280	0	400	0
伊宁县		1	712	712	408	0	529	0
察布查尔锡伯自治县		8	2 105	1 830	2 801	0	2 816	0
霍城县		7	2 716	2 544	2 722	0	2 645	0
新源县		9	2 894	2 771	3 372	170	4 030	130
特克斯县		4	1 770	1 296	2 149	0	859	0
塔城市		1	846	846	400	0	400	0
乌苏市		8	1 844	1 729	1 753	0	2 109	0
额敏县		4	1 382	1 382	965	0	1 230	0
阿勒泰市		2	710	710	475	60	1 127	0
布尔津县		4	1 435	1 435	2 135	0	1 060	0
福海县		1	495	495	1 458	1 296	1 458	1 296
哈巴河县		6	1 571	1 571	3 478	107	2 909	0
青河县		1	452	452	200	120	160	120
吉木乃县		1	822	690	1 200	0	950	0

附表4 人口较少民族县“初中工程”中央投资情况

项目县名称	项目县数（个）	项目学校数（所）	资金来源(万元)		预计效益（人）			
			中央、地方合计	其中：中央投资	新增学生		新增寄宿生	
					计	其中：农村留守儿童	计	其中：农村留守儿童
全国合计	109	446	152 034	136 460	106 185	4 172	143 232	4 855
内蒙古自治区	5	14	6 310	6 200	3 022	30	8 486	1 030
莫力达瓦达斡尔族自治旗		5	2 173	2 173	540	0	3 492	0
鄂伦春自治旗		5	2 140	2 140	1 380	0	3 070	0
鄂温克族自治旗		2	420	420	267	0	324	0
额尔古纳市		1	430	320	375	30	300	30
根河市		1	1 147	1 147	460	0	1 300	1 000
辽宁省	4	11	15 500	2 280	3 190	420	3 580	61
义县		3	740	620	248	0	660	0
北镇市		3	13 520	630	672	15	1 300	8
铁岭县		2	540	450	1 100	300	600	40
开原市		3	700	580	1 170	105	1 020	13
吉林省	1	15	2 920	2 920	1 179	0	5 312	0
前郭尔罗斯蒙古族自治县		15	2 920	2 920	1 179	0	5 312	0
黑龙江省	17	45	16 232	16 232	11 204	708	11 627	701
双城市		1	300	300	11	0	250	30
富拉尔基区		1	300	300	200	65	200	65
梅里斯达斡尔族区		1	405	405	145	30	352	30
泰来县		9	2 259	2 259	423	0	423	0
富裕县		1	450	450	1 502	0	1 502	0
讷河市		2	650	650	1 404	124	1 360	224
饶河县		7	2 011	2 011	143	26	1 025	28
嘉荫县		2	675	675	327	18	718	14
抚远县		5	2 339	2 339	1 408	0	1 044	0

续表

项目县名称	项目县数（个）	项目学校数（所）	资金来源（万元）		预计效益（人）			
			中央、地方合计	其中：中央投资	新增学生		新增寄宿生	
					计	其中：农村留守儿童	计	其中：农村留守儿童
同江市		4	3 163	3 163	3 667	0	3 195	0
嫩江县		1	300	300	23	23	19	13
逊克县		2	600	600	332	123	200	21
孙吴县		2	660	660	250	50	210	50
肇东市		1	300	300	300	50	300	50
呼玛县		2	540	540	373	66	348	68
塔河县		2	630	630	286	90	256	70
漠河县		2	650	650	410	43	225	38
江西省	1	7	697	697	862	0	852	0
峡江县		7	697	697	862	0	852	0
广西壮族自治区	3	13	1 800	1 710	2 009	679	2 584	679
柳城县		11	1 220	1 160	1 839	659	2 414	659
东兴市		1	250	250	150	5	150	5
环江毛南族自治县		1	330	300	20	15	20	15
贵州省	6	22	3 975	3 975	3 294	93	4 717	121
凯里市		11	2 327	2 327	2 732	0	2 891	0
黄平县		2	240	240	0	0	0	0
麻江县		1	200	200	0	0	0	0
福泉市		4	718	718	491	70	1 282	100
独山县		2	250	250	0	0	0	0
惠水县		2	240	240	71	23	544	21
云南省	31	80	31 188	31 188	15 783	332	18 908	452
隆阳区		3	1 375	1 375	627	200	721	200
施甸县		3	1 162	1 162	16	0	761	0
腾冲县		2	1 292	1 292	427	0	427	0
龙陵县		5	2 461	2 461	575	10	727	8

续表

项目县名称	项目县数（个）	项目学校数（所）	资金来源(万元)		预计效益（人）			
			中央、地方合计	其中：中央投资	新增学生		新增寄宿生	
					计	其中：农村留守儿童	计	其中：农村留守儿童
昌宁县		3	1 367	1 367	2 149	0	1 924	0
玉龙纳西族自治县		4	942	942	740	0	819	0
永胜县		4	1 714	1 714	970	0	1 004	0
宁蒗彝族自治县		1	484	484	84	0	24	0
墨江哈尼族自治县		1	445	445	0	0	0	0
景东彝族自治县		3	665	665	969	0	990	0
景谷傣族彝族自治县		4	1 254	1 254	1 323	0	748	0
江城哈尼族彝族自治县		3	735	735	273	82	819	82
澜沧拉祜族自治县		2	368	368	277	0	506	0
凤庆县		5	1 977	1 977	490	0	908	0
云县		1	375	375	66	0	124	0
永德县		1	462	462	1 798	0	1 578	0
镇康县		3	1 325	1 325	615	0	905	0
双江拉祜族佤族布朗族傣族自治县		1	452	452	77	0	231	0
耿马傣族佤族自治县		2	918	918	212	0	210	0
景洪市		1	554	554	31	0	141	0
勐海县		1	985	985	28	0	1	0
勐腊县		1	250	250	130	0	205	0
南涧彝族自治县		8	966	966	885	0	823	122
云龙县		3	1 178	1 178	492	0	380	0
瑞丽市		2	1 337	1 337	146	0	1 335	0
潞西市		2	452	452	124	0	82	0

续表

项目县名称	项目县数（个）	项目学校数（所）	资金来源(万元)		预计效益（人）			
			中央、地方合计	其中：中央投资	新增学生		新增寄宿生	
					计	其中：农村留守儿童	计	其中：农村留守儿童
梁河县		4	2 553	2 553	948	40	989	40
盈江县		3	1 166	1 166	0	0	160	0
福贡县		1	675	675	171	0	171	0
贡山独龙族怒族自治县		2	788	788	1 002	0	961	0
兰坪白族普米族自治县		1	511	511	138	0	234	0
西藏自治区	5	5	1 651	1 651	500	0	800	0
隆子县		1	230	230	50	0	50	0
错那县		1	303	303	100	0	200	0
定结县		1	645	645	250	0	250	0
聂拉木县		1	150	150	50	0	100	0
察隅县		1	323	323	50	0	200	0
甘肃省	3	11	2 705	2 705	2 742	41	3 559	235
肃南裕固族自治县		6	1 155	1 155	1 030	34	1 251	34
临夏市		4	1 150	1 150	1 711	6	2 300	200
积石山保安族东乡族撒拉族自治县		1	400	400	1	1	8	1
青海省	7	97	23 815	23 315	18 041	30	25 948	30
大通回族土族自治县		23	5 407	5 407	3 131	0	6 574	0
平安县		7	1 698	1 698	1 119	0	2 010	0
民和回族土族自治县		22	4 401	4 401	6 042	0	7 685	0
乐都县		19	5 692	5 292	4 926	30	5 596	30
互助土族自治县		20	4 615	4 515	1 663	0	2 314	0
循化撒拉族自治县		1	1 002	1 002	753	0	753	0

续表

项目县名称	项目县数（个）	项目学校数（所）	资金来源（万元）		预计效益（人）			
			中央、地方合计	其中：中央投资	新增学生		新增寄宿生	
					计	其中：农村留守儿童	计	其中：农村留守儿童
乌兰县		5	1 000	1 000	407	0	1 016	0
新疆维吾尔自治区	26	126	45 241	43 587	44 359	1 839	56 859	1 546
奇台县		4	1 659	1 659	1 312	21	1 123	0
吉木萨尔县		1	845	845	51	0	1 136	0
木垒哈萨克自治县		3	1 310	1 310	2 732	0	1 673	0
温宿县		7	2 020	1 960	2 749	0	2 653	0
乌什县		6	1 972	1 902	525	0	295	0
阿图什市		5	1 939	1 897	3 668	0	5 082	0
阿克陶县		2	850	850	117	0	790	0
疏附县		8	3 592	3 592	2 115	0	2 739	0
疏勒县		10	3 411	3 373	746	0	3 096	0
英吉沙县		9	3 122	3 066	4 451	0	6 984	0
泽普县		8	1 853	1 641	1 431	65	1 540	0
叶城县		13	4 518	4 518	2 419	0	9 175	0
伊宁市		1	240	240	280	0	400	0
伊宁县		1	712	712	408	0	529	0
察布查尔锡伯自治县		8	2 105	1 830	2 801	0	2 816	0
霍城县		7	2 716	2 544	2 722	0	2 645	0
新源县		9	2 894	2 771	3 372	170	4 030	130
特克斯县		4	1 770	1 296	2 149	0	859	0
塔城市		1	846	846	400	0	400	0
额敏县		4	1 382	1 382	965	0	1 230	0
阿勒泰市		2	710	710	475	60	1 127	0
布尔津县		4	1 435	1 435	2 135	0	1 060	0

续表

项目县名称	项目县数（个）	项目学校数（所）	资金来源(万元)		预计效益（人）			
					新增学生		新增寄宿生	
			中央、地方合计	其中：中央投资	计	其中：农村留守儿童	计	其中：农村留守儿童
福海县		1	495	495	1 458	1 296	1 458	1 296
哈巴河县		6	1 571	1 571	3 478	107	2 909	0
青河县		1	452	452	200	120	160	120
吉木乃县		1	822	690	1 200	0	950	0

后 记

本书是一部比较系统地展示和总结2007—2010年我国中西部农村初中校舍改造工程重要成果和宝贵经验的报告。

本书是在教育部财务司、国家发展改革委社会发展司领导下完成的。在编写过程中，我们得到了各项目省（含自治区、直辖市、新疆生产建设兵团和黑龙江省农垦总局）教育和发展改革部门的大力支持。陈剑平、刘玉光、何平、韩冬升、李彦莉、高学贵、赵应生、李曜明、刘青川、张以瑾、张婷、方同庆、罗忠勇等同志提供了宝贵的编写和修改意见，李林平、朱爱国、吴俊峰、尤茂德、陈懿、杨崇卫、刘博智等同志参与了书稿讨论、资料收集、撰写和技术支持工作。在此衷心感谢各位付出的辛勤和创造性的劳动。

人民教育出版社郭戈、吕达、刘立德、刘捷、胡兰江、冯卫斌、韩华球等同志为本书的编辑出版加班加点，使本书能够及时面世，谨致诚挚的谢忱！

我们衷心希望本书能够让更多的人深入了解国家实施“初中工程”的重大意义和必将产生的深远影响。我们深信：大力推进农村义务教育学校校舍标准化建设是实现义务教育均衡发展的重要基石。我们将攻坚克难，砥砺前行，让千千万万的农村孩子同在蓝天下，共享优质教育资源，健康而快乐地成长。

本书编写组

2013年2月